분단 한반도의 정치경제

남한·북한·미국의 삼각퍼즐

【개정·증보판】

분단 한반도의 정치경제
남한·북한·미국의 삼각퍼즐

남궁 영 지음

Political Economy of the Divided Korean Peninsula:

The Puzzle of the Triangle – Seoul, Pyongyang and Washington

Young Namkoong

ORUEM Publishing House
Seoul, Korea
2013

머리글

우리 전설 속에는 상상의 새가 있다. 비익조(飛翼鳥). 암컷과 수컷이 태생적으로 반쪽의 몸으로 태어난 이 비극의 새는, 서로 다른 한 쪽을 채웠을 때 비로소 날 수가 있다. 한반도는 이런 비익조를 닮았다. 한 가지 다른 점이 있다면, 한반도는 '태생적'으로 한 쪽 눈과 날개를 가지고 태어난 게 아니라, '후천적'으로 두 쪽으로 분리되었다는 것이다. 비익조가 비극을 털고 한 몸이 되어 창공을 박차고 나는 것을 소망하듯, 한반도 역시 오랜 기간 통일의 염원을 담고 지내왔다.

분단의 해소와 통일을 위한 노력은 마치 서로 반쪽인 암수 비익조의 몸을 하나로 잇는 것과 같다. 둘로 나뉘어진 몸이 하나가 되어 날기 위해서는 접합을 위한 '의지'도 중요하지만 이를 위한 조건과 기술이 함께 어우러져야 하고, 한 몸이 되어 날아가는 방법을 익히는 노력이 필요하다. 한반도는 체제 환경이라는 '환경적 조건'과 통일에 대한 '의지'와 '노력'이 조화를 이룰 때, 다시 하나가 된 비익조처럼 비상할 수 있을 것이다.

그러나 '환경'은 언제나 상대적이고 가변적이라는 점에 주의해야 한다. 한반도 문제를 둘러싼 주변국의 외교적 대응은 다양한 방식과 틀을 통해 전개되고 있으며, 이에 따른 정확한 상황 인식과 대응이 끊임없이 요구되고 있는 것이다.

한국전쟁의 포성은 60년의 세월 속에서 희미해져 가고 있다. 그동안 한반도는 갈등과 협력의 변주곡 속에서 많은 변화를 경험해 왔다. 2000년 이후 두 차례의 남북정상회담이 열렸고, 금강산 관광과 개성공단이 시작되었다. 그러나 우리의 햇볕이 북한의 두터운 외투를 벗겨줄 것이라는 전망은 장밋빛 기대에 그치고 말았다. 북한이 중국과 베트남 수준의 개혁·개방을 추진하려는 현실적인 자구 노력은 감지되지 않고 있다. 오히려 만성적인 공급부족이 야기한 '결핍 경제(shortage economy)'는 주민의 희생만을 강요하고 있고, 화폐개혁에서 드러나듯 사경제에 대한 약탈적 성격을 드러내고 있을 뿐이다. 지루한 6자회담의 과정에서 보여지듯이 정권 생존을 위한 북한의 몸부림은 미국을 비롯한 세계와의 핵게임으로 표출되고 있다.

북한 경제의 내핍과 더불어 분단 상태의 지속은 '분단 한반도의 정치경제'를 구조화시키고 있다. 그러나 한반도의 정치경제 현실은 그렇게 간단한 문제가 아니다. 한반도 분단과 통일의 문제에는 남북한을 비롯하여 주변국의 이해가 중첩된 복잡한 퍼즐로 얽혀 있다. 특히 역외에 위치한 세계 최강대국인 미국은 한반도 퍼즐을 풀어감에 있어 또 하나의 '상수'로서 자리매김하고 있음을 기억해야 한다.

이 책은 분단 한반도의 정치경제적 문제를 다룸에 있어서 분단의 실재(reality)를 어떻게 극복할 것인지에 대한 객관적 성찰과 합목적적 인식의 필요성을 강조하고 있다. 60갑자가 일주하는 동안 한반도에서는 어떠한 변화가 있었고, 이 변화들은 어떠한 지속성을 보이는가? 21세기 분단 한반도는 어떤 의미를 지니는가? 그리고 우리는 왜 분단을 극복하고자 하는가? 분단 한반도의 정치경제가 갖는 함의들은 이 책이 던지는 근본적인 질문들과 일치한다. 이에 대한 답을 하기 위해서는 급변하는 21세기 한반도 정세의 각 국면을 조망하는 작업이 필요하다. 이 책에 담겨진 글들은 이러한 국면들을 목도하며 쓰여졌던 글들이다. 때문에 그 당시의 정황과 이를 바라보는 시각, 예측이 생생하게 담겨 있다. 다만, 과거의 내용을 독자 스스로 현재의 눈으로 재해석할 수 있도록 부록을 통해 최근 현황에 대한 정보들을 충분히 실었다는 점을 밝힌다. 당시의 시각과 예측이 현재 분단 한반도의 정치경제에 있어 어떠한 의미를 갖는지를 읽어내는 것은 책을 읽는 독자의 몫으로 남겨두겠다.

　이 책이 나오기까지 많은 도움이 있었다. 밤늦도록 자료수집과 교정에 참여해 준 한국외대 글로벌정치연구소 박영민, 박신영을 비롯하여 대학원 정외과 이봉규, 황수환, 양일국에게 고마움을 전하고 싶다. 무엇보다 어려운 출판 환경에서도 기꺼이 출판에 응해주신 도서출판 오름의 부성옥 대표를 비롯한 모든 출판사 직원들께 감사드린다. 어려운 순간마다 항상 내 곁에서 믿음과 위안과 용기를 준 사랑하는 아내에게 이 책을 바친다.

2010년 2월
한국외국어대학교 이문동 캠퍼스 연구실에서
남궁 영

차 례

Contents

Contents

표 차례

Contents

제1장 |

대북정책의 국내 정치적 갈등:
남남갈등의 쟁점을 중심으로*

I. 머리말

동서독과 남북한은 분단문제 해결에 있어서 매우 대조적인 양상을 보이고 있다. 동서독은 1970년 3월 처음으로 정상회담을 개최한 뒤, 1972년 11월 '동서독 기본조약'을 체결하였으며, 1973년 9월 유엔에 가입하였다. 이처럼 동서독은 정상회담과 기본조약을 계기로 분단 당사자 간 상호 실체를 인정해 이른바 '분단질서'가 안정된 이후에 국제사회로부터 인정을 받았다. 반면 남북한은 1991년 9월, 유엔에 동시 가입 한 후 남북기본합의서를 체결(1991년 12월)하였으며, 합의 내용 대부분이 이행되지 못하던 중 2000년 6월 최초의 정상회담을 개최하였다. 이처럼 남북한은 체제공존에 대한 불안 때문에 상호 실체의 인정없이 전격적인 정상회담이 이루어졌다.

---

* 이 글은 "대북정책의 국내 정치적 갈등: 쟁점과 과제,"『국가전략』 제7권 4호(2001)를 수정·보완한 것이다.

　　분단 반세기 만에 이뤄진 첫 남북 정상회담과 그 산물로서의 남북 공동
선언은 대결과 갈등의 남북관계를 화해와 협력의 시대로 전환하는 계기로
작용했다.[1] 그러나 다른 한편 정상회담 이후 우리 사회는 소위 '남남갈
등'으로 인하여 사회 내부에 잠복해 있던 보수와 진보 세력 간의 이념 갈등
이 더욱 심화되었고, 이로 인한 국론분열을 구조화시키고 있다.[2] 특히 남
북관계의 급진전 속에서 북한의 변화를 보는 시각, 대북지원의 방법과 목
적, 통일 접근방안 등을 놓고 이념적 스펙트럼이 다양하게 표출되면서 이로
인한 대립과 반목 또한 적지 않았다. 이 장에서는 김대중 정부의 대북정책
과 관련한 남한 내 이념갈등의 양상과 배경을 정리하고, 쟁점별로 그 내용
을 분석해 보고자 한다.

---

1) 6·15 공동선언의 5개 합의사항은 다음과 같다: ①남과 북은 나라의 통일문제를 그
　　주인인 우리 민족끼리 서로 힘을 합쳐 자주적으로 해결해 나가기로 하였다. ②남과
　　북은 나라의 통일을 위한 남측의 연합제안과 북측의 낮은 단계의 연방제안이 서로 공
　　통성이 있다고 인정하고 앞으로 이 방향에서 통일을 지향시켜 나가기로 하였다. ③남
　　과 북은 올해 8·15에 즈음하여 흩어진 가족, 친척 방문단을 교환하며 비전향장기수
　　문제를 해결하는 등 인도적 문제를 조속히 풀어 나가기로 하였다. ④남과 북은 경제협
　　력을 통하여 민족경제를 균형적으로 발전시키고 사회, 문화, 체육, 보건, 환경 등 제반
　　분야의 협력과 교류를 활성화하여 서로의 신뢰를 다져나가기로 하였다. ⑤남과 북은
　　이상과 같은 합의 사항을 조속히 실천에 옮기기 위하여 빠른 시일 안에 당국 사이의
　　대화를 개최하기로 하였다. 김대중 대통령은 김정일 국방위원장이 서울을 방문하도록
　　정중히 초청하였으며 김정일 국방위원장은 앞으로 적절한 시기에 서울을 방문하기로
　　하였다.
2) 보수·진보의 개념은 시대와 나라에 따라 다소 다른 뉘앙스로 사용돼 왔다. 그러나
　　일반적으로 보수주의는 '오랜 시간을 통해 발전돼 온 연속성과 안정성을 담보할 수
　　있는 제도와 관습을 중히 여기는 태도'로, 진보주의는 '사회적 모순을 변혁하고자 꾀
　　하는 전진적인 사상'으로 정의할 수 있다. 남북한 관계와 관련, 보수는 북한에 대한
　　적대적 시각이 뚜렷하고 반공을 중시하며, 자유민주주의를 지키기 위한 체제수호 내지
　　국가안보를 다른 가치보다 중시하는 경향을 갖고 있는 부류를 통칭한다. 반면에 진보
　　는 북한에 호의적이며, 체제수호나 국가안보보다는 민족과 통일에 더 높은 가치를 두
　　는 경향을 갖고 있는 부류를 통칭한다.

II. 대북정책의 국내 정치적 갈등

"DJ의 마음속 깊은 곳에 대한민국의 건국이념을 지키겠다는 생각이 있는 것인지, 아니면 그것을 훼손하더라도 김정일과 거래하겠다는 것인지 헷갈린다. DJ는 대한민국의 체제보다 통일 그 자체에 비중을 두고 있는 것 같다. 왜 그렇게 북한을 감싸는지 이해할 수 없다." (유승민)3)

"남북이 평화만 유지할 수 있다면 지금 남한이 북한에 경제적으로 지원하고 있는 것의 몇 배가 넘는 시너지 효과를 얻을 수 있다. 노태우 정권은 구소련과 수교한 이후 30억 달러를 지원했는데, 김대중 정권이 북한에 지원한 것은 2억 2,000만 달러에 불과하다. 그렇다면 왜 노태우 시절에는 가만히 있다가 지금 와서 시비를 거는지 동기가 불순하다." (김성훈)4)

"임동원장관은 국정원장 시절 국정원을 북한의 하수인으로 전락시켰고 북한 선박의 영해침범을 사실상 묵인하는 등 군의 사기와 안보의식을 저하시켰다. …… 평양축전에 친북인사들의 방북을 허가해 남남갈등을 야기하고 친북인사들의 이적행위를 방조했다." (한나라당 윤두환 의원)5)

"임장관을 퇴진시키자는 저변에는 분단에 안주했던 기득권층이 그때의 향수를 잊지 못하고 있다. …… 6·15 남북선언은 대통령이 생명을 걸고 평양을 방문해 성사시킨 업적이며 보통사람은 할 수 없는 일이다." (민주당 장영달 의원)6)

"DJ정부의 햇볕정책이 범한 역사적 오류는 너무 서둘러 남북통일의 장밋빛 꿈으로 남한국민, 특히 한국전쟁을 경험하지 못한 젊은 세대를 세뇌시킨 데 있다." (박윤식 조지워싱턴대 교수)7)

---

3) "국가와 시장의 갈등, 표류하는 DJ," 『신동아』(2001.9), p.104.
4) Ibid., p.104.
5) 『중앙일보』 2001년 9월 4일.
6) 『조선일보』 2001년 9월 6일.
7) 박윤식, "위기의식이 있어야 경제 살린다," 『중앙일보』 2004년 8월 14일.

1. 갈등 심화의 원인

위의 상충하는 언급들에서 볼 수 있듯이 남한 내 대북정책에 대한 여·야 간, 학자 간, 사회단체 간, 언론 간 국내적 반목은 매우 심각한 상태라고 할 수 있다.[8] 대북정책에 대해서 견해가 일치해야 할 필요는 없다. 여·야의 정책 대결은 정부의 정책 수행상의 잘못을 교정하는 건설적 기능을 수행할 수 있으며, 어느 사회에서나 보수-진보의 이념갈등은 있다. 중요한 것은 이러한 갈등이 사회적으로 심각한 대립과 분열에 이르지 않는 범위 내에서 서로 보완적인 역할을 해야 한다는 것이다. 정상회담 이후 대북정책을 둘러싼 서로 다른 견해와 갈등이 심각한 수준에 이르게 된 것은 다음과 같은 네 가지 이유에 근거한다.

첫째, **대북정책의 신뢰성 문제**: 김대중 정부는 16대 총선 며칠 전 남북정상회담 개최 합의를 발표한 것은 물론, 총선 이후에도 거대야당을 상대로 한 정국 운영에서 정상회담의 성과를 정치적으로 활용한다는 세간의 의혹으로부터 자유롭지 못했다.[9] 최근 대북정책을 둘러싼 여·야의 대결은 정책의 개선을 위한 논의가 아닌 국내 정치 주도권 잡기와 권력투쟁의 수단으로 변질됨으로써 여당과 야당 사이의 불신의 골이 깊어지고 갈등이 첨예해졌다.[10]

---

8) 김재홍은 대북정책에 대한 언론의 성향을 다음과 같이 평가하고 있다. ①전향적 정책 지지: 한겨레신문, 대한매일, 한국일보 ②중간지지: 중앙일보, 문화일보 ③중간비판: 동아일보, 경향신문 ④보수적 정책비판: 조선일보, 세계일보, 국민일보. 김재홍, "김대중정부의 통일안보정책과 언론의 논조," 한국언론재단·한국국제정치학회 공동주최 세미나 『언론의 역할과 남북한 관계의 새로운 패러다임 모색』 발표논문 1999년 8월 27일, p.24 언론 간의 대립적 논조에 대해서는 〈부록 1-1, 1-2〉 참조.

9) 김근식, "남북 정상회담과 한국 민주주의의 공고화," 아태평화재단·통일연구원·한국개발연구원 주최 『정상회담의 성과와 향후 과제』 학술회의 발표논문, 2000년 10월 25일, p.25. 총선 사흘 전 남북정상회담 개최 발표에 대하여 러시아의 북한주재 외교관 출신 만수로프는 "북한정부는 정상회담을 희망하는 남한정부에 응답하고, 총선을 앞두고 새천년민주당이 간발의 승리를 거두는데 도움을 줌으로써 건설적 태도로 남한 선거 결과에 영향을 끼치려는 선택을 했다."고 평가했다. 알렉산드르 만수로프, "북, 햇볕정책 손잡은 까닭," 『한겨레신문』 2000년 4월 11일.

둘째, **대북정책 평가와 DJ 친소와의 연계**: 국민의 대북정책에 대한 평가가 일반적으로 그 정책 자체에 대한 평가이기보다는 정권에 대한 인물적·지역적 선호에 따라 좌우됨으로써 정치·사회적 갈등을 더욱 심화시켰다.[11]

셋째, **상대방에 대한 지나친 매도**: 김대중 정부의 대북포용정책에 대해서 진보성향(친 DJ)을 보이면 '빨갱이', '주사파', '친북세력' 등으로, 보수성향(반 DJ)은 무조건 '반통일', '수구', '보수반동', '냉전세력' 등으로 매도하는 사회적 분위기가 팽배했다.

넷째, **중도를 인정하지 않는 태도**: 정부의 대북정책 운용의 문제점에 대한 중도적 입장의 비판(대북포용정책은 지지)을 수용하고, 이른바 대북포용정책의 성공적 이행을 위한 정책적 조정의 계기로 활용하지 않고, 비판 자체를 죄악시하는 경우가 많았다. 다시 말해서 햇볕정책과 김대중 정부의 이의 운용방식에 대한 전폭적 지지가 아니면 곧 반대라는 흑백논리적 대응을 통해 전자는 친구로 후자는 적으로 규정, 정치·사회적 갈등을 더욱 심화시켰다.

2. 대북정책 관련 갈등의 내용 및 관점

김대중 정부의 대북정책과 관련 갈등을 야기하는 논제는 다음과 같다 (〈표 1-1〉 참조). 첫째, 햇볕정책(대북포용정책)의 실효성 문제, 둘째, 북한

---

10) 이상우는 "통일이라는 민족적 대업을 수행한다는 명분으로 … 남한내 헤게모니 확보와 정권연장이라는 국내 정치적 목적을 위해 남북관계를 이용하려 한다는 의심을 받을 소지가 있다."고 주장한다. 이상우 "6·15선언, 정권 바뀌면 휴지조각 될 수 있다," 『신동아』 2000.9, p.99 한편 정상회담 2개월 후 중앙일보의 여론조사에서는 "정부의 대북정책이 국내에서 정치적 수단으로 얼마나 이용되고 있다고 생각하십니까?" 라는 질문에 77.4%(매우 이용 22.7%, 어느 정도 이용 54.7%)가 정치적 이용이 있다고 답변하고 있다. "8-15 55주년 기념 통일문제 국민여론조사," 『중앙일보』 2000년 8월 14일.

11) "통일열기도 못 넘는 지역 장벽," 『시사저널』 2000년 8월 24일, pp.24-25.

의 전략적 변화 여부 및 신뢰성 문제, 셋째, 대북 정책의 국내 정치적 이용
문제(이에 결과한 대북 저자세 협상 비판), 넷째, 대한민국의 자유민주주의
정체성 손상 여부 문제, 다섯째, 통일론의 문제, 여섯째, 대북정책의 투명성
및 국민적 합의 문제, 일곱째, 대북지원의 상호주의 문제 등이다.

이러한 문제들을 중심으로 다양한 주장들이 있으나 크게 2가지 또는 3가
지 시각으로 분류해서 볼 수 있다.12) 김영수는 정상회담 이후 남북관계의
변화를 보는 두 가지 상반된 시각으로 "북한이 변화하고 있다고 보는 시
각"과 "북한이 변하지 않았다고 보는 시각"으로 나누었다.13) 즉 넓은 의미
의 진보적 시각(친DJ 입장)과 보수적 시각(반DJ 입장)의 구분이라고 할 수
있다.

한편 김용호는 제3의 시각(중도적 시각)을 포함하여 다음과 같이 3가지
시각으로 분류하고 있다. 첫째, 긍정적 시각: 북한이 과거와 달리 최고통치
자인 김정일이 직접 나서서 대외개방과 남북관계 개선을 추구하고 있는 점
을 높게 평가하면서 향후 남북관계가 크게 변화되어 나갈 것이라는 전망을
토대로 적극적으로 북한을 포용하는 것이 필요하다는 시각이다. 둘째, 부정
적 시각: 북한은 여전히 대남 적화통일 정책을 버리지 않고 있으며, 종래의
통미봉남(通美封南) 정책을 바꾸어 대남협상과 접촉을 추진하는 것은 대
미·대일 관계개선과 식량지원을 얻기 위한 임시방편이기 때문에 북한의
통일전선전술에 넘어가서는 안 된다는 시각이다. 셋째, 유보적 시각: 북한
의 근본적인 변화를 발견할 수 없으므로 북한의 의도와 정책을 철저히 검증
해 나가면서 대북포용정책을 선택적으로 추구하는 것이 바람직하다는 시각
이다.14)

---

12) 이러한 분류는 토론을 위해 편의상 단순화시킨 것으로 같은 시각 내에서도 다양한
    견해들이 존재하고 있다.
13) 김영수, "남북협력시대의 대북전략," 한국국제정치학회·국가안보정책연구소 공동
    주최, 학술회의 발표논문, 2000년 10월 16일.
14) 김용호는 긍정적 시각으로는 김대중 정부와 이종석(세종연구소), 이상만(중앙대), 한
    완상(상지대), 부정적 시각으로는 김영삼 전대통령, 이철승 전 신민당 당수, 김용갑의
    원(한나라당), 유보적 시각으로는 남궁영(외대), 김영수(서강대), 하영선(서울대)을

〈표 1-1〉 대북정책 관련 주요쟁점과 견해

주요쟁점	진보	중도	보수
햇볕정책	적극찬성	적극찬성	반대/소극찬성
햇볕정책 운영방법	찬성	비판	비판
북한의 변화	변화했다 (햇볕정책지속)	변화하지 않았다 (햇볕정책지속)	변화하지 않았다 (햇볕정책재고/중지)
북한인식	동포 〉 적	동포 / 적	동포 〈 적
대북지원	잘 되고 있다	지원원칙에 문제: 상호존중결여	'퍼주기식' 지원: 지원 양과 원칙에 문제
상호주의	포괄적 상호주의 (선공후득)	인도적 상호주의	엄격한 상호주의
대북정책의 정치적 이용	없다	있다	있다
남북한 관계 강조 접근기조	'있는 그대로의 북한' 인정 강조	'있는 그대로의 북한' 과 있는 그대로의 남한' 상호인정 강조	북한의 변화필요

III. 남남갈등의 주요 쟁점들

김대중 정부의 대북포용정책에 대한 보수와 진보적 시각에서의 논쟁에
는 여러 가지 이슈들이 있으나 여기에서는 그중에서도 가장 논의가 많고,

예시하였다. 김용호, "정상회담 이후 남북관계에 대한 평가," 통일연구원, 『제2차 남
북정상회담과 평화체제 구축』(제40회 국내학술회의 발표논문집), 2001년 4월 6일,
pp.5-6.

또한 기본적이라고 할 수 있는 ①북한의 변화에 대한 인식, ②대북 경제지원에 대한 문제, ③공동선언 제2항에 관한 통일방안 접근문제에 대하여 제3의 시각(중도적 시각)에서 논의하고자 한다.

1. 북한의 변화에 대한 논쟁: 전술적 변화인가, 전략적 변화인가?

한국 사회에서의 이념논쟁은 우선 '북한은 과연 변화하고 있느냐'에서부터 시작된다. 진보적 입장은 변화하고 있다고 주장한다. 이 시각은 북한이 표피적인, 전술적인 변화가 아니라 본질적인 변화의 과정에 이미 들어섰다고 본다. 이러한 시각은 특히 대북포용정책의 성과를 높이 평가하며, 남북정상회담이 북한의 근본적 변화에 결정적 역할을 했음을 강조한다.

반면에 보수적 입장은 북한이 변화하지 않고 있다고 주장한다. '우리식 사회주의'를 그대로 고수하고 있고, 설령 변화하는 측면이 있다고 해도 그것은 전술적인 변화에 지나지 않는다는 것이다. 김정일은 북한을 적극적으로 개혁·개방할 의지가 없으며, 최근 일련의 유화적인 제스처는 단지 체제유지 강화를 위하여 충분한 원조를 얻어내려는 노력의 일환일 뿐이라는 시각이다.

그런데 이 논쟁은 사실상 북한이 과연 변화하고 있느냐의 단순논쟁이기보다는 햇볕정책이 북한을 변화시키고 있으므로 햇볕정책을 더욱 강력하게 추진해야 한다고 주장하는 진보적 입장과, 북한은 변한 것이 없으며 쉽게 변하지 않을 것이기 때문에 햇볕정책을 재고해야 한다는 보수적 견해의 대립이었다. 여기에서는 먼저 '변화'를 어떻게 정의하느냐의 문제가 제기된다.[15] 오늘날 변화하지 않는 것은 없다. 북한도 역시 변하고 있다. 그러나

---

15) 김영삼 정부 시절의 '북한의 붕괴' 논쟁의 경우에도 북한의 붕괴에 대한 개념의 정확한 인식없이 성과없는 논쟁이 있었다. 즉 북한의 붕괴란 ①김정일 정권의 붕괴, ②북한 사회주의 체제의 붕괴, ③조선민주주의인민공화국 자체의 붕괴 등 서로 다른 세 가지 차원에서의 붕괴가 있을 수 있으며, 따라서 당시의 논쟁에서 주장하듯이 북

북한의 변화가 본질적인 것이냐의 문제이다. 즉 북한이 중국이나 베트남 정도의 개혁·개방 의지가 있으며, 또한 그것을 위한 변화를 진행하고 있는가 하는 것이다.

북한이 본질적으로 변하고 있다고 보기에는 무리가 있다. 또한 한 국가(북한)의 근간과 체제가 정상회담 한 번으로 본질적으로 변할 수 있다고 평가하는 자체가 비현실적이다.[16) 그러나 대북 포용정책에 관한 논쟁과 관련하여 강조하고 싶은 것은 북한의 변화 또는 그 가능성의 여부는 그렇게 중요한 쟁점이 아니라는 것이다. 대북 포용정책은 북한의 속성이 가변적이냐, 가변적이라면 얼마나 가변적인가의 문제가 아니라, 쉽게 변할 수 없는 체제라는 데에서 당위성을 찾을 수 있기 때문이다. 다시 말해서 쉽게 변할 수 없는 북한과 긴장완화, 화해 및 협력 관계를 만들어 나가기 위해서는 장기적으로 '북한 스스로 변화할 수 있는 여건을 만들어 주는' 대북포용정책을 지속적으로 추진할 필요가 있기 때문이다. 결과적으로 남한 사회와 정치권의 첨예한 '북한의 변화' 논쟁은 김대중 정부가 햇볕정책과 정상회담의 성과로써 북한변화를 지나치게 과대 포장하고자 했던 것에 문제의 발단이 있다고 할 수 있다.

2. 대북 경제지원: '퍼주기식' 지원인가?

대결관계의 상대방을 대하는 데는 두 가지 방식이 있다. 첫째는 상대방이 나를 대하는 방법으로 나도 상대방을 대하는 '엄격한 상호주의' 방식이며, 다른 하나는 우세한 측이 먼저 양보함으로써 상대방을 심리적으로 안심

___

한의 붕괴와 통일을 동일한 것으로 보는 '북한의 붕괴' 논쟁은 비논리적이라 할 수 있다.

16) 오승렬, "북한경제 발전과 남북경협: 정책방향과 추진과제," 한국수출입은행 통일연구원, 『북한경제와 남북경협: 현황과 전망』(2004 북한경제 심포지엄 발표논문집) 2004년 7월 7일; 박형중, 『북한의 경제관리체계』(서울: 해남, 2002) 참조.

시켜 양보를 받아내는 '탄력적 상호주의' 또는 '선공후득(先供後得)' 방식이다.

김대중 정부의 대북 지원은 '탄력적 상호주의' 방식에 속한다고 볼 수 있다. 국력이 우세한 남한이 먼저 양보할 것은 양보하고 줄 것은 줌으로써 심각한 경제위기에 처해 있는 북한경제를 회생시키고 북한 지도부의 불안심리를 완화시켜 남한에 대해 어느 정도 상응하는 조치를 취하도록 유도하겠다는 취지다. 진보적 입장은 이러한 정책을 적극 지지하고 있으며, 북한은 '동포'이기 때문에 북한보다 잘 사는 남한은 상호주의적 이해타산을 떠나 북한을 적극 지원해야 한다고 주장한다. 이러한 맥락에서 김대중 정부의 대북지원은 양에 있어서 김영삼 정부의 지원액보다도 적다고 대응했다.

진보적 입장은 '탄력적 상호주의'의 요체를 비등가성, 비동시성, 비대칭성으로 설명한다. 즉 첫째, 제공하는 양보다 더 적거나 또는 더 많이 되돌려받을 수도 있는 비등가성, 둘째, 주는 시점보다 늦게 되돌려 받을 수도 있는 비동시성, 셋째, 주는 것과는 다른 성질의 것, 즉 경제적 이익을 주고 이산가족상봉 또는 화해나 평화를 받을 수도 있는 비대칭성으로 이해된다.[17]

반면 보수적 입장은 김대중 정부의 대북 지원은 비등가성이나 비대칭성 지원이 아니고 전적으로 일방적 시혜이며, 시점을 달리 주고 받는 비동시성 지원이 아니고 시간이 꽤 지나도록 북한의 상응조치는 제대로 취해진 것이 없다고 주장했다. 오히려 김대중 정부가 국내 정치적 목적으로 인하여 처음부터 얕보이는 저자세로 협상을 시작해서 북한이 남북관계를 좌우하고, 때로는 남한에 주저없이 모욕을 주기에 이르렀다는 것이다. 따라서 이들은 남한경제의 어려움을 고려해 북에 대한 '퍼주기식' 일방적 시혜를 중단하고, 북의 비위를 건드릴까 눈치를 보기보다는 북한에 대해 할 말은 당당히 할 것을 요구했다.[18]

---

17) 황태연, "들어라 수구·냉전세력들아!" 『신동아』(2000.9), p.114.
18) "한국사회 이념논쟁: 북 포용정책 일방적 양보 논란 불러," 『동아일보』 2000년 12월 12일.

실제로 〈표 1-2〉과 〈표 1-3〉에서 볼 수 있는 바와 같이 김대중 정부와 민간단체의 대북 인도적 지원은 김영삼 정부나 당시 민간단체들에 비해서 적극적으로 취해졌다. 김영삼 정부가 국내 쌀 15만 톤 등 2억 6,172만 달러 상당의 대북지원을 한 것에 비해, 김대중 정부는 외국산 곡물 50만 톤과 국내산 쌀 40만 톤, 비료 91.5만 톤을 북한에 직접 지원하고, 세계식량계획

〈표 1-2〉 정부차원의 인도적 대북지원 실태(1995~2002)

연도	규모(달러)	내용
1995	2억 3,200만	한국쌀 15만 톤(톤당 1,580달러) 직접 지원
1996	305만	WFP 등을 통한 혼합곡물 분유 등 지원
1997	2,667만	WFP 등을 통한 혼합곡물 옥수수 등 지원
소계	2억 6,172만	
1998	1,100만	WFP를 통한 옥수수(3만 톤) 밀가루(1만 톤) 지원
1999	2,825만	비료 11.5만 톤 직접 지원
2000	1억 7,963만	비료 30만 톤 직접 지원(7,863만 달러), 태국산쌀 30만 톤(톤당 220달러)과 중국산옥수수 20만 톤(톤당 110달러) 등 외국산 곡물 50만 톤 차관형식으로 지원(1억 100만 달러)*
2001	7,045만	WFP 등을 통한 옥수수 10만 톤 지원(1,725만 달러), 비료 20만 톤 직접 지원(4,921만 달러) 등
2002	1억 8,975만	WFP를 통한 옥수수 10만 톤 지원(1,739만 달러) 비료 30만 톤 직접 지원(6,577만 달러) 한국쌀 40만 톤 차관형식으로 지원(1억 600만 달러)*
소계	4억 7,908만	

* 주: 차관조건은 10년 거치, 연리 1%에 20년 분할상환이나 무상원조와 같음
자료: 통일부,『남북교류협력 및 인도적 사업 동향』제159호(2004.9); 조동호, "남북 경제교류협력의 평가와 전망," 경남대학교 극동문제연구소,『현 단계 남북경협의 쟁점과 과제』(2004.3) 참조하여 작성

〈표 1-3〉 민간차원의 인도적 대북지원 실태(1995~2002)

연도	규모(달러)	내용
1995~ 1997	2,236만	한적 등에서 옥수수 밀가루 분유 등 지원
1998	2,085만	한적, 정주영 씨 등이 비료 소금 의약품 등 지원
1999	1,863만	한적, 국제옥수수재단 등이 비료 씨감자 의류 등 지원
2000	3,513만	한적, 이웃사랑회 등이 비료 농약 의약품 의류 등 지원
2001	6,494만	한적 등에서 쌀 비료 감자 전지분유 등 지원
2002	5,117만	

자료: 통일부,『남북교류협력 및 인도적 사업 동향』제159호(2004.9) 참조하여 작성

(WFP: World Food Program)을 통하여 옥수수와 밀가루 24만 톤을 보내
는 등 4억 7,908만 달러 상당의 대북지원을 하였다. 또한 서울을 방문한
북한의 여러 예술단에 국제수준으로 볼 때도 높은 공연료를 지불했으며,19)
금강산관광사업으로 적지 않은 외화가 북한으로 들어갔다.20) 그러나 대북
지원은 남북 경제공동체 형성을 위한 선행단계이며 통일비용을 줄이는 과
정이라는 것을 인식할 필요가 있다. 또한 대북지원은 장차 함께 살아야 할
북한주민에 대한 인도적인 대북 주민정책(대북 당국정책과 구별)이기도 하
다. 따라서 대북지원의 '양에 대한 문제'는 '퍼주기식'이라고 비난하기보
다는 우리 경제사정이 허용하는 범위 내에서는 적극적인 지원이 필요하다.
　그럼에도 불구하고 김대중 정부의 대북지원에는 지적하지 않을 수 없는

---

19) 2000년 5월 29일 서울에 온 평양교예단에게 개런티 300만 달러, 20인치 컬러TV 2만
　　대(250만 달러), 항공료와 체제비 등을 합하여 모두 67억 원을 지출하였다.
20) 현대는 1998년 11월 금강산관광 사업을 시작하면서 2005년 2월까지 입산료와 토지
　　이용료 명목으로 매달 1,200만 달러씩 총 9억 4,200만 달러(1조 550억 원)를 지불할
　　것을 합의하였다.

문제점이 있다. 첫째, 대북지원 통계의 비정직성이다. 김영삼 정부의 대북지원용 국내산 쌀은 국내 가격으로 계산(톤당 1,580달러)해서, 15만 톤의 지원 비용은 2억 3,200만 달러로 계산한 반면 2002년 김대중 정부가 지원한 국내산 쌀 40만 톤은 국제시장가격(톤당 약 250달러)으로 계산하여 1억 달러의 대북지원을 한 것으로 통계 처리하였다. 김대중 정부가 북한에 지원한 국내산 쌀 40만 톤을 김영삼 정부의 지원 계산과 같은 국내 가격으로 계산하면 6억 1,867만 달러가 된다. 결과적으로 김대중 정부의 대북지원 총액은 9억 9,175만 달러가 되는 셈이다. 또한 김대중 정부는 북한에 대한 직접 식량지원을 인도적 대북지원의 통계가 아닌 남북교역의 통계(비거래성 교역)에 넣음으로써, 2000년 외국산 식량 50만 톤 대북지원과 2002년 국내산 쌀 40만 톤 대북지원은 인도적 대북지원에는 나타나지 않는다.[21]

따라서 통일부가 발행하는 공식적인 통계에 의하면 김대중 정부(1998~2002)의 대북지원액은 〈표 1-2〉와는 달리, 2000년은 7,863만 달러, 2002년에는 8,375만 달러로서 총 2억 7,208만 달러에 불과한 것이다.[22] 이러한 맥락에서 김대중 정부의 대북지원은 양에 있어서 김영삼 정부의 지원액보다도 많지 않다고 대응했다. 이와 같은 통계의 오류는 남북교역의 규모가 과도하게 증대된 것으로 나타나기도 한다. 둘째, 대북지원에서 더욱 문제가 되는 것은 국가적 자기존엄을 지키지 못했던 김대중 정부의 저자세 대북한 처신과, 협상상대 간의 기본원칙이라 할 수 있는 '상호인정'과, '상호존중'을 무시하는 북한당국의 태도였다.[23]

---

21) 남북교역 통계에는 남한의 세관을 통과하는 경우만이 기록되므로, 2000년 대북식량지원의 경우는 쌀은 태국산이었고 옥수수는 중국산이었으며 산지에서 바로 북한으로 수송되었기 때문에 남한의 세관을 거치지 않아 2000년 남북교역 통계에도 기록되지 않았다. 김현종, "2002년 남북교역의 평가," 한국개발연구원, 『KDI 북한경제리뷰』(2003.2), p.9.

22) 대북 식량지원의 이러한 통계방식은 노무현 정부에서도 그대로 지속되어 2003년 쌀 40만 톤 지원, 2004년 쌀 40만 톤 지원은 인도적 대북지원의 통계에는 나타나지 않는다.

23) 필자는 2001년 6월 금강산에서 열린 세미나에 참가한 적이 있다. 이때 필자의 공식직함은 '에치외국어대학 교수'였다. 관광지인 금강산에서조차 남한의 국호인 한국은 '에치'로 대한은 '디'로 표시되고 있다. 또한 월북한 외무장관(최덕신)의 부인인 유미영

한편 경제지원에 대한 대가를 요구하는 '경제적 상호주의' 는 현 단계의
남북관계 개선을 위해서는 바람직하지 않다고 할 수 있으나 '인도적 상호
주의' 는 인도주의적인 면에서 그리고 상호존중의 정신에서 지속적인 남북
관계개선을 위한 신뢰의 바탕이 될 수 있다. 이러한 관점에서 북한의 비전
향장기수 63명을 북쪽으로 돌려보내면서, 납북자 송환을 위한 노력을 제대
로 하지 못한 김대중 정부의 '탄력적 상호주의' 는 '국민의 정부' 로서의
자세라고 할 수 없었다.[24] 국민의 생명과 재산의 보호는 국가가 국민에 지
는 그 무엇보다도 우선하는 책무이며, 국가(정부) 존재 가치의 근거이다.

3. 통일방안 문제

남북공동선언은 제2항에서 "남과 북은 나라의 통일을 위한 남측의 연합
제안과 북측의 낮은 단계의 연방제안이 서로 공통성이 있다고 인정하고 앞
으로 이 방향으로 통일을 지향시켜 나가기로 하였다." 라고 통일방안의 공
통점을 인정하고 통일을 향해 나아갈 것을 합의하였다. 이러한 합의는 남
북정상회담의 성격을 '통일회담' 으로 규정짓기에 충분했으며, 통일에 대
한 국민적 기대를 높였다. 특히 김대중 대통령이 서울로 돌아와 "한반도에
서 전쟁은 없다." 라고 회담성과와 관련하여 남북관계를 선언적으로 평가함
으로써 남북문제에 대한 우리의 관심을 기존의 긴장완화와 평화정착에서

씨를 북한의 이산가족 서울방문단 단장으로 파견한 경우 등을 들 수 있다.
24) 국가정보원은 1999년 3월 한국전쟁 이후 북한에 납치된 국민이 3,756명에 달하며
이들 중 귀환하지 못한 사람은 454명이라고 밝혔다. 휴전 이후 납북억류자 가운데
88.5%는 어부들이며, 1969년 12월 납치됐던 대한항공 항공기의 승무원과 승객 등
12명도 돌아오지 못하고 있다. 이들 외에도 학계에서는 국군포로가 5만 명 이상일
것으로 추산하고 있으며, 1994년 귀환한 조창호 씨를 비롯해 탈북 국군포로들의 증
언으로 확보된 명단만 500여 명에 이른다. 『중앙일보』 2000년 6월 8일, 2007년 4월
11일; 김대중 정부의 납북자 정책에 대해서는 최우영, "납북자 인권문제와 귀환운동
현황," 한국외국어대학교 사회과학연구소 한일사회문화 FORUM 『북한 문제를 둘러
싼 한일관계』(한일국제워크숍 발표논문집), 2004년 5월 7일 참조.

통일에 대한 기대와 희망으로 인식의 전환을 불러일으켰다.[25)]

　김대중 정부는 6·15 공동선언 제2항의 합의는 북측이 통일의 현실적인 경로로서 북한의 연방제를 포기하고 남측의 국가연합제안을 받아들인 것으로 해석했다. 이는 "남과 북이 장기적인 평화공존의 방식을 통해 점진적으로 통일로 나가는 경로, 즉 국가연합 또는 낮은 단계의 연방의 방식을 통한 통일과정에 합의한 것으로서 통일을 지향하는 평화와 화해와 협력의 주춧돌을 마련했다는 역사적 의미를 갖는다."고 주장했다.[26)] 한편 급진적 진보의 시각에서는 연방제통일방안이 가장 현실적이라고 평가하기도 했다.

　반면에 보수적 입장은 공동선언 제2항에 대하여 상당한 의구심을 표시한다. 낮은 단계의 연방제는 높은 단계의 연방제를 전제로 한 것이고, 높은 단계의 연방제란 '1민족 2국가 2제도'인 연합제와는 달리 '1민족 1국가 2제도'인 만큼 기본적으로 대한민국이 주권독립국가로서 더 이상 존재하지 않는 상황을 만들어 낼 수도 있기 때문에 위험스럽다고 주장한다. 즉, 공동선언 제2항은 "남한의 자유민주와 시장경제체제 고수원칙을 뭉개버렸다는 의심을 피할 수 없게 한다."는 것이다.[27)] 보수의 시각에서는 통일보다 자유민주의 이념을 더 중요하게 여기며, 통일의 목적 자체를 "북한 동포들도 자유 민주주의 체제하에서 살 수 있도록 하겠다."는 것에 두고 있다.[28)] 통일방안에 관한 논쟁을 평가하기 위해서는 먼저 연합제와 낮은 단계의 연방제에 대한 문제점의 파악이 중요하다.[29)]

---

25) 강성윤, "6·15남북공동선언 1주년 평가,"『통일경제』(2001), pp.5-6, p.9.

26) 아태평화재단, 『남북정상회담: 이해의 길잡이』(서울: 아태평화재단, 2000), pp.37-38.

27) 정용석, "김대중은 과연 자유통일을 지향하나?"『월간조선』(2001.8), p.261.

28) 이상우(2000), p.99.

29) 남궁영, "남북정상회담과 통일방안의 새로운 접근: 연합제와 낮은 단계의 연방제,"『한국정치학회보』 36집 1호(2002 봄), pp.309-326 참조.

1) 남한의 '남북연합' 개념의 모호성

남북 정상회담 이후 6·15 공동선언 제2항의 '남측의 연합제안' 이 민족공동체통일방안의 2단계인 남북연합이냐 김대중 대통령이 주장해 온 3단계 통일론의 1단계인 남북연합이냐의 문제가 제기되었다. 1989년부터 제시되어 온 한국의 공식적인 민족공동체통일방안에 나오는 남북연합과 김대중 대통령의 3단계 통일론에서 제시된 남북연합은 양쪽 모두 '1연합 2국가 2체제 2정부' 형태로 대동소이하다.30) 그러나 전자에서는 먼저 화해 - 협력 단계를 거쳐 남북연합에 이르도록 하고 있으나, 후자에서는 선행 단계없이 정치적 결단에 의해 남북연합이 이루어지도록 되어 있다. 김대중 대통령의 3단계 통일론에 따르면 "민족적 합의와 남북 당국의 정치적 결단에 의해 남북연합으로의 진입은 언제든 가능한 것"으로 본다.31) 즉, 어떻게 남북연합을 이룰 것인가 하는 방법에는 큰 차이가 있다.32) 김대중 대통령의 3단계 통일론에 따른다면 3통(통신, 통행, 통상)의 연결도 없는 상태의 남북연합, 즉 정상국가 간 관계에도 이르지 못한 상태에서 국가연합이 이루어지는 셈이다.

---

30) 민족공동체통일방안에서 과도적 통일체제로서 제시하고 있는 남북연합이란 구체적으로 어떠한 성격의 결합형태를 말하는 것이냐에 대해서는 논란의 여지를 다분히 남겨 놓고 있는 것도 사실이다. 더구나 남북연합의 영문표기를 "the Korean Commonwealth"로서 병기하고 있을 뿐 그것이 기존의 여러 역사적 사례나 이론모형 중에서 구체적으로 어떤 것을 준거로 삼고 있는지에 대해서는 아무런 언급을 하지 않고 있다. 또한 내부적으로 남북한이 서로를 어떻게 인식하느냐에 있어서 실제적 관계(2개의 국가)보다는 명분적 관계인 '민족내부의 특수관계'에 집착하여 남북연합의 성격적 모호성을 초래하였다.

31) 아태평화재단, 『김대중의 3단계 통일론: 남북연합을 중심으로』(서울: 아태평화재단, 1995), p.64.

32) 일반적으로 우리의 공식적 통일방안은 민족공동체 통일방안으로 '남측 연합제안'은 민족공동체 통일방안의 과정으로서의 남북연합으로 보는 견해이나 김대중 대통령의 3단계 통일방안에 무게를 두는 경우도 있었다. 서동만, "남북한 통일방안의 접점," 고대 아세아문제연구소 세미나 『남북정상회담과 패러다임 전환』 2000년 6월 26일, pp.46-47.

2) 북한의 '낮은 단계의 연방제' 성격의 모호성

북한이 제의해 온 고려민주연방공화국 창설방안은 연방국가(federation)를 뜻하는지, 국가연합(confederation)을 의미하는지 그 개념이 분명하지 않다. 북한은 국문으로는 '고려민주연방공화국'이라고 함으로써 연방국가로 표시하면서, 이를 영문으로는 Democratic Confederal Republic of Koryo라고 표기하여 국가연합으로 제시하고 있다.[33] 이와 같은 모호성은 통일지향성이 강한 남북한 관계에서는 연방의 이름을 사용하고, 현실성을 중시하는 대외관계에서는 국가연합의 명칭을 사용하여 어필하려는 의도로 비판받는다. 또한 이러한 양면적 성격을 이용하여 때로는 평화공존방안으로 구사하는가 하면 또 때로는 통일방안으로 구사하기도 한다는 것이다.

공동선언에서 북한이 제시한 낮은 단계의 연방제는 외교권과 국방권까지도 지역정부에 맡기는 등 지역정부에 더 많은 권한을 부여함으로써 그 성격상 연합제를 나타내고 있다고 하나 어디까지나 (낮은 단계의) 연방제이다. 북한의 제안이 김대중 정부의 주장대로 그 성격상 1국가를 주장하지 않는다면 명칭을 '낮은 단계의 연방제'가 아니라 '높은 단계의 연합제'라고 해야 할 것이다. 연방제는 아무리 낮은 단계라고 하더라도 구성국의 독립성이 인정되지 않는 통일된 국가형태이고 연합제는 아무리 높은 단계라고 하더라도 구성국의 독립성을 인정하는 국가형태이기 때문이다.[34] 따라서 북한이 제시하는 낮은 단계 연방제의 성격은 여전히 분명치 않다.

한편 낮은 단계의 연방제에 대한 한호석의 다음과 같은 설명은 시사하는

---

33) 북한도 이론상으로는 국제법상의 연방국가와 국가연합에 대해 명확한 구별을 하고 있다: "연방제국가는 일정한 목적 밑에 이루어진 국가연합과는 다르다. 국가연합은 국가들 간의 조약에 의하여 이루어진 일종의 동맹이다. 여기에는 연합성원국가의 주권을 대표하는 최고주권기관이란 없고 매개 연합구성국 자체가 자기 주권을 행사한다."『정치사전』(평양: 사회과학출판사, 1973), p.313.

34) 북한은 2000년 10월 6일 개최된 '고려민주연방공화국 창립방안 제시 20돌 기념 평양시 보고회'에서 "낮은 단계의 연방제는 1민족 1국가 2제도 2정부의 원칙에 기초하되 남북의 현 정부가 정치·군사·외교권을 비롯한 현재의 기능과 권한을 그대로 보유한 채 민족통일기구를 구성하는 것"이라고 규정하였다. 통일부,『북한동향』제507호(2000.9.30-10.6), p.39.

바가 크다. 첫째, 낮은 단계의 연방제는 "민족적 합의를 보다 쉽게 하기 위한" 것이었지, 기존의 연방제안을 수정하거나 보완하기 위한 것이 아니다. 낮은 단계의 연방제안은 대체방안이 아니라 '고려민주연방공화국 창립방안' 에 대한 합의를 더 쉽게 이끌어내기 위한 일시적인 협의방편으로 제시되었다. 둘째, 낮은 단계의 연방제에서 나오는 지역자치정부라는 개념은 남북연합의 두 단독정부를 뜻하는 것이 아니라, 연방공화국의 지역자치정부를 뜻하는 것이다. 셋째, 연방공화국의 지역자치정부에 "더 많은 권한" 을 부여한다는 말의 뜻은 중앙정부보다 지역자치정부에 더 많은 권한을 부여한다는 뜻이 아니다. 기존의 '고려민주연방공화국 창립방안' 에 나오는 지역자치정부에 부여하는 권한보다 더 많은 권한을 부여한다는 뜻이다.[35) 북한은 또한 "북남공동선언의 이행은 곧 조국통일" 이며, "북남공동선언은 연방제 방식의 통일을 지향" 하는 것이라고 주장함으로써 공동선언 제2항의 합의가 김대중 정부의 해석과는 다름을 분명히 했다.[36)

3) 내전 가능성

연방제(대외적으로 1국가)하에서 지역정부의 군대보유 또는 군사권을 인정할 때, 남북 지역정부 간 의견 차이나 분쟁이 평화적으로 해결되지 못할 경우 남북예멘의 사례와 같이 내란으로 비화할 가능성이 있다.[37) 지역정부가 다수가 아닌 2개의 지역정부로 구성된 연방국가의 경우 그 위험성은 더욱 크다. 남북한 그 자체를 기본 단위로 연방을 구성하는 '거시 연방제' 에서는 남과 북의 두 자치정부가 대치할 경우 이를 조정·중화할 수 있는 완충지대가 없기 때문에 폭력적 대결과 체제 붕괴로 이어질 가능성이 매우 크기 때문이다. 더구나 고려연방제는 남한과 북한의 체제적 이질성을 전제

---

35) 한호석, "근본문제해결의 길을 열어놓은 평양회담" (2000.8.12), http://www.one korea.org/research/000812.htm(검색일: 2002.8.22), 공용득,『북한연방제연구: 중앙과 지방정부의 관계를 중심으로』(서울: 청록출판사, 2004), p.229에서 재인용.

36) 『로동신문』 2001년 12월 6일.

37) 남북예멘에 관하여는 김국신,『예멘 통합 사례연구』(서울: 민족통일연구원, 1993) 참조.

로 연방제를 상정하고 있다.

특히, 통일방안 논쟁과 관련하여 강조할 것은 현 단계에서 통일을 위해서는 통일논의 자체보다 화해·협력의 노력과 신뢰의 축적이 더욱 필요하고 중요하다는 것이다.[38] 남북한이 서로 간에 통신·통행·통상 등 3통의 자유를 허용하고, 미국과 캐나다의 관계와 같은 '정상국가' 관계의 정립과 발전, 그리고 양 사회에서 성숙한 민주화가 이루어지는 방향으로 나아가야한다. 이러한 방향으로 진전이 있을 때 남북한의 주민들은 분단의 고통에서 벗어날 수 있으며, 또한 결과로서의 자연스러운 통일이 가능하다.

IV. 맺는말: 과제와 방안

분단 반세기 만에 이루어진 남북 정상회담은 대결과 갈등의 남북관계를 화해와 협력의 새로운 시대로 전환할 수 있는 계기가 되었다. 무한경쟁의 국제환경 속에서 남북한에 살고 있는 한민족의 생존과 번영을 위해서는 남과 북이 민족적 에너지의 낭비를 최소화하고, 한민족의 안정과 발전을 위하여 민족적 에너지를 최대한 활용할 수 있도록 힘써야 할 것이다.

이를 위해서는 남한과 북한은 화해와 협력의 길로 꾸준히 나아가야 할 것이다. 또한 대북포용정책은 지속되어야 하고 결실을 이루어내야 한다. 따라서 정부는 정권의 변화에 관계없이 대북포용정책을 장기적으로 추진하여 그 성과를 이루어낼 수 있는 방법이 무엇인가에 대한 제안과 비판을 겸허하게 수용하여 이를 정책에 반영해야 할 필요가 있다. 가장 중요한 문제는 대북정책을 둘러싼 남남갈등을 극복하는 것으로써 주요 방안은 다음과

---

38) 통일방안과 통일(자체)과는 긴밀한 함수관계가 없다. 실제로 남과 북의 통일방안은 통일을 위한 실천방안이기보다는 대내적·대외적으로 정권 또는 체제의 선전방안이었다. 동서독이 남북한보다 더 좋은 통일방안을 갖고 있어서 먼저 통일을 이룩한 것이 아니다.

같다.

첫째, '통일을 위해서 통일을 잊는 자세'가 필요하다. 대북정책의 목표를 통일이 아닌 남북한 화해·협력 및 평화공존에 두는 것이 바람직하다. 현재의 상황에서 남북한 통일이 합의에 의해 이루어지기는 어렵기 때문에 장기적으로 통일기반을 조성해 나가는 평화공존정책이 통일을 위한 현실적인 접근이며, 또한 남한사회 내 심각한 국론분열을 방지할 수 있다. 6·15 공동선언의 합의사항인 남측의 연합제안과 북측의 낮은 단계 연방제안의 공통점에 기초한 통일노력은 장기적인 과제로 제시된 것으로 남북한 당국자들이 현 단계에서 더 이상 이 문제를 다루는 것은 남북한 화해협력에 역기능을 초래할 가능성이 높다.[39)]

둘째, 모든 국가정책의 성공을 위한 근간은 신뢰성에 있다. 대북정책은 더욱 그러하다. 따라서 정부는 대북정책의 추진에 있어서 국내 정치적으로 이용한다는 의혹을 사서는 안 된다. 이러한 신뢰성이 결여될 경우, 국내 정치적 갈등은 심화되고, 야당이나 국민들로부터 초당적 또는 국민적 협조와 지지를 얻기 힘들다. 결과적으로 정책의 성공을 기대하기 어렵다. 따라서 정부는 국민들에게 대북포용정책의 성과가 특정 지도자나 특정 정파의 현실정치적 목적을 위한 수단으로 인식되는 것이 아니라 여와 야, 정치적 견해와 입장 차이에 상관없이 우리 민족이 21세기에 나아가야 할 가장 합리적인 선택으로 받아 들여지게 해야 한다. 다시 말해서 대북정책이 국내 정치의 볼모가 되지 않도록 '탈정치화'할 수 있는 전략이 필요하다.

셋째, 대북포용정책은 '북한 스스로 변화할 수 있는 여건을 만들어 주는

---

39) 김용호, "정상회담 이후 남북관계에 대한 평가," pp.25-26. 남북정상회담 합의 제2항과 관련, 연합제와 낮은 단계의 연방제간의 공통점이 통일로 이어지기는 어렵다는 판단을 하고 있으면서도 그것이 남과 북의 실익인 상호 화해에 장애로 작용하지 않도록 모호하게 처리했다는 해석도 있다. 즉 "통일 논의를 피하면서 교류협력을 추진코자 하는 남한과 남북관계 개선과 경협을 바라지만 통일을 말하지 않을 수 없는 북한을 동시에 만족시켜줄 수 있는 방법은 남과 북 정상이 전략적으로 합의 제2항에 모호성을 남겨두는 것이었다."는 분석이다. 박건영, "'3단계 통일론'과 남북정상 합의 추진방향," 한국통일포럼 국내학술회의 『남북 통일방안의 모색』, 2000년 7월 15일.

정책'으로서 남북한 간의 긴장완화와 화해 및 협력 관계 건설을 위해서는 지속적으로 추진되어야 한다. 그러나 포용정책의 지속과 남남갈등의 해소를 위해서는 '중도노선'의 대북포용정책을 추진할 필요가 있다. 대북정책에 있어서 중도노선이란 북한이 협조적일 때(상호인정과 상호존중을 지킬 때)는 남한은 포용정책을 바탕으로 북한에 대한 경제적, 외교적 지원을 아끼지 않는 반면, 북한이 비협조적일 때(상호인정과 상호존중을 어길 때)는 남한 정부 역시 강경하게 대처할 준비가 되어 있음을 보여주는 것이다.

넷째, 대북 화해와 협력을 지속하기 위한 국내 경제적 기반 강화가 필요하다. 현재 북한의 여건으로 볼 때 대북포용정책 및 정상회담의 성과를 실현시켜 나가기 위해서는 초기 단계에서의 남한의 북한에 대한 경제적 지원은 불가피하다고 볼 수 있다. 따라서 우리 경제의 양적·질적 성장과 이를 바탕으로 한 정부의 대북지원 능력 및 기업의 대북진출 능력의 확대가 없이는 정상회담의 성과를 현실화하기가 불가능하다. 또한 남한의 경제적 부담 능력을 고려하지 않는 대북지원은 국내적 갈등의 심각한 요인이 될 소지가 크다.

다섯째, 이념갈등의 극복이나 완화를 위해서는 먼저 민주주의 사회에서는 어느 사회에서나 이념갈등이 존재한다는 자체를 인정해야 한다. 중요한 것은 이러한 갈등이 사회적으로 심각한 대립과 분열로 이어지지 않고 서로 보완적인 역할을 해야 한다는 것이다. 이를 위해서는 좌파나 진보성향을 무조건 '빨갱이', '주사파', '친북세력' 등으로, 우파나 보수성향을 무조건 '반통일', '수구', '보수반동', '냉전세력' 등으로 매도하는 행위를 자제해야 한다. 민주주의는 최선을 추구하는 정치가 아니라 '최악을 피하려는 정치제도'이다. 자신만이 옳다는 것은 그것이 아무리 옳더라도 이미 민주정치가 아니다. 결국 서로 상대방의 의견과 입장을 사실에 근거하여 진지하게 이해하려는 노력이 중요하다. 이를 위해서는 통일문제를 둘러싼 건전한 보수적 견해와 합리적인 진보적 관점이 서로 보완적으로 선의의 경쟁을 벌이며 공존하는 사회공동체가 형성되어야 한다. 즉 남한 사회 내에서 먼저 상생(相生)의 의식과 실천이 이루어진 다음에야 남북한 간에 상생의 결합과 통일을 이룰 수 있다.

더 나아가서 대북포용정책이 일개 정부를 넘어서서 다음 정권에서도 지속되고 또한 성공적인 결실을 가져오게 하기 위해서는 대북정책의 목표를 분명히 하고, 북한에 대한 인식을 정확히 하며, 대북정책에 대한 국민적 합의를 도출해 내고, 국제적 지지기반을 확대해 나가도록 노력하여야 할 것이다.

▮ 참고문헌 ▮

강성윤. 2001. "6·15남북공동선언 1주년 평가." 『통일경제』.

공용득. 2004. 『북한연방제연구: 중앙과 지방정부의 관계를 중심으로』. 서울: 청록
출판사.

김국신. 1993. 『예멘 통합 사례연구』. 서울: 민족통일연구원.

김근식. 2000. "남북 정상회담과 한국 민주주의의 공고화." 아태평화재단·통일연구
원·한국개발연구원 공동주최 학술회의 『정상회담의 성과와 향후 과제』 발
표논문. 10월 25일.

김영수. 2000. "남북협력시대의 대북전략." 한국국제정치학회·국가안보정책연구소
공동주최 학술회의 발표논문. 10월 16일.

김용호. 2001. "정상회담 이후 남북관계에 대한 평가." 통일연구원 제40회 국내학
술회의 『제2차 남북정상회담과 평화체제 구축』 발표논문. 4월 6일.

김재홍. 1999. "김대중 정부의 통일안보정책과 언론의 논조." 한국언론재단·한국국
제정치학회 공동주최 세미나 『언론의 역할과 남북한 관계의 새로운 패러다
임 모색』 발표논문. 8월 27일.

김현옥. 2000. "남북 정상회담의 사회적 의미." 아태평화재단·통일연구원·한국개
발연구원 공동주최 학술회의 『정상회담의 성과와 향후 과제』 발표논문. 10
월 25일.

김현종. 2003. "2002년 남북교역의 평가." 한국개발연구원. 『KDI 북한경제리뷰』 2월.

남궁영. 2002. "남북정상회담과 통일방안의 새로운 접근: 연합제와 낮은 단계의 연
방제." 『한국정치학회보』 36집 1호. 봄.

『동아일보』 2000.12.12.

『로동신문』 2001.12.6.

박건영. 2002. " '3단계 통일론'과 남북정상 합의 추진방향." 한국통일포럼 국내학
술회의 『남북 통일방안의 모색』 발표논문. 7월 15일.

박윤식. 2004. "위기의식이 있어야 경제 살린다."『중앙일보』8월 14일.

박종철. 2000. "정상회담 이후 남북관계 전망과 과제." 한국정치학회 남북정상회담 평가 학술회의『남북정상회담 평가와 향후 남북관계 전망』발표논문. 6월 17일.

박형중. 2000.『정상회담 이후 남북관계의 안정과 지속을 위한 전략 구상』. 통일연구원. 12월.

_____. 2002.『북한의 경제관리체계』. 서울: 해남.

박형중 외. 2000.『대북포용정책과 국내정치 여건 조성 방안』. 서울: 통일연구원.

서동만. 2000. "남북한 통일방안의 접점" 고대 아세아문제연구소 세미나『남북정상회담과 패러다임 전환』발표논문. 6월 26일.

손호철. 2004. "남남갈등의 기원 및 전개과정." 경남대학교 극동문제연구소 통일관 개관기념 학술회의『남남갈등: 진단 및 해소방안』발표논문. 9월 1일.

『시사저널』. 2000. "통일열기도 못 넘는 지역 장벽." 8월 24일.

『신동아』. 2001. "국가와 시장의 갈등, 표류하는 DJ." 9월.

아태평화재단. 1995.『김대중의 3단계 통일론: 남북연합을 중심으로』. 서울: 아태평화재단.

_____. 2000.『남북정상회담: 이해의 길잡이』. 서울: 아태평화재단.

알렉산드르 만수로프. 2004. "북, 햇볕정책 손잡은 까닭."『한겨레신문』4월 11일.

오승렬. 2004. "북한경제 발전과 남북경협: 정책방향과 추진과제." 한국수출입은행·통일연구원 북한경제 심포지엄『북한경제와 남북경협: 현황과 전망』발표논문. 7월 7일.

이교덕. 2000.『대북정책에 대한 국민적 합의기반 조성 방안』. 통일연구원. 12월.

이상우. 2000. "6·15선언, 정권 바뀌면 휴지조각 될 수 있다."『신동아』9월.

이종석. 2000. "남북정상회담의 성과와 향후 과제." 세종연구소 제5차 세종 국가전략포럼『정상 회담 이후 남북관계 개선 전략』발표논문. 6월 30일.

정용석. 2001. "김대중은 과연 자유통일을 지향하나?"『월간조선』8월.

『정치사전』. 1973. 평양: 사회과학출판사.

조동호. 2000. "정상회담의 경제적 성과와 추진 과제." 아태평화재단·통일연구원·한국개발연구원 공동주최 학술회의『정상회담의 성과와 향후 과제』발표논문. 10월 25일.

_____. 2004. "남북 경제교류협력의 평가와 전망." 경남대학교 극동문제연구소.『현단계 남북경협의 쟁점과 과제』3월.

『조선일보』2001.9.6.

『중앙일보』 2001.9.4.

최우영. 2004. "납북자 인권문제와 귀환운동 현황." 한국외국어대학교 사회과학연
　　　구소 한일사회문화 FORUM『북한문제를 둘러싼 한일관계』 발표논문. 5월
　　　7일.

통일부. 2000. 『북한동향』. 9월 30일~10월 6일.

＿＿＿. 2001. 『2001년 통일백서』. 서울: 통일부.

＿＿＿. 2004. 『남북교류협력 및 인도적사업 동향』. 9월.

한호석. 2000. "근본문제 해결의 길을 열어놓은 평양회담." 8월 12일. http://www.
　　　onekorea.org/research/000812.htm(검색일: 2002년 8월 22일).

황태연. 2000. "들어라 수구·냉전세력들아!"『신동아』9월.

〈부록 1-1〉 남북정상회담 이전 언론의 담론

언론사 \ 내용	기대	북한에 대한 의구심	남한 정부 비판	남북관계 진전의 조건
조선일보	• 정치, 경제, 군사적으로 군축, 투자보장 협상, 이산가족 등 타결 된다면 실질적 공존관계 돌입할 것으로 예상	• 북한의 도발적 행동 • 주한미군에 대한 북한의 원칙적 태도 • 북한의 핵개발 위협 • 북한의 충동성 • 북미관계 소원, 북중관계 진전의 의미 • 개방에 대한 북한의 두려움	• 총선 등 국내정치적 이용에 대한 비판 • 북한 비위맞추기 (납북자 문제 등) • 외교적 무능력 • 비전향장기수 송환에 대한 비판 • 저자세 경협 비판 • 지원의 불투명성 비판(일방적 지원)	• 군사, 경제, 정치 부문의 당국자회담 통한 상호군축, 투자보장협정, 이산가족 문제해결
동아일보	• 경험에 대한 기대 • 경험관련 4대협정 (투자보장, 이중과세 방지, 청산절차, 분쟁조정) 체결 • 경협의 호혜성 주장 • 문화적 동질성 회복에 대한 기대	• 주한미군, 국보법 등 북한이 제기한 의제 설정상의 문제에 대한 의구심	• 총선 이용가능성 문제	• 김정일 위원장 답방 성사 • 이산가족문제 해결
중앙일보	• 평화정착 기대		• 정부의 정략적 이용 불허	• 만남의 제도화 • 이산가족문제 해결 노력 • 가시적 성과 도출 촉구 • 실용적 자세 촉구
한국일보	• 민족자주성 기대 • 평화정착 기대		• 정부의 정략적 이용 우려	
한겨레	• 평화정착 기대 • 자주성 확보기대			

자료: 김현욱, "남북 정상회담의 사회적 의미," 아태평화재단·통일연구원·한국개발연구원 공동주최 「정상회담의 성과와 향후 과제」 학술회의 발표논문, 2000년 10월 25일, p.96

〈부록 1-2〉 남북정상회담 이후 언론의 담론

내용 언론사	회담 성과에 대한 기대	북한 불신·경계	남한정부 비판	향후의 과제
조선일보	• '새로운 시대 개막' • 북한의 변화에 대한 기대 • 김정일 위원장 재평가 • 합의 이행에 대한 기대	• 북한은 여전히 '위험 국가' • 북한의 '언론 길들이기'	• 정부의 독주에 대한 비판	• 국보법 개정 등 제도 개선의 상호 주의 원칙 적용 • 경협전략은 위험, 최소화 위해 중소기업 위주로 • 경협도 상호주 의 원칙에 입각 하여 진행
동아일보	• 남북 통일방안의 유사성(연방제안) • '자주' 개념에 대한 긍정적 수용	• 주한미군, 국보법 등 북한이 제기할 의제 설정상의 문 제에 대한 의구심	• 남북자문제 해결에 소극적 • 북한에 끌려가는 정부	• 국보법, 남북관계 법령, 주적개념 등 의 변화는 북한의 태도 변화에 맞추 어야
중앙일보	• 북한의 적극적 태도 변화에 대한 감동 • 통일문제 부각 에 대한 기대	• 북한의 '개혁 개 방 허용 불가' 발언에 대하여 남북 간 해석 차이에 대한 의구심 • 북한의 성의 없는 협상 태도, 애매한 회담 목적, 멋대로인 회의 진행 • 납북자 문제 등 인권측면 불만	• 북한 '주적' 배제 불가론 • '통일' 보다 '민주주의'가 앞서가야 • 정치권의 자화 자찬론, 김정일 화찬론, 방북 무용담 등 비판 • 내부갈등, 대외 친구 상실, 세계 화와의 부합 문 제 제기 • 정부가 끌려 다닌다 • 상호주의와 관련 하여 납북자, 국군포로 문제 미해결 비판 • 재원조달문제	• 북한을 있는 그대 로 보자(긍정도 부 정도 말고) • 객관적 북한 정보 개방하되, 안보태세도 부과해야 • 상호주의 주장

한국일보			• 통일에 대한 과열 열기 우려 • 통일방안 등 국론 분열 우려	• 실현 가능한 조치 필요 • 주적, 통일방안, 국보법, 한미일 3각공조 등에 대한 재고와 논의 필요
한겨레신문	• 남북 외무장관 회담에 거는 기대 • 민족이익 극대화 • 신의와 협력의 남북관계			

자료: 김현옥, "남북정상회담의 사회적 의미," p.105

제2장 |

이명박 정부의 대북정책:
인식, 방향, 과제*

I. 머리말

이명박 정부가 출범한 2008년도는 대한민국이 건국 60주년을 맞는 해이
다. 국제적 차원에서 보면 이미 냉전이 종식된 지 근 20년이 지났다. 그러
나 한반도는 남과 북이 여전히 분단되어 있고, 북한의 핵문제로 인하여 남
북한 간에 갈등과 긴장이 지속되고 있다. 분단은 우리의 가장 큰 장애이다.
따라서 분단이라는 장애의 극복, 즉 통일은 우리의 21세기 최대 과제이다.
21세기 탈냉전의 새로운 국제질서와 역사의 흐름에 부응하기 위해서나, 우
리 경제의 발전을 위한 돌파구 마련을 위해서, 또한 대한민국의 선진화를
위해서라도 민족 장애의 극복이 필요하다. 이러한 점에서 이명박 정부의
대북정책의 의미는 대단히 크다.

---

* 이 글은 "이명박 정부의 대북정책 인식, 방향, 과제," 『21세기 정치학회보』 제18집 2호
(2008)를 수정·보완한 것이다.

이명박 정부의 대북정책은 〈비핵 개방 3000 구상〉을 중심으로 한 '상생 공영정책'이라고 할 수 있다. 이명박 정부의 대북정책은 김대중·노무현 정부의 대북포용정책(햇볕정책)에 대한 비판적 검토에서 출발한다. 지난 정부 10년 동안의 대북정책은 '햇볕정책'에 의해 외형적으로는 남북한 간 경제교류협력과 인적교류가 증가했고 부분적으로 긴장완화가 이루어졌지만, 실질적이고 제도적인 남북관계의 진전은 이루어지지 않았다.

남북대화는 북한의 자의에 의해 중단되고 반복되는 관행이 되풀이 되었다. 남북경협의 결과로 북한의 대남 경제의존이 증가했지만 호혜적 관점에서의 남북한 경제협력은 이루어지지 않았다. 북한은 대화에 응하거나 교류협력 및 인도적 해결을 수용하는 데에도 부수적 대가를 요구했다. 수년에 걸친 대량의 대북 식량지원에도 불구하고 여전히 만성적 식량난은 해소될 기미를 보이지 않는다. 오히려 우리가 대북지원과 경제협력을 추진하는 동안 북한은 핵무기를 만들어 우리를 위협하고 있는 상황이다.

이러한 상황적 인식에서 이명박 정부의 대북정책은 과거 정부 10년의 대북정책과 비교하면 '패러다임의 변화(paradigm shift)'를 시도한 것으로 볼 수 있다. 대북정책의 새로운 패러다임은 '발상의 전환'을 요구한다. 본 장에서는 먼저 이명박 정부와 과거 정부의 북한 관련 인식의 차이를 살펴보고자 한다. 다음으로 김대중·노무현 정부 대북정책의 문제점을 검토하고, 이명박 정부 대북정책의 비전과 내용을 분석한다. 끝으로 이명박 정부 대북정책을 평가하고, 앞으로의 과제를 제시하고자 한다.

II. 대북정책 관련 인식의 차이

이명박 정부의 대북정책은 인식, 목표, 정책추진 방향 등에서 지난 10년간의 대북정책과 차별화를 선언하면서 새로운 차원의 남북관계를 추구하고 있다. 특히 북한에 대한 인식, 북핵 위협에 대한 인식, 북한의 변화에 대한 인식, 미국에 대한 인식 등에서 김대중·노무현 정부와 근본적인 차이를 보이고 있다.

1. 북한에 대한 인식

과거 정부의 대북정책에 영향을 미친 가장 큰 요인은 북한정권에 대한 우호적인 인식이었으며 이에 기초한 이상주의적 접근을 시도하였다. 다시 말해서 과거 정부의 대북정책은 북한을 오직 동포로 보는 성향이 강했으나, 이명박 정부는 북한을 동포이면서 동시에 우리의 안보를 위협하는 적이라는 인식을 바탕으로 하고 있다. 대북정책은 북한 체제의 고유한 특성과 미래 향방에 대한 냉정한 인식에 기반해야 한다는 것이다.

2. 북핵 위협에 대한 인식

김대중 정부에서는 북한의 핵무기 개발 사실 자체를 무시하거나 방관했다면, 북한의 핵보유가 기정사실화된 노무현 정부에서는 북한의 핵능력과 핵위협을 과소평가했다. 노무현 정부는 북한이 2005년 2월 공개적으로 핵보유를 선언하고, 2006년 10월 핵실험을 단행했음에도 불구하고, 북한의 핵위협 자체를 과소평가하고 안이하게 대처했다.[1]

노무현 정부의 북핵문제 3원칙은 ①북한의 핵무기 보유 불용, ②대화를 통한 평화적 해결, ③문제해결 과정에서 한국의 주도적인 역할이다. 북핵문제에 대한 노무현 정부의 입장은 북한의 핵무기 보유를 용납하지 않겠다는 것이지만, '핵무기 불용' 보다는 '대화를 통한 해결' 에 더 큰 의지를 보였

---

1) 2005년 9월 19일 제4차 6자회담에서의 공동성명 채택으로 마치 북핵문제가 다 해결된 것 같이 자축하면서 샴페인을 일찍 터뜨렸던 것은 노무현 정부가 북핵문제라는 심각한 안보위협에 대해서 얼마나 안이한 인식을 가졌는지를 잘 보여준 사례이다.

다. 노무현 정부는 북한의 핵은 대미 협상용이기에, 우리의 안보에 위협이
되는 것은 아니며 북한 정권이 원하는 당근을 제공한다면 북한이 결국 핵개
발을 포기할 것이라는 낙관적인 생각을 가졌던 것이다. 2004년 11월 노무
현 대통령이 미국 국제문제협의회 주최 오찬에서 행한 다음과 같은 연설내
용은 이를 잘 보여주고 있다.

> "북한은 핵과 미사일을 외부의 위협으로부터 자신을 지키기 위한 억제수단이
> 라고 주장하고 있습니다. 일반적으로 북한의 말은 믿기 어렵지만 이 문제에
> 관해서는 북한의 주장은 여러 가지 상황에 비추어 일리가 있는 측면이 있다고
> 봅니다. 북한이 핵무기를 개발하는 것이 누구를 공격하려 하거나 테러를 지원
> 하고자 하는 것이라고는 단언할 수 없기 때문입니다." 2)

김대중·노무현 정부는 북한의 핵무기가 실질적인 안보위협이 아니며,
대미 협상용으로서의 핵보유는 미국 부시 행정부의 강경책에 기인한 것이
라는 인식을 갖고 있었다. 반면, 이명박 정부는 북한의 핵무기 보유를 가장
치명적인 안보위협으로 인식하고 대북정책의 최우선 과제를 북한의 비핵화
에 두고 있다.

3. 북한의 변화(개혁 개방)에 대한 인식

북한의 변화에 대한 인식과 관련하여 과거 정부에서는 북한 지도부가 개
혁·개방 의지가 있으나 '한반도 냉전구조' 로 인해 주저하고 있다고 판단
했다. 따라서 한국과 미국의 대북 적대정책이 바뀌어서 북한이 안심하고
개혁·개방할 수 있는 환경을 만들어 주는 것이 대북정책의 주된 관심이었
다. 햇볕정책에서는 김정일 위원장을 독재자의 이미지보다는 북한의 개혁·
개방을 이끌 지도자로서 인식함으로써, 타도와 변화의 대상이 아니라 지원

---

2) http://www.president.go.kr(2004년 11월 13일).

의 대상으로 보았다.

한편, 이명박 정부는 북한의 개혁·개방은 외부에서 '환경'을 만들어 줌으로써 해결될 문제가 아니라 북한이 스스로 결정해야 할 '의지'의 문제로 인식하고 있다. 또한 북한 지도부는 정권의 생존과 안전에 우선순위를 두고 있으며, 변화의 의지가 매우 제한적이라고 보고 있다.[3]

4. 미국에 대한 인식

미국에 대한 인식은 상당 부분 북한에 대한 인식의 연장선상에 있다고 볼 수 있다. 즉, 북한이 동포요, 형제라는 인식하에서는 '형제의 적'인 미국은 부정적이며, 북한의 적성을 경계하고 안보를 중요시하는 인식하에서는 '적의 적'인 미국은 한국의 안보를 함께 지켜나가는 협력자요, 동맹국인 것이다.

조민은 노무현 정부의 평화번영정책에서도 부정적인 대미인식을 다음과 같이 지적한다.

"참여정부의 '평화'는 북한 핵문제 해결에 따른 '비핵평화' 논리가 아니었다. 미국의 대북 전쟁 기도를 과장해온 친북반미 성향의 시민단체의 주장인 '반전평화' 논리에 맞닿은 평화담론으로 오해받을 소지가 컸다. '번영'은 출범 초기 러시아와 에너지개발 합작으로 중국·북한과 더불어 동북아의 공동번영을 추구한다는 전략적 개념으로, 여기서도 '미국 없는' 동북아 지역의 공동번영을 꿈꾸었다. 참여정부의 '평화'는 '비핵평화'가 아닌 '반전평화'로 한반도 평화의 정조준 타깃에서 빗나간 측면이 있고, '번영'은 한반도와 동북아 경제협력 구도에서 미국 배제의 '탈미' 경향성을 함축한 논리로 오해받을 소지가 컸다."[4]

---

3) 북한은 국가발전을 위한 '최대'를 추구하기보다 김정일 체제의 유지를 위한 '최소'를 선택하는 전략을 취해 왔다.

4) 조민, "차기정부의 대북·통일정책: 비핵-공영-통일," 평화재단, 『차기정부의 외교·안

〈표 2-1〉 대북정책의 주요인식 비교

	노무현 정부	이명박 정부
북한에 대한 인식	형제	형제 / 적
북핵 위협에 대한 인식	크지 않다: 사용 불가능	매우 크다: 사용가능, 공갈협박
북한 변화에 대한 인식 (개혁개방)	변화 가능: 적극적 경제협력	변화 제한: 신중한 경제협력
미국에 대한 인식	부정적: 형제(북한)의 적	긍정적: 적(북한)의 적-동맹

III. 김대중·노무현 정부 대북정책의 문제점

이명박 정부는 대북지원과 남북경제협력 증진을 통해 북한의 그릇된 행동패턴을 변화시킬 수 있을 것이라는 햇볕정책의 '희망적 가정' 자체가 잘못된 것이기 때문에 총체적 실패를 초래할 수밖에 없었다고 본다.[5] 작금의 현실에서 햇볕정책은 북한의 비우호적 대남태도와 국제적 불법행위, 비인도적 인권탄압에 대하여 침묵하고 북한을 비호하는 조건에서만 명맥유지가 가능하다는 것이다. 김대중·노무현 정부의 대북정책이 지닌 문제점은 다음과 같다.[6]

보, 국방, 통일 정책과제』(서울: 평화재단, 2008), p.80.

5) 따라서 새로운 대북정책의 패러다임은 "김정일 독재정권과의 야합을 의미하는 사이비 민족공조에 기초한 '햇볕정책을 통한 평화통일'에서 북한 동포들의 삶의 질을 획기적으로 개선하는 '북한의 정상국가화를 통한 자유민주통일'로 변경되어야 한다."는 것이다. 한반도선진화재단 21세기선진화국정과제패널 편, 『21세기 대한민국 선진화 국정과제』(서울: 한반도선진화재단, 2007), p.222.

6) 한반도선진화재단 외교안보통일패널 편, 『21세기 새로운 대북정책 패러다임』(서울:

1. 남북문제의 국내 정치적 이용

대외관계의 국내정치적 이용은 정치지도자가 피해야 할 일이지만 현실 정치에서는 빈번하게 발생한다.

〈장면 1〉

2003년 5월 1일, 조지 W 부시 대통령은 전쟁사에 기록될 만한 이벤트를 연출했다. 미 서부 해상의 항공모함 에이브러햄 링컨에서 TV 카메라들이 갑판 위를 비추는 가운데 공군 전투기 한 대가 착륙한다. 조종사 복장을 한 부시 대통령이 전투기에서 내려 "이라크에서 주요 전투작전은 끝났다."고 선언한다. 그 뒤에 내걸린 플래카드의 '임무완수(Mission Accomplished)'라는 글자가 TV 화면 가득 클로즈업된다. 이라크를 공격한 지 42일 만이었다. 그러나 6년이 지난 2010년 1월 말까지 이라크에서 숨진 미군은 4,375명, 그중 4,237명이 '임무완수' 선언 이후 희생되었다.[7]

〈장면 2〉

2000년 6월 16일, 역사적인 최초의 남북정상회담을 마치고 평양에서 돌아온 김대중 대통령은 흥분이 가시지 않은 목소리로 "남북 간에 이제 전쟁은 없다."며 정상회담의 성과를 선언했다. 2년이 지난 2002년 6월 29일 서해 NLL 지역에서 한국의 고속정이 북한 경비정의 기습 공격으로 격침되고, 장병 6명이 전사했으며 19명이 부상당했다. 2006년 10월 9일 북한은 핵실험을 감행했으며, 한국에 대하여 '불바다', '잿더미'로 만들어 버릴 수 있다는 위협적 발언을 해왔다.[8]

한반도선진화재단, 2007), pp.13-22 참조.

7) *AP(Associated Press),* January 29, 2010.

8) 윤평중 교수는 2000년 6·15 정상회담을 "천문학적 거액으로 단 1회의 만남을 산 DJ의 남북정상회담 매수 사건"이라고 평가했다. 윤평중, "남과 북, 사람이 다르다," 『동아일보』 2008년 7월 16일. 김대중 정부는 남북정상회담을 위하여 4억 5,000만 달러의

2. 북핵 방조와 국민에 대한 호도

김대중·노무현 정부는 북한의 핵개발이 핵무장 자체가 목적이 아니라 체제의 안전보장 확보를 위한 협상용이라는 인식하에 대북 설득 압박보다는 미국의 양보 부족을 비판해 왔다. 나아가 김대중·노무현 정부는 남북정상회담 당시의 대북 비밀송금, 금강산 관광사업, 식량 비료 지원 등을 통하여 북한의 핵무기 개발과 무력증강을 방조했다고 볼 수 있다. 결과적으로 김대중·노무현 정부는 '햇볕정책', '평화번영정책'이란 구호 아래 북한이 핵개발을 계속하고 있다는 것을 알면서도 이를 수수방관하거나 사실상 묵인했고, 한 번의 남북정상회담으로 마치 한반도에 평화가 정착된 것과 같은 잘못된 안보 환상을 국민들에게 심어주었다. 이로 인해서 많은 국민들이 북한의 핵무기 개발이나 미사일 발사와 같은 안보 이슈에 무감각해졌고, 이러한 한국의 현실을 외국에서는 오히려 의아하게 생각하는 상황이 초래되었다.

3. 외교안보정책의 실종: 대북정책의 종속변수화

햇볕정책은 한국의 외교안보정책을 대북정책의 종속변수로 전락하게 만들었다. 대북정책은 한국의 전반적인 외교안보정책의 일부분에 불과함에도 불구하고 햇볕정책은 대북정책이 외교안보정책 전반을 좌우하도록 만들었을 뿐만 아니라 외교안보정책을 대북정책을 합리화하고 지원하는 종속변수로 치부했다. 이에 따라 북한을 자극하거나 북한이 반대하는 외교안보정책들은 폐지·보류·변경되었고, 국방정책도 주적개념을 상실함으로써 정체불명의 상태에 이르게 되었다.9)

뒷돈을 북한에 제공했다.

9) 2002년 6월 '제2연평해전' 당시 NLL 침투 등 북한의 도발에 대한 우리 해군의 대응작전은 ①경고방송, ②시위기동, ③차단기동, ④경고사격, ⑤격파사격의 5단계로 진행

4. 한미동맹약화: 신뢰상실

햇볕정책은 북한의 국제적 불법행위를 저지하려는 미국 등 국제사회의 노력과 빈번하게 마찰을 빚었으며, 무분별한 대북지원으로 국제사회의 단합된 대북 제재와 압박의 효과를 저해시켜 왔다. 특히 북한의 군사력 증강과 무력도발 상황에서의 대북지원 및 남북경협의 지속, 확산방지구상(PSI) 참여 거부 등은 미국의 정책과 정면 배치됨으로써 한미동맹을 이완시키고 한미 간의 갈등을 표면화시켰다. 결과적으로 양국 간의 신뢰 문제를 야기하여 정치 사회 전반에 걸쳐 미국의 한국 정부 의도에 대한 의구심을 크게 확산시켰다.[10)]

특히 김대중·노무현 정부는 북한이 내세웠던 '우리민족끼리' 라는 허상적 주장을 믿고 국제사회의 무대에서 북한의 입장을 대변하고 두둔하는 데만 주력했다. 그 결과 전통적 동맹인 한미관계의 핵심적인 가치를 훼손시켰고, 이는 양국 간 신뢰의 상실로 이어졌다.[11)]

됐다. 또한 사격에는 적이 쏘기 전엔 절대로 선제사격을 하지 말라는 상부지침이 있었다. 고속정의 임무인 차단기동은 사실 장병들의 목숨을 내놓고 하는 것이나 마찬가지다. 근접상태에서 북한함정이 먼저 발사하면 당할 수밖에 없기 때문이다. 그 무모함과 어리석음은 2002년 6월 서해교전에서 장병 6명의 희생을 낳았다. 문제의 교전수칙 5단계는 서해교전 이후 차단(근접)기동 대응이 사라진 ①시위기동, ②경고사격, ③격파사격의 3단계로 수정되었다. 조성식, "박정성 전해군2함대사령관의 연평해전 비화," 『신동아』 2008년 6월호.

10) 한국의 확산방지구상(PSI) 참여에 대해서는 전성훈, "PSI와 한국안보: 분석과 제안," 『국가전략』 제14권 2호(2008년), pp.33-61 참조.

11) 오바마 행정부의 국무부 차관보이며, 전 클린턴 행정부 시절 국방부 부차관보를 지낸 커트 캠벨(Kurt M. Campbell)은 노무현 정부 시절의 한미관계에 대해서 "결혼생활이 파국에 이르렀는데도 왕궁발코니에 나타나 군중에게 손을 흔들며 마치 원만한 관계인 양 꾸미는 왕과 왕비와 같다. 왕과 왕비는 발코니만 떠나면 다시 각자의 생활로 돌아간다." 고 평가했으며, "6자회담에서 두 나라는 북한의 위협을 놓고 상반된 평가를 내놓곤 했다." 고 말했다. 『동아일보』 2006년 3월 1일.

5. 북한 인권문제 묵인

김대중·노무현 정부는 북한주민의 자유권 신장을 위한 유엔 인권위원회 및 유엔 총회의 대북 인권결의안에 대해 2006년 10월 북한의 핵실험 직후 단 한 번을 제외하고는 불참 또는 기권 등 소극적인 태도로 일관해 왔다 (〈표 2-2〉 참조). 이에 따라 북한문제 전담 부서인 통일부는 북한인권팀을 해체하고 사회문화총괄팀과 인도협력기획팀 내의 일부 직원들에게 이를 담당하게 하는 등 북한 인권문제에 대해 소극적인 태도를 취하였다. 또한 대통령 직속기구인 국가인권위원회는 북한 인권문제가 자신들의 소관사항이 될 수 없다는 공식발표와 함께 북한 인권자료의 부족으로 상황을 판단할 수 없다는 입장을 보여 왔다.[12]

인권문제는 국제사회가 공유하는 보편적 규범의 문제로서 북한 인권문제는 국제사회의 상식과 규범 그리고 인류애의 입장에서 접근해야 한다. 하지만 과거 정부는 국제규범을 무시했고, 북한 동포가 처한 인권문제를 외면했으며, 북한 정권의 입장을 두둔하는 태도로 접근했기 때문에 상식에

〈표 2-2〉 UN 대북 인권결의안 표결 결과와 한국의 선택

연도	유엔 인권위원회			유엔 총회		
	2003 (59차)	2004 (60차)	2005 (61차)	2005	2006	2007
표결 결과	28:10:14 (찬:반:기)	29:8:15	30:9:14	84:22:62	91:21:60	97:23:60
한국 선택	불참	기권	기권	기권	찬성	기권

12) 윤여상, "북한인권 개선을 위한 진정성과 헌신성을 기대하며," (재)평화재단 『평화논단』 제37호, 2008년 3월 10일, 조성렬, "이명박 정부의 대북정책 구상과 추진전략," 평화재단 제19차 전문가포럼 『이명박 정부의 대북정책과 남북관계』 2008년 3월 19일, p.28에서 재인용.

반하는 북한 인권정책이 나온 것으로 여겨진다. 이로 인해 북한 인권문제를 둘러싼 남남갈등이 유발된 것은 물론 국제적으로도 한국의 이미지가 손상되는 결과를 가져왔다.

6. 대북지원 통계의 비정직성

김대중·노무현 정부는 2000년부터 매년 쌀 40만 톤 정도를 차관형식으로 총 260만 톤을 지원했다.[13] 통일부는 대북 쌀 지원 비용으로 총 9,042억 원 상당(2000~2007)이라고 발표하고 있으나 이는 국내산 쌀 가격을 국제시장 가격으로 산출한 것이다. 즉 〈표 2-3〉에서 보는 바와 같이 2002년의 경우, 국내산 쌀 40만 톤을 지원하면서 비용으로 국제시장 가격 1,510억 원을 상정했으나, 실제로 든 비용은 8,028억 원(국내산 쌀 가격)이었다. 국내산 쌀을 지원하면서 국제 쌀 가격과의 차액 등은 '양곡관리특별회계'에서 부담하였다. 결과적으로 2000년부터 2007년까지 북한의 식량지원에 들어간 실제 비용은 3조 2,867억 원이다. 또한 차관 형태로의 지원 조건은 10년 거치 30년 상환에 연이율 1%로 사실상 무상지원과 다름없다. 단지 쌀 지원에 대한 분배의 투명성을 위한 모니터링 문제로 남남갈등이 불거지자 이를 피하기 위해서 실질적인 무상지원을 차관의 형식으로 제공한 것이다. 이와 같이 김대중·노무현 정부는 '퍼주기' 비난을 피하기 위해 대북 식량지원 비용을 국제 쌀 가격으로 계산하여 대폭 축소시켰다. 대북 식량지원 통계는 차관 형식이라는 명목으로 통일부가 공식적으로 발표하는 인도적 지원 항목에도, 남북교역 항목에도 들어 있지 않았다.

결과적으로 햇볕정책은 10년간 90억 달러라는 막대한 규모의 대북지원에도 불구하고 남북한 간의 진정한 화해 협력을 진전시키지도 못했고, 북한

---

13) 비료도 1999년부터 매년 30만 톤 수준, 총 255만 5천 톤(7,995억 원 상당)을 지원하였다.

〈표 2-3〉 정부의 대북 식량지원 실적(1995~2007)

연도	규모	규모 및 원산지	급액	시기
1995[1]	15만t	전량 국내산	1,854억 원	
2000	50만t	태국산 쌀 30만t 중국산 옥수수 20만t	1,057억 원	2000.10.4~2001.3.30(약 6개월)
2002	40만t	국내산 쌀 40만t	1,510억 원 6,518억 원[2]	2002.9.19~2003.1.15(약 4개월)
2003	40만t	국내산 쌀 40만t	1,510억 원 6,644억 원[2]	2003.7.3~2003.12.18(약 5개월)
2004	40만t	국내산 쌀 10만t 태국산 쌀 30만t	1,359억 원 1,444억 원[2]	육로: 2004.7.20~2004.10.27 해로: 2004.9.3~2005.2.6
2005	50만t	국내산 쌀 40만t 태국산 쌀 10만t	1,957억 원 6,967억 원[2]	육로: 2005.7.26~2005.10.26 해로: 2005.7.30~2006.1.7
2007	40만t	국내산 쌀 15만t 태국산 쌀 25만t	1,649억 원 2,252억 원[2]	2007.6.30~2007.12.5(약 5개월)
합계	275만t		34,721억 원	

1) 1995년 실적은 무상 지원, 2000년 이후 실적은 10년 거치 30년 상환 연이율 1% 차관
2) 국내산 쌀 지원시 국제 쌀 가격과의 차액, 『양곡관리특별회계』에서 부담

의 개혁·개방 및 대남·대외 태도의 변화를 유도하지도 못했다. 북한주민들의 어려운 삶도 개선되지 않고 있다. 오히려 햇볕정책은 북한체제의 합리화 및 강화에 필요한 자금을 제공하여 김정일 정권을 지속 강화시키는데 기여한 부분이 없지 않으며, 민족공조라는 미명하에 북한에 대하여 '저자세', '눈치보기'로 끌려다니는 모습을 보여왔다.

IV. 이명박 정부 대북정책: 비전과 내용

대통령직 인수위원회가 발표한 〈이명박 정부 국정과제 보고〉를 살펴보면 이명박 정부의 대북정책 목표와 방향을 파악해 볼 수 있다. 제17대 대통령직 인수위원회는 2008년 2월 5일 이명박 정부의 5대 국정지표와 21개 전략목표, 192개 국정과제를 발표하였다.

이 가운데 이명박 정부는 '글로벌 코리아'라는 국정지표 아래 '새로운 평화구조의 창출'을 전략목표로 삼고, 이를 달성하기 위한 4대 핵심과제로 ①북핵폐기의 우선적 해결, ②〈비핵 개방 3000〉구상 추진, ③한미관계의 창조적 발전(한미 전략동맹), ④남북 간 인도적 문제의 해결을 제시하였다.[14]

통일부는 2008년 3월 26일 대통령 업무보고시 〈상생·공영의 남북관계 발전〉을 위한 3대 목표로 ①〈비핵 개방 3000〉이행 준비, ②상생의 경제협력 확대, ③호혜적 인도협력 추진을 제시하였다(〈표 2-5〉참조). 대북정책 추진원칙으로 ①실용과 생산성, ②철저한 원칙과 유연한 접근, ③국민적 합

〈표 2-4〉 대통령직 인수위의 남북 관련 국정과제

과제분류	과제명
핵심과제	1. 북핵 폐기의 우선적 해결 2. 〈비핵 개방 3000〉구상 추진 3. 한미관계의 창조적 발전 4. 남북 간 인도적 문제의 해결
중점과제	1. 나들섬 구상 추진 2. 비무장지대 평화적 이용 3. 북한 군사위협 대비태세 강화
일반과제	1. 남북협력기금의 투명성 강화 2. 남북 간 군사적 신뢰구축 및 군비통제 추진

---

14) 제17대 대통령직 인수위원회, 『이명박 정부 국정과제 보고』 2008년 2월 5일.

〈표 2-5〉 '상생·공영의 남북관계 발전': 3대 목표, 12개 과제

I. 〈비핵 개방 3000〉 이행 준비 (⇒ 북한의 비핵화 유도)	①남북관계를 통한 북핵문제 해결 촉진·지원
	②〈비핵 개방 3000〉 이행계획 수립
II. 상생의 경제협력 확대 (⇒ 한반도 경제 선진화 기여)	③남북경협기업의 애로사항 해소
	④산림분야 협력
	⑤농수산 협력
	⑥자원개발 협력
	⑦「나들섬 구상」 구체화
III. 호혜적 인도협력 추진 (⇒ 남북 주민의 행복 추구)	⑧이산가족 상시상봉 체계 구축
	⑨국군포로·납북자 문제 해결 진전
	⑩북한이탈주민 정착지원 강화
	⑪대북 지원의 분배투명성 제고
	⑫북한 인권 개선 노력

의, ④국제협력과 남북협력의 조화를 내세웠으며, 실용과 생산성을 판단하기 위한 대북정책의 실천기준으로는 ①국민들이 동의하는가, ②비용 대비 성과가 있는가, ③북한주민의 삶의 질 향상에 도움이 되는가, ④북한의 발전적 변화에 도움이 되는가, ⑤평화통일에 기여하는가 등이라고 밝혔다.[15]

이 중 〈비핵 개방 3000 구상〉은 이명박 정부의 대북정책 과제들을 포괄적으로 담고 있다. 〈비핵 개방 3000 구상〉은 북한이 핵을 포기하고 개혁개방에 나선다면 10년 후 북한의 1인당 국민소득이 3,000달러가 되도록 적극 지원하겠다는 청사진을 제시하고 있다. 구체적으로 경제, 교육, 재정, 인프라, 복지 등 5대 프로젝트에서 다양한 과제를 명시하고 있다(〈표 2-6〉 참조). 그러나 이러한 과제가 수행되기 위해서는 북한의 비핵화와 개방이

---

15) 통일부, 『2008년 대통령 업무보고 자료』 2008년 3월 26일.

〈표 2-6〉 〈비핵 개방 3000 구상〉의 5대 중점 프로젝트

분야	중점 프로젝트	실천 과제
경제	300만 달러 이상 수출기업 100개 육성	- 경제·법률·금융 분야의 전문 컨설팅 인력 파견 - 북한 지역 내 5대 자유무역지대 설치 - 연 300만 달러 이상 수출 가능한 100개 기업 육성 - KOTRA 등 한국의 해외 네트워크 활용
교육	30만 산업인력 양성	- 30만 북한 경제·금융·기술 전문 인력 육성 - 북한 주요 도시 10곳에 기술 교육 센터 설립 - 북한판 KDI 및 KAIST 설립 지원 - 북한 대학의 경제, 금융, 통상 교육 과정 지원
재정	400억 달러 상당 국제협력자금 조성	- World Bank 및 ADB 국제차관 - 남북교류협력기금 - 해외직접투자 유치 협력 - 북·일 관계 개선에 따른 일본의 대북 지원금
인프라	신(新)경의고속도로 건설	- 에너지난 해소를 위한 협력 - 기간 통신망 연결 및 항만·철도·도로 정비 - 400km 新경의(서울-신의주)고속도로 건설 - 대운하와 연계
복지	인간다운 삶을 위한 복지 지원	- 식량난 해소를 통한 절대 빈곤 해소 - 의료진 파견, 병원 설비 개선 등 의료 지원 - 주택 및 상하수도 개선사업 협력 - 산림 녹화를 위한 1억 그루 나무 심기

선행되어야 함을 분명히 하고 있다.

1. 비핵: 한미공조

이명박 정부 대북정책의 최우선적 과제는 북한의 비핵화이다. 북한의 핵무기 보유는 한반도의 평화적인 질서와 동북아의 국제정치를 근본적으로

뒤흔드는 위협이 되고 있다.16)

따라서 북한 핵이 완전히 폐기될 때까지 대북정책의 핵심은 북핵문제 해결이며, 모든 국가 현안 및 남북관계에서 최우선돼야 한다는 것이다. 북한의 핵무기 개발은 한국전쟁 이후 대한민국이 당면한 가장 중대한 안보위협이자 한반도 현상변경의 기폭제가 될 수도 있는 중대한 사안이며, 이 문제를 해결하지 못하는 한, 평화도 번영도 통일도 어렵다는 것이다.17) 북한이 핵실험을 해도 포용정책을 지속해야 한다는 주장은 좋게 말하면 낭만적인 것이고 나쁘게 말하면 친북공조일 뿐이라는 주장이다. 어떤 경우에도 한반도에서 전쟁이 일어나서는 안 된다는 전제로 대북 제재의 범위와 폭에 대해서는 적극적인 국제공조의 틀 내에서 논의되어야 한다는 것이다.

한미정상회담에서 이명박 대통령은 "북핵문제 해결을 위해서는 인내와 시간이 필요하며, 핵 포기를 설득하는 것이 어렵지만 불가능하지는 않다."고 언급한 바 있다.18) 〈비핵 개방 3000 구상〉도 북한의 핵문제는 해결될 수 있다는 가능성에 무게를 두고 북한으로 하여금 전략적 결단을 내리도록 유도하고 설득하는 정책이다. 〈비핵 개방 3000 구상〉은 미국이 북핵문제 해결에 중요한 결정요인이라는 인식과 북한이 미국과의 관계정상화를 생존전략으로 추진하고 있다는 인식에 기초하고 있다. 한미관계의 개선이 북미관계 개선에 도움이 되며, 북미관계 개선은 남북관계 개선에 도움이 된다는 것이다. 따라서 이명박 정부는 한미관계 개선 → 북미관계 개선 → 남북관계 개선의 '선순환 구조'로 추진한다는 기본 방침을 세워놓고 있다.

이명박 정부의 북핵정책은 북핵문제 해결의 열쇠를 미국이 갖고 있다고 보고 한미공조를 통해 미국을 활용하여 북핵문제를 해결하고자 한다는 점

---

16) 북한은 이미 플루토늄을 40~50kg 정도 보유하고 있으며, 상당 부분을 핵탄두화(5~6개 정도)했을 것으로 추정된다.

17) '한반도 평화체제'에 대한 논의는 북한의 비핵화 일정에 따라 단계적으로 추진하여야 하며, 불안한 현실을 고려하지 않고 정치적인 목적으로 평화를 과도하게 강조하여 국민들에게 환상을 심어주는 정책 추진은 지양해야 한다는 것이다. 한반도선진화재단 21세기선진화국정과제패널 편, p.226.

18) 『중앙일보』 2008년 4월 21일.

에서, 중국의 대북 영향력에 무게를 두고 중국을 통한 북핵문제 해결을 추진했던 노무현 정부의 북핵정책과 차이가 있다. 특히 〈비핵 개방 3000 구상〉은 3단계 로드맵 제시를 통하여 북한이 동조함으로 인해 얻게 될 인센티브와, 반대의 경우 받게 될 손해를 명확히 제시함으로써 북한의 선택을 유도한다는 것이다.19)

2. 개방: 북한의 '정상국가' 화

〈비핵 개방 3000 구상〉의 두 번째 과제는 개방이다. 남북관계의 진정한 발전과 북한 동포들의 삶의 질 개선은 북한이 국제적 규범과 통념에 부합되는 정상적인 국가가 되기 전에는 실현될 수 없다는 것이다.20) 북한의 사회주의 계획경제체제는 그 비효율성으로 주민의 '먹는 문제'도 해결하지 못하고 있는 실정이며, 정치 현실의 측면에서도 북한주민의 인권유린이 심각한 상태에 있다. 뿐만 아니라 북한은 대량살상무기의 개발과 수출, 마약밀매 등의 불법 행위로 국제사회에서 '불량국가(rogue state)', '실패국가(failed state)'로 취급받고 있다.21) 따라서 여기서 '개방'은 단순히 체제의 대외개방을 의미하는 것이 아니라 '국제사회의 정상적인 일원'이 되는 것을 의미한다. 다시 말해서 개방은 북한이 중국, 베트남 등 여타 사회주의

---

19) 〈비핵 개방 3000 구상〉은 북핵문제 해결시 대규모 마샬플랜이 제공된다는 점에서 북한이 전략적 결단을 내리는 데 인센티브로 작용하며 북핵문제 해결에 긍정적인 영향을 미칠 것이라고 주장한다. 서재진, "이명박 정부의 대북정책과 북핵문제 해결의 과제," 경실련통일협회 창립 14주년 기념토론회, 『이명박 정부의 대북정책, 그리고 북핵』 2008년 4월 30일, pp.36-37.

20) 북한의 체제 변화, 즉, 북한의 정상국가화를 전제하지 않은 상태에서 평화와 화해를 이야기하는 것은 북한 주민을 억압하고 굶주리게 하며, 국제평화 파괴 행위를 일삼는 김정일 정권의 현 체제를 존속시키자는 주장에 불과하며, 이러한 방식으로 평화를 추구할 경우 민족 화해와 통일은 더욱 요원해진다는 것이다.

21) 북한 김정일 정권은 국제사회로부터 시계, 향수, 와인 등 '선물정치' 대상 품목의 수입을 규제당하고 있다. 〈유엔안보리 결의안〉 1718호 참조.

국가들이 걸어온 길과 마찬가지로 시장사회주의(market socialism) 또는
사회주의 시장경제(socialist market economy)로 이행하면서 세계시장경
제체제에 편입되는 것이다. 또한 북한이 국제법과 규범, 관행 등을 준수해
정상적인 국제사회의 일원이 되는 것이다.

　　미국과 관계정상화를 실현하기 위해서는 국제사회의 정상적 일원으로서
의 '정상국가(normal state)'가 되어야 한다. 미국 및 일본과의 국교정상
화는 북한이 정상국가화의 길을 선택해야 가능하다. 북한을 정상국가로 발
전시키는 데 있어서 가장 첫 단계가 핵문제를 해결하는 것이며, 더 나아가
인권문제, 납치자문제, 테러지원문제 등에 진전이 있어야 하는 것이다. 〈비
핵 개방 3000 구상〉은 북한이 개방되고 정상국가화 되도록 지원하고 정상
적 일원으로서 국제사회로의 편입을 유도하도록 지원한다는 것이다.[22]

3. 남북경협

　　이명박 정부 대북정책이 추구하는 궁극적 정책목표는 한반도에서 경제
공동체를 실현하는 것이다. 통일을 이룩한다는 목표에 선행해서 '하나의
경제공동체' 실현을 10년 내에 가능하도록 장기적 정책목표로 제시한 것
이다. 북한의 핵문제 해결, 개혁·개방과 정상국가화의 과정들이 실현되면
북한 경제는 획기적인 발전을 할 수 있다는 것이다. 국제금융기구의 차관
도입이 가능해지고 외자가 유입될 것이며 남북경협도 활성화될 것이어서,
결과적으로 10년 내에 북한의 1인당 국민소득 3,000달러 달성이 가능해진
다는 것이다.[23]

---

22) 서재진, pp.30-31.

23) 서재진은 '한반도 경제공동체의 실현'을 이명박 정부 대북정책의 궁극적 목표로, 이
　　의 실현을 위한 단기적 목표가 '비핵화'이며, 중기적 목표가 북한의 '개방(정상국가
　　화),' 장기적 목표가 '3000 비전'이라고 〈비핵 개방 3000 구상〉을 설명한다. 서재
　　진, "이명박 정부의 대북정책과 북핵문제 해결의 과제," pp.26-28. 북한경제를 현재

남북경협과 관련하여 가장 논쟁이 되는 부분은 〈비핵 개방 3000 구상〉에서 비핵 개방과 경제협력의 연계여부이다. 이명박 대통령은 후보 시절인 2007년 9월 "북한이 핵시설 불능화를 완료하고 핵폐기 단계에 진입한다면 남북한 사이에 '경제공동체 실현을 위한 협의체'를 설치하여 〈비핵 개방 3000 구상〉의 구체화를 위한 사전협의를 본격화할 것"이라고 주장한 바 있다. 실제로 〈비핵 개방 3000 구상〉 추진과정에서 북한의 비핵화와 개방은 경직된 조건이 아닌 유연하고 단계적으로 적용될 가능성이 높다.[24] 그러나 비핵화의 유연한 적용 가능성에도 불구하고 〈비핵 개방 3000 구상〉에서 말하는 핵심적인 내용은 북한의 핵폐기와 개방이 전제되어야 본격적으로 대북 지원과 경제협력이 추진될 수 있다는 것이다.[25] 무엇보다도 먼저 핵문제가 해결되고 북한이 개방되어야만 대규모의 남북경협이 가능하다는 것이다. 사실 민간기업과 국제사회의 참여 없이는 남북경협의 발전에 한계가 있으며, 국제적 협력을 유도하여 본격적인 남북경협 활성화를 위한 최소한의 환경이 북한의 비핵화와 개방이라는 것이다. 다시 말해서 북한이 어느 정도 국제사회와 신뢰를 쌓을 수 있느냐가 관건이다. 핵을 가지고 국제사회와 대립하는 상황은 사실상 경제협력이 불가능한 상태라고 해도 과언이 아니다.

남북경협과 관련, 대통령직 인수위원회는 통일부 업무보고 때에 남북 경협사업을 북핵문제 진전에 맞추어 이행해 줄 것을 요청하면서, 쌀·비료 지

1인당 소득 500달러 정도(한국은행 발표는 914달러)로 본다면, 매년 15~20%의 성장(연평균 17%)을 지속하면 10년 후 1인당 국민소득 3,000달러 경제로 도약이 가능하다는 것이다.

24) 〈비핵 개방 3000 구상〉은 핵문제 해결의 진전 정도에 따라 ①비핵화 단계, ②개방화·정상화 단계, ③3000 비전 구현 단계로 정책을 추진한다는 단계론적 구상으로 추진되어야 한다고 본다. 각각의 단계는 각기 정책의 역점을 어디에 두느냐의 문제이다. 1단계와 2단계가 일부 중복될 수 있고, 2단계와 3단계가 일부 겹칠 수 있다. 그러나 1단계와 3단계는 명확히 분리 추진되어야 한다(서재진, p.3).

25) 김하중 통일부 장관이 2008년 3월 19일 "북핵문제가 계속 타결되지 않고 문제가 남는다면 개성공단, 사업을 확대하기 어렵다."고 말한 것도 이와 같은 맥락에서 핵문제와 경제협력의 연계정책을 밝힌 것이라 할 수 있다. 『중앙일보』 2008년 3월 20일.

원 등 인도적 사업은 계속 추진하되, 경협사업은 북핵문제가 진전되는 상황에 따라 이행한다는 원칙을 제시하였다. 이러한 원칙에 따라 남북경협과 인도적 지원 등 북한과의 경제관계는 다음과 같이 이행한다는 것이다.

첫째, 개성공단사업, 금강산관광사업 등 기존의 남북경협사업은 그대로 유지한다.

둘째, 대규모 남북경협의 추가적인 확대나 시행은 ①북핵문제의 진전, ②경제성, ③재정부담 능력, ④국민적 합의 등 '대북 경협추진 4대 원칙'에 따라 추진한다. 그리고 이러한 4대 원칙에 따라 10-4 정상선언 합의사항 등 참여정부의 대북 경협사업을 ①우선할 것, ②나중에 할 것, ③못할 것 등으로 구분해 시행하겠다는 입장을 밝혔다.[26]

셋째, 인도적 지원에 대해서는 ①순수한 인도적 차원의 대북지원은 북핵 등 정치적 문제와 관계없이 인도주의 차원에서 추진, ②북한이 지원 요청을 할 경우 이를 검토해서 (국제기구를 통해서가 아니라) 직접 지원, ③북한 주민의 식량 상황이 매우 심각하다고 확인되거나 심각한 재해가 발생할 경우 지원 요청 없이도 식량 지원 등 '대북 식량지원 3대 원칙'을 제시했다.[27]

4. 인도적 문제: 남북주민의 행복추구

이명박 정부 대북정책의 중요 목표 중 하나는 인도적 문제를 해결하여 남북주민의 행복을 증진시킨다는 것이다. 대통령직 인수위원회의 〈남북관계 관련 국정과제〉의 4대 핵심과제 중 하나로 '남북간 인도적 문제의 해결'을 설정하였으며, 통일부의 2008년 업무보고 〈상생 공영의 남북관계 발

---

26) 『중앙일보』 2008년 2월 2일.
27) 『동아일보』 2008년 5월 20일. 김하중 통일부 장관은 2008년 4월 29일 국회 통일외교통상위원회에서 대북 식량지원과 관련 "북한의 요청이 있을 때 인도적 차원에서 검토할 용의가 있다."며 "새정부 출범 이후 북에서 아무런 얘기가 없는데 앞으로 그런 요청이 있으면 적극 검토할 것"이라고 답변하였다. 『중앙일보』 2008년 4월 30일.

전)의 3대 목표 가운데 '호혜적 인도협력 추진'이 포함되어 있다. 호혜적 인도협력의 세부적 내용으로는 ①이산가족 상시 상봉 체계 구축, ②국군포로 납북자 문제해결 진전, ③북한이탈주민 정착지원 강화, ④대북지원의 분배투명성 제고, ⑤북한 인권 개선 노력 등이 있다. 특히 국민의 재산과 생명 보호는 국가 존재의 근거로서 국군포로와 납북자 문제의 해결은 기본적 국가의 책무이다.[28] 국방부는 대통령 업무보고에서 국군포로 문제와 관련, "북한에 억류 중인 국군포로 문제를 국가적 책무이행 차원에서 해결해 나갈 것"임을 밝혔다.[29] 한편 북한주민들의 실질적인 삶의 질 개선을 위해서는 기아와 인권침해에서 벗어날 수 있도록 개혁 개방과 함께 인권국가화를 통한 북한의 정상국가화가 필요하다는 것이다.[30]

V. 맺는말: 평가 및 제언

1. 평가 및 고려사항

지난 10년간의 대북정책과 근본적인 차별화를 선언한 이명박 정부의 대

---

28) 북한 당국이 국군포로의 존재 자체를 인정하지 않고 있는 가운데, 2007년 말 기준으로 560명의 국군포로가 북한에 생존해 있는 것으로 추정되며, 지금까지 70명의 국군포로와 150명의 가족이 북한을 이탈해 귀환하였다(조성렬, p.27). 북한이 국군포로 납북자 문제의 공식 의제화를 거부함에 따라 김대중·노무현 정부는 이들을 '특수이산가족'으로 취급하여 이산가족 상봉행사에 부분적으로 포함시켜 생사확인 및 상봉을 추진해 왔다. 2000년 11월부터 2007년 말까지 국군포로 20가족, 납북자 18가족이 상봉의 기회를 가졌다. 통일부, 『통일백서 2008』(서울: 통일부, 2008), p.203.

29) 『연합뉴스』 2008년 3월 12일.

30) 이명박 정부 출범 이후, 외교부 박인국 다자외교실장은 2008년 3월 3일 제네바에서 열린 유엔 인권이사회 기조연설에서 북한 인권 상황 개선을 위한 적절한 조치를 취할 것을 촉구하였다. 『중앙일보』 2008년 3월 4일.

북정책은 북한의 강력한 반발에 부딪히며 남북관계가 경색되고 있다. 또한 한국 내부의 햇볕정책 옹호론자들의 비판 역시 거세다. 이는 남북관계를 새로운 차원으로 발전시키기 위한 진통이라고 할 수 있다. 그러나 한편으로는 이에 대비하고 앞으로 원하는 성과를 거둘 수 있도록 정책을 보완 발전시킬 필요가 있다. 이를 위해 우선적으로 정부가 고려할 것들은 다음과 같다.

1) 대북정책의 큰 틀

지난 10년간 김대중·노무현 정부는 한반도의 냉전구조 해체를 표방해 왔다. 미국, 일본 및 한국의 대북 적대정책이 냉전구조의 핵심으로 대북 적대정책을 해소하면, 북한 스스로 핵문제를 풀고 개혁 개방으로 나선다는 발상이었다. 그러나 한반도와 그 주변에는 중국, 러시아를 포함한 모든 국가들이 개혁 개방과 시장경제의 흐름에 참여한 상황에서 북한만이 실패국가(failed state)로서 존재한다. 즉 한반도의 냉전구조는 그 원인이 미국·일본·한국에 있는 것이 아니라 북한에게 있으며, 문제의 본질은 '북한문제'의 해결이다. 과거의 대북정책은 지난 10년간 북한이 변화를 추진하지 않는 이유를 '외부의 탓(냉전구조)'으로 보아 냉전구조 해체에 주력하였으며, 더욱이 국내의 퍼주기 논란까지 감수하고 북한에 상당한 지원(10년간 90억 달러)을 제공하였다. 이러한 대북정책은 북한의 변화를 촉진하기보다는 북한의 변화를 방해해 왔다. 북한문제를 '외부의 탓'으로 돌림으로써 북한의 변화를 촉구하지 못했으며, 일방적 지원은 북한정권에게 변화의 필요성을 절감하지 못하게 하는 효과를 초래하였다는 것이다.[31]

2) 구체적인 전략 필요

대북정책의 큰 틀과 방향은 마련되었으나 차후 이를 실현할 수 있는 구체

---

31) 윤덕민, "〈비핵 개방 3000 구상〉: 과제와 전망," 외교안보연구원, 『주요국제문제분석』(2008.4.29), p.2.

적인 전략이 필요하다. 〈비핵 개방 3000 구상〉은 이명박 정부의 대북정책
을 구성하는 핵심요소이나 대북정책 전체는 아니다. 따라서 이를 보완하고
종합적인 정책을 수립하는 작업이 요구된다. "북한을 지원하고 포용하면
북한이 변할 것"이라는 햇볕정책의 단선적 가정이 맞지 않는 것처럼 "북한
이 변화하면 포용할 것"이라는 〈비핵 개방 3000 구상〉의 가정도 훨씬 복잡
한 상황에 대비할 필요가 있다.[32] 특히 〈비핵 개방 3000 구상〉은 '미래의
정책'에 중점을 두고 있으나, '현재의 정책'도 보완되어야 할 것이다. 〈비
핵 개방 3000 구상〉은 장래의 '적극관여'의 가능성을 남기고 있으나, 현재
까지는 '소극관여' 이상의 모습은 보여주지 못했다. 다시 말해서 비핵화
이전에 대한 대비책과 비핵화를 이끄는 방법에 대해서 구체화된 전략을 세
워야 한다.[33]

3) 원칙있는 정책추진

원칙있는 정책추진이 필요하다. 이명박 정부의 대북정책은 초기 추진과
정에서부터 남북관계 경색과 이에 따른 남남갈등 및 경제에 미치는 부정적
영향 등 많은 도전을 받고 있으며, 앞으로 그 도전은 더욱 커질 것이다.
그것은 잘못된 정책을 바로잡는 과정에서 치러야 하는 불가피한 비용이다.
정부의 굳은 원칙과 치밀한 전략이 없다면 시행착오만 반복하다가 오히려
북한의 의도대로 끌려갈 수도 있다. 이러한 경우에는 햇볕정책을 계속 유지
하여 시행한 것보다도 오히려 나쁜 결과를 초래할 수 있다. 대북정책을 원칙
에 충실히 맞추어 추진하기 위해서는 짧은 시간 내에 가시적인 성과를 내고
싶은 조바심과 국내 정치적으로 이용하고 싶은 유혹에서 벗어나야 한다.

---

32) 우선 〈비핵 개방 3000 구상〉에 바람직한 미래 상황을 유도하기 위해서는 길게 보는
안목과 장기적 노력이 필요하며, 상황이 예상대로 전개되지 않을 경우도 대비해야
한다는 점을 포함시켜야 할 것이다.
33) 최진욱, "이명박 정부에 대한 북한의 반응 및 평가: 정책적 시사점," 통일연구원 개원
17주년 기념 학술회의 『2008년 남북관계의 진단과 과제』(2008년 4월 18일), p.57.

2. 대북 접근방법

1) 남북대화

'남북대화 유지'라는 형식보다는 '남북관계의 안정되고 실제적인 발전'이라는 실질적 내용을 중시하는 정책접근이 요구된다. 남북대화 개최 자체에 지나친 의미를 부여하고, 남북대화가 중단되면 마치 무슨 일이 벌어질 것 같이 우려하는 분위기가 우리 사회에 퍼져 있는 것이 사실이다. 따라서 북한은 대화에 응하는 것만으로도 보상을 요구해왔고, 남북대화 결렬을 대남 협상 카드로 이용해 왔다. 이러한 관행은 '북에 끌려 다니는 남북협상, 남북관계'를 만들었다.[34] 남북대화 자체가 중요한 것이 아니라 그 안에서 어떤 내용의 대화를 통하여 어떤 결과를 얻는가를 중시하는 방향으로 인식의 전환이 이루어져야 한다.

2) 남북경협: 민간기업 위주

남북한 간의 경제협력은 ①정부당국에 의한 경제협력, ②민간기업에 의한 경제협력, ③인도적 지원으로 구분할 수 있다. 이 가운데에서 민간기업에 의한 경제협력이 남북한 경제협력의 중심이 되어야 한다. 〈비핵 개방 3000 구상〉에는 민간경협이 빠져 있다. 남북경협의 활성화와 북한경제의 회복을 위해서는 민간기업의 대북진출이 필수적이다. 남북경협의 활성화를 위해서는 정권의 변화에 영향받지 않는 민간기업의 지속적인 대북사업이 이루어져야 한다. 모든 대북 지원을 정부 차원에서 한다는 것은 불가능하다.[35] 민간기업의 대북진출이 활발히 이루어질 경우 그만큼 정부의 대북

---

34) 매년 초 비료 및 식량 지원과 관련된 남북 당국 간 협의가 진행되면서 남북대화가 시작됐다. 비료지원은 남북대화를 시작하는 명분이었고, 식량지원은 이산가족상봉을 이어가는 명분이었다. 이는 모두 북한의 식량난을 감안한 지원이었다. 그런데 북한은 이러한 지원에 대해 마치 맡겨 놓았던 것을 당연히 받아가는 태도를 취하곤 했다.

35) 김대중 정부 이후 2006년까지 9년(1998~2006) 동안 지원된 남북사업예산이 모두 7조 3,000억 원에 이른다. 남북사업예산은 남북협력기금과 통일부의 일반회계 예산을 합친 금액이다. 9년간 투입된 금액의 89%(6조 4,894억 원)는 경수로사업, 개성공단

경제지원 부담은 감소하게 될 것이며, 해외자본의 유치에도 긍정적인 영향을 미칠 것이다. 뿐만 아니라 민간기업의 경제활동은 북한경제의 시장경제 학습에 훨씬 효과적인 방법이라고 할 수 있다.

그동안 남북경협과 관련하여 야기되었던 남남갈등이나 경협사업의 효율성 문제는 모두 경협사업 주체로서 정부와 민간기업의 기능을 명확하게 구분하지 못했던 점에서 비롯되었다. 정부차원의 대북지원이나 북한의 현금수입은 민간기업 차원의 수익추구형 사업을 약화시키는 효과가 있다. 즉 정부나 협력기업 차원에서 북한이 필요로 하는 것을 일방적으로 제공하는 경우, 민간기업 차원의 이윤추구형 사업에 대해 북한이 소극적일 수 있다는 것이다. 또한 북핵문제와 남북경협 활성화의 괴리에서 벗어나기 위해서라도 남북경협의 주요 행위자는 정부당국이 아닌 민간기업이 되어야 할 것이다.

3) 인도적 지원과 호혜적 인도협력

앞에서 살펴보았던 것과 같이 김대중·노무현 정부는 2000년부터 2007년까지 매년 쌀 40만 톤 정도를 북한에 차관형식으로 총 260만 톤을 지원했다. 이 차관 형태도 지원된 쌀에 대한 분배의 투명성을 위한 모니터링 문제를 피하기 위한 미봉책으로, 실상은 지원조건 10년 거치 30년 상환에 연이율 1%로 무상지원과 다름없었다. 따라서 인도적 지원의 형태를 차관형식에서 무상지원으로 바꿔야 하며,[36] 분배의 투명성을 높여서 북한 정권에 대한 지원 중심이 아닌, 실질적으로 북한주민 특히 취약계층들에게 도움을 주는 지원이어야 한다.[37] 대북 인도적 지원시 북한과는 분배의 투명성

사업, 쌀이나 비료지원, 이산가족 교류 등 민족공동체 회복지원자금으로 들어갔다. 또 9%(6,502억 원)는 인적왕래, 사회문화교류 등 남북교류협력지원사업, 나머지 2%(1,268억 원)는 남북회담비용 등으로 들어갔다. 『중앙일보』 2006년 7월 20일.

36) 대북 식량차관 제공은 무상지원이 아닌 차관 형태이기 때문에 북한 당국은 공적 분배 시스템을 통해 배급을 하면서 일정 금액을 주민들로부터 받을 수 있는 바, 이는 북한 당국의 재정수입을 올려주는 결과를 초래한다. 동용승, "〈비핵 개방 3000 구상〉과 남북경제협력 방안," 평화재단 제19차 전문가포럼『이명박 정부의 대북정책과 남북 관계』(2008년 3월 19일), p.49.

을 높일 수 있는 모니터링 방법에 대해서 원칙을 갖고 합의를 도출해내야
한다. 만일 이러한 합의가 어려울 경우에는 지원을 보류하거나, 지원량을
축소하여 비교적 분배의 투명성을 유지할 수 있는 세계식량기구(WFP)와
같은 비정부기구를 통하여 지원하는 방법을 활용해야 한다.[38]

한편 북한 식량난이 단순한 식량 부족 때문이 아니라 북한 당국의 정책
실패 때문이라는 사실을 인식하고 대북 인도적 지원단체 및 국제사회에 이
사실을 널리 알려 북한의 정책 변화를 유도할 필요가 있다.[39] 또한 우리의
식량 비료 지원(1999~2007년 동안 4조 862억 원)과 이산가족 상봉 확대,
국군포로 및 납북자 문제 해결을 연계하는 '인도적 상호주의' 접근도 고려
해 볼 필요가 있다.[40]

---

37) 북한에는 공식적인 분배기구에 의해서 식량을 공급받는 계층, 시장에서 장사를 통해
식량을 확보하는 계층이 있는 반면, 이 두 가지 시스템으로부터 소외된 계층이 상당
수 존재한다. 우리의 식량지원은 바로 이 소외된 계층에 전달되어야 한다. 따라서
인도적 지원일 경우 취약계층으로 정확히 전달되는지를 엄격하게 모니터링할 수 있
어야 한다.

38) 세계식량기구 등 국제기구는 평양에 상주하면서 200여 지역에 대해 모니터링을 실시
해 오고 있다.

39) 최근 북한의 식량난은 북한 당국이 주민에 대한 식량 통제권을 다시 확보하려는 과정
에서 사용한 정책의 부작용 때문이며, 이런 정책의 변화없이 외부에서 무조건으로
식량을 지원하면 취약계층을 돕는 것이 아니라 북한 지도부에 일방적인 혜택을 줄
위험성이 있다. 북한 당국이 개인들의 자유로운 경제활동을 더 허용하면 식량의 생산
과 유통이 활발해져 외부 지원과 관계없이 식량난 완화에 도움이 될 것이다. 이석, "북
한의 기근 재발 가능성과 대북정책의 시사점," 한국농촌경제연구원, 『북한 식량상황
평가』, 2008년 6월 4일.

40) 서독의 경우, 범죄행위를 보상한다는 비판을 피하기 위해 정부가 아닌 민간 사회복지
단체인 디아코니(Diakonie)가 동독 내의 정치범과 이산가족의 송환협상에서 대가지불
송환방식으로 1963~1989년의 27년간 3만 3,755명의 송환을 이뤄냈다. 하태경, "신정
부 대북 인권정책의 단계별 추진전략," 국가안보전략연구원 비공개세미나 발표문
(2008년 2월 22일), 조성렬, p.29에서 재인용.

4) 북핵문제

이명박 정부의 대북정책은 '북핵문제와 남북관계의 관계를 어떻게 설정하느냐'의 어려운 문제에 직면해 있다. 1993년 북핵문제가 불거진 이후 남북관계는 북핵문제라는 외생변수를 조율하는 문제와 씨름해 왔다. 선 핵문제 해결, 선 남북문제 추진, 병행추진, 선 순환관계 지향 등 여러 가지 대안이 제시되었지만 아직까지 양자 사이의 최적 상태의 만족할 만한 해답은 제시되지 않고 있다. 핵문제 해결을 우선시하는 이명박 정부에게 있어서 북핵문제와 남북관계를 연계하는 것은 어려운 도전이 아닐 수 없다.41) 더욱이 6자회담에서 한국의 역할에는 분명히 한계가 있다.

2003년 8월 6자회담이 시작된 이래 9·19 공동성명(2005), 2·13 합의(2007), 10·3 합의(2007) 등 일련의 문건이 도출되었지만, 북핵 완전폐기라는 목표를 달성하는 일은 아직 요원하기만 하다. 〈비핵 개방 3000 구상〉은 초기의 '선 비핵 개방, 후 대북지원' 입장을 '①불능화 신고 완료, ②핵폐기 이행, ③핵폐기 완료 이후'의 세 단계로 나누어 각 단계별로 상응하는 대북지원을 하도록 세분화했으나, 이 역시 불능화 신고 이후 바로 핵폐기 단계로 넘어갈 것으로 상정하는 단순논리를 벗어나지 못하고 있다. 북한의 핵전략과 과거 핵군축 협상의 사례를 볼 때, 핵폐기 협상은 지금까지 그 어떠한 협상보다 많은 시간과 노력이 필요한 매우 장기적이고 지난한 과정이라는 현실 인식에 바탕을 두고 접근해야 할 것이다.42)

---

41) 박종철, "대북포용정책과 상생공영정책의 비교: 도전과 전략적 선택," 통일연구원 건국 60주년 기념 통일 심포지엄, 『이명박 정부 대북정책 비전 및 추진방향』(2008년 7월 18일), pp.23-24.

42) 일례로 국제군축협상은 많은 시간이 소요되는 것이 일반적이다. 핵무기확산방지조약 (NPT)의 경우 협상에 소요된 시간이 최소한 8년, 미·소 전략무기제한협정(SALT)은 4년, 중거리핵미사일폐기조약(INF)은 6년이 걸렸고, 유럽균형감축협상(MBFR)은 17년간 협상을 진행하다 끝내 실패했다. 전성훈, "한미정상회담 이후 국제협력과 남북관계 전망," 2008년 제2차 민화협 정책토론회 『한미정상회담 이후 국제협력과 남북관계 전망』(2008년 4월 24일), pp.12-13. 전성훈은 김정일 정권이 존재하는 한 완전한 북핵폐기를 기대하기는 어렵다고 주장한다. 전성훈, "북핵문제 해결을 위한 이명박 정부의 역할," 통일연구원 개원17주년 기념 학술회의 『2008년 남북관계의 진단

───────────
과 과제』(2008년 4월 18일), p.5. 싱가포르 합의(2008.4.8)는 주로 플루토늄 프로그
램에 관한 것이며, 우라늄농축프로그램(UEP) 문제는 추가로 설명하고, 시리아와의
핵협력 사실에 대해서는 북한이 이의를 제기하지 않는 방식으로 일단락된 불완전한
합의이다. 따라서 앞으로 ①검증단의 구성, ②검증대상 및 절차, ③사용 후 연료봉의
처리, ④경수로 건설 문제, ⑤우라늄농축 문제, ⑥핵무기 폐기 등 어려운 문제들이
산적해 있다.

▌참고문헌 ▌

김경일. 2008. "실용주의 대북정책과 남북관계의 전망." 서울대학교 통일연구소 창립 2주년 기념 학술회의『통일, 평화, 그리고 실용주의: 이명박 정부 대북정책의 비전과 쟁점』발표논문. 5월 20일.

김근식. 2008. "신정부의 대북정책에 대한 북한의 대응전략." 국가안보전략연구소. 『이명박 정부의 대북정책 추진전략』. 2월 22일.

동용승. 2008. "비핵 개방 3000 구상과 남북경제협력 방안." 평화재단 제19차 전문가포럼『이명박 정부의 대북정책과 남북관계』발표논문. 3월 19일.

『동아일보』2006.3.1.

_____ 2008.5.20.

박종철. 2008. "대북포용정책과 상생공영정책의 비교: 도전과 전략적 선택." 통일연구원 건국 60주년 기념 통일심포지엄『이명박 정부 대북정책 비전 및 추진방향』발표논문. 7월 18일.

백승주. 2008. "MB정부의 대북정책 구상, 전략, 쟁점." 제1차 민화협 정책포럼『정부의 대북정책 구상과 추진 전략, 그리고 민간의 역할 모색』발표논문. 3월 27일.

서재진. 2008. "이명박 정부의 대북정책과 북핵문제 해결의 과제." 경실련통일협회 창립 14주년 기념토론회『이명박 정부의 대북정책, 그리고 북핵』발표논문. 4월 30일.

『연합뉴스』2008.3.12.

윤덕민. 2008. "비핵·개방 3000 구상: 과제와 전망." 외교안보연구원. 『주요 국제문제 분석』4월 29일.

윤여상. 2008. "북한인권 개선을 위한 진정성과 헌신성을 기대하며." (재)평화재단 『평화논단』제37호. 3월 10일.

이 석. 2008. "북한의 기근 재발 가능성과 대북정책의 시사점." 한국농촌경제연구원. 『북한 식량상황 평가』. 6월 4일.

이상현. 2008. "북한의 비핵화를 위한 정책과제와 전략." KIEP 정책세미나 『이명박 정부의 대북정책 과제 및 추진방안』 발표논문. 4월 23일.

이영훈. 2008. "'비핵·개방 3000'은 실현 가능한가." 국가안보전략연구소 전략연포럼 『이명박 정부의 대북정책 추진전략』 발표논문. 2월 22일.

전성훈. 2008. "북핵문제 해결을 위한 이명박 정부의 역할." 통일연구원 개원17주년 기념 학술회의 『2008년 남북관계의 진단과 과제』 발표논문. 4월 18일.

_____. 2008. "PSI와 한국안보: 분석과 제안." 『국가전략』 제14권 2호.

_____. 2008. "한미정상회담 이후 국제협력과 남북관계 전망." 민화협 정책토론회 『한미정상회담 이후 국제협력과 남북관계 전망』 발표논문. 4월 24일.

제17대 대통령직 인수위원회. 2008. 『이명박 정부 국정과제 보고』. 2월 5일.

조 민. 2008. "차기정부의 대북·통일정책: 비핵-공영-통일." 평화재단. 『차기정부의 외교·안보, 국방, 통일정책과제』. 서울: 평화재단.

조성렬. 2008. "이명박 정부의 대북정책 구상과 추진전략." 평화재단 제19차 전문가포럼 『이명박 정부의 대북정책과 남북관계』 발표논문. 3월 19일.

조성식. 2008. "박정성 전해군 2함대사령관의 연평해전 비화." 『신동아』 6월호.

『중앙일보』 2006.7.20.

_____ 2008.2.2.

_____ 2008.3.4.

_____ 2008.3.20.

_____ 2008.4.21.

청와대(www.president.go.kr) 홈페이지(검색일: 2004년 11월 13일).

최진욱. 2008. "이명박 정부에 대한 북한의 반응 및 평가: 정책적 시사점." 통일연구원 개원17주년 기념 학술회의 『2008년 남북관계의 진단과 과제』 발표논문. 4월 18일.

통일부. 2008. 『2008년 대통령 업무보고 자료』. 3월 26일.

_____. 2008. 『통일백서 2008』. 서울: 통일부.

한반도선진화재단 21세기선진화국정과제패널 편. 2007. 『21세기 대한민국 선진화 국정과제』. 서울: 한반도선진화재단.

한반도선진화재단 외교안보통일패널 편. 2007. 『21세기 새로운 대북정책 패러다임』. 서울: 한반도선진화재단.

AP(Associated Press). January 29. 2010.

제3장 |

부시 행정부의 북핵 전략과 선택*

I. 머리말

2002년 10월 북한의 농축우라늄 비밀 핵개발 계획에서 비롯된 제2차 북핵 위기가 시작된 이래 북핵문제는 여전히 해결의 실마리를 찾지 못한 가운데 지루한 북·미 간 공방만 되풀이하고 있다. 이와 같은 북·미 간 줄다리기는 개시 7년째를 맞이하고 있는 6자회담 과정은 물론, 길게는 지난 16년간의 북핵 협상과정을 통해 이미 정례화되었다(〈부록 3-1, 2〉참조).

부시 행정부 당시 북핵문제는 미국의 강경한 반 테러(counter-terrorism) 및 대량살상무기(WMD: Weapons of Mass Destruction) 비확산정책과, 이를 불신하며 더 나아가 자국에 대한 위협으로 인식하는 북한 정권의 판단으로 인해 양국의 '핵개발 포기-불가침 보장' 1) 요구가 첨예하게 대립, 단기

---

* 이 글은 "부시 행정부의 북핵 전략과 선택," 『세계지역연구논총』 제22집 2호(2004)를 수정·보완한 것이다.
1) 북한은 지난 1차 6자회담(2003.8)에 제시한 입장에서 "우리는 미국과 법적 구속력이

간에 해결될 가능성은 높지 않았다.

북핵문제는 한·미관계에도 지대한 영향을 미쳤다. 한·미 간에는 북한에 대한 인식, 북핵문제의 해결방법 등에서 의견 대립이 노정되기도 했으며, 노무현 정부는 북핵 갈등을 둘러싸고 미국과 북한 사이에서 분명한 입장을 취하지 않고 중재자 역할을 자임, 한·미공조의 불협화음을 초래한 바 있다. 돈 오버도퍼(Don Oberdorfer)는 한반도는 ①북한의 확고한 핵무기 소유욕, ②미국의 비타협적 자세, ③한·미동맹의 차질 등 3가지 요소가 복합돼 한국전쟁 이후 최대의 위기상황으로 몰아가고 있다고 주장했다.[2] 이러한 상황 조건에서 미국이 북한 핵문제를 어떻게 인식하고 있으며, 어떻게 접근하고 있느냐에 대한 이해는 매우 중요하다. 이 장에서는 북한의 핵보유 의지와 핵 능력을 살펴보고, 핵문제를 중심으로 한 미국의 세계전략 및 대북정책을 분석하여, 이를 근거로 핵문제 해결을 위한 미국의 선택을 검토하고자 한다. 또한 이에 대응하는 우리의 합리적 정책과제를 모색하고자 한다.

II. 제2차 북한 핵위기의 전개

제2차 북한 핵위기는 2002년 10월 3일~5일 미국의 제임스 켈리 국무부 차관보와 북한의 강석주 외무성 제1부상과의 북·미 고위급회담에서 강석주 부상이 고농축우라늄 핵 프로그램을 시인하면서 대두되었다.[3] 이후 북·

있는 불가침조약을 체결할 것을 요구합니다. 우리에게 구두 혹은 서면 안전보장, 심지어 미·중·러의 공동안전보장 같은 것을 주면 된다고 생각하면 오산입니다" 라고 주장했다. 『조선중앙통신』 2003년 9월 29일.

2) 오버도퍼는 특히 "한·미 양국 정부와 국민들은 지난 50년간 동맹의 접착제 역할을 해왔던 북한문제에 관해 매우 다른 방향으로 움직이고 있기 때문에 동맹관계에 차질을 빚고 있다" 면서 "한국과 미국은 서로 떨어져 나가고 있다" 고 주장했다. 『조선일보』 2003년 5월 3일.

미 간 요구조건이 대립되면서 타협점을 찾지 못하고 심각한 국면으로 전개되었다. 미국의 입장은 북한이 제네바합의, 핵확산금지조약(NPT), 국제원자력기구(IAEA)의 안전조치협정, 한반도 비핵화 공동선언 등 4개의 협정을 위반했으며, 북한이 먼저 핵개발을 포기해야 대화가 시작될 수 있다는 것이다. 이에 대해 북한은 제네바합의에 따른 경수로 건설의 지연과 미국의 핵무기 불위협 또는 불사용 보장이 지켜지지 않고 있다고 주장하였다. 미국은 북한을 '악의 축(axis of evil)'으로 규정하고 핵 선제공격 대상국에 포함시키고 있어, 미국의 '핵압살 위협'에 대처하기 위해 "핵무기는 물론 그것보다 더한 것도 지니게 되어 있다(entitled to have)"고 하면서도 미국이 핵 불사용을 포함한 불가침조약을 체결한다면 미국의 안보 우려를 해소해 줄 용의가 있다고 밝혔다.[4]

이러한 가운데 미국은 2002년 11월 14일 제네바협정 체결 이후 북한에 제공해 오던 중유 공급을 2002년 12월부터 중단하기로 결정했다.[5] 이에 대해 북한은 중유 공급 중단을 명분으로 삼아서 제네바협정을 사실상 무력화시키는 일련의 조치를 취해 나갔다. 북한은 2002년 12월 12일 외무성 대변인 특별담화를 통해 핵동결 해제를 선언한 이후, 12월 21일에는 동결된

---

3) 부시 행정부는 북한의 핵개발 및 시인에 대해서 대체적으로 세 가지 이유를 제시하고 있다. 첫째, 북한은 핵 공갈(nuclear blackmail)만이 자신의 체제를 유지시켜 줄 수 있고, 둘째, 이라크와 아프가니스탄의 탈레반 정권의 경우에서 보듯 핵능력이 없으면 미국과 협상할 수단이 없다고 생각하고 있으며, 셋째, 최악의 경우에는 핵무기를 사용한 전쟁도 불사한다는 자살행위적인 의지를 뒷받침하기 위한 모험의 일환이라는 것이다. 박진, 『박진의 북핵리포트』(서울: 한국경제신문, 2003), p.49.

4) 조선외무성 대변인, "조·미 사이의 불가침조약체결이 핵문제의 합리적이고 현실적인 방도," 『조선중앙통신』 2000년 10월 25일.

5) 미국이 제네바합의에 따라 1995년 10월부터 여타 국가들의 협조를 얻어 북한에 제공한 중유의 총경비는 약 5억 달러이며, 이 가운데 미국이 76%에 해당하는 약 3억 8천만 달러를 부담했다. 미국이 매년 지원한 중유 50만 톤은 북한 화력발전소 원료의 1/3에 해당되고, 북한의 연간 전력 23%를 생산할 수 있는 양이다. 또한 이는 북한의 전체 정제유 도입량의 60~70%를 차지한다는 점에서 중유 공급 중단이 북한에 적지 않은 타격을 줄 것으로 예상된다. Mark E. Manyin, "U.S. Assistance to North Korea," CRS Report for Congress, March 17, 2003 참조.

핵 시설들에 대한 봉인과 감시장비 제거작업을 개시하였고, 12월 24일에는 사용 후 핵연료봉 봉인을 해제하였으며, 12월 27일에는 IAEA 사찰단원의 추방을 선언하였다. 이러한 북한의 파국적 대응에 대해 2003년 1월 6일 IAEA 특별이사회는 북한 영변 원전시설 봉인 및 감시 장치의 원상회복과 사찰관 복귀 등 필요한 안전조치의 이행을 북한 당국에 촉구하는 결의문을 만장일치로 채택하였다. 이에 대해 2003년 1월 10일 북한은 NPT 탈퇴를 선언하였고, IAEA 특별이사회는 미국의 요청에 따라 2월 12일 북한 핵문제를 유엔 안전보장이사회에 회부하기로 결정하였다.[6] 한편 북한은 이러한 국제사회의 조치에 대해 2월 26일 영변의 원자로 재가동으로 대응하였다.

이렇게 북핵문제가 해결의 실마리를 찾지 못하고 악화되는 와중에 미국은 2003년 3월 19일 대이라크전쟁을 개시하였고, 이라크전이 종결되어 가던 시점인 4월 12일 북한은 외무성대변인 성명을 통해 미국이 대북 적대시정책을 포기할 용의가 있음을 밝힐 경우, 북핵문제를 논의하는 다자회담을 수용할 수 있음을 시사했다.[7] 2003년 4월 23~25일, 마침내 베이징에서 3자회담(미국, 중국, 북한)이 개최되었으나 북핵문제에 대한 별다른 진전 없이 북·미 양국의 입장만을 확인한 채 끝났다.

한편 3자회담 이후 6차에 걸쳐서 남북한과 미국, 중국, 일본, 러시아 등 주변 4강이 참여하는 6자회담이 중국 베이징에서 열렸다. 북한은 6자회담에서 미국의 대북한 적대시정책 포기[8]와 북한의 핵계획 포기를 위한 모든 조치들을 일괄적으로 동시행동원칙에 따라 단계별로 이행해 나갈 것을 요

---

6) 북한 핵문제의 유엔 안전보장이사회 회부는 IAEA 특별이사회에서 중국을 포함한 31개국의 찬성, 불참 2개국(파나마, 수단), 기권 2개국(러시아, 쿠바)으로 반대국가 없이 결정되었다.

7) 조선외무성 대변인, "미국이 대조선정책을 전환할 용의가 있다면 대화형식에 구애되지 않다" 『조선중앙통신』 2003년 4월 12일.

8) 북한이 주장하는 적대시정책을 포기하는 상태는 ①미국이 북한과 법적 구속력이 있는 불가침조약을 체결하여 북한의 체제를 보장하고, ②북한과의 관계개선에 진지하게 임할 것이며, 나아가 ③미국 이외의 국가들이 북한에 대한 경제지원 등 교류협력을 지속 확대하는 것을 방해하지 않는다는 것이다.

구하면서 '일괄타결도식'과 '동시행동순서'를 제시했다.9) 이에 대해 미국은 우선적인 북한의 완전하고 검증 가능하며 돌이킬 수 없는 핵무기 개발 계획의 폐기(CVID: Complete, Verifiable, Irreversible Dismantlement)를 요구했다. 베이징 6자회담은 북핵 해결의 새로운 대화 틀을 마련했다는 성과는 있었으나, 북한 핵문제 해법과 관련한 북·미 간의 이견을 좁히는 데는 진전을 보지 못했다.10)

III. 북한의 핵보유 의지와 핵능력

1. 북한 핵개발의 동기: 북한은 왜 핵무기를 개발하려 하는가?

북한은 전통적으로 외교정책의 목표를 북한 자체의 보존, 경제발전, 그리

---

9) 북한이 밝힌 '일괄타결도식'은 "미국은 불가침조약을 체결하며, 외교관계를 수립하고, 조·일, 북남 경제협력 실현을 보장하며, 경수로 제공 지연으로 인한 전력 손실을 보상하고, 경수로를 완공하며, 우리(북한)는 그 대신 핵무기를 만들지 않고, 사찰을 허용하며, 핵시설을 궁극적으로 해체하고, 미사일 시험 발사를 보류하고 수출을 중지하는 것"이다. '동시행동순서'는 ①미국이 중유 제공을 재개하고, 인도주의 식량 지원을 대폭 확대하는 동시에 우리(북한)는 핵계획 포기 의사를 선포하며, ②미국이 불가침조약을 체결하고, 전력 손실을 보상하는 시점에서 우리(북한)는 핵시설과 핵물질 동결 및 감시·사찰을 허용하며, ③조·미, 조·일 외교관계가 수립되는 동시에 우리(북한)는 미사일 문제를 타결하고, ④경수로가 완공되는 시점에서 우리(북한)는 핵시설을 해체하는 것"이다. 『조선중앙통신』 2003년 8월 29일, 전현준, "북핵문제의 해법과 해결전망," 통일정책연구소, 「북한 핵문제 해결과 한반도 평화체제 구축」 학술회의 발표논문, 2003년 10월 21일, p.26에서 재인용.

10) 북한 핵문제 해결에 있어서 6자회담은 '바둑판 귀퉁이 패싸움'에 지나지 않는다. 따라서 북한 핵문제는 6자회담을 통해서 해결되기는 어렵다. 바둑판 전체 판세의 결정적 변화(shift) ─ ①북한의 견디기 어려운 경제상황에 따른 핵포기, ②북한의 김정일 세습체제 불안정, ③북·중관계의 변화 등 ─ 에 의해 판가름날 것이다. 미국은 6자회담으로 북핵문제를 관리하면서 이러한 판세의 변화를 기다리고 있는 것이다.

고 국력신장에 두면서 궁극적으로는 한반도 적화통일에 그 최종목표를 두어 왔다. 그러나 구소련과 동구권의 몰락으로 특징지어지는 탈냉전 시대에 있어 북한 지도부는 새로운 세계질서와 환경하에서 어떻게 정권의 존속을 확고히 할 수 있을지의 문제가 그들의 최대 정책목표가 되고 있다.

북한의 핵무기 개발은 1970년대 후반부터 시작된 것으로 전해진다. 북한은 적극적 측면에서는 한반도에서의 주도권 확보와 외국의 간섭배제, 소극적 측면에서는 남북한 간의 점차 증대되는 경제격차, 한·미동맹과 미국의 군사적 위협, 탈냉전 이후의 안보 및 경제적 위기 등의 문제로부터 벗어나는 방법으로 핵무기 개발을 선택했을 것이다. 따라서 북한은 체제 안전보장을 위하여 가능하면 핵무기를 보유하고자 할 것이며, 이것이 불가능하다면 차선책으로 이를 협상을 위한 카드로 사용하고자 한다.

한편 북한의 핵개발 문제를 공론화하는 동기가 된 논문의 저자인 스펙터(Spector)와 스미스(Smith)는 김일성의 핵무기 개발 의도를 다음과 같은 여섯 가지로 가정했다.[11]

첫째, 남한에 대한 군사적 압력을 가속화하여 통일을 이루려는 노력의 일환으로 볼 수 있다. 그 이유는 북한의 핵무기 개발 결정이 1970년대 후반 영변 제2원자로가 착공되기 바로 전에 행해진 것으로 추정되며, 이는 북한의 대규모 재래식 전력증강 시점과도 일치하기 때문이다.

둘째, 김일성은 핵무기를 보유함으로써 자신을 향해 배치된 핵전력을 무력화시킬 수 있으며, 더 나아가 북한이 압도적인 재래식 전력으로 전쟁에서 승리할 수 있다고 인식했을 것이다.[12]

---

11) Leonard Spector and Jacqueline Smith, "North Korea: the next nuclear nightmare?" *Arms Control Today,* vol.21, no.2, March 1991, pp.8-13, 전성훈, "북한의 핵개발 의도와 현황," 김영윤 외, 『북한 핵문제와 남북관계의 진로』(서울: 통일연구원, 2002), pp.6-7에서 재인용.

12) 미국은 1991년 말 한국에서 핵무기를 철수시키기 이전까지 60여 개의 핵무기를 대북한 억지용과 유사시 방어용으로 갖고 있었다. 피터 헤이즈 지음, 고대승·고경은 역, 『핵 딜레마』(서울: 한울, 1993), p.166. 또한 이 시기 미군 군산기지에서 지하벙커 파괴용 핵무기 B61(300톤에서 340톤의 파괴력)을 포함한 여타 핵무기들의 운반과

셋째, 핵무기 개발 결정은 북한의 재래식 군사력 우위가 남한의 경제성장으로 점차 약화되어가고 있다는 김일성의 우려를 반영한 것이다. 미국이 남한의 전력증강을 지원한다는 점도 이러한 우려를 더 크게 만들었을 것이다.

넷째, 핵무기를 보유함으로써 김일성은 소련과 중국의 안보지원 의존도를 줄일 수 있으며, 따라서 그의 통일정책을 좀 더 자유롭게 추구할 수 있다고 생각했을 것이다. 이 점은 북한의 전통적 우방인 중국과 소련이 남한과 가까워짐에 따라 문제의 심각성이 증대되었다.

다섯째, 핵무기 보유는 김일성의 재임 중 북한의 과학기술 진보를 가시적으로 증명함으로써 김일성 정권의 정당성을 고양하고 김정일로의 권력승계도 지원할 수 있을 것으로 간주했을 가능성이 있다. 권력승계와 관련하여 김일성은 핵보유가 그의 사후 남한이 북한 내부의 불안정을 틈타 공격할 가능성을 줄여서 북한정권의 존속성을 높일 수 있을 것이라 생각했을 것이다.

여섯째, 핵무기 개발능력의 보유가 협상을 통해 주한미군의 핵무기를 철수시키는 데 필수적인 수단으로 간주했을 것이다.

실제로 북한이 핵무기를 보유함으로써 '작은 사회주의 강국'을 이룩하게 된다면 대외적으로 정치적 위신과 협상지위 및 자주권을 제고시킬 수 있을 것이다. 뿐만 아니라 이를 통하여 국내 정치적 안정도 도모할 수 있을 것이라는 사실을 부정할 수 없다. 이러한 전반적인 북한의 핵개발 동인을 고려하여 볼 때, 북한당국의 핵개발 의지와 가능성은 충분하다고 판단되며 이에 부응한 추진력 또한 매우 강력하다는 사실을 부인할 수 없다.[13)]

투하 훈련을 지속적으로 실시해 온 것으로 밝혀졌다. "History of the 8th Tactical Fighter Wing: 1 January 1991-30 June 1991," http://www.nautilus.org/nukestrat (검색일: 2003년 4월 13일), 김용호, "북핵 문제와 남북관계: 현황과 전망," 성신여자대학교 동아시아연구소 개소기념 학술회의『동아시아의 핵위기와 한미동맹』발표논문, 2003년 4월 19일, pp.3-4에서 재인용.

13) 핵확산의 요인으로는 기술적 요인과 동기적 요인이 있으나 기술적 수단의 유용성은 더 이상 문제가 되지 않으며 향후 핵확산은 정치적인 것이든 안보적인 것이든 국가들의 핵옵션을 부추기는 동기들에 의해서 결정될 것으로 보고 있다.

2. 북한의 핵 개발 능력

북한 핵문제와 관련하여 가장 먼저 갖게 되는 의문은 북한이 과연 현재 핵무기를 보유하고 있는가 하는 것이다. 만약 보유하였다면 핵탄두는 몇 개나 가지고 있는가? 다음은 핵무기 개발이 지금 어느 단계까지 와 있느냐 하는 것이다. 이 문제를 알아보기 위해서는 핵물질 확보, 고폭실험, 운반수단(미사일), 핵실험 등 주요 핵무기 개발 단계별로 기술적 평가를 해 보아야 한다.

1) 핵물질 확보

핵물질이란 핵무기의 주원료인 고농축우라늄(HEU: High Enriched Uranium), 플루토늄(Plutonium), 고폭화약(HE: High Explosives) 등이다. 북한 핵 개발과 관련하여 가장 관심이 모아지는 부분은 북한이 과연 어느 정도의 플루토늄을 추출하여 보관하고 있는가 하는 점이다. 플루토늄은 핵폭탄 제조의 핵심 물질이면서 제3국이나 테러집단으로의 판매·이전이 가능하기 때문이다. 북한은 1994년 10월 미국과의 제네바합의에 따라 핵관련 시설을 동결하기 전까지 최소 10kg에서 최대 30kg의 플루토늄을 생산해 보관하고 있는 것으로 추정되고 있다.[14] 한편 북한은 2008년 6월 북핵 6자회담 의장국인 중국에게 제출한 〈핵신고서〉에서 이들이 추출한 플루토늄은 38kg이라고 밝힌 바 있다. 한국과 미국의 전문가들은 북한이 40~50kg 정도의 플루토늄을 보유하고 있는 것으로 추정하고 있다. IAEA에서 적용하는

---

14) 관심의 초점은 IAEA의 사찰이 시작된 1992년 5월 이전에 북한이 5MWe 원자로에서 생산한 핵폐기물과 이를 재처리하여 보유하고 있는 플루토늄의 총량이다. 북한이 IAEA에 신고한 양(90g)과 IAEA의 자체분석 간의 불일치가 IAEA의 특별사찰 결의를 촉발시켰다. *The IAEA Resolution 2636,* February 25, 1993. 양자 간 불일치의 기술적 측면에 대한 자세한 사항은 David Albright, "Inconsistencies in North Korea's Declaration to the IAEA," in David Albright and Kevin O'Neill, eds., *Solving the North Korean Nuclear Puzzle* (Washington, D.C.: Institute for Science and International Security, 2000), pp.83-98 참조.

핵물질의 '의미있는 양(significant quantity)'은 플루토늄(Pu-239) 8kg, 우라늄(U-235) 25kg이며, 이는 보통 기술수준에서 약 20kt 위력의 핵폭탄 1개를 제조하는 데 필요한 양이다.[15] 따라서 북한은 5~6개 정도의 핵폭탄을 제조할 수 있는 플루토늄을 확보하고 있는 것으로 볼 수 있다.

북한 핵문제가 새삼스럽게 북·미관계의 걸림돌이자 국제사회의 주요 현안으로 등장하게 된 것은 북한이 그동안 비밀리에 고농축우라늄 생산을 통한 핵 개발을 시도했다는 사실이 밝혀지면서 부터이다.[16] 북한은 제네바협정이 체결된 직후인 1995년부터 파키스탄에서 노동미사일을 판매하는 대가로 우라늄농축기술을 얻으려고 노력했다. 1998년 내지는 1999년 클린턴 행정부는 이러한 사실을 파악했고, 미국 에너지성은 1999년 보고서에서 북한의 우라늄농축 계획에 관하여 직접 언급하고 있다.[17] 북한의 고농축우라늄 핵 개발 시도에 대하여 미국은 2002년 10월 제임스 켈리 차관보가 북한을 방문하기 최소 수개월 전에 확증을 갖게 되었던 것으로 보인다. 2002년 미국이 북한에 제시한 증거가 어느 수준인지는 정확히 알 수 없으나 그동안 개발에 소요된 시간과 도입된 장비 및 재료 등의 성격과 규모로 볼 때 아직 본격적인 생산 단계에 이르지는 못한 것으로 추정된다.[18] 한편 '파키스탄 핵폭탄의 아버지' 압둘 카디르 칸(Abdul Qadeer Khan) 박사는 최근 밝혀진 비공개문건에서 "북한은 이르면 1990년대부터 핵무기 제조를 위한 우라늄 농축에 필요한 가스 제조공장을 건설해왔으며, 2002년쯤 3,000기 또는 그 이상의 원심분리기로 우라늄을 농축했을 것"이라고 말했다. 이에 대

---

15) 신성택, "북한 핵개발의 현황과 아국의 대응방향," 한국개발연구원, 『KDI 북한경제리뷰』(2003.2), p.36.

16) 천연우라늄에는 핵분열을 일으키는 U-235가 약 0.7%밖에 들어 있지 않으며 나머지 99.3%는 핵분열을 하지 않는 U-238이 차지하고 있다. 따라서 핵폭탄 물질이 되기 위해서는 U-235를 90% 이상으로 고농축하여야 한다.

17) Larry A. Niksch, "North Korea's Nuclear Weapons Program," *Congress Research Service*, March 17, 2003.

18) 2m 길이의 알루미늄 원심분리기 2,500여 개를 1년간 돌리면 고농축 우라늄 25kg(20kt 핵무기 1개 분량)을 얻을 수 있다.

해 한상렬 유엔 주재 북한 대사는 "미국의 대북 적대정책이 극도로 심각해
진 2009년 4월 이후에야 핵 억제정책 차원에서 우라늄 농축 프로그램을
시작했다"고 반박했다.[19] 북한은 2009년 9월 스티븐 보즈워스 미 대북정
책 특별대표의 한·중·일 순방에 맞춰 우라늄 농축시험을 거의 성공적인
단계까지 마무리했다고 경고한 바 있다. 우라늄 농축 방식의 핵 개발은 플
루토늄 방식과는 달리 소규모 시설에서 외부에 발각되지 않게 핵 개발을
추진할 수 있기 때문에 플루토늄에 의한 핵 개발보다 사찰과 검증에 어려움
이 더욱 클 것으로 보인다.

2) 고폭실험

핵폭탄은 우라늄탄이건 플루토늄탄이건 핵물질을 순간적으로 압축시키
는 폭약장치인 고폭장치가 필요하다. 수백만 분의 1초 내에 핵물질을 압축
시켜야 하는 만큼 고폭장치는 핵무기 제조 과정에서 특히 정밀성이 요구되
는 분야이다. 북한의 고폭장치 개발에 대해서는 대부분의 관련국들이 이미
개발이 완성된 것으로 추정하고 있다. 또한 북한은 고폭장치의 작동을 확
인하고 고밀도, 고폭속, 고폭압의 성능을 실험하는 고성능폭약실험(고폭실
험)을 제1기(1983~1994)와 제2기(1997~2002)에 각각 70여 회 등 모두
140여 회 수행해 왔다. 또한 고성능폭약을 폭발시켜 핵폭발을 유발하는 고
폭장치 완제품 개발을 1993~1998년에 걸쳐 성공한 것으로 전해진다.[20]

3) 핵장치의 운반수단: 미사일

핵무기 제조를 위해서는 핵탄두를 적재할 수 있는 운반수단의 확보가 필
수적이며, 주로 미사일이 이용된다. 북한은 1975년 중국에서 액체연료를
사용하는 탄도미사일을 도입하면서 본격적인 미사일 개발에 착수했다. 또
한 북한은 1983년에 이집트로부터 소련제 스커드 B(사거리 300km)를 도

---

19) *The Washington Post,* December 28, 2009.
20) 전성훈, 『북한 비핵화를 위한 한·미 전략적 협력에 관한 연구』(서울: 통일연구원,
    2009), p.40.

입하여 1987년에는 역설계 방법으로 자체 생산한 100기를 이란에 수출까지 했다. 1988년에는 스커드 C(사거리 500km)를 개발하여 황해북도 신계지역에 작전 배치하였다. 1993년 5월 북한은 동해안에서 자체개발한 중거리 탄도미사일 노동 1호(사거리 1,300km)의 시험발사에 성공하였으며, 1998년 8월에는 대포동 1호(사거리 2,500km)를 시험 발사했다. 3단 추진체가 궤도에 진입하지 못하고 실패하였으나 1단 추진체가 발사지점에서 253km, 2단 추진체는 1,646km 떨어진 지점에 낙하함으로써 다단계 로켓기술의 발전이라는 성과를 얻었다. 이후 2006년 북한은 사정거리를 더욱 늘린 대포동 2호를 시험 발사했다. 비록 실패했지만 사정거리 6,000km에 달하는 미사일이었다.

북한이 2009년 4월 발사한 장거리 로켓(대포동 2호)은 위성체의 궤도진입에는 실패했지만 사정거리와 정확도 등 성능 면에서 상당한 수준으로여겨진다. 이번에 발사한 대포동 2호는 함북 화대군 무수단리 발사장에서 3,200km 정도 날아간 것으로 추정되며, 1998년 발사된 대포동 1호의 2단추진체 낙화지점인 1,640여 km보다 사정거리가 두 배 가량 늘어난 것이다.[21] 한편 개발한 핵탄두가 무기로서의 능력을 발휘하려면 미사일 탑재가가능할 정도의 소형화 기술이 필요하다. 북한이 보유 중인 스커드·노동·대포동 미사일의 탑재 능력은 0.7~1.0톤으로써 북한의 핵탄두 소형화 기술수준은 이에 미치지 못하는 것으로 평가된다.[22] 현재 북한은 사정거리 300~500km인 스커드-B 600기와 스커드-C 200기로 남한 전역을, 사정거리 1,300km인 노동미사일 200기로 일본을 사정권에 두고 있다. 2007년에는 사정거리 3,000km인 신형 중장거리 탄도미사일(IRBM)을 배치해 괌까지

---

21) 탄도미사일은 사거리에 따라 전술 단거리 탄도미사일(BSRBM, 사거리 150km 이하), 단거리 탄도미사일(SRBM, 150~800km 이하), 중거리 탄도미사일(MRBM, 800~2,500km 이하), 중장거리 탄도미사일(IRBM, 2,500~5,500km 이하), 대륙간 탄도미사일(ICBM, 5,500km 이상)로 구분된다(START I 기준).

22) 미국 국방부는 '탄도미사일방어계획 검토보고서'(2010.2.1)에서 북한이 10년 내에 핵탄두를 장착한 대륙간 탄도미사일(ICBM)을 개발할 수 있을 것이라고 전망했다.『동아일보』 2010년 2월 3일.

위협하고 있다.[23)

4) 핵실험

핵무기 생산의 마지막 단계는 핵실험이다. 우라늄탄은 핵실험을 하지 않아도 그 신뢰성이 충분히 입증되면 실전에 사용할 수 있으나, 플루토늄탄은 동위원소의 불안정성뿐 아니라 고폭장치도 고도의 정밀성을 요구하기 때문에 핵실험이 필수적이다. 북한은 두 차례의 핵실험을 실시했다. 1차 핵실험은 2006년 10월 9일 플루토늄 2kg을 사용하여 4kt의 폭발력을 목표로 시행하였으나 0.8kt의 폭발력에 미친 것으로 추정된다. 2009년 5월 25일 실시한 2차 핵실험은 성공적이지는 않았으나, 두 차례에 걸친 핵실험으로 상당한 수준의 핵무기 기술을 축적했을 것으로 평가된다. 총체적으로 북한이 플루토늄 또는 고농축우라늄을 추출한 데 이어 실제 핵폭탄 제조 능력은 어느 수준인가에 대해 대부분의 핵관련 정보 당국의 평가는 앞서 북한의 플루토늄 추출량에 대한 추정치에 근거할 때 북한은 2009년 말 현 단계에서 5~6개의 핵폭탄을 제조 보유하고 있을 것으로 추정하고 있다.[24)

북한의 핵개발은 어디까지 와 있고, 어디로 향해 나가게 될 것인가? 윌리엄 포터(William C. Potter)가 다음과 같이 제시한 핵무기 확산과정 8단계에 따르면 북한은 현재 5단계에 도달했으며, 다량의 핵무기 비축 등 다음 단계를 향해 나갈 가능성이 크다: ①핵무기 제조에 필요한 기술적 능력의 보유, ②연구용 또는 발전용 원자로의 보유, ③핵사찰 감시대상에서 제외된

---

23) 북한의 무수단리에서 미국의 태평양 전진기지인 앤더슨 공군기지가 있는 괌까지는 3,600km 거리이다.

24) 파키스탄의 압둘 카디르 칸 박사는 "1999년 북한의 산악 터널을 방문했을 때 북한 측이 3기의 완성된 핵탄두 부품들을 담은 상자를 보여주며 한 시간 내에 미사일에 탑재할 수 있다"고 말했다. *The Washington Post*, December 28, 2009. 이는 북한의 핵기술이 한국, 미국 등이 생각하는 것보다 크게 앞서 있으며, 핵무기 보유수도 예상보다 훨씬 많을 수 있음을 뜻한다. 그러나 2004년 1월 북한 핵 시설을 사찰했던 지그프리드 해커 전 로스 알라모스 미 국립핵연구소장은 "북한이 1999년 핵탄두를 만들 정도의 핵물질을 보유했는지는 확신할 수 없다"며 의문을 표했다. 『중앙일보』 2009년 12월 29일.

핵폭탄 제조용 물질의 보유, ④비밀리에 행해지는 핵폭탄 제조, ⑤공개적 핵폭발 실험 실시, ⑥다량의 핵무기 비축, ⑦수소폭탄 실험 성공, ⑧안전장 치 확립과 2차 보복능력(second strike capability).[25]

IV. 미국의 세계전략

미국은 북한의 핵문제를 세계전략의 틀 속에서 접근하고 있기 때문에 북 핵문제에 대한 미국의 입장과 정책을 이해하기 위해서는 기본적으로 미국 의 세계전략을 먼저 이해해야 한다. 탈냉전 이후 미국의 세계전략 목표는 유일한 세계 초강대국(a sole hyper power)으로서의 지위를 지키는 한편 미국 중심적 세계질서의 구축에 있다.[26] 미국의 국가안보전략은 미국의 가 치와 이익을 반영하는 '현실주의적 국제주의(realistic internationalism)'에 뚜렷한 기반을 두고 있다.

미국의 근본적이며 지속적인 국가목표(fundamental and enduring national goals)는 첫째 미국 전체 국토에 대한 보호와 방위, 둘째 자유·민주 주의·미국의 경제체제에 대한 외부의 위협으로부터의 보호 및 보존, 셋째 미국 국민의 물질적 풍요의 증대이다. 또한 국가목표를 이루기 위한 구체 적 국가전략을 만드는 데 기본이 되는 원칙들(a set of principles)을 다음 과 같이 제시하고 있다.[27]

---

25) William C. Potter, *Nuclear Power and Nonproliferation: An Interdisciplinary Perspective* (Oeleschlager: Gunn & Hain, 1982).

26) 미국은 2003년 기준으로 전 세계 국방비의 47%, 전 세계 GNI의 32.2%를 차지하고 있다. SIPRI, *SIPRI Yearbook* (2004); World Bank, *World Development Indicators Database,* September 2004.

27) Kim R. Holmes and Thomas G. Moore, eds., *Restoring American Leadership: A U.S. Foreign and Defense Policy Blueprint* (The Heritage Foundation, 1996), pp.1-8.

첫째, 강력한 국방력을 바탕으로 한 '강함'을 유지하라(BE STRONG by providing a robust national defense)

둘째, 미국의 리더십과 자율성을 보존하여 (선택의) '자유'를 보유하라 (BE FREE by preserving American leadership and independence)[28]

셋째, 국제사회에서 자유(자유무역, 자유시장, 자유정부)의 수호자가 되라(BE CHAMPION of liberty around the world)

넷째, 미국 국익을 위한 군사적 개입은 선택적으로 하라(BE SELECTIVE by engaging American power for American interests)[29]

이러한 원칙들에 근거하여 목표를 달성하기 위한 구체적인 방법들은 ① 인간 존엄성의 옹호,[30] ②테러리즘 분쇄를 위한 동맹의 강화와 미국 및 우방국에 대한 공격 예방, ③지역갈등 완화를 위한 타국과의 협력, ④미국과 동맹국 및 우방국에 대한 대량살상무기 위협 예방, ⑤자유시장과 자유무역을 통한 세계적 경제성장 시대 촉진, ⑥사회개방 및 민주주의 하부구조 구축을 통한 발전 진영의 확대, ⑦다른 주요 강대국들과의 협력을 위한 의제 개발, ⑧21세기 도전과 기회에 대응하도록 미국 국가전략 제도의 전환 등이다.[31] 미국은 전 세계에 걸쳐 추구해야 할 이익과 완수해야 할 공약을 가지고 있으며, 미군의 존재 목적은 이와 같은 미국의 이익을 보호하고 발

---

28) 부시 행정부는 국제기구가 평화에 기여할 수는 있으나, 국제기구가 미국의 리더십을 대체하거나 미국의 리더십에 대해 거부권을 행사해서는 안 된다는 것이며, 이것이 UN에 대한 부시 행정부의 시각이기도 하다.

29) 미국이 세계의 모든 문제에 무차별적으로 개입하기보다는 미국의 사활적 이익이 걸려 있는 특정 사안에 한해서 선별적으로 개입해야 한다는 것이다.

30) 『국가안보전략보고서』는 법치주의, 절대적 국가권력의 제한, 언론 및 종교의 자유, 평등권(equal justice), 여성존중, 종교적·인종적 관용, 사유재산권 보호 등과 같은 가치를 가장 미국적인 가치인 동시에 보편적 가치로 규정하고 있다. 따라서 이를 포괄하는 인간의 존엄성을 추구하기 위해서라도 반테러 전쟁에 나서야 한다는 것이다. The White House, *The National Security Strategy of the United States of America,* September, 2002, pp.3-4.

31) The White House(2002), pp.1-2.

전시키고, 억제에 실패할 경우 미국의 국익에 대한 위협을 격퇴하는 데 있다는 것이다.[32]

9·11 테러는 미국의 국가안보전략에 새로운 패러다임을 가져올 정도의 충격을 주었다. 기존의 정책기조가 강화되면서 안보목표와 핵심 정책사안에서 본토방위(homeland security)가 최우선 안보목표가 되었고, 테러와의 전쟁이 당면 최대 정책사안이 되었다.[33] 이에 따라 테러리즘 지원 및 대량살상무기 개발을 추진하는 국가들의 위협에 대한 강력한 대처가 더욱 중요하게 부각되었다. 부시 대통령은 2002년을 '테러와의 전쟁의 해'로 선포했으며, 테러집단의 축출과 대량살상무기를 개발하는 테러집단과 국가들로부터 미국을 보호하는 것을 목표로 제시하였다. 부시 대통령은 2002년 1월 29일 연두교서에서 테러리스트들에게 무기를 제공하거나 미국과 동맹국을 공격 또는 위협할 가능성이 있는 국가로서 이란·이라크·북한을 지목하고 이들 3개국을 '악의 축(axis of evil)'이라 규정했다.[34] 그리고 불특정 대상으로부터의 불특정 수단에 의한 비대칭적 위협(asymmetrical threat)으로부터의 방위를 위하여 그동안의 '위협에 기초한(threat-based)' 접근방법으로부터 '능력에 기초한(capacities-based)' 접근방법으로 전환하여 사전에 위협을 제거하는 쪽으로 전략개념을 바꾸었다.[35] 이러한 맥락에서 이른바 불량국가들(rogue states)에 의한 대량살상무기 및 미사일 개발 능력이 위협이 되고 있다고 강조하는 것이다.[36] 2002년 1월에 발표한 『핵태세

32) U.S. Department of Defense, *Annual Report to the President and the Congress, 2002*, 국방정보본부,『2002년 미 국방 연례보고서』(서울: 국방정보본부, 2002), p.5.

33) 미 국방부는 9·11 테러 이후 2001년 9월 30일 의회에 보고한 『4년 주기 국방검토보고서(QDR)』에서 4개의 국방목표를 새로이 설정했다. 첫째, 동맹국과 우방국을 확신시키고, 둘째, 미래의 군사적 경쟁을 단념시키고, 셋째, 미국의 이익에 도전하는 위협과 강압을 억제하고, 넷째, 억제가 실패하였을 경우 어떤 적이라도 결정적으로 격퇴시킨다는 것이다. U.S. Department of Defense, *Quadrennial Defense Review Report*, September 30, 2001.

34) The White House, State of the Union Address, January 29, 2002.

35) U.S. Department of Defense, *Quadrennial Defense Review Report*, September 30, 2001, pp.13-14.

검토보고서(NPR)』는 유사시 핵무기 사용대상국으로 핵보유국인 러시아와 중국 외에도 북한, 이라크, 이란, 리비아, 시리아 등 7개국을 지목하였다.[37]

미국은 2002년 9월 발표한 『국가안보전략보고서(NSS)』에서 세계적으로 테러 및 대량살상무기의 위협 제거를 국가안보정책의 최우선 목표로 설정하고 있으며, 필요시 단독 행동 및 선제공격 불사, 그리고 이를 위한 반테러 국제연대 및 동맹 강화의 필요성을 역설하는 공세적인 안보전략을 제시하고 있다. 보고서에서는 2002년 1월 '악의 축'으로 지목했던 3개국 중 이란을 제외한 이라크와 북한을 대표적인 불량국가로 지목하면서 단호한 대처를 천명했다.[38] 보고서는 불량국가의 공통된 속성으로 ①국민에 대한 야만적 탄압, ②국제법 무시, ③대량살상무기 추구, ④테러지원, ⑤미국에 대한 증오 등 다섯 가지를 제시하였다. 또한 미국의 국가안보전략보고서는 세계전략 부분에서 전임 행정부들이 추구하던 적성국가에 대한 억제와 봉쇄정책 대신 ①선제공격, ②미국의 독자적 공격가능, ③미국의 절대적 군사우위 유지라는 세 가지 개념을 강조했다.[39] 9·11 테러 발생 이후 현재까지 미국 외교안보전략의 가장 두드러진 변화는 필요에 따라 '선제공격(preemptive

---

36) 미국은 불량국가로 이란, 이라크, 북한, 쿠바, 리비아, 시리아, 수단 등 7개 국가를 지목해 오고 있다. 이러한 불량국가들은 미국의 미사일방어(MD: Missile Defense) 전략의 대상국가들이기도 하다. 미국의 MD 전략은 불량국가들의 ①소수의 핵무기 보유 가능성, ②미국에 대한 적대감, ③핵무기를 실제로 사용할 수 있는 비합리성(irrationality)에 근거하고 있다. 미국은 2003년 4월 30일 연례 『세계테러유형보고서』를 발표, 북한을 포함한 이들 7개국을 테러지원국으로 재지정했다. U.S. Department of State, *Patterns of Global Terrorism 2002*, April 2003.

37) 유사시란 ①재래식 무기로는 파괴할 수 없는 지하 군사시설에 대한 공격, ②상대방의 핵 및 생화학무기 불포기에 대한 보복, ③미국의 안보에 심각한 위협을 줄 만한 군사계획이나 군사작전을 실행하는 대상에 대한 방어조치 등을 포함한다. U.S. Department of Defense, *Nuclear Posture Review*, January 2002.

38) 북한은 지난 10년 동안 세계의 주요 탄도미사일 수출국으로 성장해왔을 뿐만 아니라, 스스로도 끊임없이 대량살상무기의 개발과 실험을 실행함으로써 모든 국가에 대한 잠재적인 위협이 되어왔다고 지적했다. The White House, *The National Security Strategy of the United States of America*, September 2002, p.14.

39) The White House, *The National Security Strategy of the United States of America*, pp.13-16.

〈표 3-1〉 미국의 안보 우려 대상국

시기	출처	내용	대상국
2002.1	핵태세검토보고서	유사시 핵무기 사용 대상국(7개국)	러시아, 중국, 북한, 이란, 이라크, 리비아, 시리아
2002.1	연두교서	'악의 축(Axis of Evil)'	북한, 이란, 이라크
2002.9	국가안보전략보고서	대표적 불량국가 (Rogue States)	북한, 이라크
2002.12	WMD대응전략보고서	WMD 2차적 확산 가능국	인도, 파키스탄, 북한, 이란
2003.1	연두교서	무법정권 (Outlaw Regimes)	북한, 이란, 이라크
2003.4	세계테러유형보고서	테러지원국	북한, 쿠바, 이란, 이라크, 리비아, 수단, 시리아
2003.5	MD에 관한 국가정책	MD체제의 첫 요격시스템 미국서부에 배치	북한
2005.1	상원 외교위원회 인준청문회	'폭정의 전초기지' (Outpost of Tyranny)	북한, 쿠바, 미얀마, 이란, 벨로루시, 짐바브웨
2006.8	새로운 세계전략 선언	'도둑정치(Kleptocracy)'	북한, 벨로루시

actions)'을 할 수도 있다는 새로운 안보전략이 등장하고 있다는 것이다.40)

---

40) 『국가안보전략보고서』는 과거 국제법상 정당한 선제공격의 조건으로 인정되어왔
던 '임박한 위협(imminent threat)'의 의미를 적국 군대의 공격동원 등 가시적이고
임박한 공격 징후에서 "미국의 안보에 상당한 위협(sufficient threat)"이 되는 "적의
능력과 의지"로 확대하여 '예방적 전쟁(preventive war)'까지 선제공격에 포함시키

북한의 핵개발은 미국의 세계전략과의 충돌이라고 볼 수 있다. 탈냉전 이후 미국 세계전략의 두 날개는 테러 및 핵·생물·화학 무기 등 대량살상 무기의 반확산(Counter-Proliferation of Weapons of Mass Destruction)과 자유시장, 자유무역, 민주정부 등 미국적 가치의 확산(Proliferation of American Values)이다.[41] 이러한 미국의 세계전략에 가장 걸림돌이 되는 국가들은 소위 '악의 축'인 이라크, 이란, 북한이라고 할 수 있다(〈표 3-1 참조〉). 이들은 소위 불량국가(rogue states)이며 무법정권(outlaw regime)[42]인 것이다. 미국 대외정책의 키워드(key word)는 대량살상무기, 테러리즘, 인권(미국적 가치)이며, 이에 대해서는 국가주권을 초월한 개입이 정당하다고 주장한다.[43] 따라서 미국의 대북 정책 목표는 정권교체(regime change)를 통한 '자유 북한'이며, 이것이 불가능하다면 차선책으로 북한의 핵 프로그램만이라도 반드시 폐기시킨다는 것이다.[44]

고 있다.

41) 부시 행정부 대외 정책에 지대한 영향을 미치고 있는 미국 공화당의 신보수주의자(네오콘)들은 '힘이 곧 정의'라고 믿고 있으며, 적극적인 대외 개입을 통해 미국의 이익을 지키고, 미국적 가치를 세계에 전파하며, 이를 위해 군사력 사용도 주저해서는 안 된다고 주장한다. 1997년 출범한 네오콘 싱크탱크 '새로운 미국의 세기를 위한 프로젝트(PNAC: Project for New American Century)'에는 딕 체니, 도널드 럼스펠드, 폴 울포위츠, 젭 부시, 루이스 리비, 엘리어트 에이브럼즈 등 부시 행정부의 핵심 인물들과 리처드 펄, 빌 크리스톨, 로버트 케이건 등 이론가들이 참여하고 있다. 2000년 9월 발표한 '미국 방위재건 보고서'에서 PNAC는 ①군사비 대폭 증액, ②중동·중앙아시아 미군 주둔, ③미국을 적대시하는 국가의 정권교체, ④미국의 이익에 어긋나는 국제협약 폐기 또는 탈퇴, ⑤우주 공간의 군사화, ⑥핵무기 선제사용 등을 건의했다. 이 보고서는 부시 행정부의 외교·군사정책의 기본 골격이 되었다.

42) The White House, State of the Union Address, January 28, 2003.

43) Richard Haass, "When nations forfeit their sovereign privileges," *International Herald Tribune*, February 7, 2003.

44) 미국 상원의 '북한 자유 법안(North Korea Freedom Act of 2003)' 제출자인 샘 브라운 상원의원은 법안의 목적은 "북한의 대량살상무기 개발을 중단시키고, 한반도에서 민주정부에 의한 통일을 지원하며, 북한의 인권을 개선하기 위한 것"이라 했으며, "미국과 전세계의 안보는 북한에서 자유·민주·인권을 확립하는 것에 의해서만 보장받을 수 있다"고 강조했다. 『중앙일보』 2003년 11월 22일. 한편 미국무부 정책기획국장 미첼 라이스(Mitchell B. Reiss)는 미국이 원하는 것은 "단순히 대량살상무

V. 미국의 대북정책

1. 부시 행정부의 북핵전략

미국의 이러한 세계전략의 전반적 기조 속에서 대북정책의 골격이 형성되었다. 부시 대통령은 2001년 6월 6일 대북정책과 관련 「포괄적 협상안」을 제시하였다. 주요 회의의제로는 ①제네바합의의 이행 개선,[45] ②북한의 미사일 개발 및 수출문제 해결, ③북한의 재래식군사력 위협 감소를 설정하였다. 그리고 부시 대통령은 이러한 의제들을 남북한관계, 한반도평화정착, 북미관계 개선, 한반도 지역안정 등의 문제와 관련하여 포괄적으로 접근할 것임을 밝혔다. 또한 북한의 긍정적인 호응에 상응하여 대북지원, 경제제재 해제, 북미관계 개선 등을 추진할 것임을 표방하였다.[46] 그러나 2002년 10월 제2차 핵위기가 발생하자 미국은 북한의 핵개발은 제네바합의, 핵비확산조약(NPT), IAEA의 핵안전조치 협정, 한반도비핵화 공동선언을 모두 위반한 도발임을 분명히 하였다. 북한의 핵 프로그램을 방치하였을 때, 그 핵이 테러리스트의 손에 들어가는 것을 우려하는 미국은 기본적으로 북한이 실제로 핵개발을 포기하지 않는 한 북한과 어떠한 타협이나 보상도 있을 수 없다는 입장이다. 미국은 북한이 원하는 모든 것들을 주려고 하지 않고,

---

기 없는 북한이 아니라 북한의 정상국가로의 변환"이라고 했다. Mitchell B. Reiss, "North Korea's Legacy of Missed Opportunities," Remarks to the Heritage Foundation, March 12, 2004(http://www.state.gov).

45) 부시 행정부는 경수로 제공이 핵확산을 막기보다는 플루토늄 확산을 촉진할 수 있다는 우려를 갖고 있었다. 1996년 스톡홀름 국제평화연구소(SIPRI)의 핵군비통제보고서에 의하면 "경수로 완성시 북한은 핵연료에서 연간 490kg의 플루토늄을 생산할 수 있으며, 이는 100개의 핵폭탄을 제조할 수 있는 양이다"라는 것이다. 박진(2003), pp.66, 79.

46) The White House, Office of the Press Secretary, Statement by the President George W. Bush, June 6, 2001.

또한 줄 수도 없다. 그 이유는 김정일 독재정권, 국민을 굶겨 죽이는 국가
계획경제를 인정하고 보장하는 것은 미국적 가치에 어긋나며, 또한 그러한
수세적인 방법으로는 '완전하고 돌이킬 수 없으며 검증 가능한 북한 핵 폐
기(CVID)'가 불가능하다고 생각하기 때문이다. 부시 행정부의 북한 핵문
제에 대한 정책의 골격은 북한에 대한 인식, 북한의 핵 보유의도, 협상원칙,
합의결과 이행 등에 있어서 다음과 같은 특징을 지니고 있다.

1) 북한에 대한 인식

북한에 대한 미국의 인식의 저변에는 북한에 대한 강한 불신이 깔려 있
다. 부시 행정부는 북한의 현실과 변화 전망에 대하여 부정적인 평가를 하
고 있다.[47) 부시 대통령은 김정일에 대해 개인적인 의구심(skepticism)을
갖고 있으며, 북한에 대해 환상(illusion)을 갖고 있지 않음을 분명히 하고
있다. 단적으로 부시는 김정일을 혐오한다("I loathe Kim Jong Il"). 김정
일에 대한 부정적 인식은 주민의 인권을 억압하고, 대량살상무기를 만들어
국제사회를 위협하면서 자국민을 굶겨 죽이는 비도덕적 행태를 용납할 수
없다는 기독교적 보수주의 도덕관에 근거한다. 이러한 부정적 인식은 부시
의 대통령 취임 이전부터 형성된 공화당 보수진영의 일관된 대북 인식이었
으며, 다만 9·11 테러 이후 북한의 대량살상무기 개발과 이의 확산에 대한
우려와 경계로 보다 확고해지고 강경해진 것이다. 이러한 배경에서 북한은
이란, 이라크와 함께 '악의 축' 또는 '무법정권'으로 간주되었다. 미국의
상원과 하원의 만장일치로 통과되어 2004년 10월 부시 대통령에 의해 서명
발효된 북한인권법(North Korean Human Rights Act of 2004)에서는 북
한 김정일 정권에 대하여 "절대권력 하의 독재국가로서 심각히 인권을 침

---

47) 이 점은 클린턴 행정부에서 작성된 「페리보고서」가 북한의 변화와 체제 전환을 기대
   하기 어렵다는 판단하에 '있는 그대로의 북한(North Korea as it is)'과 협상할 수밖
   에 없는 현실을 받아들인 것과는 대조적이다. William J. Perry, Review of United
   States Policy toward North Korea: Findings and Recommendations, Unclassified
   Report, October 12, 1999.

해" 하고 있으며, "개인숭배는 거의 '국가종교(state religion)' 의 수준"에 달하고 있다는 등 25가지의 부정적 사실을 밝히고 있다.[48]

2) 북한의 핵개발 의도 판단

부시 행정부는 북한의 핵개발 목적이 대미 협상용이 아니라, 실제 핵무기를 개발하여 핵무장을 하기 위한 것으로 판단하고 있다.[49] 미국의 '과학·국제안보연구소(ISIS)' 는 2004년 북한이 15~38kg의 플루토늄을 보유하여, 2~9개의 핵무기를 가진 것으로 추정하고 있다.[50] 2004년 10월 미국의 민주당 대통령후보 케리도 북한이 현재 4~7개의 핵무기를 보유하고 있다고 밝힌 바 있다.

더구나 미국은 북한을 잠재적 '핵물질 판매상(nuclear Wal-Mart)' 으로 간주한다.[51] 다시 말해서 북한이 본격적으로 핵개발을 추진할 경우 체제 보장용 핵무기 생산에 그치지 않고 미사일의 경우처럼 핵물질을 제3국 또

---

48) HR 4011: To Promote Human Rights and Freedom in the Democratic People' s Republic of Korea, and Other Purpose (North Korean Human Rights Act of 2004).

49) Glenn Kessler, "U.S. Believes N. Korea Rapidly Seeking Stockpile," *The Washington Post,* February 1, 2003; 미국의 조지 테닛 CIA 국장은 2003년 2월 11일 북한의 핵개발 목표는 핵무기의 보유를 미국이 용인하도록 하는 데 있다고 주장한 바 있다. 『연합뉴스』 2003년 2월 12일. 황장엽 전 노동당 비서는 2003년 10월 31일 미국 하원에서 열린 '디펜스포럼' 에서 '북한의 핵개발 포기 가능성' 을 묻는 기자들의 질문에 " '핵개발은 어떤 경우든 계속한다' 는 것이 김정일의 일관된 생각이다" 고 말했다. 『조선일보』 2003년 11월 18일.

50) 『조선일보』 2004년 10월 13일. IAEA에서 적용하는 핵물질의 '의미있는 양(significant quantity)' 은 플루토늄(Pu-239) 8kg, 우라늄(U-235) 25kg이며, 이는 보통 기술 수준에서 약 20kt 위력의 핵폭탄 1개를 제조하는 데 필요한 양이다. 그러나 최근에는 기술의 발달로 플루토늄 4~6kg이면 핵폭탄 1개를 만들 수 있다.

51) Samuel R. Berger, "Foreign Policy for a Democratic President," *Foreign Affairs,* vol.83, no.3, May/June 2004, p.55. 새뮤얼 버거(클린턴 행정부의 국가안보좌관을 역임했고, 2004년 대선에서 민주당 케리 후보의 외교정책을 보좌했음)는 북한이 지금 당장 6개의 핵무기를 생산해서 판매할 수 있는 상태이며, 2010년(the end of this decade)까지는 20개까지 가능할 것으로 보고 있다.

는 테러집단에 판매할 가능성이 높다고 보기 때문에 북한 핵개발 자체를
매우 위험한 상황으로 간주하고 있다.[52] 만약 북한이 핵물질을 중동의 테
러집단에 판매한다면 미국의 본토방위에 치명적 위해를 가할 수 있다는 것
이다.[53] 또한 미국은 붕괴 일로에 있는 북한이 만든 핵물질이나 핵무기가
북한 내의 군벌이나 일부 잔당의 손에 쥐어지게 될 가능성도 우려하고 있
다. 핵탄두를 탑재한 북한의 장거리 미사일이 알래스카나 하와이 또는 미
국 서부 지역으로 돌진하는 상황은 미국이 상정하는 최대의 악몽이다.[54]

3) 북핵 해결을 위한 방안

미국은 대북 대화의 가능성을 열어 놓고 외교적·평화적 해결을 강조하는
조심스러운 태도를 취하고 있다. 그러나 미 국무부를 중심으로 표명되는
대북 대화 가능성, 불가침을 보장하는 방법에 대한 고려 등에도 불구하고
부시 행정부의 기본 원칙과 입장은 요지부동하고 분명하다. 무엇보다 먼저
완전하고, 검증 가능하며, 돌이킬 수 없는 북한 핵무기 프로그램의 폐기
(CVID)가 전제되어야 한다는 것이다.[55] 또한 미국은 북한의 핵 포기가 선
결 요건임을 분명히 하면서, 어떤 경우에도 악행(bad behavior)에 대하여
보상하지 않는다는 원칙을 고수하고 있다. 미국은 북한이 핵 폐기로 나오지
않을 경우 우선적으로 모든 평화적 수단을 활용하며 점진적으로 압박해 나
간다는 것이다. 한편 북한에 대한 공격 의도는 없으나, 북한 핵 문제를 다룸

---

52) Balbina Y. Hwang, "Curtailing North Korea's Illicit Activities," *Backgrounder*,
   No.1679, August 25, 2003.
53) James Dao, "U.S. Official Says North Korea Could Sell Bomb Material," *The
   New York Times*, February 5, 2003.
54) 미국 정부는 『MD에 관한 국가정책』 보고서에서 북한의 미사일 공격에 대비하여 미
   사일방어(MD)체제의 첫 장거리미사일 요격시스템을 2004년 9월까지 미국 서부의
   캘리포니아와 알래스카에 배치하기로 했다고 밝혔다. *The Washington Post*, May
   21, 2003.
55) CVID원칙은 최근 리비아의 경우와 같이 북한의 플루토늄 프로그램, 우라늄 농축 프
   로그램, 그리고 현존하는 핵무기들을 포함하는 모든 핵 프로그램들을 검증 가능하고,
   다시 재구성할 수 없도록 폐기해야 한다는 것이다.

에 있어 모든 선택방안이 열려 있다(All options are on the table)는 것을
수 차례에 걸쳐 분명히 했다.56) 미국은 『핵태세검토보고서』와 『국가안보전
략보고서』를 통해 핵개발 잠재국에 대한 선제공격의 정당성을 명기한 바
있다. 그것이 북한을 당연히 선제공격하겠다는 것을 의미하는 것은 아니라
해도 선제공격의 가능성을 전혀 배제할 수는 없다.

한편 부시 행정부 내의 강경파와 온건파의 의견 대립이 있는 것은 사실이
나 이를 지나치게 확대 해석하는 것은 본질을 호도할 가능성이 있다. 대화
와 외교적 접근을 주장하는 온건파와 경제제재를 비롯한 군사적 방법의 가
능성을 강조하는 강경파의 북한 핵문제 해결의 방법상 차이는 있으나, 위에
서 언급한 북한 핵문제 접근의 원칙에는 이견이 존재하지 않는다. 따라서
온건파의 방법이 북한 핵문제를 해결하지 못한다면 강경파의 방법을 따르
게 될 것이며, 극한 상황에서 경제적 압박이나 군사적 방법을 쓰기 이전에
모든 외교적 노력을 다 했음을 피력하여 그들의 경제적·군사적 제재의 정
당성을 확보하고자 할 것이다.57) 더구나 부시 2기 행정부에서는 국무장관
이 콜린 파월(Colin Powell)에서 콘돌리자 라이스(Condoleezza Rice) 전
국가안보보좌관으로 교체되고, 국가안보보좌관에는 부시 1기 행정부에서
라이스와 함께 부안보보좌관으로 일했던 스티븐 해들리(Steven Hadley)가
부임함으로써, 행정부 내 북한 핵문제 관련 정책에 대한 의견 차이는 크게
줄어들 것이다.

4) 다자적 접근

미국은 북한의 핵문제가 북·미 간 갈등 사안이 아니라, NPT 체제와 국

---

56) 콘돌리자 라이스 국가안보보좌관은 한미정상 회담 직전, "부시 대통령은 어떤 상황
   에서도 선택 방안들을 검토 대상에서 배제하지 않는다"고 말했으며, 애리 플라이셔
   백악관 대변인도 한국이 대북 선제공격론을 배제하기를 바라는 데 대해 "모든 방안
   을 검토 대상에서 배제하지 않는 것은 미국의 오랜 전통"이라고 강조했다. 『조선일
   보』 2003년 5월 16일.

57) Robert J. Einhorn, "The North Korea Nuclear Issue: The Road Ahead," September
   14, 2004 (http://www.nautilus.org/fora/security/0433A-Einhorn.html).

제평화를 위협하는 국제사회의 문제임을 강조한다.[58] 미국이 다자적 접근
(multilateral approach)을 주장하는 논거는 ①북핵문제는 미국만의 문제
가 아니며, ②북·미 양자 간 합의는 제네바합의처럼 구속력이 약하고, ③
다자 틀 속에서 국제사회가 북한의 핵 포기를 압박할 수 있다는 것이다.
미국은 다자적 접근의 형태로 10자회담(유엔 안보리 상임이사국 5개국과
남북한, 일본, EU, 호주), 6자회담(남한, 북한, 미국, 일본, 중국, 러시아),
5자회담(남한, 북한, 미국, 중국, 일본) 등 다양한 방안을 구상한 바 있으며,
2003년 8월 이후 6차에 걸친 6자회담이 이루어졌다.

이러한 틀 속에서 미국은 궁극적으로 북한에 대한 '당근' 을 제공할 때에
그 부담과 역할을 분담할 수 있다. 또한 북한의 체제보장 약속 시에 미국을
불신하는 북한에게 다자적 보장으로 체제보장 약속 이행에 대한 신뢰성을
높여줄 수 있다. 결국 북한과 양자구도로 문제를 해결하더라도 사후 처리
에 다자 협력이 필수적임을 계산한 것이다. 이러한 다자협의체는 의제를
확대하는 데도 유용하여 대량살상무기뿐 아니라 인권문제를 포함하여 북한
이 국제사회를 우려하게 하는 전반적 사항을 의제로 할 수 있다는 것이
다.[59] 이러한 맥락에서 미국은 북한 핵문제의 해결에 주변국의 협조가 긴
요함을 인지하고 한국, 일본 및 중국과의 공조 필요성을 강조하고 있으며,
특히 중국의 역할에 거는 기대가 크다.[60]

---

58) "Powell Discusses Iraq, North Korea en Route to Davos Economic Forum," United
   States Embassy, *Washington File,* January 25, 2003; James Dao, "U.S. to Ask
   Atom Agency to Chastise North Korea," *The New York Times,* February 12,
   2003.

59) 정옥임, "부시행정부의 북핵문제에 대한 대응전략," 국제문제조사연구소·한국정치
   학회 공동 학술회의 「신정부의 대북 및 대미정책 과제와 방향」 발표논문, 2003년
   2월 27일, p.7.

60) John J. Tkacik, Jr., "Getting China to Support a Denuclearized North Korea," *Back-
   grounder,* No.1678, August 25, 2003. 북한의 핵과 미사일은 중국에게도 결코 받아
   들이기 어려운 문제이다. 중국은 북한의 미사일이 미국의 미사일 방어(MD) 및 미국,
   일본, 대만을 포함하는 동북아 전역미사일방어(TMD) 체제의 명분이 될 것을 경계하
   고 있다. 더욱이 북한의 핵무장이 일본의 핵무장으로 이어지는 시나리오는 중국에게

2. 미국의 선택

미국이 앞으로 북한 핵문제에 대응하여 취할 수 있는 선택은 ①대화, ②대북 제재, ③핵보유 방치, ④비밀공작에 의한 정권교체 ⑤군사행동 등이다. 미국은 대화를 통하여 북한의 핵무기 보유를 저지하는 것이 여의치 않은 경우, 북한이 핵 물질을 다른 나라로 수출하는 것을 막는 데 주력하려 할 것이다. 이를 위해 미국은 북한에 대한 해상봉쇄, 정권교체 등을 통한 강력한 제재, 나아가 선제 무력공격 등도 고려할 수 있다.

1) 대화

미국은 북한 핵문제 해결을 위하여 지금까지 한 차례의 3자회담(2003. 4)과 6차례의 6자회담을 가졌다(〈부록 3-1〉 참조). 그러나 베이징 6자회담은 북핵 해결의 새로운 대화 틀을 마련했다는 성과는 있었으나, 북한 핵문제 해법과 관련한 북·미 간의 이견 차이를 좁히는 데는 진전을 보지 못했다. 부시 행정부가 북한과의 대화 방법으로 양자회담을 용인하지 않는 것은 북한 핵문제가 북·미 간 갈등 사안이 아니라, 국제사회와 불량국가인 북한의 문제라는 인식 때문이다. 따라서 미국은 북한을 정상적인 협상의 상대로 인정하지 않고 있다고 볼 수 있다.[61] 미국은 우선적인 북한의 완전하고 검증 가능하며 돌이킬 수 없는 핵무기 개발 계획의 폐기(CVID)를 요구하고 있으며, 북한이 실제로 핵개발을 포기하지 않는 한 북한과의 어떠한 타협도, 보상도 있을 수 없다는 입장이다.

한편 미국은 2004년 6월에 열린 3차 6자회담에서 이전에 비해 '전향적인

는 악몽이다. 2003년 2월 12일 IAEA 특별이사회에서 유엔 안보리로 북핵문제를 회부할 때 중국은 찬성표를 던졌다. 중국은 제1차 북핵 위기 시에도 유엔의 대북 제재에 대해 기본적으로 반대 입장이었으나, 카터 대통령의 방북(1994.6.15) 이전에 북핵문제에 대한 거부권을 행사하지 않겠다는 메시지를 북한에 전달했다.

61) 북한은 3자회담을 중국 측은 장소국으로서의 해당 역할을 하고, 핵 문제의 해결과 관련한 본질적인 문제들은 북·미 쌍방 사이에 논의하는 북·미 회담이라고 주장했다. 그러나 미국은 3자회담은 향후 본격적인 다자회담을 위한 예비회담으로 규정하였다.

제안'을 제시했다. 첫째, 북한은 모든 핵 프로그램의 폐기를 분명히 약속할
것, 둘째, 3개월의 폐기준비기간을 거쳐 모든 핵무기, 핵시설, 장비, 핵물질
의 폐기, 셋째, 북한이 준비기간 동안 신뢰할 만한 조치를 취해나감에 따라
보상적 조치를 취한다. 보상적 조치로는 ①미국 이외 관련 당사국들의 중유
공급, ②잠정적 다자안전보장(provisional multilateral security assurance)
제공, ③북한의 에너지 수요와 이를 충족하기 위한 비핵 에너지 프로그램과
경제제재 해제 및 테러지원국가 명단에서의 제외를 위한 북한과의 논의를
시작한다는 것이다. 마지막으로 북한이 폐기절차를 완료하면, 상응조치의
효력을 영구화한다는 것이다. 이러한 미국의 제안은 로버트 아인혼(Robert
J. Einhorn)의 지적대로 '리비아모델'을 기반으로 하고 있으며, 실제적으
로 미국의 대북핵 해결원칙은 변한 것이 없다.[62]

부시 행정부는 후속 회담에서도 북한의 모든 핵 프로그램 선 포기가 미·
북관계 진전의 필수 요건임을 거듭 주장할 것으로 예상된다. 대화에 의한
해결은 미국에게 가능만하다면 최선의 방법일 뿐만 아니라, 이후 북한 압박
을 위한 국제사회로부터의 정당성 확보를 위해서도 필요한 수순이다.

2) 대북 제재

미국은 협상에 의한 북한 핵문제의 해결이라는 선택이 타결책을 찾지 못
하게 되면, 대북 제재에 들어갈 가능성이 크다. 미국은 이미 동맹국들과
함께 북한의 무기 수출과 마약 밀거래, 위조지폐 등 불법적인 외화획득에

---

62) Robert J. Einhorn, "The North Korea Nuclear Issue: The Road Ahead," Sep-
tember 14, 2004. 특히 존 볼튼(John R. Bolton) 국무부 군축 및 국제안보담당 차관은
북핵문제의 해결은 PSI의 대표적 성공 사례인 리비아의 경우와 마찬가지로 김정일의
핵프로그램 폐기라는 전략적 선택 없이는 불가능하다는 것을 강조하고 있다. John
R. Bolton, "Lessons from Libya and North Korea's Strategic Choice," Graduate
School of International Studies, Yonsei University, July 21, 2004. 북한은 이에
대하여 "한마디로 말해서 미국의 '제안'은 '전향'이라는 보자기로 감싼 '리비아식
선핵포기' 방식이다"라고 비판하였다. 조선 외무성 대변인, "미국의 '전향적인 제
안'은 론의할 가치도 없다," 『조선중앙통신』 2004년 7월 24일.

대한 저지에 들어갔다. 북한의 무기수출 마약밀매 등은 모두 합쳐 연 10억 달러가 넘는 것으로 추정된다.[63] 이와 관련해서 켈리 차관보는 위조지폐와 마약의 거래를 막는 국제적 연계망인 불법행위방지구상(IAI: Illicit Activities Initiative)도 언급하고 있다.[64] 미국은 2003년 6월 스페인 마드리드에서 일본, 호주, 영국, 프랑스, 독일 등 11개국이 참석한 가운데 '대량살상무기 확산방지구상(PSI: Proliferation Security Initiative)'의 구체안을 마련, 북한의 의심스런 해상수송을 추적해 검사할 계획임을 밝혔다. PSI는 미사일 핵물질 등을 실은 선박이나 항공기를 공해상이나 우방의 영공 영해에서 압수·수색하는 국제공조체제이다.[65]

특히 미국은 북한의 경우 석유자원이 풍부한 이라크와 달리 외부 지원이 들어가지 않으면 고사될 것이라 믿고 있다. 부시 행정부는 북핵문제 해결을 위한 '맞춤형 봉쇄(tailored containment)' 전략을 이미 마련한 바 있다.[66] 북한은 무역이나, 대외지원에서 중국과 일본, 한국, 미국에 대한 의

---

63) Raphael F. Perl, "Drug Trafficking and North Korea: Issues for U.S. Policy," *CRS Report for Congress,* December 5, 2003. 주한미군의 발표에 따르면, 북한은 연간 5억 달러의 마약을 수출하고 있으며, 2001년 중동지역 등에 5억 8,000만 달러어치의 탄도미사일을 수출하였다. 북한은 또한 위조지폐도 연간 1,500만~2,000만 달러를 발행하고 있다. 주한미군 관계자는 "북한은 아편의 경우 세계 3위, 헤로인은 세계 6위 생산국이며, 북한 위조지폐는 미국이 달러를 자주 교체하는 주요 이유 중의 하나"라고 밝혔다. 『조선일보』 2003년 5월 12일.

64) James A. Kelly, "An Overview of US-East Asia Policy," Testimony before the House International Relations Committee, June 2, 2004(http://www.state.gov).

65) 2004년 10월 당시 4개국이 추가로 가입하여 PSI 참여 국가는 15개국이었으며(미국, 호주, 일본, 영국, 프랑스, 독일, 이탈리아, 스페인, 포르투갈, 네덜란드, 폴란드, 캐나다, 노르웨이, 싱가포르, 러시아), 2009년 말 현재 한국을 포함한 95개국이 PSI에 참여하고 있다.

66) 맞춤형 봉쇄는 『아미티지보고서』에 명시한 '억제·봉쇄정책'을 그대로 옮겨 놓은 것으로 그 내용은 ①한반도 주변국들의 북한과의 경제교류 축소권고, ②유·엔 안전보장이사회의 경제제재 등 압박, ③미국의 북한 돈줄을 끊기 위한 북한 미사일 선적 선박의 이동 차단 등이다. Richard L. Armitage, "A Comprehensive Approach to North Korea," National Defense University, *Strategic Forum,* No.159, March 1999 참조.

존도가 매우 크다.[67] 그러므로 한·중·일 등 주변국가의 협력이 없이는 경제제재가 실패할 수밖에 없으므로 주변국들의 참여와 협력을 설득하는 작업이 필요하다. 한·미정상회담(2003.5.15)에서는 북한이 핵위협의 수준을 높여 한반도의 평화와 안전을 위협하면 '추가적인 조치(further steps)'를, 미·일정상회담(2003.5.23)에서는 북한이 상황을 더욱 악화시킬 경우 '더욱 강력한 조치(tougher measures)'를 합의하였다. 이미 일본은 이러한 미국의 정책에 상당 부분 협력하고 있다.[68] 한편 미국은 명분있는 제재를 위하여 유엔을 통한 제재를 유도하고자 할 것이다. 미국은 IAEA에 북핵문제의 유엔 안보리 상정을 요구하여 반대없이 통과시켰다. 북한이 핵 개발 수위를 높일 경우, 미국은 안보리에 북한에 대한 제재를 본격 논의할 것을 요구할 것이다.[69]

---

67) 2001년 기준으로 북한의 무역총액(22.7억 달러)에서 중국(7.4억 달러)과 일본(4.7억 달러)이 차지하는 비중은 각각 32.6%, 20.9%로 이 두 국가가 북한 무역의 1/2 이상을 점유하고 있다. 2002년 남북교역 규모는 6.4억 달러로, 북한의 공식 무역통계에 들어간다면 그 비중은 매우 크다. 한편 국제사회는 1995년 6월 이후 2002년 말까지 총 26억 1,519만 달러 상당의 식량·비료 등 대북 지원을 제공하였다. 이 가운데 한국(7억 4,270만 달러, 28.3%)을 비롯하여 미국, 중국, 일본, EU 5개국이 71.6%를 차지하는 18억 7,249만 달러어치를 지원하였다. 특히 미국은 식량 규모를 기준으로 8년 동안 190여만 톤을 지원했으며, 한국도 유상차관을 포함하여 150여만 톤을 지원하여, 두 국가가 북한의 최대 지원국이다. 대한무역투자진흥공사, 『2001년도 북한의 대외 무역동향』(2002); 통일부, 『남북교류협력 및 인도적사업 동향』 각월호 참조.

68) 일본은 북한이 핵개발 계획을 멈추지 않을 경우 북한 화물선 만경봉호(원산-니가타)의 일본 입항 정지 및 대북 송금(연간 2억~6억 달러 규모) 중단 등을 중심으로 한 대북 대응책을 검토하고 있다고 밝혔다. 『讀賣新聞』 2003년 5월 19일. 일본 정부는 북한의 '핵보유 선언'에 대한 외교적 압력의 일환으로 북한이 핵무기와 미사일, 생물 화학 무기에 사용할 우려가 있는 티타늄 합금, 질량분석계, 수치제어공작기계 등 30개 품목을 명시해 수출 규제를 엄격하게 적용하기로 했다. 일본 정부의 이 같은 방침은 북한을 자금 면에서 봉쇄하기 위해 국제협력체제 구축을 서두르는 미국 정부의 요청을 수용한 조치라고 밝혔다. 『讀賣新聞』 2003년 5월 9일. 한편 세계식량계획(WFP)을 통해 가장 많은 대북 식량지원을 해 온 나라 중 하나였던 일본은 2002년부터 모든 지원을 중단했다. 게다가 일본 당국은 조총련계 인사들이 북한에 송금하는 것을 연기하도록 아시카가(足利)은행에 대해 은밀한 압력을 유지하고 있다. Victor Cha, "이미 시작된 日 對北제재," 『조선일보』 2003년 4월 23일.

69) 이전에도 미국은 1994년 5월 북한이 IAEA의 참관 없이 핵연료봉 인출을 강행함에

또한 미국은 경제제재·해상봉쇄와 함께 북한이 핵 개발 수위를 높일 경우 군사력 사용에 대한 위협을 병행하며, 실제로 군사력 사용이 가능하다는 신뢰성(credibility)을 높여 북한을 압박하고자 할 것이다. 부시 행정부의 소형 핵무기(mini nuke) 연구 개발 재개를 위한 노력도 이러한 과정의 일환이라고 할 수 있다.[70)]

따라 대북 유인책이 실패로 돌아가자 6월 초 유엔 안보리의 대북제재와 군사력을 사용한 압박을 고려한 바 있다. 6월 15일 안보리에 배포한 미국의 제재결의 초안은 북한이 IAEA 사찰단을 축출하는 경우, NPT에서 탈퇴하는 경우, 그리고 플루토늄을 가공하는 경우에 한하여 안보리 의장의 경고발언과 30일간의 유예기간을 둔 다음 단계적으로 정치·경제제재를 가하는 것을 골자로 한다. 1단계는 ①5년에 걸쳐 1,500만 달러의 가치를 지닌 유엔의 기술 원조 중단, ②무기의 수출입 통제, ③모든 개발원조 중단, ④승객 수송 이외의 항공 운송금지, ⑤기술과학 협력 금지, ⑥문화·상업·교육분야 교류금지, ⑦체육행사 참여 금지 등이었다. 2단계 조치는 ①일본으로부터의 대북 송금 차단, ②중국·러시아·이란·이라크 등으로부터의 석유공급 중단 등이고, 3단계 제재안은 무역활동 전체를 봉쇄하기 위해 북한의 수출입 해상로 봉쇄 등이었다. Susan Rosegrant in collaboration with Michael D. Watkins, *Carrots, Sticks, and Question Marks: Negotiating the North Korean Nuclear Crisis(A)* (Cambridge: The President and Fellows of Harvard College, 1995), p.37; Don Oberdorfer, *The Two Koreas: A Contemporary History* (London: Little, Brown and Company, 1997), p.318; Leon V. Sigal, *Disarming Strangers: Nuclear Diplomacy with North Korea* (Princeton: Princeton University Press, 1998), p.153; 신성택, "북한 핵개발의 현황과 아국의 대응방향," 한국개발연구원, 『KDI 북한경제리뷰』(2003.2), pp.41-42 참조.

70) 부시 행정부는 북한과 이란 등의 핵개발을 억제하기 위해 의회에 소형 핵무기 연구 개발금지법의 폐기를 요구했으며, 미국 상원 군사위원회는 이에 따라 이 법의 폐기 조항이 포함된 2004년 국방예산안을 가결시켰다. 이 법안은 TNT 500톤 미만에 해당하는 소형 핵무기의 연구 개발을 금지해 왔다. 1945년 일본 히로시마에 투하된 원자폭탄은 TNT 1만 5,000톤 정도였다. 부시 행정부 관리들은 "실제로 사용할 수 있다고는 아무도 생각하지 않는 무기는 억지력을 가질 수 없다"고 강조하며, 대형 핵무기는 파괴력이 너무나 커 작은 나라들에 이러한 대형 핵무기를 사용할 것으로 믿지 않는다는 점을 소형 핵무기가 필요한 근거로 들었다. *The New York Times,* May 10, 2003. 소형 핵무기 개발은 이미 2002년 1월 발표된 『핵태세검토보고서(NPR)』에서 필요성이 제기되고 있다.

3) 핵보유 방치

'핵보유 방치' 카드는 미국은 북한의 핵보유 문제에 대해서는 방치하여 중국이 대신 나서 문제를 해결하게 하고, 미국 자신은 북한의 핵물질 수출을 차단하는 데에 정책의 중심을 두는 것이다.[71] 이러한 선택은 미국은 손을 대지 않고도 북핵문제를 해결할 수 있다고 해서 '공짜점심(free lunch)론' 또는 '무임승차(free rider)론'이라고도 한다.[72] 이 선택의 핵심은 중국을 이용하는 것으로, 중국은 북한 핵문제가 악화되어 미국이 북한을 공격하거나, 일본·한국·대만이 핵무장을 하는 사태를 원하지 않기 때문에 북한이 핵을 포기하도록 압박할 것이라는 계산이다.[73] 다시 말해서 북한이 핵무기를 소유하면 골치 아픈 쪽은 주변 국가들이니 당사자들이 직접 나서서 해결하라는 것이다. 미국의 북한 핵보유 인정 전략에는 한국의 노무현 정부와 중국이 어떠한 대북제재나 군사행동도 반대한다는 종전의 입장도

---

71) 부시 대통령은 5월 3일 존 하워드 호주 총리와 만나 "북한이 무엇을 가졌느냐가 아니라 그것(핵)이 어디로 가느냐가 중요하다"며 정책 변화를 확인하고, 북한의 핵물질 수출 봉쇄 방안을 논의했다고 전했다. The New York Times, May 5, 2003. 그러나 미국 정부는 이를 부인했다. 이에 앞서 워싱턴 포스트도 2003년 3월 초 미국은 북한의 핵보유를 사실상 용인하는 쪽으로 방향을 잡았다고 보도했으나 켈리 차관보는 2003년 4월 9일 한국 특파원단과의 간담회에서 이 같은 보도를 전면 부인했었다.

72) Samuel R. Berger and Robert L. Gallucci, "A Nuclear North, All Over Again," NEWSWEEK, May 12, 2003, p.11.

73) 중국은 최근 외교전문지를 통하여 북한 핵개발에 대해 "국제사회에 대한 도전이며, 한국과 일본에 대한 위협이자, 중국에도 잠재적인 위협"이라고 비판하였으며, "확고하게 북한 핵개발에 반대해야 한다"고 주장했다. 『중앙일보』 2004년 8월 21일. '핵보유 방치' 전략의 또 다른 대안은 '일본의 핵무장' 카드로 중국을 압박해야 한다는 것이다(현재 일본은 미국보다도 많은 38톤의 플루토늄을 보유하고 있어 언제든지 4,000~6,000개의 핵탄두를 만들 수 있다). 다시 말해서 중국이 북한의 핵보유를 저지하지 못할 경우, 미국은 일본의 핵무장을 용인할 수밖에 없으며, 이는 대만 한국 등 주변국의 핵무장까지 촉발할 가능성이 있다는 식으로 중국을 몰아붙인다는 것이다. (현재 중국은 에너지 공급중단과 국경 검문 완화를 통한 탈북자 허용과 같은 북한에는 치명적인 수단을 보유하고 있지만 북한 공산주의 체제가 바뀌거나 정권이 붕괴되는 것을 바라지 않기에 북한에 대한 압력행사에 한계가 있다.) 이러한 대안은 실제로 중국에게는 북한정권의 붕괴보다도 일본이나 대만의 핵보유가 더 큰 위협이 될 것이라는 것이다.

영향을 미쳤을 것으로 보인다.

4) 비밀공작에 의한 정권교체

북한 핵문제가 대화나 실현 가능한 대북제재에도 불구하고 해결되지 않을 경우, 미국이 중국과 협력하여 북한 김정일 정권을 교체(regime change)하는 것도 가능한 시나리오이다. 미국은 북한 핵문제의 해결뿐만 아니라 '자유 북한'을 만드는 것이 대북정책의 목표라고 할 수 있으나, 핵문제 자체가 해결되지 않을 경우, 위험부담이 너무 큰 군사행동 이전의 단계에서 비밀공작(clandestine operation)에 의한 북한정권의 교체를 시도할 가능성이 있다.[74] 부시 대통령은 최근 국방부 산하 미군 특수작전사령부에 2,500만 달러의 예산을 배정하여 '외국군대 및 비정규전 부대'를 지원하는 임무를 수행하도록 하는 법안에 서명했다.[75] 그러나 이러한 시도가 성공하기 위해서는 중국과의 협력이 필수적이며, 결과적으로 나타나는 북한정권도 김정일 정권보다 중국이 통제하기가 수월한 친중정권이 될 것이다. 새로운 북한정권은 김정일 정권보다는 국제질서에 순응할 것이며, 따라서 미·중 양국은 북핵문제의 해결과 함께 중국은 보다 다루기 용이한 친중정권을, 미국의 입장에서는 보다 국제질서에 따르는 북한정권을 만드는 공통의 이득을 누릴 수 있다.

5) 군사행동

미국은 북한 핵 문제를 다룸에 있어 모든 가능성이 열려 있다는 것을 수차례에 걸쳐 분명히 했다. 실제로 미국이 문제가 되는 북핵 시설을 외과적 공격(surgical strike)으로 무력화하고, 방사능 낙진을 극소화하는 일 자

---

74) 미국 CIA 포터 고스 국장은 북한과 이란 등 적성국가와 테러단체에 스파이를 심어 놓는 공격적 첩보활동의 필요성을 강조한 바 있다. USA TODAY, November 18, 2004. 미국 CIA는 정보수집 업무 외에 외국정부 전복, 요인암살 등 '준군사작전(paramilitary operation)'을 수행하는 준군사 조직을 자체적으로 운영하고 있다.
75) 『조선일보』 2004년 11월 27일.

체는 어렵지 않다고 평가된다.[76] 그러나 북한이 대량보복으로 대응하여 제
2의 한국전이 돌발될 때 감수해야 할 가공할 비용이 문제인 것이다. 한편
미국 내에서 지금까지 금기시 되어왔던 선제공격의 적실성을 조심스럽게
타진하는 인사들이 나온다는 사실에 주목해야 한다. 이들은 미국의 제한적
군사행동에 대해 북한이 정권의 붕괴를 의미하는 자살 행위인 대량보복을
감행할 가능성은 거의 없다고 주장한다.[77]

부시 대통령은 "미국은 적이 공격해 오기 전에 적을 쫓아 무너뜨리는
일을 계속할 것"이라며 테러리즘·대량살상무기 등 미국 안보의 위협 대상
에 대한 선제공격론을 거듭 천명한 바 있다.[78] 더 나아가 미국은 적대국가
들이 대량살상무기를 보유하고 있지 않더라도 이를 개발할 능력과 의지만
있으면 군사적 행동이 가능하다는 '사전예방론'을 정책화할 가능성이 크
다.[79] 미국은 최근 '레드 라인(red line)'이란 개념을 다시 설정하여, 북한
이 레드 라인을 넘을 경우 북한군이 전면 남침하는 상황과 같은 수준으로
여겨 무력사용도 불사한다는 입장을 밝혔다. 북한이 레드 라인을 넘는 것
은 핵무기, 플루토늄 또는 고농축 우라늄 등 핵물질, 핵무기 기술 등을 외국
또는 테러집단에게 수출하는 경우이다.[80]

미국은 먼저 '대화를 통한 외교적 해법'을 통해서 북한 핵문제를 해결하
고자 노력할 것이다. 대화에 의한 해결은 가능만 하다면 최선의 선택이다.
부시 행정부는 이라크 문제 해결의 난항으로 인하여 북한 핵문제가 더 이상

---

76) Don Oberdorfer, *The Two Koreas: A Contemporary History,* Revised and
   Updated (New York: Basic Books, 2001), p.323.
77) 정옥임(2003), p.9.
78) 『중앙일보』 2003년 5월 5일. 제임스 울시 전 미국 CIA 국장은 도쿄의 일본국제문제
   연구소에서 가진 강연에서 북한의 핵개발을 저지하기 위한 최종 수단으로 무력행사
   도 불가피하다는 견해를 밝혔다. 울시 전 국장은 "비록 무력행사가 중대한 결과를
   가져온다고 해도 가혹한 체제(북한)에 대해 핵무기 제조를 허용하는 것보다는 파멸적
   이지 않다"고 강조했다. 『조선일보』 2003년 5월 12일.
79) *Financial Times,* May 3, 2003.
80) 『중앙일보』 2004년 11월 20일.

악화되는 것을 막기 위해 대화에 의한 해결을 추진하면서 시간을 벌고자 할 것이다. 그러나 미국은 북한과의 대화에서 미국의 대북핵 원칙을 양보하지는 않을 것이다. 대화를 통해 해결이 이루어지지 않는 경우, 미국은 2차적으로 두 가지 선택─대북제재 또는 핵보유 방치─중 하나를 택할 것이다. 다시 말해서 미국은 대화에 의한 방법이 효과를 거두지 못할 경우, 다음 선택에서 중국이나 한국 등 주변 국가들로부터 북한제재에 대하여 협력할 것이라는 확신만 있다면 '제재를 통한 대북 압박'에 들어갈 것이며, 이것이 불가능하다고 판단되면 제3의 선택인 '북한의 핵보유를 방치'하여 주변국들의 책임과 역할을 요구할 수 있다. 다음으로 대북제재로도 해결이 되지 않을 경우, 군사적 방법을 사용하기에 앞서 미국은 중국의 협력 하에 김정일 정권을 좀 더 다루기 용이한 친중정권으로 교체함으로써 북한 핵문제를 해결하고자 할 것이다. 마지막으로 대북제재와 무력적 해결의 위협에도 불구하고 북한이 핵포기를 수용하지 않을 때는 중국과 한국이 군사적 해결을 동의하거나, 한미동맹의 신뢰관계가 최악의 상태에서 한국은 반대하나 중국이 암묵적으로 묵인할 경우에 미국은 '대북 군사행동'의 선택을 배제하지 않을 것이다.[81]

그러나 미국의 입장에서도 무력에 의한 방법은 쉽지 않은 선택이다. 따라서 가장 가능성이 큰 선택은 대화를 통한 해결책을 모색하되 가시적 성과가 보이지 않을 경우에는 유엔 안전보장이사회 회부, 대량살상무기 확산방지구상(PSI)의 강화, 대북 경제교류 억제 등 채찍(압박정책)을 병행 추진하는 것이다. 중국도 미국의 무력사용을 용인하기 보다는 대북압박이나 친중정권으로의 교체에 협력하는 선택을 할 것이다.

---

81) 미국 핵비확산 전문연구기관인 몬터레이 국제관계연구소(MIIS) 산하 비확산연구센터(CNS)의 요한 진동 상임연구원은 미국의 자유아시아방송(Radio Free Asia)과의 인터뷰에서 "북한이 핵무기 보유 등 중국의 이익을 무시하는 행동을 삼가지 않는다면 중국은 미국이 추진할 가능성이 있는 무력을 동원한 북한정권의 교체작업을 방치할 수도 있을 것으로 보인다"고 주장했다. 『중앙일보』 2003년 5월 5일.

VI. 맺는말: 도전과 과제

1991년 사회주의 종주국 소련의 붕괴로 상징되는 냉전의 종식은 미국을 유일 초강대국으로 만들었다. 그러나 2001년 9·11 테러의 순간부터 미국은 새로운 전쟁상태로 돌입했다.[82] 독립전쟁 이후 본격적으로 본토 공격을 받아보지 못한 미국은 항상 생존의 위협을 받고 있는 국가들이 보기에는 과민하다고 할 만큼 반테러를 국가이익의 최우선 과제로 설정했다. 그중에서도 핵무기 테러를 막기 위한 필사적 노력을 진행하고 있다. 부시 행정부는 '테러와의 전쟁(war on terrorism)'을 기본원칙으로 미국 국민에 대한 테러를 감행하는 조직이나 그들의 테러행위를 지원하는 세력을 동등하게 미국의 적으로 본다. 또한 테러조직과 협력적으로 연계되어 있고 대량살상무기를 보유하거나 가지려 하는 불량국가들은 문명세계에 대한 중대한 위협이며 대결의 상대로 보고 있다. 따라서 미국의 목표는 대량살상무기의 확산을 막는 것(non-proliferation)만이 아니라, 대량살상무기를 갖고 있거나 혹은 가까운 시기에 그것을 확보할 것으로 보이는 불량국가들과 테러집단들로부터 대량살상무기를 회수하고 폐기하는 것(counter-proliferation)이다.

미국은 20세기의 냉전 동맹체제에 이어 21세기에는 반테러 동맹체제의 구축을 시도하고 있다. 이러한 국제정치의 성격 변화는 국가 간 동맹의 의미와 양태도 바꿔놓고 있다. 이미 미국은 '동맹국이 작전을 결정하는 것이 아니라 작전에 따라 동맹국을 결정한다'는 방침을 밝힌 바 있다. 미국은 새로운 위협에 직면하여 적과 동지를 구분하는 새 기준을 마련했다. 전통적인 의미의 동맹국이라 할지라도 테러와의 전쟁에 적극적으로 동참하지 않는다면 인정하지 않겠다는 것이 9·11 이후 미국의 입장이다.

우리가 직면한 북한 핵 문제의 해결이나 민족통일로의 진전 또한 국가

---

82) 9·11 테러에 의한 미국인의 사망자는 3,000여 명이다(일본의 진주만 폭격으로 2,400여 명이 사망했다). 부시 대통령은 2003년 5월 1일 이라크 전투 작전의 종료를 공식 선언하면서 "이라크전은 2001년 9월 11일에 시작해 아직까지 계속되고 있는 반테러 전들 중 하나의 승리"라고 말했다.

간의 문제이기 때문에 해당 시기 국제정치의 흐름과 틀 속에서 해결책을 찾아야 한다. 그렇다면 국제정치의 급격한 성격 변화를 이해하고 적절히 대처하는 지혜와 능력에 따라 우리의 미래가 좌우될 것이다. 그러나 노무현 정부와 부시 정부는 직면한 북핵 위협에 대한 인식은 물론 북한을 바라보는 근본적인 시각에서 부터 차이를 보이고 있다. 미국은 북한의 핵 개발을 대테러 문제 또는 핵비확산 문제라는 관점에서 보는 반면, 한국은 북핵 문제가 외교적 고립과 경제의 파탄에 의한 북한의 안보 불안에서 파생된다고 인식한다.[83] 또한 노무현 정부가 북한의 개혁·개방 가능성에 초점을 맞추고 있는 반면, 미국 정부를 비롯한 상당수 전문가들은 북한의 개혁·개방 의지를 신뢰하지 않고 있다. 한국은 북핵위기의 전개과정에서 6자회담의 한 당사자로서, 북·미 간 협상의 중재자(촉진자)로서의 역할을 위하여 부심하여 왔으나 각 당사자들의 이해관계를 냉정하게 계산하고 행동하는 현실적 접근보다는 자신의 희망에 입각한 이상적 사고에 사로잡혀 문제의 본질을 정확히 보지 못하는 잘못을 범해왔다. 북핵위기의 타결에 한국이 기여하기 위해서는 각 당사자들의 이해관계를 냉정히 파악함과 동시에, 한국이 할 수 있는 역할의 범위와 한계를 명확히 인식하여야 할 것이다.

노무현 정부는 북핵문제 해결의 3원칙으로 제시한 ①북핵 불용, ②평화적(대화) 해결, ③주도적 역할에서 첫째 원칙과 둘째 원칙이 상호 충돌할 경우, 무엇이 우선하느냐의 문제에 우선 답해야 한다. 다시 말해서 북한 핵문제가 한국정부가 요구하는 대화에 의해서 해결되지 않을 경우에 북한 핵을 용인해야 하는지(제1원칙과 충돌), 아니면 대화가 아닌 제재수단을 사용해야 하는지(제2원칙과 충돌)가 명확하지 않다. 북한 핵문제는 외교와 협상을 통한 평화적 방법으로 해결해야 한다. 이는 유무형의 압력을 병행하

---

83) 2004년 11월 12일 노무현 대통령은 칠레의 APEC 참석차 중간에 기착한 미국의 LA에서 행한 연설에서 "북한의 핵이 자위 수단으로 일리 있는 측면이 있다"며 대북 강경론에 비판적 입장을 밝혔다. 이에 대하여 미국 국무부는 "북한의 핵무기 프로그램은 세계적인 핵확산 방지노력과 우리의 동맹, 우방국들에 대한 위협"임을 분명히 했다. 『중앙일보』 2004년 11월 20일.

면서 다른 한편으로 대화의 문을 열어놓을 때 실현 가능하다. 따라서 한·
미 양국은 한반도의 평화적인 비핵화를 이끌어내기 위해 동원 가능한 모든
외교적 방법들을 구체적으로 상정하고 실효를 거둘 수 있는 방안을 토론해
야 한다. 또한, 무엇이 외교적 실패를 의미하며, 외교적 방안이 실패했을
때 무엇을 할 수 있을지도 미리 고민해야 한다. 1994년 제1차 핵위기 시에
지미 카터 전 미국 대통령이 협상에 성공한 이유는 미국이 여차하면 군사행
동을 할 수 있다는 것(credibility)을 북한이 알고 있었기 때문이다.[84] 반면,
노무현 정부는 다자회담과 대량살상무기 확산방지구상(PSI)의 이중접근을
제시한 미국과 이에 적극 협조하는 일본의 입장과는 차이를 보이고 있다.
이러한 한국의 대북핵 접근방법에 대해 미국은 문제의 해결을 위한 실질적
인 노력으로 이해하기보다는, 미국의 반테러 정책과 그 동맹 구축에 있어
한국 정부의 미온적 대응 또는 비협조적 자세로 받아들일 수 있다.

　이런 의미에서 북핵문제 해결에 있어서 한·미공조와 한·미신뢰는 매우
중요하다. 무엇보다 혹시 있을지도 모를 미국의 일방적 행동 가능성을 사
전에 차단하고, 한·미 간 이견을 북한이 활용할 가능성도 배제한다는 점에
서 그렇다. 더욱이 미국이 양자 간 담판만을 집요하게 요구하는 북한의 입
장을 궁극적으로 수용할 경우, 북·미회담의 결과에 우리의 이해관계를 투
영하기 위해서라도 신뢰를 바탕으로 한 한·미공조는 더욱 긴요하다. 또한
이 문제의 해결을 위해 일본, 중국 등을 포함한 다자협상의 형태로 접근할
경우에도 한·미공조는 비용과 역할을 분담하는 과정에서 우리의 입장을
반영하는 데에 중요하게 작용할 것이다. 한·미동맹 관계는 근본적으로 북

---

84) 카터 대통령이 평양에 도착하여 북한과 협상을 시작한 날인 1994년 6월 15일, 유엔에
　　서는 미국의 유엔 제재결의 초안에 대한 협의가 진행되었다. 또한 6월 16일 아침
　　클린턴 대통령은 긴급회의를 소집하여 유엔 안보리의 대북 제재 추진을 승인하였으
　　며, 이에 따라 샬리카슈빌리 합참의장이 1만 명의 미군 병력을 추가로 한국에 투입할
　　계획을 설명하는 도중 방북 중인 카터로부터 전화가 와서 회의가 중단되었다. Ashton
　　B. Carter and William J. Perry, *Preventive Defense: A New Security Strategy
　　for America* (Washington, D.C.: Brookings Institution Press, 1999), p.131; Don
　　Oberdorfer, pp.323-326.

한에 대한 우리의 인식에 좌우될 것이다. 다시 말해서 '우리에게 북한은 무엇인가' 하는 본질적인 문제이다. 다면적일 수밖에 없는 북한이라는 존재를 화합과 협력의 대상으로만 단순화한다면, 그런 인식은 예상하지 않았던 불행을 가져올 수도 있다.

▌참고문헌 ▌

김영윤 외. 2002. 『북한 핵문제와 남북관계의 진로』. 서울: 통일연구원.

김용호. 2003. "북핵 문제와 남북관계: 현황과 전망." 성신여자대학교 동아시아연구소 개소기념 학술회의 『동아시아의 핵위기와 한미동맹』 발표논문. 4월 19일.

국방정보본부. 2002. 『2002년 미 국방 연례보고서』. 서울: 국방정보본부.

『동아일보』 2010.2.2.

대한무역투자진흥공사. 2002. 『2001년도 북한의 대외 무역동향』.

박 진. 2003. 『박진의 북핵리포트』. 서울: 한국경제신문.

신성택. 2003. "북한 핵개발의 현황과 아국의 대응방향." 한국개발연구원. 『KDI 북한경제리뷰』.

『讀賣新聞』 2003.5.9.

_____ 2003.5.19.

유호열. 2003. "북한의 핵개발 현황과 대미전략." 국제문제조사연구소·한국정치학회 공동학술회의 『신정부의 대북 및 대미정책 과제와 방향』 발표논문. 2월 27일.

전성훈. 2009. 『북한 비핵화를 위한 한·미 전략적 협력에 관한 연구』. 서울: 통일연구원.

전현준. 2003. "북핵문제의 해법과 해결전망." 통일정책연구소 학술회의 『북한 핵문제 해결과 한반도 평화 체제 구축』 발표논문. 10월 21일.

정옥임. 2003. "부시행정부의 북핵문제에 대한 대응전략." 국제문제조사연구소·한국정치학회공동학술회의 『신정부의 대북 및 대미정책 과제와 방향』 발표논문. 2월 27일.

조선외무성 대변인. 2000. "조미사이의 불가침조약체결이 핵문제의 합리적이고 현실적인 방도." 『조선중앙통신』 10월 25일.

_____. 2003. "미국이 대조선정책을 전환할 용의가 있다면 대화형식에 구애되지 않

다." 『조선중앙통신』 4월 12일.

_____. 2003. "조선반도 비핵화운명은 전적으로 미국의 정책에 달려있다." 『조선중앙통신』 4월 30일.

_____. 2004. "미국의 '전향적인 제안'은 론의할 가치도 없다." 『조선중앙통신』 7월 24일.

『조선일보』 2003.4.23.

_____ 2003.5.5.

_____ 2003.5.12.

_____ 2003.11.28.

_____ 2004.10.13.

_____ 2004.11.20.

_____ 2004.11.27.

『중앙일보』 2004.11.20.

_____ 2009.12.29.

최진욱. 2002. 『9-11테러사태 이후 미국의 대북정책과 북미관계 전망』. 서울: 통일연구원.

통일부. 『남북교류협력 및 인도적 사업 동향』 각월호.

피터 헤인즈. 1993. 『핵 딜레마』. 서울: 하울.

Albright, David. 2000. "Inconsistencies in North Korea's Declaration to the IAEA." In David Albright and Kevin O'Neill, eds. *Solving the North Korean Nuclear Puzzle.* Washington, D.C.: Institute for Science and International Security.

Armitage, Richard L. 1999. "A Comprehensive Approach to North Korea." National Defense University. *Strategic Forum,* No.159, March.

Berger, Samuel R. 2004. "Foreign Policy for a Democratic President." *Foreign Affairs.* 83(3), May/June.

Berger, Samuel R., and Robert L. Gallucci. 2003. "A Nuclear North, All Over Again." *NEWSWEEK.* May 12.

Bermudez, Joseph S. Jr. 1999. *A History of Ballistic Missile Development in the DPRK.* Center for Nonproliferation Studies at the Monterey Institute of International Studies.

Bolton, John R. 2004. "Lessons from Libya and North Korea's Strategic Choice." Graduate School of International Studies. Yonsei University. July 21.

Carter, Ashton B., and William J. Perry. 1999. *Preventive Defense: A New Security*

Strategy for America. Washington, D.C.: Brookings Institution Press.

Cha, Victor D. 2002. "North Korea's Weapons of Mass Destruction." *Political Science Quarterly.* 117(2), Summer.

Dao, James. 2003. "U.S. Official Says North Korea Could Sell Bomb Material." *The New York Times.* February 5.

_____. 2003. "U.S. to Ask Atom Agency to Chastise North Korea." *The New York Times.* February 12.

Einhorn, Robert J. 2004. "The North Korea Nuclear Issue: The Road Ahead." September 14. (http://www.nautilus.org/fora/security/0433A-Einhorn.html)

Engelberg, Stephen, and Michael Gorden. 1993. "North Korea likely to have developed own atomic bomb, CIA tells President." *The New York Times.* December 26.

Financial Times. May 3. 2003.

Haass, Richard. 2003. "When nations forfeit their sovereign privileges." *International Herald Tribune.* February 7.

Holmes, Kim R., and Thomas G. Moore, eds. 1996. *Restoring American Leadership: A U.S. Foreign and Defense Policy Blueprint.* The Heritage Foundation.

Hwang, Balbina Y. 2003. "Curtailing North Korea's Illicit Activities." *Backgrounder,* No.1679, August 25.

Kelly, James A. 2004. "An Overview of US-East Asia Policy" Testimony before the House. International Relations Committee, June 2. (http://www.state.gov)

Kessler, Glenn. 2003. "U.S. Believes N. Korea Rapidly Seeking Stockpile" *The Washington Post.* February 1.

Laney, James T., and Jason T. Shaplen. 2003. "How to Deal with North Korea." *Foreign Affairs.* 82(2), March/April.

Manyin, Mark E. 2003. "U.S. Assistance to North Korea." *CRS Report for Congress.* March 17.

NAUTILUS INSTITUTE. The Nuclear Strategy Project(www.nautilus.org/nukestrat) 홈페이지(검색일: 2003년 4월 13일).

Niksch, Larry A. 2003. "North Korea's Nuclear Weapons Program." *CRS Issue Brief for Congress Updated.* August 27.

_____. 2003. "North Korea's Nuclear Weapons Program." *CRS Report for Congress.* March 17.

Oberdorfer, Don. 1997. *The Two Koreas: A Contemporary History.* London: Little, Brown and Company.

_____. 2001. *The Two Koreas: A Contemporary History, Revised and Updated.* New

York: Basic Books.

Perl, Raphael F. 2003. "Drug Trafficking and North Korea: Issues for U.S. Policy." *CRS Report for Congress.* December 5.

Pincus, Walter. 2003. "N. Korea's Nuclear Plans Were No Secret: U.S. Stayed Quiet as It Built Support on Iraq." *The Washington Post.* February 1.

Reiss, Mitchell B. 2004. "North Korea's Legacy of Missed Opportunities." Remarks to the Heritage Foundation. March 12(http://www.state.gov).

Review of United States. 1999. "Policy toward North Korea: Findings and Recommendations." Unclassified Report By William J. Perry. October 12.

Rosegrant, Susan, and Michael D. Watkins. 1996. *Carrots, Sticks, and Question Marks: Negotiating the North Korean Nuclear Crisis (A).* Cambridge: The President and Fellows of Harvard College.

Sigal, Leon V. 1998. *Disarming Strangers: Nuclear Diplomacy with North Korea.* Princeton: Princeton University Press.

SIPRI. 2004. *SIPRI Yearbook.*

The Washington Post. May 21. 2003.

_____. December 28. 2009.

The White House. 2002. *The National Security Strategy of the United States of America.* September.

_____. 2003. *State of the Union Address.* January 28.

Tkacik, John J. Jr. 2003. "Getting China to Support a Denuclearized North Korea." *Backgrounder,* No.1678, August 25.

U.S. CIA. 2002. *North Korea Nuclear Weapon: CIA Estimate for Congress.* November 19.

U.S. Department of Defense. 2001. *Quadrennial Defense Review Report.* September 30.

_____. 2002. *Annual Report to the President and the Congress.*

_____. 2002. *Nuclear Posture Review.* January.

U.S. Department of State. 2003. *Patterns of Global Terrorism 2002.* April.

World Bank. 2004. *World Development Indicator Database.* September.

〈부록 3-1〉 북핵 6자회담 일지

6자회담		개최 기간	6자회담 결과		비고
1차		'03.8.27~29	- 대화를 통한 평화적 해결 원칙에 대한 공감대 형성	'04.4	미국, 북한의 제네바 합의사항 위반을 이유로 북미 양자 대화 거부
2차		'04.2.25~28	- 상호 조율된 조치에 의한 해결 및 실무그룹 구성 합의		
3차		'04.6.23~26	- 비핵화를 위한 초기조치 필요성, '말 대 말', '행동 대 행동' 원칙 공감	'05.2	북외무성, 6자회담 참가 무기 중단과 핵보유 선언
				'05.5	북한, 폐연료봉 8천개 인출 완료 발표
4차	1단계	'05.7.26~8.7	- 9.19 공동성명 채택: 북한 핵폐기 및 여타국의 상응조치 합의	'05.9	미국, BDA 금융제재
	2단계	'05.9.13~19			
5차	1단계	'05.11.9~11	- 9.19 공동성명 이행의지 재확인	'06.7	북한, 장거리 미사일 발사
				'06.7	UNSC 1695호 채택
				'06.10	북한, 1차 핵실험
				'06.10	UNSC 1718호 채택
	2단계	'06.12.18~22	- 9.19 공동성명 이행의지 재확인	'06.12	북한, BDA 선해결 원칙 고수
	3단계	'07.2.8~13	- 2.13 초기조치 합의		
6차	1단계	'07.3.19~22	- 6자회담 참가국들의 2.13 합의 이행 의지 확인	'07.3	북한, BDA 문제로 제6차 6자 수석대표회의 불참
				'07.7	북한 외무성, 중유 5만 톤 도착 확인 후 영변 핵시설 가동중단 발표
				'07.9	북미, 핵시설 연내 불능화 전면 신고 합의

6차	2단계	'07.9.27~30	- 10.3 2단계 이행조치 합의	'08.2	북한, 영변 원자로 냉각탑 폭파
				'08.6	북한, 중국에 북핵 신고서 제출
	수석 대표 회의	'08.7.10~12	- 북핵 신고 검증 및 6자 의무이행 감시체제 수립 합의		
6자 외교장관 회동 (비공식)		'08.7.23	- 비핵화 2단계의 마무리 및 3단계로의 진전 필요	'08.10	미국 국무부, 대북 테러 지원국 지정 해제 발표
6자 수석대표 회의		'08.12.8~11	- 불능화와 대북 경제·에너지 지원의 병렬적 이행 합의 - 동북아 평화·안보 메커니즘 실무그룹회의 개최 합의	'09.4	북한, 장거리 로켓 발사, 6자회담 불참 선언
				'09.5	북한, 2차 핵실험
				'09.6	UNSC, 대북 결의 1874호 채택

〈부록 3-2〉 북핵 일지

배경	1956	3.26	북한, 옛 소련 드브나 핵연구 창설 참여를 위한 협정체결 (방사화학연구소 설립)
	1962	1	북한, 옛 소련의 지원으로 IRT-2000형 원자로 건설착수
	1974	9.6	북한, 국제원자력기구(IAEA) 가입
	1975	4	북한, 중국에서 DF-61 구입 미사일 연구 시작
	1985	12.12	북한, 핵확산금지조약(NPT) 가입
	1991	12.31	남북한, 한반도 비핵화 공동선언 채택
	1992	5.23~6.5	IAEA, 북한 보고서 검증사찰 실시
		12.12	IAEA, 핵폐기물보관시설 의심 2곳 접근요구 (북한, 1곳에 대해 사찰 허용)
1차 위기	1993	2.10	IAEA, 미신고시설 2곳 특별사찰 수용촉구(5일 뒤 거부)
		3.12	북한, NPT 탈퇴입장 표명
		5.11	유엔 안보리, 대북 결의 825호 채택
		5.29	북한, 중거리 탄도미사일 '노동 1호' 발사
		6.2~6.11	북미, 1차 고위급회담(뉴욕), 북한 NPT탈퇴 유보
		7.14~9.19	북미, 2차 고위급회담(제네바), '제네바 선언문(Agreed Statement)' 발표
	1994	2.15	북한, IAEA 전면 핵사찰 수용 발표
		3.12	IAEA, 사찰단 일부 북한잔류(영변 추가사찰 방침)
		3.21	북한, NPT탈퇴 강행
		6.10	IAEA, 대북 제재결의안 채택
		6.13	북한, IAEA 탈퇴선언 제출
		6.15	카터 전 미국대통령 방북(고위급회담 재개 제의)
		7.8	김일성 사망
		8.5~8.13	북미, 3차 고위급 회담(제네바), 4개항 합의 발표
		10.21	북미, '제네바 기본합의문(Agreed Framework)' 공식 서명
		11.1	북한, 핵 활동 동결선언
	1995	3.9	한반도 에너지개발기구(KEDO) 협정서명
	1998	8.31	북한, '대포동 1호' 발사(북한, 인공위성 '광명성 1호' 주장)
	1999	9.12	북한, 미사일 시험발사 모라토리엄(유예) 선언

	2000	10.9~10.12	북미, 공동코뮤니케 발표
	2001	9.11	9.11 테러사건 발생
2차 위기	2002	10.3~5	켈리 미대통령 특사, 평양방문
		10.17	켈리, 북한의 고농축우라늄(HEU) 핵개발의혹 제기
		10.25	북한, 미국의 불가침조약 체결요구
		11.14	KEDO, 대북중유지원 중단 결정
		12.12	북한, 핵동결 해제 선언
		12.21~24	북한, 핵동결 해제 조치 단행(핵시설 봉인제거, 감시카메라 무력화, 사용 후 핵 연료봉 봉인해제)
		12.27	북한, IAEA 사찰단 추방선언
	2003	1.10	북한, NPT 탈퇴선언
		2.12	IAEA특별이사회, 북한 핵문제 안보리 회부 결정
		2.26	북한, 영변의 원자로 재가동
		3.19	미국, 이라크 전쟁 개시
		4.12	북한, 다자회담 수용가능성 시사
		4.18	북한, 폐연료봉 재처리 작업중 발표
		4.23~25	베이징 3자회담(북·미·중) 개최(북한 이근대표, 핵 보유 시인)
		8.27~29	제1차 6자회담 개최
		11.21	KEDO, 대북 경수로 사업 1년간 중단 발표
	2004	2.25~28	제2차 6자회담 개최
		4.7~8	한·미·일 3자협의('북한의 완전하고 검증 가능하며 돌이킬 수 없는 핵폐기(CVID))' 재확인
		6.23~26	제3차 6자회담 개최
	2005	2.10	북한, 핵무기 보유 선언
		5.11	북한, 영변 5MW 원자로 폐연료봉 8천개 인출 완료 발표
		7.26~8.7	제4차 6자회담 1단계 회의
		9.15	미국, 방코델타아시아(BDA)은행 '주요 자금 세탁 우려 대상'으로 지정(북한 계좌 동결)
		9.13~19	제4차 6자회담 2단계 회의('9.19 공동성명' 채택)
		11.9~11	제5차 6자회담 1단계 회의
	2006	1.18	북·미·중 6자회담 수석대표 베이징 회동

		7.5	북한, 장거리 미사일 발사('대포동 2호' 1기, 노동 및 스커드급 6기 등 7발)
	2006	7.15	유엔 안보리, 대북제재 결의 1695호 채택
		10.9	북한, 1차 핵실험 실시
		10.15	유엔 안보리, 헌장 7조 의거 대북 제재결의 1718호 채택
		12.18~22	제5차 6자회담 2단계 회의
	2007	2.8~13	제5차 6자회담 3단계 회의('2.13 합의문' 채택)
		3.19	북한, BDA 자금동결 문제삼아 제6차 6자회담 수석대표회의 불참
		3.19~22	제6차 6자회담 1단계 회의
		6.20	미국 크리스토퍼 힐 국무부 차관보, BDA 동결 북한자금의 러시아 은행 북한 계좌 입금완료 발표
		9.1~2	북·미 관계정상화 실무그룹 제2차 회의, 핵시설 연내 불능화 및 전면신고 합의(제네바)
		9.27~30	제6차 6자회담 2단계 회의
		10.3	6자회담 '9.19 공동성명 이행 제2단계 조치' 합의(10.3 합의)
2차 위기	2008	6.26	북미, 플루토늄 생산량 등을 적시한 핵 신고서 제출(북한), 대북 테러지원국 지정 해제 절차 착수(미국)
		6.27	북한, 영변원자로 냉각탑 폭파
		8.11	미 국무부, "북한이 강력한 핵 검증 체제에 합의하기 이전 테러지원국 지정 해제 않을 것" 확인
		9.19	북한 외무성, "영변 핵시설 원상복구 중" 발표
		10.11	미 국무부, 대북 테러지원국 지정 해제 발표
		12.8~11	북·미 6자 수석대표 회동(싱가폴), 검증의정서 채택 실패
	2009	4.5	북한, 장거리 로켓 발사(북한, 인공지구위성 "광명성 2호")
		4.14	유엔 안보리, '대북 제재 강화' 의장성명 공식 채택 북한, 6자회담 불참 및 핵시설 원상복구 방침 천명
		4.25	북한, 영변 핵시설 폐연료봉 재처리작업 착수 발표
		5.25	북한, 2차 핵실험 실시
		6.12	유엔 안보리, 헌장 7장 41조에 의거 대북제재 결의 1874호 채택
		6.13	북한, 우라늄 농축, 추출한 플루토늄 무기화, 봉쇄시 군사적 대응 선언
		8.4	빌 클린턴 전 미국대통령 방북

	2012	4.13	북한, 헌법에 핵무기 보유국 명시, 평안북도 철산군 동창리 발사장서 장거리 로켓 '은하 3호' 발사(실패로 판명)
		4.16	유엔 안보리 의장성명 채택
		12.12	북한, 동창리 발사장서 장거리 로켓 '은하 3호' 발사 성공
2차 위기	2013	1.22	유엔 안보리 대북 제재결의 2087호 채택
		1.23	북한 외무성, "6자회담, 9·19공동성명은 사멸되고 조선반도 비핵화는 종말을 고하였다" "앞으로 조선반도 비핵화를 논의하는 대화는 없을 것" 밝힘
		2.12	북한, 3차 핵실험 실시
		3.31	북한 당중앙위 전원회의, '핵무력과 경제건설 병진노선' 채택
		6.16	북한 국방위 중대담화, "핵보유국 지위는 그 누가 인정해 주든 말든 … 추호의 흔들림도 없이 유지될 것"

제4장 |

한·미 FTA와 남북경협:
개성공단을 중심으로*

I. 머리말

개성공단사업은 2000년 8월 현대아산이 북한 조선아시아태평양평화위원회(아태위) 및 민족경제협력연합회(민경련)와 합의서를 체결하면서 시작되었다. 합의서에 따르면 현대아산은 개성공단을 1단계 100만 평으로 시작하여 3단계에 걸쳐 총 800만 평으로 조성할 계획을 수립했다. 개성공단의 장점은 지리적으로 남한과 인접해 있어서 물류와 전력공급 등에서 유리하기 때문에 남한의 자본과 기술, 북한의 저렴한 노동력이 결합된 수출기지로서 본격적인 남북경제협력의 모델이 될 수 있다는 것이다.

정부는 입주업체에 대해 남북협력기금을 통하여 투자자금 대출 및 손실보존을 시행하는 등 개성공단 입주기업을 위한 제도 구축과 함께 한전과

---

* 이 글은 "한·미 FTA와 개성공단: 갈등과 쟁점," 『국제정치논총』 제47집 3호(2007)를 수정·보완한 것이다.

한국통신이 전력과 통신을 상업적 방식으로 공급하는 등의 인프라 구축에 주력해 왔다. 그러나 입주업체들은 여전히 많은 경영상의 애로를 겪고 있으며, 추후 사업 확대를 위해 해결해야 할 선결과제 또한 산적해 있다. 향후 개성공단의 발전과 성장을 위하여 해결해야 할 과제로는 첫째 개성공단 생산 제품의 원산지 인정 문제, 둘째 대북 수출품목 제한 문제(전략물자 수출 통제), 셋째 개성공단 내 임금 및 노동조건 문제 등을 지목할 수 있다. 특히 한·미 자유무역협정(FTA)에서 개성공단 생산 제품의 원산지 인정 문제가 어떻게 결정되느냐에 따라 향후 개성공단의 발전과 성장은 크게 좌우될 것이다.[1]

한국과 미국은 2007년 6월 30일 한·미 FTA에 정식으로 서명했다. 2006년 2월 협상을 시작, 2007년 4월 2일 타결된 한·미 FTA는 추가 협상까지 마무리해 양국 정부 간의 협상 절차는 모두 완료되었다. 이제 한·미 FTA는 양국 의회의 비준동의를 받으면 효력을 발생하게 된다. 남북경협과 관련 한미 양국은 '한반도 역외가공지역위원회(Committee on Outward Processing Zones on the Korean Peninsula)'를 구성하여 개성공단을 포함한 남북경협으로 북한에서 생산되는 제품의 원산지 인정문제는 동 위원회의 결정에 따르기로 합의하였다. 한국 정부는 한·미 FTA 협상 타결 직후 '한반도 역외가공지역위원회'가 결국 개성공단을 역외가공지역(OPZ: Outward Processing Zone)으로 지정할 것으로 내다보았고, 미국은 개성공단을 구체적으로 거론한 적이 없다고 맞섰다.[2] 이 논쟁은 당분간 지속될 수밖에 없는

---

1) 자유무역협정(FTA: Free Trade Agreement)이란 관세장벽과 비관세장벽 등 제반 무역장벽의 완화 또는 철폐를 통해 체결국 간의 교역증진을 도모하고, 무역자유화를 실현하는 것을 목표로 양국 또는 지역 사이에 체결하는 특혜무역협정이다. 일반적으로 자유무역협정은 최혜국대우(MFN)원칙에 배치되지만, WTO규범은 이를 예외로 인정하고 있다(GATT XXIV조).

2) 노무현 정부는 개성공단의 원산지 인정 문제가 한·미 FTA 협상에서 얻어내야 할 주요 과제였고, 미국 정부는 북한 정권에 대한 불신감으로 인해서 개성공단에 대한 특혜를 배제하려 했기 때문에 한·미 FTA에서 개성공단 문제에 대한 역외가공지역위원회 설치 합의는 '교묘한 타협안'이었다고 보기도 한다. 미국 의회보고서 역시 역외가공지역위원회 설치 규정은 한미 양국 간의 입장을 절충한 타결이라고 지적한다. William

구체적 문제들을 안고 있다. 공개된 협정문에 따르면 역외가공지역 지정 조건으로 ①한반도 비핵화 진전, ②역외가공지역 지정이 남북관계에 미치는 영향, ③역외가공지역 내 일반적 환경기준, 노동기준, 임금관행, 경영 관리 관행 등을 규정하고 있다(〈부록 4-3〉참조). 이 중 특히 북핵문제 진전 상황, 근로기준과 임금조항 등에서 한미 간 첨예한 논란이 있을 것으로 전망된다.

결과적으로 한국의 입장에서는 역외가공지역 규정을 통하여 개성공단을 한·미 간 자유무역에 연계시킬 근거를 마련하였다고 볼 수 있다. 그러나 한반도 역외가공지역을 인정하는 3대 전제조건 가운데 첫 번째가 한반도 비핵화이다. 따라서 비핵화 없이는 한·미 FTA와 개성공단의 역외가공지역 인정이 연결될 수 있는 직접적인 통로는 확보되기 어렵다. 이에 본 장에서는 먼저 개성공단 사업의 현황을 검토하고, 개성공단과 한·미 FTA의 주요 쟁점들을 분석해 보고자 한다. 이어 한국과 미국의 개성공단 원산지 문제에 대한 입장과 차이, 원인을 비교 분석하고, 끝으로 우리의 접근방향을 제시하고자 한다.

II. 개성공단의 운용과 현황

개성공단사업은 금강산 관광사업, 경의선 및 동해선 철도연결사업과 함께 '경협 3대 중점사업'의 일환으로 추진되고 있다. 노무현 정부는 특히 남북간 교류협력과 군사적 긴장완화, 북한 개혁·개방 효과 등을 고려하여 개성공단사업을 최대 역점 대북사업으로 설정하고 성공을 위해 재정적·행정적 지원을 아끼지 않고 있다.[3]

Cooper & Mark E. Manyin, "The Proposed South Korea-U.S. Free Trade Agreement(KORUS FTA)," *CRS Report for Congress,* April 23, 2007, p.25.

〈표 4-1〉 개성공단개발 단계별 개요

		1단계	2단계	3단계	확장구역	개성시가지	합계
면적 (만평)	공단	100	150	350	200	–	800
	배후도시		100	200	500	400	1,200
개발일정(년)		2002~2007	2007~2009	2008~2012	추후협의	추후협의	
입주기업(개)		300	700	1,000			2,000
북측 고용인원(명)		7만	13만	15만			35만
연간 총생산액(달러)		20억	60억	120억			200억

주: 1. 단계별 개발일정은 유동적임
    2. 북측 인원은 공장 고용인원 30만, 건설업·서비스업 고용인원 5만 상정
    3. 연간 총생산액은 예상 입주기업이 모두 가동되었을 경우를 상정
    4. 1단계 개발일정은 본래 2006년까지였으나 통일부는 2006년 중반에 1단계 기간을
       2007년으로 연장 변경함
자료: 통일부 개성공단사업지원단, "개성공단추진현황," 2006.4

2003년 6월에 출범한 개성공단사업은 개성직할시 및 판문군 평화리 일대에 총 2,000만 평 규모의 공업단지 및 배후도시를 개발하는 것이다. 즉, 개성공단은 주로 남한의 기업이 개성이라는 북한 땅에 들어가 북한 사람들을 고용해 제품을 생산하는 공업단지이다. 개발사업 방식은 개발사업자가 북한측으로부터 토지이용권을 50년 이상 임차하고 각종 사업권을 확보하여 토지를 개발하고 투자환경을 조성한 후 국내외 기업에게 분양하는 방식으로

---

3) 정부는 개성공단 진출기업 지원방안의 일환으로 20억 원 범위 내에서 손실금의 90%까지 보조해 주기로 했다. 또한 입주기업에 대해 민간 금융회사들이 시설 운영 자금을 지원할 수 있도록 신용보증기금의 '특례보증' 제도를 도입하겠다고 밝혔다. 『중앙일보』 2006년 7월 21일.

이루어진다.

이 지역은 평양에서 약 160km, 서울에서 약 70km 떨어진 지역에 자리잡고 있으며, 전체 개발면적 2,000만 평 가운데 공업단지는 800만 평, 배후도시는 1,200만 평으로 예정되어 있다. 이 중 공업단지는 규모 100만 평, 150만 평, 350만 평의 3단계 개발계획이 수립되어 있으며, 현재 1단계 100만 평에 대한 부지조성 공사가 거의 완료된 상태이다. 제1단계 100만 평의 공단개발 사업자는 한국토지공사(자금, 설계, 분양)와 현대아산(시공)이며, 나머지 1,900만 평에 대한 개발계획은 현대아산이 북측과 협의 중에 있다.[4] 개성공단 개발사업은 당초에는 현대아산과 북한의 조선아시아태평양평화위원회 및 민족경제협력연합회 사이에 추진키로 합의(2000년 8월)된 민간 차원의 경협사업으로 시작하였으나, 추진 과정에서 현대아산의 자금난으로 남북 당국이 개입하게 됨으로써 당국 간 경협사업의 성격도 가미되었다.[5]

---

[4] 현대아산은 북한 당국으로부터 개성공업지구의 개발업자로 지정받고, 2,000만 평의 토지이용권을 획득함으로써 개성공단 조성사업의 총괄적인 사업권(독점권)을 확보하였다. 그러나 이후 현대아산이 자금난 등으로 인해 개성공단 조성사업을 독자적으로 추진하는 데 어려움을 겪게 되면서 한국 정부의 개입이 불가피해졌다. 결국 현대는 2002년 12월에 한국토지공사와 〈개성공단사업 시행 협약서〉를 체결하고 1단계 사업인 100만 평에 대한 자금조달, 설계, 감리, 분양업무 등 실질적인 사업권을 한국토지공사에게 이관하였다. 이어 현대아산과 한국토지공사는 개성공단 1단계 조성사업의 공동 사업자로 통일부의 승인을 받았으며 현대아산은 개성공단 1단계 사업(100만 평)의 사업권을 제외한 2단계 및 3단계 공단조성(700만 평)을 포함한 총 1,900만 평 부지에 대한 개발과 개성관광 사업에 대한 권리를 계속 보유하고 있는 것으로 전해지고 있다.

[5] 토지임대료의 경우, 분양가격은 14만 9,000원인데 비해 실제 투입비용은 평당 30만 원이다. 나머지는 정부에서 국고로 지원한 것이다. 시범공단이 2만 8천 평이므로 국고로 지원한 금액은 약 42억 원 정도 된다. 1단계 100만 평을 개발할 경우 1,500억 원 정도의 지원이 필요하며, 800만 평을 모두 개발할 경우 1조 2,000억 원이 필요하다. 한국토지공사는 개성공단 2단계(150만 평) 개발사업을 할 때 정부가 현재 1단계 사업의 분양가(14만 9,000원)를 유지하려면 기반시설 및 단지 내 시설에 대해 모두 2,169억 원을 지원해야 한다고 추정했다. 한국토지공사, 『개성공단과 남북한 서해안 연안지역 개발전략 연구』(2006) 참조. 이외에도 전력 및 용수 등 정부 차원에서 지원하는 각종 인프라를 포함하면 재정부담은 훨씬 더 커질 수밖에 없다. 한편 현대아산과 토지공사는 2004년 4월 13일 북한의 중앙지도총국과 1단계 100만 평에 대한 별도 토지이용증을 취득하고 평당 14만 9,000원의 토지임대료를 지급하였다(중국의 청도경제기술

1단계 100만 평 사업은 먼저 시범단지(2만 8천 평) 사업부터 시작되었다. 2004년 6월 당시 15개 기업과 입주계약을 체결하였고, 2009년 말 현재 117개사가 공장 가동을 하고 있다. 시범단지 전력은 2005년 3월부터 배전방식으로 1.5만kw가 공급되고 있다. 통신은 2005년 12월에 개성공단-남측 간 직접 연결되는 유선 통신(300회선)이 개통되었다.[6] 시범단지 분양에 이어 2005년 8월부터는 본단지 1차 5만 평의 분양 및 입주가 진행되었다. 전략물자 문제와 원산지 문제가 적은 섬유·의류·봉제 및 가죽·가방·신발로 업종을 제한했다. 이에 일반 공장용지 입주업체, 영세중소기업을 위한 협동화단지 입주업체, 아파트형공장 입주업체 등이 선정되었다. 현대아산과 입주기업들이 고용한 북측 근로자는 2006년 11월 1만 명을 넘어섰고, 2009년 말 현재 41,987명을 기록하고 있다.[7] 1단계 본단지 부지조성 및 기반시설 건설의 경우, 본단지 평토작업은 완료되었다. 전력은 2007년 6월 개성공단 내에 154kw를 처리할 수 있는 변전소를 건설하고 경기도 파주 문산변전소로부터 송전선로(16km)를 연결하여 10만kw를 남측에서 송전 방식으로 공급할 수 있게 되었다.[8]

생산액은 첫해인 2005년에는 1,500만 달러, 2006년 7,400만 달러, 2007년 1억 8,500만 달러, 2008년에는 2억 5,100만 달러를 기록하였다. 생산액의 약 15%가 해외로 수출되고 있으며, 2008년에는 3,500만 달러의 상품을 유럽, 중국, 중동, 러시아 등으로 수출하였다.[9] 하지만 입주 기업이 자생력을 가지려면 무엇보다 수출 판로 확보는 필수적인 것이다. 이러한 맥락에서 한·미 FTA는 그 함의가 크다고 할 수 있다. 그러나 2006년 북한의 미사

개발구의 토지임대료는 14.5달러/m²로서 평당 약 4만 8,000원이다).

6) 통신요금은 분당 40센트이다(중국-한국 80센트/분, 한국-일본 50센트/분).

7) 개성공업지구관리위원회(www.kidmac.com) 홈페이지, 검색일자: 2009년 12월 30일.

8) 기존의 전기 공급은 전봇대를 이용한 배전방식이었으나 변전소 준공과 송전선로의 연결로 송전방식의 전기 공급이 가능해 진 것이다. 총공사비는 350억 원이 소요됐다. 정부는 전기 수요가 증가하면 변압기 증설을 통해 20만kw까지 전기 공급을 늘릴 계획이다. 『중앙일보』 2007년 6월 22일.

9) 개성공업지구관리위원회(www.kidmac.com) 홈페이지, 검색일자: 2009년 12월 30일.

일 발사와 핵실험과 같은 도발적인 행동으로 인해 개성공단에 대한 평화적 기능과 남·북한의 경제적 상생의 취지에 부정적인 인식과 여론이 조성되고 있어 개성공단의 본질적인 접근에 큰 저해요소로 작용하고 있는 상황이다. 또한 미국의 원산지 인정 문제에 대한 원천적인 부정적 입장 표명은 향후 개성공단의 성공적인 기업유치와 개성공단의 수출판로 개척에 큰 걸림돌이 될 것으로 예상되는 가운데 보다 현실적인 대책이 요구되고 있는 상황이다.

개성공단 사업은 여전히 사업리스크가 매우 높은 시범적 사업이다.[10] 남북 경제협력의 상징적 사업으로서 개성공단의 성공을 바라고 있지만, 개성공단의 건설로 인한 우리 기업의 국제경쟁력 향상을 사업목표로 삼기에는 아직 불확실성이 너무 크며, 각종 전략물자 규제에 노출되어 있는 개성공단을 고부가가치 산업기지화하기에는 가야할 길이 너무 멀다. 따라서 무리하게 개성공단의 외형적인 성공을 위해 마치 한국경제가 중소기업 활로 개척을 위해 개성공단에 전적으로 의존하고 있다는 인상을 주는 것은 우리 국민과 기업 그리고 나아가 북한에게 잘못된 환상을 심어줄 가능성이 있다.[11] 더욱이 본격적인 추진에 앞서 문제점을 파악하는 것이 우선이어야 할 일종의 파일럿 프로젝트 단계인 시범공단에 대해 무조건 성공해야 한다는 자세로 접근하는 것은 잘못이다. 현 시점에서 개성공단 사업의 성공을 위해 가장 필요한 것은 개성공단의 장밋빛 미래에 대한 그림보다는 문제점의 자각과 해결이다.

---

10) 본단지 1차 분양에 입주기업으로 선정된 24개 업체 가운데 4곳이 2007년 들어 분양 계약을 해지하였다. 『중앙일보』 2007년 6월 21일.

11) "개성공단은 우리 한계기업의 출로이며 대륙으로 연결되는 기회의 창이 된다는 측면에서 반드시 성공시켜야 하는 경협모델," 이종석 전(前) 통일부장관, 〈100인 포럼특강〉, 2006년 6월 9일, 조동호, "남북경제 상생모델의 모색," 『통일경제』 2007년 여름호, p.58에서 재인용.

III. 개성공단 관련 한·미 FTA 주요 쟁점

남북경협을 둘러싼 대외 경제환경 개선에서 가장 핵심적인 것은 미국의 협력이다. 향후 남북경협의 확대를 위해 북미관계가 반드시 해결되어야 할 것이나 이는 현실적으로 단기간에 이루어지기는 어려울 것으로 예상된다. 따라서 한미 간의 신뢰와 공조는 남북경협의 활성화를 위해 매우 중요하다. 물론 북미관계의 틀 속에서 우리 정부가 영향력을 행사할 수 있는 범위는 그다지 넓지 않을 것이다. 그러나 남북경협 확대를 위해 해결해야 할 과제에 대하여 미국이 갖고 있는 영향력을 감안할 때, 미국으로부터 협조를 이끌어낼 수 있도록 정부가 최대한의 외교적 노력을 기울여야 할 것이다.

1. 원산지 문제

개성공단 관련한 한·미 FTA의 가장 중요한 쟁점이 원산지 문제의 해결이다. 원산지(country of origin)란 어떤 물품이 성장(growth)했거나 생산(production), 제조(manufacture) 또는 가공(processing)된 지역을 말하는 것으로 실체를 지닌 하나의 국가를 의미한다. 원산지는 원산지 규정의 적용을 통해 결정되고 각종 무역정책 수단에 활용되는 법적·행정적 개념이다. 원산지 표시제도는 공정한 무역거래 질서를 확립하고 불법적인 수입행위를 근절하기 위하여 마련한 제도로서 원산지 판정기준은 '완전생산기준'과 '실질적 변형기준'으로 구별되며, 후자는 다시 '세번변경기준', '부가가치기준' 및 '특정가공공정기준' 등으로 세분화된다.[12]

최근의 원산지 판정원칙은 생산의 다국적화로 인해 특정 물품의 원산지를 밝히는 작업으로 점차 복잡해지고 있다. 개성공단의 경우 원재료를 남

---

12) 박광서, "남북교역과 원산지문제에 관한 고찰," 한국토지공사, 『통일과 국토』, 2004 봄/여름, p.20.

한 또는 제3국에서 들여와 제품을 가공·제조하는 방식이기 때문에 2개국 이상에 걸친 생산형태로 볼 수 있다. 즉, 2국 이상에 걸친 생산제품의 원산지 판정기준은 일반적으로 실질적 변형기준이나 주요 공정기준 등을 따르는 국제사회의 관행으로 볼 때, 개성공단 입주기업들의 생산제품은 대부분 북한산(Made in D.P.R.Korea)으로 판정될 가능성이 높다.

개성공단과 관련, 원산지 문제는 생산물품의 해외 판로에 관한 문제이다. 개성공단 생산 제품이 북한산으로 판명될 경우, 제품의 수출시 다른 경쟁국의 수입 물품에 비해 높은 관세로 인해서 가격경쟁력에 문제가 발생한다는 것이다. 이는 북한이 세계무역기구(WTO) 비회원국인 관계로 WTO 회원국과의 교역에 있어 최혜국(MFN: Most Favored Nation)대우를 받지 못한다는 것을 의미한다.[13] 한편 북한이 WTO 미가입국임에도 불구하고 유럽연합(EU), 중국, 러시아 등의 국가들은 북한에 대하여 MFN관세(협정관세)를 부과하고 있다. 하지만 일본, 캐나다 등은 북한산 제품에 대하여 차등을 두고 있는데 캐나다의 경우 북한에 대한 직접적인 경제제재는 없지만 북한산 수입품목에 대하여 35%의 일반관세를 적용하여 사실상의 제재를 취하고 있으며, 일본도 북한산 제품에 대하여 국정세율을 부과하여 중국, 동남아시아 등 후발개도국이 적용받는 특혜세율이나 대부분의 국가가 적용받는 협정세율보다 불리한 세율을 적용하고 있다.[14]

---

13) 최혜국대우(MFN)란 통상, 항해 조약 등에서 한 나라가 특정국과 조약을 신규로 체결 또는 경신할 때, 상대국에 대하여 가장 유리한 혜택을 받는 나라와 동등한 대우를 하는 것을 의미한다. 미국은 1997년부터 '정상교역관계(NTR: Normal Trade Relations)'라는 용어로 바꾸어 사용하고 있으며 세계무역기구(WTO) 가입국 등에는 정상교역관계(NTR)를 부여하여 협정관세를 부과하고 있으며 미가입 국가에는 일반관세를 적용하고 있다.

14) 일본의 경우 3가지 종류의 관세율을 설정, 운영하고 있다. 가장 높은 관세율이 부과되는 기본세율인 '국정세율'이 있고, 기본세율보다 낮은 관세율이 부과되는 '협정세율'이 있는데, 이는 한국을 포함한 대다수 WTO 회원국에게 부여되는 MFN관세에 해당된다. 그리고 가장 낮은 관세율이 부과되는 '특혜세율'은 최빈개도국(least developed countries) 등에게 부여된다. 고준성, "개성공단사업과 원산지 문제," 한국안보통상학회 2006년 연차학술회의, 『개성공단 사업의 안보통상 정책적 조명』(2006년 12월 8일), p.44.

미국은 2000년 6월 19일 북한에 대한 교역금지 조치를 해제했으나 여전히 북한제품의 대미수출은 현실적으로 어렵다. 북한의 대미수출은 규제가 풀렸다고 해도 미국이 북한에 대하여 정상교역관계(NTR: Normal Trade Relations) 대우를 부여하지 않고 있으며, 북한은 사회주의 계획경제국가로서 UN의 개발도상국 목록에도 포함되어 있지 않기 때문에 미국이 개발도상국에 적용하는 관세특혜인 일반특혜관세(GSP: Generalized System of Preferences)의 적용도 받지 못하고 있다.15) 따라서 북한이 국제적으로 비교우위를 가지고 있는 상품이라 할지라도 여타 개도국에 비하여 북한산 상품의 미국 수입가격이 높을 것이므로 대미 수출에 많은 어려움이 남아 있다.

미국의 통상법은 적성국이나 GATT(1995년 이후 WTO) 미가입국에 대해서는 정상교역국가 관세('Column 1' 관세)가 아닌 이보다 최소 2배에서 10배 이상까지 세율이 높은 'Column 2' 관세를 적용하도록 규정하고 있다. 따라서 미국이 현재 북한에 적용하고 있는 Column 2 관세는 사실상 수출금지의 성격을 띠고 있다고 할 수 있다. 예컨대, 한국과 같은 Column 1의 적용을 받는 일반관세율 국가에서 수입되는 면이나 모직으로 만든 여성용 블라우스에는 9~10%의 관세가 부과되는데 반해, 이 제품이 북한과 같은 Column 2 적용국가에서 수입되면 90%에 달하는 관세가 부과된다.16) 즉 약 10배의 관세율의 차이가 발생하여 실질적으로 북한산의 수출이 불가능하다는 의미이다. 따라서 개성공단 생산제품의 원산지를 한국(Made in Korea)으로 판정받을 수 있느냐의 여부는 개성공단사업의 존폐를 좌우하

15) 일반특혜관세제도란 선진국이 개발도상국으로부터 수입하는 농수산품·완제품 및 반제품에 대하여 일반·무차별적·비상호주의적으로 관세를 철폐 또는 세율을 인하해주는 제도를 말한다. 일반적이라 함은 기존특혜가 일부 소수의 국가들에 국한된데 비하여, 일반특혜관세제도는 범세계적인 것임을 의미하며, 무차별적이란 지역통합·자유무역지역 및 관세동맹에 나타나는 역외국가에 대한 차별을 배제한다는 것으로 일반특혜관세제도를 실시하는 국가가 그 수혜국에게 관세 또는 무역상의 대가를 요구하지 않는다는 것을 의미한다.
16) 동일제품이 캐나다, 멕시코, 이스라엘에서 수입되는 경우에는 관세가 붙지 않는다. Dick K. Nanto & Emma Chanlett-Avery, "The North Korean Economy: Overview and Policy Analysis," *CRS Report for Congress,* April 18, 2007, p.24.

〈표 4-2〉 개성공단 생산제품의 원산지 표시 기준

구분	원산지 표시 기준
국내 판매	개성공업지구 생산제품을 남측에 반입하여 국내 판매하는 경우, 〈개성공업지구반출입물품및통행차량통관에관한고시〉 제3-3-1조에서 정하고 있는 ①기업의 등록자본 중 남한의 소유지분이 60% 이상 ②전체 직접재료비 중 남한산 비율이 60% 이상 등 상기 두 가지 요건을 충족하면 동 고시 제3-2-5조 제2항의 규정에 따라 Made in Korea, Made in Korea(Gaeseong)로 표시 가능
해외 수출	개성공업지구 생산제품을 수출하는 경우, 원산지는 원칙적으로 당해 수입국에서 정하고 있는 원산지 규정(즉, 실질적 변형기준: 세번변경기준, 부가가치기준, 가공공정기준)이 적용되어 개성공업지구 생산제품의 경우 대부분 원산지가 Made in D.P.R.Korea로 결정됨 따라서 수출자는 수입국의 원산지 규정 및 관세율 등을 정확히 파악하여 원산지 문제를 해결해야 함

자료: 개성공업지구관리위원회(www.kidmac.com) 홈페이지, 검색일자: 2007년 6월 30일

는 결정적 요소라 할 수 있다.

2. 대북 수출품목 제한 문제: 전략물자 수출 통제

현재 직접적으로 한·미 FTA에서 중요한 안건으로 거론되는 문제는 아니지만 원산지 문제 이후에 고려되어야 할 중요한 문제가 전략물자 수출 통제이다.[17] 개성공단 제품이 한국산으로 인정받는다는 것은 한반도 비핵

---

17) 전략물자에 대한 국제법적 개념 정의는 존재하지 않는다. 다만 국내법상 전략물자라고 함은 무기 또는 무기제조, 개발에 이용가능한 민수용 물품으로서 국제평화 및 안전유지, 국가안보를 위하여 필요하다고 인정되는 경우 수출통제의 대상이 되는 물자를 의미한다(대외무역법 제21조 참조). 전략무기는 ①다자간 전략물자통제체제에서 수출통제 대상으로 지정된 물품인 1종 전략물자와 ②대량살상무기 개발 등에 전용될

화 문제의 진전을 의미한다는 점에서 이는 전략물자의 대북 반출문제 해결
에 직결된다고 할 수 있다. 다시 말해서 개성공단에서 생산되는 제품의 한
국 원산지 인정은 결과적으로 개성공단이 직면하고 있는 2대 과제를 해결
하는 길이 된다는 것이다. 개성공단의 경우 2004년 5월 시범단지 입주기업
을 선정하면서 전략물자 문제가 제기되었던 바, 시범사업단지로 반출할 일
부 품목이 미국 수출관리규정(EAR: Export Administration Regulation)[18]
에 해당되어 반출을 포기하거나 대체하였으며, 2005년 5월 말로 예정되었
던 개성공단 통신망사업의 지연도 교환기 등 주요 통신장비가 미국 EAR에
해당되어 반출승인이 지체되었기 때문이다.[19]

개성공단 사업을 정상적으로 운영하기 위해서는 생산설비와 검사장비,
편의시설에 소요되는 장비를 북한으로 반입시켜야 하고, 공장을 가동하는
동안에는 원자재를 공급해야 한다. 그러나 국제사회는 전략물자에 대한 수
출통제체제(export control regime)에 따라 대량살상무기를 개발하려는 의
도가 있는 '심각한 우려국가' 인 북한에 대해 물자 수출을 엄격하게 통제하
고 있다.[20] 국제통제체제에 관련된 각종 협약에 이미 가입한 우리나라도

가능성이 높은 물품인 2종 전략물자로 구분된다(대외무역법시행령 제39조 제1항 참
조). 주진열, "국제통상과 국가안보: 바세나르체제를 중심으로," 『안보통상연구』 제
1권 창간호(2007), pp.127-141 참조.

18) 미국의 수출관리규정(EAR)은 북한 등의 문제국가에 미국산 상품을 재수출하거나 미
국 기술·소프트웨어가 10% 이상 포함된 외국산 제품을 재수출하는 경우에 미국 상
무부의 승인을 받도록 규정하고 있다. 때문에 EAR로 일부 업체들은 생산설비를 반입
할 수 없게 되어 사업을 연기하거나, 중국 공장에서 필요 생산과정을 거치고 다시
개성공단에서 생산과정을 진행하는 일도 발생하고 있다.

19) 통신장비 반출과 관련 2005년 11월 미국 상무부 수출관리규정(EAR)에 따른 라이센
스를 획득했다.

20) 개성공단 시범단지에 입주하기 위한 초기 15개 기업들이 공단에 설치할 각종 생산설
비 및 원자재 등이 EAR 규정 등에 포함되었는지의 여부를 판정하는데 거의 반년이
소요됐다. 그렇다면 앞으로 100만 평 1단계 공사에 참여할 기업들이 300여 개가 될
경우 이를 판정하는 데 수년 이상의 시간이 필요함을 의미한다. 다시 말해서 미국과
북한 관계가 개선되지 않는 한 미국의 대북제재 여부를 판정하는 데 소요되는 시간을
감안할 때 개성공단은 사업성을 상실할 수도 있다.

북한에 물자를 반출할 때에 국제수출통제체제가 요구하는 통제품목에 대하여 수출 제한을 받지 않을 수 없다.

이른바 '전략물자' 란 대량살상무기 또는 무기 제조 개발에 변용 가능한 민수용 물품으로서 위험한 국가 또는 단체에게 이전될 경우 국제평화와 안전을 해칠 수 있기 때문에 자유로운 무역거래가 제한되는 물품을 말한다. 따라서 무기류나 그 관련 제품만을 의미하는 방산물자보다 그 범위가 광범위하며, 국제협약 형태로 이에 대한 수출통제체제가 구축되어 있다. 이러한 수출통제체제 속에서 특히 미국을 위시한 유럽 일본 등 선진국들은 국제평화와 안보를 위하여 자국 기업뿐 아니라 다른 국가에 대해서도 강력히 이 협약의 이행을 요구한다.[21]

현재 범세계적으로 운용되고 있는 대표적인 국제수출통제체제는 다음의 네 가지를 들 수 있다. 첫째, 과거 냉전시대에 소련을 비롯한 공산권에 대해 민감한 기술과 장비의 수출을 통제하기 위해 창설되었던 '대공산권 수출통제체제(COCOM: Coordinating Committee for Multinational Export Controls)' 를 모체로 하여 탈냉전 이후 상황을 반영해서 1996년 7월에 개편한 '바세나르체제(Wassenaar Arrangement)' 이다.[22] 둘째, 1987년 대량살상무기를 운반할 수 있는 미사일 관련 기술과 장비의 수출을 통제하기 위해 설립된 '미사일기술 통제체제(MTCR: Missile Technology Control Regime)' 이다.[23] 셋째, 1978년 핵 확산을 방지하기 위하여 출범하여 원자

---

21) 심성근, "개성공단입주기업, 대북교역의 리스크와 해결방향," 한국토지공사, 『통일과 국토』, 2004 봄/여름, p.30.

22) 바세나르체제는 공식적인 대상국리스트는 존재하지 않으나, 미국은 바세나르체제 설립에 합의한 1995년 12월 발표한 성명에서 북한, 이란, 이라크, 리비아 4개국을 심각한 우려의 대상으로 지목하고 이들에 대한 수출통제가 바세나르체제의 주요 부분이라고 밝혔다.

23) 1987년 채택된 MTCR지침은 500kg 이상의 핵탄두를 300km 이상 운반할 수 있는 미사일의 확산 방지에 초점은 맞추었다. 그러나 1990년대 접어들어 걸프전에서 이라크의 스커드미사일 사용으로 제3세계 국가들의 미사일개발 문제가 현실화되자 1993년 1월부터 MTCR 규제대상의 범위를 화학무기와 세균무기를 포함한 모든 대량살상무기(WMD)를 운반할 수 있는 미사일로 확대 시행하고 있다.

력 관련 기술과 장비의 거래를 규제하는 '원자력공급국그룹(NSG: Nuclear Suppliers' Group)'이다. 넷째, 화학무기와 세균무기의 개발과 관련된 기술과 물질을 통제할 목적으로 1985년 호주 정부의 주도로 설립된 '호주그룹(AG: Australia Group)'이다.[24]

더욱이 2002년 6월 호주그룹 총회 이후 각 회원국이 캐치올(catch-all) 제도를 채택 운영하는 등 전략물자 수출 통제에 대한 국제공조가 크게 강화되고 있다. 캐치올 제도는 전략물자로 지정된 품목이 아니더라도 대량살상무기로 전용될 가능성이 있는 품목은 전략물자와 동일하게 취급해 엄격히 수출을 통제하는 제도이다. 이들 다자간 수출통제체제는 대량살상무기를 개발할 의도를 가지고 있는 이란·북한 등을 심각한 우려국가로 분류하고 있다.[25] 특히 미국은 북한을 '악의 축(axis of evil, 2002)', '폭정의 전초기지(outpost of tyranny, 2005)', '도둑정치(kleptocracy, 2006)'의 핵심 국가로 주목하고 있다.[26]

---

24) 한국은 1995년 10월 원자력공급국그룹(NSG)에, 1996년 4월 바세나르체제에, 1996년 10월 호주그룹(AG)에, 2001년 3월 MTCR에 가입했다. 한국은 규제 대상국과 기술이전국의 특성을 동시에 지닌 이중적 성격의 국가로 분류될 수 있다. 전성훈, "국제수출통제체제의 현황과 우리의 고려사항," 한국토지공사, 『통일과 국토』, 2004 봄/여름 참조.

25) '우려국가(countries of concern)'는 미국이 테러지원국으로 분류한 이란, 이라크, 리비아, 시리아, 수단, 북한 쿠바 등 7개국을 말하며, '불량국가(rogue states)'로도 불린다. 2007년 테러지원국 명단에는 이라크, 리비아는 제외된 5개국만 발표되었다. U.S. Department of State, *Patterns of Global Terrorism 2006,* April 2007.

26) 2002년 1월 29일 미국의 부시 대통령 국정연설에서 "세계에서 가장 위험한 국가가 대량살상무기로 우리를 위협하는 것을 용납하지 않겠다"며 북한, 이라크, 이란을 '악의 축'으로 지목했으며, 2005년 1월 19일 콘돌리자 라이스 국무장관 지명자가 상원 외교위원회 인준 청문회에서 "이 세계에는 국민을 억압하는 '폭정의 전초기지(독재 압제 정권)'들이 있다"며 북한, 쿠바, 미얀마, 이란, 벨로루시, 짐바브웨 등을 열거했다. 또한 2006년 8월 10일 부시 대통령은 새로운 세계전략으로 "민주주의 발전의 장애물이고 국민의 장래를 도둑질하는 도둑정치(독재 압제 부패 정권)"와의 전쟁을 선언하고, 이는 부패한 독재자가 나랏돈을 독재강화, 대량살상무기 개발, 테러 등에 쓰는 것을 막겠다는 것이라고 설명했다. '도둑정치' 범주에 포함되는 국가로는 북한과 벨로루시를 들었다.

이러한 상태에서 남북 간 민족사업으로 개성공단을 추진하는 과정에서 국제질서와 충돌하는 상황이 가로 놓여 있다. 미국을 비롯한 수출통제체제 회원국들이 남한의 대응을 주시하고 있으므로 남한은 국제수출통제체제에 위반되지 않는 범위에서 개성공단 지원사업을 추진할 수밖에 없다. 그렇지 않고 우리 정부가 저촉되는 물품의 반출을 허용할 경우 미국 및 국제통제체제로부터 외교마찰이 야기되며, 국가이미지 실추는 물론 경제안보 차원에서도 나쁜 결과가 일어날 수 있다.

특히 미국과 불필요한 오해와 마찰을 야기하지 않도록 투명한 절차와 사전협의를 통해 외연을 확대시킬 수 있는 방법을 모색해나가야 할 것이다. 북한이 우려국가이기는 하지만 그 설비의 최종 사용자는 개성공단에 입주한 남한기업이므로 북한당국이나 북한노동자에 의해 설비가 유출되는 것을 완전히 차단할 수 있는 적절한 방법(정부 간 약정서 등)을 마련하는 등 대북 물자반출을 가능하게 할 방법을 찾아야 할 것이다.[27] 한편 이 문제를 근본적으로 해결하기 위해서는 북한이 핵문제를 해결함과 동시에 미국이 지정한 테러지원국에서 제외되는 길 밖에 없다.[28] 북핵문제 등 북한과 국제사회간의 정치군사적 문제의 향방은 개성공단의 미래와 직간접적으로 관련이 깊다. 결국은 북한이 국제적 신뢰를 구축하는 문제로 귀결된다.

3. 노동기준 문제

한반도 비핵화 진전 못지않게 노동기준의 충족도 개성공단이 풀어야 할 숙제이다. 노동·환경기준은 개성공단의 역외가공지역(OPZ) 지정에 중요

---

[27] 캐치올 대상으로 수출통제리스트 상에는 해당하지 않는 물품은 어느 정도 가능성이 있다. 문제는 첨단장비 고급기술이 포함된 수출통제리스트이다. 이는 북한이 국제사회의 우려를 불식시키는 실질적 변화를 국제사회에 보여주고 국제사회가 북한에 대한 수출 통제를 푸는 수밖에 없다.

[28] 미국 국무부는 2008년 10월 북에 대한 테러지원국 지정을 해제했다.

변수가 될 수 있다. 특히 노동기준과 임금체계는 국제법규에 한참 미치지 못한다는 것이 미국의 판단이다. 저임금과 관련하여 미국 대북인권특사인 제이 레프코위츠는 2006년 3월 30일 워싱턴에서 열린 미 기업연구소(AEI) 주최 북한인권 관련 토론회에서 "개성공단 내 북한 노동자들이 하루 2달러도 안 되는 임금을 받고 아무런 노동권도 보장받지 못하고 있다. 그러나 한국정부는 개성에서 한국의 노동법을 적용할 권한이 없다."고 주장하였다. 또한 4월 28일 『월스트리트저널』 기고문에서는 "개성공단 안에서 실제 무슨 일이 벌어지는지 거의 알지 못한다."며 북한의 인권·탈북자·대북 인도지원의 투명성 문제를 거론하였다.[29] 미국의 저가 소비재시장을 점령한 중국을 연상하면서 중국 임금의 1/3 수준에 머무르는 경공업 위주의 개성공단 섬유제품이 무관세로 미국에 대량 유입되는 것은 정치적 문제를 떠나 경제적으로도 미국의 우려요인이 될 수 있다.[30]

노동기준은 임금지불 문제와도 연결된다. 현재 북한 근로자들에게는 매월 월 최저임금 50달러와 사회보험료(월임금의 15%)를 포함하여 57.5달러가 지급되고 있으며, 시간외 수당 등을 포함할 때 대략 80달러 정도로 계산할 수 있다.[31] 개성공단에서 임금은 기업주가 종업원에게 직접 현금 지급을 원칙으로 하고 있으나, 현재는 노동자들에게 직접 임금이 지불되지 않고 북한의 인력관리기관(직업총동맹)에 일괄적으로 지급하고 이 기관이 북한의 노동자들에게 달러에 상당하는 북한돈을 지급하고 있다.[32] 문제는 환율

29) *Wall Street Journal,* April 28, 2006.
30) 남성욱, "한미 FTA 타결, 남북경협에 청신호인가: 미래와 대응방안은?" 서울대학교 통일연구소 창립 1주년 기념 학술심포지엄 『급변하는 통일환경과 대북정책의 모색』 2007년 6월 29일, pp.59-60; 개성공단의 월 최저임금은 57.5달러이며, 중국(청도경제기술개발구)의 월 최저임금은 153달러 정도이다. 홍순직, 『한반도 평화체제 형성 전략 수립』(서울: 통일연구원, 2006), p.40.
31) 개성공업지구관리위원회와 북측 중앙특구개발지도총국은 2007년 8월 월 최저임금을 50달러에서 52.5달러로 5% 인상에 합의(2007년 8월 1일부터 적용)하여 사회보험료를 포함한 기업부담금은 57.5달러에서 60.375달러가 되었다. 월 최저임금은 2008년 8월 55.125달러, 2009년 8월부터 57.881달러로 인상되었다.
32) 북한 당국은 개성공단의 북한 노동자들에게 임금(80달러×145원=11,600원)의 30%

이다. 2007년 기준 북한의 공식환율은 1달러당 145원이지만 암시장 가격은 공식환율의 20배가 넘는 1달러당 3,000원 수준이며, 북한 당국이 환차를 이용하여 임금을 상대적으로 적게 지급하고 있는 점을 주목해야 할 것이다. 더욱이 1단계 100만 평 규모로 확대될 경우 15만 명의 근로자들이 매월 80달러씩 받는다면 매월 결제되는 달러가 1,200만 달러에 달한다. 1년이면 1억 4,400만 달러이다. 미국은 항상 북한에 현금으로 직접 지불되는 것에 불만을 가지고 있다. 북한을 압박하는 미국의 협상력을 무력화시킨다는 것이다. 미국이 북한 핵문제가 진전이 없는 상황에서 북한 당국에 매년 1억 5,000만 달러 정도의 현금이 공급되는 것이 개성공단사업이라면, 개성공단 사업의 파행은 물론 한·미 간의 불협화음이 발생할 가능성이 매우 크다. 결국 개성공단의 향후 과제는 미국-북한 간의 관계 진전과 함께 북한 당국의 정책적 선택에 달려 있다고 할 수 있다.

IV. 한·미 양국의 개성공단 원산지 문제에 대한 입장

한·미 FTA와 남북경제협력과 관련된 문제 중에서 가장 관심의 대상이 되고 있는 것이 개성공단과 개성공단에서 생산되는 제품에 관련된 문제들이다. 한·미 FTA 협상 타결에도 불구하고 개성공단 원산지 인정 문제를 놓고 양국 간 인식차가 크게 나타나고 있다.[33]

(3,480원)는 '사회문화시책비'로 공제하고 나서, 나머지의 절반(4,000원)은 현금(북한원)임금으로 반(4,120원)은 배급권으로 지급하고 있다고 전해진다.

33) 개성공단과 원산지 문제에 대한 논란의 핵심은 한미 양국 정부가 이번 FTA 협상에서 합의한 '역외가공지역' 문제를 논의하는 '한반도 역외가공지역위원회'를 설치한다는 조항에 대한 해석 문제에서 비롯되고 있다. 한국은 미래에 해결될 문제지만 해결 근거를 만들었기 때문에 이 조항을 근거로 개성공단 제품의 한국산 인정 문제가 해결됐다고 보고 있다. 반면에 미국은 합의문에 개성공단이라는 언급이 없기 때문에 향후 추가적으로 논의되어야 하며 현 단계에서 논의가 확대 해석되는 것을 경계하고 있다.

1. 한국의 입장

한국은 개성공단의 대미 수출제품 원산지 문제에 관한 한·미 FTA 협상에서 미국이 개성공단 생산제품의 원산지를 한국으로 인정하는 데에 동의한 것으로 발표했다. 노무현 정부는 개성공단을 통한 남북경제협력 사업의 성공여부가 대미수출 확보에 달려 있다고 판단하고, 개성공단 생산제품의 원산지 문제를 한·미 FTA 쟁점 사항 중에서도 한국 측이 얻어야 할 우선순위에 올려놓았다. 한국은 개성공단은 지역만 북한에 위치하고 있을 뿐 토지 및 시설 등은 남한의 자본과 경영에 의해 운영되기 때문에 개성공단의 생산제품을 당연히 한국산으로 인정해야 한다고 주장하고 있다.[34]

한국은 싱가포르나 유럽자유무역연합(EFTA)과의 FTA에서 적용했던 '역외가공조항'을 원용하여 한·미 FTA에서도 개성공단을 역외가공지역으로 인정받고자 하였다. 역외가공조항이란 일부 국가들이 체결한 FTA의 원산지 규정에서는 일정한 제품이 특정 FTA 체약국 내에서 생산된 원료 또는 반제

---

34) 미국은 2003년 체결된 미·싱가포르 FTA에서 미국이 싱가포르 역내가 아닌 인도네시아 지역에서 생산된 제품에 대해서도 예외적으로 원산지 인정을 해준 사례가 있다. 다른 하나의 주요한 사례는 1985년 체결된 미·이스라엘 FTA에서 추후 특별산업지역(QIZ: Qualifying Industrial Zone)방식으로 이스라엘 내부의 팔레스타인해방기구(PLO) 자치구역(가자와 서안 지구)은 물론 요르단과 이집트의 특정지역에서 생산된 이스라엘 제품에 대해서도 원산지 예외적용을 통해 특혜관세를 부여받을 수 있도록 했다. QIZ 제도는 미국이 요르단에게 일방적인 특혜를 제공하기 위해 1985년 미국-이스라엘 FTA의 효력을 역외 적용시키게 된 것으로 시작됐다. QIZ는 미국의 이스라엘-요르단 간 평화협정 등 중동평화협상을 경제적으로 지원하기 위한 미국 의회 및 행정부의 정책으로 이스라엘과 요르단의 민간 부문 간 경제적 상호의존관계를 제도화함으로써 양국 간의 평화협정의 공고화가 목적이었다. 이러한 QIZ는 그 결과에 있어 역외가공조항과 같은 효과를 가지나, 적용대상 지역이 법률 및 QIZ협정을 통해 특정되어 있고, 미국이 자신의 국제정치적 목적을 위해 일방적으로 다른 특정 국가에게 부여하는 역외가공지역에 상응하는 QIZ 내 생산제품에 대한 무관세 혜택이라는 점에서 FTA상의 역외가공조항과는 구별된다. 배성인, "개성공단을 둘러싼 한미 FTA 갈등과 전망," 『통일한국』(2006.6), p.29; Mary Jane Bolle, Alfred B. Prados, and Jeremy M. Sharp, "Qualifying Industrial Zones in Jordan and Egypt," *CRS Report for Congress*, July 5, 2006 참조.

품을 사용하여 동 협정에서 규정한 상당한 비율의 역내 부가가치기준을 충족할 경우 동제품의 최종 공정이 역외지역에서 이루어졌다 하더라도 이 제품에 대해 당해 체약국의 원산지를 부여하도록 하는 원산지 결정기준에 관한 특례 조항을 말한다.[35] 이러한 역외가공조항은 일반적인 원산지 결정기준으로는 원산지 자격을 부여할 수 없는 지역을 특수한 상황에서 원산지로 인정해주기 위해 도입되는 것이어서 이미 체결된 자유무역협정 가운데 역외가공조항을 규정한 경우는 매우 예외적이고 드물다. 이러한 역외가공조항을 포함한 FTA 원산지규정을 살펴보면 EFTA, 싱가포르, 미국 및 한국 등 일부 국가들이 체결한 FTA에 국한되어 있음을 알 수 있다.

　원산지 인정 문제와 관련해서 한국은 한-싱가포르 FTA(2006년 3월 발효)와 한-유럽자유무역연합(EFTA)[36] FTA(2006년 9월 발효)에서 개성공단의 생산제품을 한국산 제품과 동일한 특혜관세를 부여하는 데 합의하였다.[37] 또한 한-동남아국가연합(ASEAN) FTA(2007년 6월 발효) 협상에서도 같은 지위를 부여하기로 합의되었다. 하지만 한·미 FTA에서 무엇보다 원산지 인정 문제에 대한 중요성이 대두되는 근본적인 이유는 개성공단에 진출한 기업들에게 미국 시장으로의 수출판로는 필수불가결한 요인이기 때문이다. 개성공단 입주기업들이 제품을 만들어 목표로 하고 있는 판매시장에서 국내시장으로의 반입이 차지하는 비중은 32%이며, 이를 제외하면 미국 (31%)과 일본(19%), 중국(7%), 유럽(5%)순으로 미국이 차지하고 있는 수출시장의 비중이 가장 높으며, 미국과 일본이 차지하는 비중은 수출시장의 50%에 달하고 있다.[38] 또한 본 단지 1차 입주예정업체 23개 기업 중 절반

---

35) 고준성(2006), p.48.
36) EFTA(European Free Trade Association)는 스위스, 리히텐슈타인, 노르웨이, 아이슬란드의 4개국으로 구성된 EU에 속하지 않는 선진 유럽국가들로서 1인당 국민소득(GDI)이 4만 달러에 육박하는 세계 최고 소득국가들이다. EFTA는 칠레, 싱가포르에 이어 한국의 세 번째 FTA 타결국이 되었다. 김흥종, 『한·EFTA FTA협상 타결의 의의와 시사점』(서울: 대외경제정책연구원, 2005).
37) 한-싱가포르 FTA, 한-EFTA FTA에서의 '역외가공' 조항의 내용에 대해서는 고준성, pp.48-53 참조.

이 넘는 12개 업체가 미국 시장을 주요 타깃으로 하고 있기 때문에 개성공단의 원산지문제 해결 추이는 향후 투자계획에 있어서 중요한 변수가 될 것이다.[39]

2. 미국의 입장

앞서 언급하였듯이 미국은 한·미 FTA에서 한국 측이 요구하는 개성공단 원산지 인정 문제에 대해 부정적 입장을 견지해 왔다.[40] 미국의 상하 양원 및 공화·민주당 모두 '개성공단' 이슈에 부정적인 태도를 보여 왔으며 오히려 북한 핵개발 문제 및 개성공단 근로자의 노동조건과 북한 정부의 노동임금 착취 등의 문제를 제기하고 있다. 이러한 미국의 부정적 접근의 배경에는 다음과 같은 복합적인 이유가 있다.

첫째 가장 핵심적인 이유는 북한(특히 핵문제)에 대한 미국의 세계전략 차원에서 찾을 수 있다.[41] 미국은 북한의 핵문제 역시 그들의 세계전략의 틀 속에서 접근하고 있기 때문에 미국의 입장과 정책을 이해하기 위해서는 미국의 세계전략을 먼저 이해해야 한다. 탈냉전 이후 미국의 세계전략 목표는 유일한 세계 초강대국(a sole hyper power)으로서의 지위를 지키는 한편 미국 중심적 세계질서의 구축에 있다.[42]

---

38) 한국토지공사, 『개성공단 입주수요 예비조사 결과』(2006.4).

39) 윤영무, 『한·미 FTA를 통한 상품 및 서비스 분야별 대미 진출 확대전략-개성공단 역내산 인정』(서울: 대외경제정책연구원, 2006).

40) 미국은 마지막 8차 협상까지도 FTA 비당사국에 FTA의 혜택이 주어지는 것은 FTA 정신에 위배되는 것으로, 한·미 FTA는 공히 한·미 양국에만 해당되는 것이며, 특히 북한의 핵실험(2006.10.9) 등으로 개성공단 문제가 더욱 민감한 사안이 되어 있는 현 상황에서 개성공단 문제는 실질적으로 실무협상단(USTR)에 결정권한이 없다는 입장을 지속적으로 견지하였다.

41) 남궁영, "부시행정부의 북핵전략과 선택," 『세계지역연구논총』 제22집 2호(2004) 참조.

42) 미국은 2005년 기준으로 전 세계 국방비의 47.8%, 전 세계 GNI의 28.8%를 차지하

　북한의 핵개발은 미국의 세계전략과의 충돌이라고 볼 수 있다. 탈냉전 이후 미국 세계전략의 두 날개는 테러 및 핵·생물·화학 무기 등 대량살상 무기의 반확산(Counter-Proliferation of Weapons of Mass Destruction)과 자유시장·자유무역·민주정부 등 미국적 가치의 확산(Proliferation of American Values)이다.[43] 이러한 미국의 세계전략에 가장 걸림돌이 되는 국가가 소위 '악의 축(axis of evil)'인 이라크, 이란, 북한이라고 할 수 있다. 이들은 소위 불량국가(rogue states)이며 무법정권(outlaw regime)인 것이다.[44] 미국 대외정책의 키워드(key word)는 대량살상무기, 테러리즘, 인권(미국적 가치)이며, 이에 대해서는 국가주권을 초월한 개입이 정당하다고 주장한다.[45] 따라서 미국의 대북정책 목표는 정권교체(regime change)를 통한 '자유 북한'이며, 이것이 불가능하다면 차선책으로 북한의 핵 프로그램만이라도 반드시 폐기시킨다는 것이다.[46] 이러한 관점에서

　　고 있다. SIPRI, *SIPRI Yearbook,* 2006; World Bank, *World Development Indicators Database,* September 2006.

43) 부시 행정부 대외정책에 지대한 영향을 미치고 있는 미국 공화당의 신보수주의자(네오콘)들은 '힘이 곧 정의'라고 믿고 있으며, 적극적인 대외 개입을 통해 미국의 이익을 지키고, 미국적 가치를 세계에 전파하며, 이를 위해 군사력 사용도 주저해서는 안 된다고 주장한다. 1997년 출범한 네오콘 싱크탱크 '새로운 미국의 세기를 위한 프로젝트(PNAC: Project for New American Century)'에는 딕 체니, 도널드 럼스펠드, 폴 울포위츠, 젭 부시, 루이스 리비, 엘리어트 에이브럼즈 등 부시 행정부의 핵심 인물들과 리처드 펄, 빌 크리스톨, 로버트 케이건 등 이론가들이 참여하고 있다. 2000년 9월 발표한 '미국 방위재건 보고서'에서 PNAC는 ①군사비 대폭 증액, ②중동·중앙아시아 미군 주둔, ③미국을 적대시하는 국가의 정권교체, ④미국의 이익에 어긋나는 국제협약 폐기 또는 탈퇴, ⑤우주 공간의 군사화, ⑥핵무기 선제사용 등을 건의했다. 이 보고서는 부시 행정부의 외교·군사정책의 기본 골격이 되었다. The White House, *The National Security Strategy of the United States of America,* September 2002; March 2006 참조.

44) The White House, *State of the Union Address,* January 28, 2003.

45) Richard Haass, "When nations forfeit their sovereign privileges," *International Herald Tribune,* February 7, 2003.

46) 미국 상원의 '북한 자유 법안(North Korea Freedom Act of 2003)' 제출자인 샘 브라운 상원의원은 법안의 목적은 "북한의 대량살상무기 개발을 중단시키고, 한반도에서 민주정부에 의한 통일을 지원하며, 북한의 인권을 개선하기 위한 것"이라 했으

미국은 북한에 경제제재로 압박을 가하고 있으며, 6자회담의 나머지 국가들, 특히 중국과 한국에 대해서도 제재에 협력할 것을 촉구하고 있는 실정이다. 따라서 미국은 북한 정권에게 상당한 현금이 흘러들어가는 개성공단 사업에 부정적일 수밖에 없다.

둘째, 한·미 FTA 협상에서 유리한 고지를 차지하기 위한 접근이다. 개성공단의 원산지 인정문제를 조건으로 한국 측에 더 많은 양보를 얻어내기 위한 '협상카드'로 사용하고자 하는 것이다. 한국 정부의 대북정책에 있어서 개성공단의 중요성과 정책적 의지를 알고 있기 때문에 미국 측은 이를 협상의 카드로 이용할 가능성이 높았다. 더구나 어떤 형태가 됐든 개성공단에 대한 예외를 한국 측이 인정받게 되면 한국 역시 그에 상응하는 보상책을 미국 측에 제공해야 한다는 것은 상식이다. 미국은 개성공단 사업에 기본적으로 부정적이지만 남북 간 화해와 협력 분위기를 깬다는 비난을 감수해야하는 부담도 있기 때문에, 개성공단 제품에 대한 원산지 인정 거부가 부담스러운 경우에는 한국과의 협상카드로 충분히 활용한 뒤 상응하는 큰 실리를 취하려 했을 것이다. 2007년 4월 2일 한미 양국은 '역외가공지역' 규정에 합의하였으나 개성공단이란 구체적인 언급은 없다. 따라서 개성공단이 역외가공지역으로 인정받으려면 미국이 별도의 합의를 해주지 않는 이상 협정 발효 이후 양국 공무원으로 구성돼 매년 개최하는 한반도 역외가공지역위원회에서 별도의 협상을 벌어야 한다. 한국은 FTA 협정문에 역외가공지역 규정을 넣기 위하여 일정의 양보를 제공했을 것이며, 이와 더불어 역외가공지역위원회에서 개성공단을 역외가공지역으로 인정받기 위해서는 추가적인 보상책을 제시해야 할 것이다.[47]

며, "미국과 전 세계의 안보는 북한에서 자유·민주·인권을 확립하는 것에 의해서만 보장받을 수 있다"고 강조했다. 『중앙일보』 2003년 11월 22일. 한편 미국무부 정책기획실장 미첼 라이스(Mitchell B. Reiss)는 미국이 원하는 것은 "단순히 대량살상무기 없는 북한이 아니라 북한의 정상국가로의 변환"이라고 했다. Mitchell B. Reiss, "North Korea's Legacy of Missed Opportunities," *Remarks to the Heritage Foundation*, March 12, 2004(http://www.state.gov).

47) 한반도 역외가공지역(OPZ)위원회는 한·미 FTA 발효 이후 1년 후에 구성하게 되어

셋째, 미국 내 산업계의 압력도 미국 정부의 개성공단에 대한 부정적 입장의 한 요인이라고 할 수 있다. FTA 협정에서 파생될 노동자들의 피해를 최소화하려는 미국 노동계가 개성공단 노동자들의 처우 문제를 명분으로 행정부를 압박하고 있다. 미국 노동총연맹-산업별회의(AFL-CIO)는 "개성공단 노동자들이 제대로 임금을 지급받는 지와 노동자 권리를 보장받고 있는 지를 조사해야 한다는 레프코위츠 특사의 발언에 전적으로 동감한다면서 개성공단의 노동실태가 투명하게 밝혀지도록 관련 행정부처에 압력을 넣겠다."고 발언하였다.[48]

위에서 살펴본 바와 같이 미국이 개성공단에 대해 부정적인 태도를 보이는 것은 우선 남한과 북한이 구상하고 있는 남북 경제협력의 '시험의 장'이 되고 있는 개성공단이 자신들의 영향력을 벗어나 확대되는 데에 대한 견제 차원인 것으로 분석된다. 미국은 북핵문제가 교착상태에 있고 인권, 위폐, 마약 등 종합적으로 제기하고 있는 북한문제가 풀리기도 전에 남북한이 개성공단을 매개로 경제교류를 가속화한다면 향후 자신들이 펼 수 있는 정책의 폭이 줄어들 수 있음을 우려하는 것이다.

한·미 FTA 협정문에는 미국의 해석처럼 '개성공단'이라는 문구가 없고, 다만 역외가공지역위원회를 설치해 역외가공지역 문제를 논의할 수 있다는 내용이 있다(〈부록 4-3〉 참조). 또한 한국의 해석처럼 '개성공단이 역외가공 방식으로 특혜관세를 부여받을 길을 열었다'는 말도 틀리지 않는다고 볼 수 있다. 한미 양국이 역외가공지역 지정을 통한 특혜관세에 합의

있다. 현재 미국 의회를 장악한 민주당 지도부의 한·미 FTA에 대한 부정적 시각 등을 고려할 때, FTA 협정문 발효를 위한 미국의 의회 비준동의는 2009년에나 이루어질 것으로 예상되는 만큼 OPZ위원회는 2010년 정도에 구성될 수 있을 것이다. 개성공단의 역외가공지역 인정을 위한 3가지 조건의 충족 여부를 조사하는 기간(1~2년 정도)까지 상정하면 빨라야 2011~2012년에 개성공단제품이 한국산으로 인정될 것(조건 충족을 가정할 때)이다. 따라서 한·미 FTA에서 개성공단을 역외가공지역으로 인정받는다 해도 해결 시점은 4년 이상 걸릴 것이다. 김종훈 FTA 협상 한국 수석대표는 "미 의회의 비준은 앞으로 1년이나 1년 반쯤 걸릴 것"으로 전망했다. 『중앙일보』 2007년 7월 2일.

48) 배성인(2006), p.27.

했기 때문에 개성공단이 향후 역외가공지역으로 지정된다면 한국으로 원산지 인정을 받게 되기 때문이다. 이는 결국 앞으로의 한국·미국·북한 간 여건의 성숙 여부에 달려 있다.

V. 맺는말

우리가 직면한 남북경협의 진전이나 북한 핵문제의 해결은 국제정치의 흐름과 틀을 벗어날 수는 없다. 그렇다면 탈냉전 이후 국제정치의 급격한 성격 변화를 적절히 이해하고 대처하는 지혜와 능력이 우리의 미래를 좌우할 것이다. 그러나 한국과 미국 양국은 직면한 북핵 위협에 대한 인식과 북한을 바라보는 시각의 차이가 매우 크다. 미국은 북한의 핵 개발을 대테러 문제 또는 핵비확산 문제라는 관점에서 보는 반면, 한국의 노무현 정부는 북핵문제가 외교적 고립과 경제의 파탄에 의한 북한의 안보 불안에서 파생된다고 인식한다.[49] 또한 한국이 북한의 개혁·개방 가능성에 초점을 맞추고 있는 반면, 미국의 상당수 전문가들은 북한의 개혁·개방 의지를 신뢰하지 않고 있다.

개성공단 사업의 성공적 추진을 위해 해결해야 할 최대과제는 미국 변수(대북 경제제재, 전략물자 반출문제, 원산지 규정문제 등)이다. 북한의 핵·미사일 문제로 국제적 긴장관계가 지속되고 북한이 대량살상무기 및 미사일 개발 의지를 가지고 있음을 국제사회가 우려하는 한 개성공단 사업 전망은 제한될 수밖에 없다. 적어도 이 부분에 대해서는 남한 기업뿐 아니라

---

49) 2004년 11월 12일 노무현 대통령은 칠레의 APEC 참석차 중간에 기착한 미국의 LA에서 행한 연설에서 "북한의 핵이 자위 수단으로 일리 있는 측면이 있다"며 대북 강경론에 비판적 입장을 밝혔다. 이에 대하여 미국 국무부는 "북한의 핵무기 프로그램은 세계적인 핵확산 방지노력과 우리의 동맹, 우방국들에 대한 위협"임을 분명히 했다. 『중앙일보』 2004년 11월 20일.

남북한 당국도 인식을 공유해야 당면한 문제들의 해결이 가능하다. 무엇보다도 미국과의 관계가 관건이다. 개성공단사업의 성공적 수행을 위해서 정부는 한미관계의 신뢰를 증대하여 전략물자 반출, 원산지규정 등 핵심사안에서 미국으로부터 호의적 반응을 얻어내야 할 것이다.

미국과의 자유무역협정(FTA) 협상 과정에서 개성공단 생산제품의 한국산 원산지 인정문제는 본질상 남북관계와 대북정책에 대한 한미 간 입장차이의 조정을 통해 해결될 문제이다. 따라서 이 문제의 핵심은 북한이 테러지원국에서 해제되고 적성국교역법의 대상에서 벗어나는 정치적 문제이다. 즉, 북·미 관계가 정상화되고 북한이 국제사회의 일원으로서 WTO 가입국가가 되면 개성공단 제품은 정상관세로 수출될 수 있을 것이다. 따라서 경제적 주고받기를 계산하는 자유무역협정 협상과정에서 이 문제를 지나치게 고집할 경우 미국의 양보를 얻기 위해 우리가 보다 큰 경제적 손실을 감수해야 할 가능성이 농후하다. 이러한 상황에서 한·미 FTA에서 개성공단 제품의 한국산 인정에 과연 가장 높은 정책적 우선순위를 두는 것이 타당한지 재고해 볼 필요가 있다. 무리한 접근은 결국 국익에 부담이 된다는 점에서 더 그러하다. 개성공단 문제는 한·미 간 신뢰의 증진과 더불어 대북정책 조정을 위한 별도의 채널을 통해 지속적으로 논의할 필요가 있다.

▌참고문헌 ▌

고준성. 2006. "개성공단사업과 원산지 문제." 한국안보통상학회 2006년 연차학술
　　회의『개성공단 사업의 안보통상 정책적 조명』발표논문. 12월 8일.

김영윤. 2007. 『한미 FTA 체결과 남북경협』. 통일연구원. 4월.

김홍종. 2005. 『한·EFTA FTA협상 타결의 의의와 시사점』. 서울: 대외경제정책연
　　구원.

남궁영. 2004. "부시행정부의 북핵 전략과 선택."『세계지역연구논총』제22집 2호.

남성욱. 2007. "한미 FTA 타결, 남북경협에 청신호인가: 미래와 대응방안은?" 서울
　　대학교 통일연구소 창립 1주년 기념 학술심포지엄『급변하는 통일환경과 대
　　북정책의 모색』발표논문. 6월 29일.

박광서. 2004. "남북교역과 원산지문제에 관한 고찰." 한국토지공사.『통일과 국토』
　　봄/여름.

배성인. 2006. "개성공단을 둘러싼 한미 FTA 갈등과 전망."『통일한국』6월.

심성근. 2004. "개성공단입주기업, 대북교역의 리스크와 해결방향." 한국토지공사.
　　『통일과 국토』봄/여름.

심의섭. 2007. "2.13 합의와 한미 FTA가 남북경협에 미치는 영향." 한민족공동체협의
　　회 주최 통일학술세미나『대선과 북한의 통일전략 세미나』발표논문. 5월 2일.

윤영무. 2006. 『한·미 FTA를 통한 상품 및 서비스 분야별 대미 진출 확대전략-개성
　　공단 역내산 인정』. 서울: 대외경제정책연구원.

이강우. 2007. "개성공단에서의 남북관계 발전 경험을 통해 본 개성공단 발전방
　　안." 국회의원 최재천 주최 통일외교 세미나『개성공단의 안정적 발전을 위
　　한 대토론회』발표논문. 2월 14일.

전성훈. 2004. "국제수출통제체제의 현황과 우리의 고려사항." 한국토지공사.『통
　　일과 국토』봄/여름.

조동호. 2007. "남북경제 상생모델의 모색."『통일경제』여름호.

조명철·정승호. 2006. 『한·미FTA와 개성공단 원산지문제』. 대외경제연구소. 7/8월호.
주진열. 2007. "국제통상과 국가안보: 바세나르체제를 중심으로." 『안보통상연구』
　　제1권 창간호.
『중앙일보』 2004.11.20.
＿＿＿＿ 2006.7.21.
＿＿＿＿ 2007.6.21.
＿＿＿＿ 2007.6.22.
＿＿＿＿ 2007.7.2.
통일부 개성공단사업지원단. 2006. 『개성공단추진현황』 4월.
한국토지공사. 2006. 『개성공단 입주수요 예비조사 결과』 4월.
＿＿＿＿. 2006. 『개성공단과 남북한 서해안 연안지역 연계개발전략 연구』.
홍순직. 2006. 『한반도 평화체제 형성 전략 수립』. 서울: 통일연구원.

Bolle, Mary Jane, Alfred B. Prados, and Jeremy M. Sharp. 2006. "Qualifying Industrial
　　Zones in Jordan and Egypt." *CRS Report for Congress*. July 5.
Cooper, William, & Mark E. Manyin. 2007. "The Proposed South Korea-U.S. Free Trade
　　Agreement (KORUS FTA)." *CRS Report for Congress*. April 23.
Haass, Richard. 2003. "When nations forfeit their sovereign privileges." *International
　　Herald Tribune*. February 7.
Nanto, Dick K., & Emma Chanlett-Avery. 2007. "The North Korean Economy: Overview
　　and Policy Analysis." *CRS Report for Congress*. April 18.
Reiss, Mitchell B. 2004. "North Korea's Legacy of Missed Opportunities." *Remarks
　　to the Heritage Foundation*. March 12.(http://www.state.gov)
SIPRI. 2006. *SIPRI Yearbook*.
The White House. 2002. *The National Security Strategy of the United States of America*.
　　September.
＿＿＿＿. 2003. *State of the Union Address*. January 28.
＿＿＿＿. 2006. *The National Security Strategy of the United States of America*. March
　　2006.
U.S. Department of State. 2007. *Patterns of Global Terrorism 2006*. April.
Wall Street Journal. 2006. April 28.
World Bank. 2006. *World Development Indicators Database*. September.
개성공업지구관리위원회(www.kidmac.com) 홈페이지(검색일: 2007년 6월 30일).
개성공업지구관리위원회(www.kidmac.com) 홈페이지(검색일: 2009년 12월 30일).

〈부록 4-1〉 개성공단 현황

연도별 업체 수

구분	2005	2006	2007	2008	2009	2010	2011	2012
업체 수 (가동기업)	18	30	65	93	117	121	123	123

연도별 개성공단 근로자 수

구분	2005	2006	2007	2008	2009	2010	2011	2012
북측 근로자	6,013	11,160	22,538	38,931	42,561	46,284	49,866	53,448
남측 근로자	507	791	785	1,055	935	804	776	786
합계	6,520	11,951	23,323	39,986	43,496	47,088	50,642	54,234

연도별 북측 근로자 지급 임금액

(단위: 만 US$)

구분	2004	2005	2006	2007	2008	2009	2010	2011	2012
임금총액	38.9	275.9	710.4	1,388.7	2,686.4	3,831.2	4,868.7	6,176.4	8,380.0

연도별 생산액 및 수출액

(단위: 만 US$)

구분	2005	2006	2007	2008	2009	2010	2011	2012
총생산액	1,490	7,373	18,478	25,142	25,648	32,332	40,185	46,950
수출액	866	1,982	3,967	3,584	2,860	3,667	3,687	3,639

* 자료: 통일부 남북협력지구지원단

〈부록 4-2〉 개성공단 주요 일지

구분		주요 내용
2000	8.22	개성공업지구 건설운영에 관한 합의서 체결 (현대아산 ↔ 조선아태·민경련)
	11.10	개성공단 공동사업시행 협약 체결(토지공사 ↔ 현대아산)
2002	11.20	개성공업지구법 제정·공포(북측)
	12.4	개성공업지구 개발업자 지정 합의서 체결 (토공·현대아산 ↔ 조선아태·민경련) * 한국 토지공사의 사업시행자로서의 지위 확보
	12.26	한국 토지공사와 현대아산간 사업시행 변경협약 체결
	12.27	개성공단 1단계 조성사업 협력사업자 승인(통일부)
2003	6.28	2개 하위규정 제정·공포(개발, 기업창설규정)
	6.30	개성공단 착공식 실시
	10.1	2개 하위규정 제정·공포(노동, 세무규정)
	11.12	개발사무소 설치 합의(토지공사-북측)
	12.11	개발사무소 착공식 거행
	12.17	3개 하위규정 제정·공포(관리기관, 세관, 체류규정)
2004	1.29	개성공업지구 통행합의서 합의
	2.25	외화관리 및 광고규정 제정
	4.23	개성공단 1단계 조성사업 협력사업 승인(통일부)
	5.18	개성공단 시범단지 분양공고
	6.14	개성공단 시범단지 입주업체 토지이용권 매매계약 체결
	6.30	개성공단 시범단지 준공식
	8.25	부동산 규정 발표
	10.11	보험규정 발표
	10.21	개성공단 개발사무소 준공식
	12.15	개성공단 첫제품 생산 - (주)리빙아트
	12.30	개성공업지구 통신합의서 체결
2005	3.4	개성주민 월동용 연료 전달식
	3.16	개성공단 시범단지 전력공급
	8.1	개성공단 본단지 1차 분양공고

	8.5	개성공단 투자설명회
	9.21~23	개성공단 본단지 1차 입주업체 토지이용권 매매계약 체결
	12.28	개성공단 직통전화 개통
2006	3.2	숙박사업 참여 민간사업자 공모
	3.28	개성공업지구 정·배수장 착공식
	4.30	개성공단 1단계(2차) 분양 공고
	5.3~4	개성공단 1단계(2차) 분양설명회
	6.25	개성공단 1단계(2차) 입주업체 토지이용권 매매계약 체결
2007	8.3	월 최저임금 현 50달러에서 52.5달러로 5% 인상 합의(2007년 8월 1일부터 소급 적용) * 앞으로 월 최저임금을 매년 8월 1일 관리위와 총국 간 합의하여 결정 * 사회보험료(15%)를 포함한 기업부담액은 현 57.5달러에서 60.375달러로 증가
	10.16	개성공단 1단계 조성공사 준공식
	12.17	2단계 측량 및 지질조사 착수식
	12.31	개성공단 1단계 사업 준공
2008	3.4	2단계 문화재 지표조사 착수
	3.24	북한, "북핵 문제가 타결 안 되면 개성공단을 확대하기 어렵다"는 김하중 통일부장관의 발언을 문제 삼아 남북교류협력협의사무소 상주 남측 당국 인원 전원철수 요구
	3.27	남북교류협력협의사무소 상주 남측 당국자 11명 전원 철수
	6.24	북한 서해지구 군사실무 책임자, '공단→남측' 인력 및 물자의 통행시간 제한 통보
	7.4	개성공단 북측 근로자 3만 명 돌파
	8.13	2008년 8월분부터 기존 월 최저임금 52.5달러에서 55.125달러로 5% 인상 합의(2008년 8월 1일부터 소급 적용) * 사회보험료(15%)를 포함한 기업부담액은 현 60.375달러에서 63.394달러로 증가
	10.2	남북군사실무회담 북측 대표단, 남북 군사실무회담에서 '대북전단 살포로 개성공단 사업 등에 부정적 영향' 경고
	11.6	북한 국방위원회 정책실장 김영철 중장 등 군부 조사단 6명, 개성공단 현지 실태 점검
	11.12	남북 장성급군사회담 북측 대표 전통문 "12월 1일부터 1차적으로 군사분계선을 통한 모든 육로통행을 엄격히 제한 및 차단" 통보

	11.24	남북 장성급군사회담 북측 단장, 12월 1일자로 개성관광 전면차단 및 개성공단·금강산관광지구의 남한 당국관련 기관, 기업 상주 인원 및 차량 선별 추방 입장통보
	11월 중	공단 입주기업 누적 생산액 5억 달러 돌파
	12.1	개성공단 상주 체류 인원 880명으로 제한, 남북통행 시간대 및 통행허용 인원 축소 등 '12.1조치' 시행
2009	3.9~20	북한, 키리졸브 한미합동군사훈련 기간 3차례 걸쳐 육로통행 차단
	3.30	북한, 개성공단 현대아산 직원 유모씨 '체제비난, 여성 종업원 변질·타락 및 탈북책동 '등의 이유로 억류, 조사 통보
	4.16	북한 중앙특구개발지도총국, '개성공단 운영 관련 중대문제' 통지하 겠다' 며 남측 당국자 초청
	4.21	남북 당국간 개성 접촉 – 북한, 개성공단 사업의 모든 특혜조치 전면 재검토 통보
	5.15	북한, 개성공단 관련 법규 및 기존계약 무효 선언
	6.11	남북 당국자 접촉(개성) * 북한측 주장: ①토지임대료 5억 달러(1단계 100만 평), ②토지사용료 2010년부터 평당 5~10달러, ③근로자 임금 월 300달러, 매년 10~ 20% 인상, ③자동차세, 기업소득세, 영업세 등 재검토
	6.19	남북 당국간 2차 실무회담(개성)
	7.2	남북 당국간 3차 실무회담(개성)
	8.13	현정은 회장 방북으로 개성공단 억류 현대아산 직원 석방
	8.20	북한, '12.1조치' 해제 통보
	9.1	북한, 개성공단 통행·체류 정상화(통행 23회)
	9.16	월 최저임금 5% 인상안($55.125 → $57.881)에 대해 합의(2009년 8월 1일부터 소급 적용) * 사회보험료(15%)를 포함한 기업부담액은 현 63.394달러에서 66.563달러로 증가
	10.5	남북협력지구지원단 출범
	10.8	개성공단 토지거래 분양권 전매제한 해제
	11.7	개성공단 유선통신 600회선 증설
	12.18	종합지원센터 완공
2010	5.24	남한, 천안함 관련해 개성공단 신규투자 금지(5.24조치)
	11.24	남한, 연평도 포격사건 대응해 개성공단 방북 일시금지
2012	10.19	북한, 개성공단 8개사에 총 16만 달러 일방적 과세

	3.27	북한, 남북 간 군 통신선 차단
	3.30	북한, "존엄 훼손시 개성공단 폐쇄" 경고
	4.3	북한, 개성공단 근로자의 출경 금지, 남측 귀환은 허용
	4.8	북한, 개성공단 가동 중단 및 북측 근로자 철수 선언
	4.9	북한, 근로자 결근, 개성공단 가동 중단
	4.11	박근혜 대통령 북한과 대화 의사 표명
	4.14	북한 조국평화통일위원회 대변인, 남한측 대화 제의 거부
	4.25	남한, 정부 개성공단 실무회담 제의
	4.26	북한 국방위 정책국 대변인 담화, 실무회담 제의 거부
	4.26	남한, 개성공단 잔류 남측 인원 전원 귀환 결정
2013	5.3	남한, 개성공단 남측 최후 잔류 인원 7명 귀환
	5.5	북한 국방위, "개성공단 정상화하려면 군사적 도발 중지해야" 주장
	5.15	북한, 개성공단 실무회담 제의에 대해 "교활한 술책" 비난
	6.6	북한 조평통, 개성공단·금강산관광 포함 포괄적 당국간 회담 제의
	6.9~10	장관급회담 실무접촉 '남북당국회담' 12~13일 서울개최 합의
	6.11	북한, 남한측 수석대표 '급(級)' 문제 삼아 남북당국회담 무산
	7.3	북한, 개성공단 기업인·관리위원회 방북 허용 의사 발표
	7.4	남한, '당국간 실무회담 개최' 제안, 북한 동의
	7.7	남북한, 개성공단 재가동 원칙 합의
	7.10	남북한 당국간 회담, 남한 재발방지 요구, 북한 책임 인정하지 않음
	7.15	남북한 당국간 3차 회담 합의문 없이 종료

* 자료: 통일부, 개성공업지구지원재단

〈부록 4-3〉 한-미 FTA 합의문 부속서 22-다

한반도 역외가공지역 위원회

1. 대한민국의 헌법상 위임 및 안보 이익과, 미합중국의 상응하는 이익을 인정
하면서, 양 당사국은 한반도 역외가공지역 위원회를 설립한다. 위원회는 한
반도에서의 상황이 역외가공지역들의 설립 및 개발을 통한 추가적 경제개발
에 적절한지 여부를 검토한다.

2. 위원회는 각 당사국의 공무원들로 구성된다. 위원회는 이 협정 발효 1주년
기념일에 회합하며, 그 후 최소 1회 또는 상호 합의하는 대로 어느 때나
회합한다.

3. 위원회는 역외가공지역들로 지정될 수 있는 지리적 구역들을 결정한다. 위
원회는 역외가공지역으로부터의 상품이 이 협정의 목적상 원산지 상품으로
간주될 수 있기 전에 충족되어야 하는 기준을 수립한다. 그 기준은 다음을
포함하나 이에 한정되지 아니한다.
 - 한반도 비핵화를 향한 진전
 - 역외가공지역들이 남북한 관계에 미치는 영향, 그리고
 - 그 역외가공지역에서 일반적인 환경 기준, 노동 기준 및 관행, 임금 관행
 과 영업 및 경영 관행. 이 경우 현지 경제의 그 밖의 곳에서 일반적인
 상황 및 관련 규제규범을 적절하게 참고한다.

4. 위원회는 그러한 역외가공지역이 위원회가 수립한 기준을 충족하였는지 여
부를 결정한다. 위원회는 또한 역외가공지역의 지리적 구역 내에서 원산지
최종 상품에 추가될 수 있는 총 투입 가치의 최대한도를 설정한다.

5. 위원회의 일치된 동의에 따라 내려진 결정은 양 당사국에게 권고되며, 양
당사국은 역외가공지역들에 대하여 이 협정의 개정을 위한 입법적 승인을
구할 책임을 진다.[50]

---

50) 2007년 5월 25일자 공개본.

제5장

통일방안의 재평가:
'국가연합' 과 '낮은 단계 연방제'*

I. 머리말: 남북정상회담과 '남남갈등'

2000년 6월, 분단 반세기 만에 이루어진 첫 남북정상회담과 그 주요 성과인 6·15 공동선언은 대결과 갈등의 남북관계를 화해와 협력의 시대로 전환할 수 있는 기회가 된 점은 분명하다.[1] 그러나 정상회담의 성과들이

---

* 이 글은 "남북정상회담과 통일방안의 새로운 접근," 『한국정치학회보』 36집 1호(2002)를 수정·보완한 것이다.

1) 6·15 공동선언의 5개 합의사항은 다음과 같다: ①남과 북은 나라의 통일문제를 그 주인인 우리 민족끼리 서로 힘을 합쳐 자주적으로 해결해 나가기로 하였다. ②남과 북은 나라의 통일을 위한 남측의 연합제안과 북측의 낮은 단계의 연방제안이 서로 공통성이 있다고 인정하고 앞으로 이 방향에서 통일을 지향시켜 나가기로 하였다. ③남과 북은 올해 8·15에 즈음하여 흩어진 가족, 친척 방문단을 교환하며 비전향장기수 문제를 해결하는 등 인도적 문제를 조속히 풀어 나가기로 하였다. ④남과 북은 경제협력을 통하여 민족경제를 균형적으로 발전시키고 사회, 문화, 체육, 보건, 환경 등 제반 분야의 협력과 교류를 활성화하여 서로의 신뢰를 다져나가기로 하였다. ⑤남과 북은 이상과 같은 합의 사항을 조속히 실천에 옮기기 위하여 빠른 시일 안에 당국 사이의

지속적으로 이후 남북관계에 긍정적인 효과를 갖기 위해서는 적어도 다음의 세 가지 조건들이 충족되어야 한다고 본다. 첫째, 남북 정상은 남북한에 대한 있는 그대로의 '정확한' 현실인식이 필요하다. 둘째, 남북 정상 간에 남북한 관계개선과 통일에 대한 '진실한' 필요성과 의지의 공유가 있어야 한다. 셋째, 국내적으로 대북정책과 그 접근방식에 대한 국민적 합의가 필요하다.[2]

남북공동선언은 제2항에서 "남과 북은 나라의 통일을 위한 남측의 연합제안과 북측의 낮은 단계의 연방제안이 서로 공통성이 있다고 인정하고, 앞으로 이 방향으로 통일을 지향시켜 나가기로 하였다"라고 명시, 통일방안의 공통점을 인정하고 통일을 향해 나아갈 것을 합의하였다. 이는 남북정상회담의 성격을 '통일회담'으로 규정짓기에 충분했으며, 통일에 대한 국민적 기대를 높였다. 특히 김대중 대통령이 서울로 돌아와 회담 성과와 관련하여 "한반도에서 전쟁은 없다."라고 남북관계를 선언적으로 평가함으로써 남북문제에 대한 국민들의 관심을 기존 긴장완화와 평화정착에서 통일에 대한 기대와 희망으로 전환시켰다.[3]

김대중 정부는 6·15 공동선언 제2항의 합의에 대해 북측이 통일의 현실적인 경로로서 북한의 '연방제'를 포기하고 남측의 '국가연합제안'을 받아들인 것으로 해석하고 있다. 또 이를 놓고 "남과 북이 장기적인 평화공존의 방식을 통해 점진적으로 통일로 나가는 경로, 즉 국가연합 또는 낮은 단계의 연방의 방식을 통한 통일과정에 합의한 것으로서 통일을 지향하는 평화와 화해와 협력의 주춧돌을 마련했다는 역사적 의미를 갖는다."고 자

대화를 개최하기로 하였다. 김대중 대통령은 김정일 국방위원장이 서울을 방문하도록 정중히 초청하였으며 김정일 국방위원장은 앞으로 적절한 시기에 서울을 방문하기로 하였다.

2) 남북정상회담은 정상적인 회담방식에 의하여 진행된 것이 아니라 '3불(不)현상' — 불확정, 불이행, 불일치 — 속에서 진행된 특징을 가지고 있으며, 따라서 이러한 3불현상은 이후 각종 남북 회담에서 관행이 되었다는 주장이 있다. 강성윤, "남북정상회담과 연방제 조건," 『세계한민족포럼논문집』 제7집(2006), pp.218-219.

3) 강성윤, "6.15 남북공동선언 1주년 평가," 『통일경제』(2001.5~6), p.9.

평했다.4)

반면 보수진영은 공동선언 제2항에 대하여 상당한 의구심을 피력하였다. 낮은 단계의 연방제는 높은 단계의 연방제를 전제로 한 것이고, 높은 단계의 연방제란 1민족 2국가 2제도인 연합제와는 달리 1민족 1국가 2제도인 만큼 기본적으로 대한민국이 주권독립국가로서 더 이상 존재하지 않는 상황을 만들어 낼 수도 있기 때문에 위험스럽다고 주장한다. 즉, 공동선언 제2항은 "남한의 자유민주주의와 시장경제체제 고수원칙을 뭉개버렸다는 의심을 피할 수 없게 한다."는 것이다.5)

통일방안은 남북한 모두에게 통일을 위한 가이드라인(guideline)의 의미보다는 대내외적으로 정치적 프로파간다(propaganda)의 의미가 더 크다고 볼 수 있다. 독일이 남북한보다 더 훌륭한 통일방안을 가지고 있어서 통일이 먼저 된 것이라고 볼 수는 없기 때문이다. 그러나 통일문제와 남북관계에 대한 이념적 대립으로 '남남갈등' 현상이 심화되고 있는 한국의 국내적 상황에서는 남북한이 각각 제시하고 있는 통일방안의 성격과 현실적 운용 가능성에 대한 정확한 분석이 요구된다. 이는 특히 국민 통합의 차원에서도 매우 필요한 일이다. 이러한 상황하에서 이 글은 남북정상회담의 6·15 공동선언 제2항과 관련, 남북한의 통일방안을 재검토 해 보고 남한의 통일방안인 민족공동체통일방안 제2단계「남북연합제」와 북한의 고려연방제 통일방안에서의「낮은 단계 연방제」의 성격과 상충하는 쟁점 등을 분석하고자 한다.

---

4) 아태평화재단, 『남북정상회담: 이해의 길잡이』(서울: 아태평화재단, 2000), pp.37-38.
5) 정용석, "김대중은 과연 자유통일을 지향하나?" 『월간조선』(2001.8), p.261.

II. 남한의 통일방안: 민족공동체통일방안

1989년부터 한국 정부의 공식적인 통일방안으로 제시되어 온 (한)민족공동체통일방안은 자주·평화·민주의 3원칙을 근간으로, 통일과정으로서 화해-협력 단계, 남북연합 단계, 통일국가 단계의 3단계를 제시하고 있다.

1. 통일의 원칙

민족공동체통일방안은 통일을 추진하는 과정에서 견지해야 할 기본원칙으로 자주·평화·민주의 3원칙을 제시하고 있다.

첫째, 자주의 원칙은 외부세력의 간섭을 받지 않고 우리 민족의 역량과 의지에 의해 자주적으로 통일을 이룩해야 한다는 것이다. 이것은 다시 말해서 민족자결의 정신에 따라 남북한의 당사자끼리 서로 협의하여 스스로의 뜻과 힘으로 통일을 이룩해야 한다는 것을 의미한다.

둘째, 평화의 기본 원칙은 통일이 전쟁이나 상대방을 전복시키는 방식에 의해 이루어져서는 안 되며, 반드시 평화적인 방법으로 이룩되어야 한다는 것을 말한다. 물론 현 단계에서 통일은 우리 민족의 장래에 가장 지대한 영향을 미치는 과제라고 할 수 있다. 그러나 우리가 진정으로 바라는 것은 통일 그 자체이기보다는 통일을 이뤄야만 얻을 수 있는 보다 지속적인 안전과 그로 인한 '번영된 미래' 일 것이다. 그러므로 통일의 당위성은 남북한에 살고 있는 한민족의 삶의 질을 높이는 데 기여할 수 있을 때에만 인정된다. 따라서 통일을 이루느냐 이루지 못하느냐보다도 통일을 어떻게 이루느냐가 더욱 중요한 문제이다. 다시 말해서 통일이 민족지상의 과제요 염원이라 하더라도 이를 달성하기 위해서 민족의 희생을 초래할 무력이나 폭력을 사용해서는 결코 안 된다는 점을 분명히 한 것이다.

셋째, 민주의 원칙은 통일이 민족구성원 모두의 자유와 권리를 바탕으로 민주적 방법으로 이루어져야 한다는 것을 의미한다. 이는 통일을 이룩하는 과정이 민주적 원칙에 입각한 절차와 방법을 따라야 할 뿐만 아니라, 통일을 실현한 이후에도 민족구성원 모두가 인간답게 살아갈 자유와 권리를 보장받는 사회가 되어야 한다는 것이다.[6]

2. 3단계 통일과정

민족공동체통일방안은 하나의 민족공동체를 건설하는 것을 목표로 점진적·단계적 통일을 이루어 나가야 한다는 기조 위에서 통일과정을 화해-협력 단계, 남북연합 단계, 통일국가 완성단계의 3단계로 설정하고 있다.[7]

1) 화해-협력 단계

화해-협력 단계는 남북한이 적대와 불신, 대립관계를 청산하고, 나아가 상호 신뢰 속에서 남북화해를 제도적으로 정착시킨 다음 실질적인 교류협력을 통해 평화공존관계를 추구해 나가는 단계이다. 다시 말해서 남북한이 상호 체제를 인정하고 존중하는 가운데 분단 상태를 평화적으로 관리하면서 경제·사회·문화 등 각 분야의 교류협력을 통해 상호 적대감과 불신을 해소해 나가는 단계라고 할 수 있다.[8]

---

6) 통일원, 『통일백서 1997』(서울: 통일원, 1997), pp.61-62.

7) 민족공동체통일방안은 노태우 정부의 한민족공동체통일방안의 기본골격을 유지한 채, 단계적 기능주의 입장을 택하고 있다. 그러나 민족공동체통일방안은 화해-협력 단계를 추가로 설정하여 분명히 3단계로 구분하고 있고, 단계별 추진과정의 기조를 강조하고 있다는 점에서 한민족공동체통일방안과는 차이가 있다.

8) 민족공동체통일방안에서 화해-협력 단계가 새로 설정된 것은 남북연합 단계로 진입하기 위해서는 남북 간 불신 및 적대관계의 청산, 평화체제로의 전환 등 전제조건이 형성되어야 한다는 점을 강조한 것이다. 한민족공동체통일방안에 의하면 남북연합 단계로 진입하기 위한 전제조건들이 무시되고 남북연합 단계에서 평화체제로의 전환, 경제·사회 교류협력의 제도화 등 과제들을 실천하는 것으로 설정되었다. 민족공동체통일방안은 화해-협력 단계에서 남북연합을 형성하기 위한 대내외적 조건들을 성숙시켜야 한다는 문제가 중요한 과제로 부각되었다. 박영호·박종철, 『남북한 정치공동체 형성방안 연구』(서울: 민족통일연구원, 1993), p.137.

민족공동체통일방안은 남북한이 화해와 협력을 통하여 민족공동체 의식을 회복하면서 그 파급효과를 바탕으로 정치적 통합의 여건을 성숙시켜 나가는 기능주의적 통합 방안이다. 다시 말해서 남북한 관계에서 가장 우선적인 것은 '비정상적인 관계의 정상화'이며, 정상적인 남북한 관계를 위해서는 평화정착, 분단의 고통 해소(최소화), 민족동질성 회복이 이루어져야 한다는 것이다. 결국 화해-협력 단계에서 이러한 비정상적인 관계의 정상화가 성사된 후에야 정치적 통합을 생각할 수 있다는 것이다. 따라서 남북한이 적대적 긴장관계를 유지하는 상황에서는 1단계인 화해-협력이 가장 실질적(practical)이면서도 중요한 과정이라고 할 수 있다.

이러한 1단계 과정을 거치면서 남북한 간 교류와 협력이 활성화되고 정착되면서 상호신뢰가 축적되면 남북한 관계는 평화를 제도화하고 통일을 본격적으로 준비하는 남북연합 단계로 발전하게 된다.

2) 남북연합 단계

민족공동체통일방안은 통일로 가는 중간과정으로 남과 북이 상호협력과 공존공영의 관계를 도모하면서 통일기반을 조성해 나가는 과도적 통일체제인 남북연합(The Korean Commonwealth)을 제시하고 있다. 이 단계에서 남북한은 합의에 따라 각종 법적·제도적 장치들을 체계화하고 남북한이 공동으로 구성하는 기구에서 국가통합을 위한 여러 가지 방안들이 논의된다.

민족공동체통일방안에서는 기본적으로 남북정상회의, 남북각료회의, 남북평의회, 공동사무처의 상설화를 제의하고 있으나, 남북연합에서 어떤 기구를 두어 어떤 일을 할 것인가는 남북한 간의 합의에 의해 추후 구체적으로 결정하는 것으로 하고 있다.

남북은 장기간 분단에 의한 남북한 간의 상이한 이념과 체제로 인하여 상호 불신과 이질화가 심화되어 왔다. 따라서 남북한 사회가 신뢰회복과 민족동질성의 회복을 위한 중간단계를 거치지 않고 정치적 통일의 길로 간다는 것은 당위론적인 의미 정도는 가질 수는 있을지 모르나, 이는 매우 비현실적 접근이라 할 수 있다. 따라서 통일의 과도적 결합형태로서 사실상의 국가연합인 남북연합 단계를 설정한 것은 매우 현실적인 접근방법으로 보인다.

3) 통일국가 단계

마지막 단계인 통일국가 단계는 남북연합 단계에서 구축된 민족공동의 생활권을 바탕으로 남북한 두 체제를 완전히 통합하여 정치공동체를 실현하는 것으로서 1민족 1국가로의 통일을 완성하는 단계이다. 즉, 남북한 의회대표들에 의해 마련된 통일헌법에 따라 민주적인 선거에 의해 통일정부, 통일국회를 구성하고 두 체제의 기구와 제도를 통합함으로써 1민족 1국가로 통일을 완성하게 된다는 것이다.[9] 통일국가의 국가형태는 단일국가(unitary state)로서의 민주공화국이며, 통일국회는 양원제를 채택하도록 되어 있다.

통일국가에 이르는 과정 및 시기는 남북연합 단계까지의 남북관계의 성격 및 남북한의 이념, 정치체제 면에서의 동질화 정도에 따라 달라질 것이다. 남북연합 단계에서 남북통합의 성과에 따라서 통일국가에 이르는 기간은 단축될 수도 있고 연기될 수도 있다. 여기서 관건은 통일국가에 이르기까지의 물리적 시간보다는 어떻게 하면 통일과정 및 통일 후 발생할 수 있는 문제점들을 최소화하고 통일 후 효과적으로 남북통합을 이룰 수 있는가이다.

3. 남북연합의 구성기구

남북연합의 구성기구로는 최고의사결정기구로 남북한의 정상이 만나 상의하는 남북정상회의, 양측 정부의 대표로 구성되는 남북각료회의, 남북의국회의원으로 구성되는 남북평의회와 행정적 문제를 처리하는 공동사무처가 있다.[10]

---

9) 통일원(1997), pp.62-63.

1) 남북정상회의

남북정상회의는 남북한의 정상이 정례적으로 만나는 남북연합의 최고의 사결정기구의 성격을 가진다. 남북정상회의는 남북각료회의에서 합의된 사항을 최종승인하며, 각료회의에서 해결하지 못한 중요한 문제들에 대해서 협의하여 정치적 결단을 내린다.

2) 남북각료회의

남북각료회의는 남북연합의 집행기구로서의 성격과 기능을 갖는다. 남북한의 총리가 공동의장이 되며, 남북한 각기 10명 내외의 장관급으로 구성된다. 각료회의 안에는 인도, 정치·외교, 경제, 군사, 사회·문화 등 5개 상임위원회가 운영된다. 남북각료회의의 임무는 5개 부문의 문제들을 구체적으로 협의·조정하며, 합의된 공동사업 및 남북정상회의로부터 위임받은 직무를 집행·감독하는 것이다.

3) 남북평의회

남북평의회는 100명 내외로 남북을 대표하는 같은 수의 양측 국회의원으로 구성된다. 남북평의회의 임무는 남북각료회의가 요구하는 자문에 응하면서, 장차 이룩할 통일국가의 헌법초안을 작성하고 통일을 구체적으로 실현할 방안과 절차를 서로 의논하여 마련하는 것이다. 남북평의회는 민족

---

10) 유럽연합은 유럽이사회, 집행위원회, 각료이사회, 유럽의회, 유럽재판소 등 5개의 상설기구를 구성하고 있다. 행정기관인 동시에 입법보조기관인 집행위원회는 각국에서 한 명씩 27명의 집행위원(commissioner)으로 구성된다. 위원들은 약 2만 5천 명이 넘는 전문 유럽연합관료(Eurocrats)의 도움을 받아 전체유럽의 이익을 위해 일하게 되어 있다. 유럽의회는 1979년 직접선거 전까지는 각 회원국 의회에서 지명한 의원들로 구성되었으나 현재는 5년 임기로 각 회원국에서 직접 선출된 785명의 의원으로 구성되어 있다. Charles W. Kegley Jr. & Eugene R. Wittkopf, *World Politics: Trends and Transformation,* 6th ed.(New York: St. Martin's Press, 1997), p.162; G. R. Berridge, *International Politics: State, Power and Conflict since 1945,* 3rd. ed.(New York: Prentice Hall, 1997), pp.38-39; 이종원·황기식, 『EU27 유럽통합의 이해』(서울: 해남, 2008), pp.46-50.

전체를 대표하는 일종의 대의기구로서의 성격을 갖지만 남북한 정부를 초월한 입법권이 부여되어 있지 않다.

4) 공동사무처

공동사무처는 남북각료회의와 남북평의회의 업무를 지원하는 동시에 남북한 합의사항 이행을 비롯한 실무적 문제들을 관장하게 된다. 그리고 서울과 평양에 상주연락대표를 파견하여 남북한 정부 사이에 필요한 연락업무를 맡도록 하고 있다.

III. 북한의 통일방안: 고려연방제

1. 고려연방제의 내용 및 변화

북한이 통일방안으로서 연방제를 최초로 제시한 것은 1960년이다. 이후 국제환경과 남북관계 및 남북한 정부 간의 작용-반작용에 따라 북한의 연방제 내용과 강조 사항에 변화를 보여왔다. 1970년대 말까지 조국통일 5대 강령 등을 통해 통일까지의 과도적 조치로서 연방제를 주장해 왔으나 1980년 10월 10일 제6차 노동당 대회에서 기존의 통일방안을 종합적으로 정리하여 '고려민주연방공화국(Democratic Confederal Republic of Koryo) 창립방안'을 제시하였다.

주요 내용은 첫째, "북과 남이 서로 상대방에 존재하는 사상과 제도를 그대로 인정하고 용납하는 기초 우에서 북과 남이 동등하게 참가하는 민족 통일정부"를 창립해야 한다는 것이다.[11] 둘째, 남북한 같은 수의 대표와

11) 김일성, "조선로동당 제6차 대회에서 한 중앙위원회사업총화보고(1980년 10월 10

적당한 수의 해외동포 대표로 최고민족연방회의(통일정부)를 구성하고, 최고민족연방회의의 상설집행기구인 연방상설위원회는 정치문제, 외교문제, 군사문제를 관장하고 군대조직으로서 민족연합군을 조직한다.[12] 셋째, 연방정부의 지도하에 사상 및 제도가 상이한 남북의 지역정부들이 독자적으로 정책을 추진한다.[13] 따라서 북한의 연방제는 남북한이 하나의 민족, 하나의 국가, 두 개의 제도, 두 개의 지방정부를 구성하는 '1민족 1국가 2체제 2지역정부' 통일방안이다.

북한은 통일국가의 국호를 '고려민주연방공화국'으로 정하고, 통일국가는 "어느 대국에도 기울지 않는 자주적이며 평화적인 중립국가여야 한다."고 주장한다. 한편 북한의 고려연방제 통일방안에는 남한의 파쇼정권 철폐와 민주화, 주한미군철수 등의 조건이 따르고 있다.[14] 남한 정부를 인정하지 않는 연방제는 중국대륙의 사회주의체제와 대만의 자본주의체제가 홍콩의 경우처럼 주종(主從)의 관계로서 공존하는 중국식의 '일국양제'를 의도한다고 볼 수 있다.[15]

일)," 『조국의 자주적 평화통일을 위하여』(평양: 조선로동당출판사, 1981), p.515.

12) 이후 김일성은 '9·9절 35주년 경축연회 연설(1983년 9월 9일)'에서 남과 북이 각각 연방국가의 통일정부인 최고민족연방회의 공동의장과 연방상설위원회 공동위원장을 선출하여 쌍방에서 윤번제로 운영할 것을 제안하였다. 조선중앙통신사, 『조선중앙연감 1984』(평양: 조선중앙통신사, 1984), pp.39-44 참조.

13) 고려민주연방공화국 창립방안에서 연방정부와 지역정부의 기능은 다음과 같이 규정되어 있다. "연방정부는 정치문제 조국방위문제 대외관계문제 나라와 민족의 전반적 이익과 관계되는 공동문제 등에 대해 토의·결정하고, 나라와 민족의 통일적 발전을 위한 사업을 추진하고 모든 분야에서 나라와 민족의 단결·합작을 실현한다." 한편 "지역정부는 연방정부의 지도 밑에 전 민족의 근본이익과 요구에 맞는 범위에서 독자적 정책을 실시하고, 모든 분야에서 남북 간의 차이를 해소하며 나라와 민족의 통일적 발전을 도모한다." 국토통일원, 『남북한 통일·대화제의 비교(1945~1988)』(서울: 국토통일원, 1988), p.225.

14) 김일성은 1975년 5월 31일 AFP통신과의 기자회견에서 "우리의 주장은 남조선에서 민주화 운동이 승리하고 민주주의 인사가 정권에 올라앉으면 남북 사이에 제도상 차이와 신앙의 차이가 있지만 남북연방제를 실시하여 통일정부를 수립하자는 것이다"라고 말한 바 있다. 제성호, 『북한 연방제안의 분석 및 평가』(서울: 민족통일연구원, 1991), p.12에서 재인용.

2. 낮은 단계의 연방제

북한의 '낮은 단계'의 연방제는 2000년 6월 15일 남북정상 간의 공동선언문을 통해 공식적으로 제기되었으나 1990년대 초부터 수용 가능성을 보이기 시작하였다. 북한은 1991년 김일성의 신년사를 통하여 "민족적 합의를 보다 쉽게 이루기 위하여 잠정적으로 연방공화국의 지역자치정부에 더 많은 권한을 부여하며 장차로는 중앙정부의 기능을 더욱더 높여나가는 방향에서 연방제 통일을 점차적으로 완성하는 문제도 협의할 용의가 있다."고 느슨한 연방제를 제의한 바 있다.16)

이러한 수정제의에 근거하여 1991년 3월 손성필 주 소련 북한대사는 로가초프 소련 외무차관과의 면담에서 외교 및 군사에 관한 권한 등을 남북한 지역정부에 부여할 수 있다고 부연 설명하였다.17) 한편 북한은 2000년 10월 6일 개최된 '고려민주연방공화국 창립방안 제시 20돌 기념 평양시 보고회'에서 "낮은 단계의 연방제는 1민족 1국가 2제도 2정부의 원칙에 기초하되 남북의 현 정부가 정치·군사 외교권을 비롯한 현재의 기능과 권한을 그대로 보유한 채 민족통일기구를 구성하는 것"이라고 규정하였다.18)

---

15) 중국이 주장하는 통일방안인 '일국양제론'에 따르면 대만은 입법권 행정권 사법권 독자적인 군대보유권 등의 분야에서 광범위한 자치를 향유하나, 국제관계와 관련하여 중화인민공화국이 중국을 대표하는 유일한 합법정부이고 대만은 중화인민공화국의 하나의 성(城) 내지 '특별행정구'로서의 지위를 갖는다는 것이다.

16) 그러나 이때 김일성이 통일논의를 염두에 둔 상대는 남한정부는 아니었다. 김일성은 "북과 남의 당국과 정당, 단체 대표들이 한 자리에 모여 조국통일 방도를 확정하는 민족통일정치협상회의를 소집할 것을 제의"하는 등 여전히 전통적인 통일전선 방식을 고수하고 있었다. 김일성, "신년사(1991년 1월 1일)," 『김일성저작집』 43권, p.13.

17) 이외에도 북한은 여러 차례 고려연방제의 수정가능성을 시사하였다. 즉, 정준기 대외문화위원회 위원장 발언(일본 방문 시, 1991년 4월 8일), 윤기복 노동당서기 발언(국제의원연맹 총회 평양취재기자단 인터뷰, 1991년 5월 3일), 한시해 조국평화통일위원회 부위원장 발언(New York Times 회견, 1991년 6월 2일) 등이 그것이다. 특히 한시해는 남북한은 잠정적으로 미국 건국 초기의 미국가연합제를 한반도에 적용할 수 있음을 시사했다.

18) 2000년 10월 6일 『조선중앙방송』 및 『평양방송』 보도, 통일부, 『북한동향』 제507호

3. 북한 연방제의 특징

북한 연방제의 특징은 다음의 세 가지를 지적할 수 있다.

첫째, 북한이 주장하는 연방제는 최종적인 통일방안이 아니라, '하나의 국가 하나의 체제'로 가기 전의 과도기적 통일방안이라고 할 수 있다. 북한이 1960년 최초로 연방제를 제안했을 때는 하나의 선택적 대안으로 제시하였으나,[19] 1973년 고려연방제는 과도기적 통일방안으로 제안하였다.[20] 이후 1980년 고려민주연방공화국 창립방안에 와서는 최종통일안으로 제시하였으나 1990년대 초반부터 다시 과도기적 통일방안으로 내세우고 있다.[21] 즉하나의 체제에 의한 하나의 국가인 완전한 통일에 대해서는 시기와 방법을 구체화시키지 않은 채 후대에게 맡길 숙제로 남긴다. 이른바 '제도통일 후 대위임론'이다.

둘째, 북한이 1990년대 들어서 주장하는 연방제안은 단계적 연방제론의 특징을 갖는다. 낮은 단계의 연방제안은 높은 단계의 연방제로 가는 잠정적인 조치로 '2단계 연방제론'이라 볼 수 있다. 또한 1991년 김일성 신년

(2000.9.30~10.6), p.39에서 재인용.

19) 북한은 1960년 8·15해방 15주년 김일성 연설에서 정치적·경제적 자신감을 바탕으로 통일방안으로서 외국 간섭 없이 자유로운 남북한 총선거를 실시할 것을 먼저 제시하였고, 그것을 남한 정부가 수용하지 못할 경우 연방제를 하나의 대안으로 제의하였다. 한편, 만일 연방제도 받아들일 수 없다면 남북한의 실업계대표들로 구성되는 경제위원회라도 조직하여, 정치문제를 제쳐놓고 경제협력을 하여 남한의 굶주림과 가난을 해결해야 한다고 주장하였다.

20) 1973년 6월 23일 체코 공산당 서기장 후사크를 환영하는 평양시 군중대회에서 행한 김일성의 '자주적 평화통일을 위한 5대방침'에서의 제안으로, 5대방침은 다음과 같다: (1)북과 남 사이의 군사적 대치상태의 해소와 긴장상태의 완화, (2)북과 남 사이의 다방면적인 합작과 교류의 실현, (3)북과 남의 각계 각층 인민들과 각 정당 사회단체 대표들로 구성되는 대민족회의의 소집, (4)고려련방공화국의 단일국호에 의한 북남련방제의 실시, (5)단일한 고려련방공화국 국호에 의한 유엔가입. 김일성, "조국통일 5대방침에 대하여: 조선로동당 중앙위원회 정치위원회 확대회의에서 한 연설 (1973년 6월 25일)," 『조국의 자주적 평화통일을 위하여』(평양: 조선로동당출판사, 1981), p.414.

21) 제성호, 『북한연방제안의 분석 및 평가』(서울: 민족통일연구원, 1991) 참조.

〈표 5-1〉 북한의 연방제통일방안 변화

	1960년대	1970년대	1980년대	1990~2000년대
통일 방안 명칭	'남북연방제 창설제안'	'고려연방공화국 창설안'	'고려민주연방 공화국 창립방안'	'낮은 단계의 연방제'
정부 기구	최고민족회의 (정치·군사문제 논의는 제외)	대민족회의	최고민족연방회의 연방상설위원회	민족통일기구
주요 특징	• 2제도 2정부의 형태로 지역정부 의 독립성 인정 • 최고민족회의는 경제·문화교류 와 직결된 현실적 인 조절을 하는 기구로 정의함	• 대외관계의 공동 보조와 함께 정치· 외교분야 의 남 북합작을 강조하 는 1국 2체제의 연방제 개념을 강화함	• 1국 2지역정부의 연방제에 정부기 구로서 최고민족 연방회의와 연방 상설위원회, 연 방군대로서 민족 연합군을 제시함	• 1국 2지역정부는 인정하되, 연방정 부가 아닌 지역정 부에 더 많은 권 한을 부여한 것을 제시함

자료: 양현모·이준호, 『남북연합의 정부·행정체제 구축방안』(서울: 통일연구원, 2001), p.72
참조

사에서 언급한 '제도통일 후대위임론' 까지 고려한다면 연방제 통일론은 3
단계로 해석할 수도 있다.[22]

셋째, 북한이 제의한 고려민주연방공화국 창설방안에서 국가형태의 개념
이 분명치 않다는 점이다. 북한의 안에 의하면 국문으로는 '고려민주연방공
화국' 이라고 표기하여 연방국가로 표명하고 있지만, 영문표기에서는 'Demo-
cratic Confederal Republic of Koryo' 를 사용하여 국가연합을 제시한다.
이러한 표기에서 오는 모호성은 상황에 따라 국가연합과 연방을 편의대로

---

22) 이완범, "북한 낮은 단계의 연방제 통일방안의 형성과정에 대한 연구," 『현대북한연
구』, 4권 1호(2001), p.277. 이러한 단계적 연방제론은 김대중 대통령이 주장해 온 '3
단계 통일론' 과 상당한 유사성을 갖고 있다.

양면적으로 사용하려는 의도로 비판받고 있다. 즉, 현실성이 중시되는 대외관계에서는 국가연합을, 통일지향성이 강한 남북관계에서는 연방의 명칭을 내세워 임의대로 구사하는 것이다.

IV. 남북연합과 '낮은 단계 연방제'의 관계와 성격

1. 연합제(Confederation)와 연방제(Federation)의 개념

국가연합의 본질은 둘 이상의 국가가 대외적으로 공동보조를 취하기 위하여 한시적·기능적으로 결합한다는 점에 있다. 일반적으로 국가연합은 국제법상 독립국가가 상호 대등한 국제법적 지위를 보유하면서 공동이익을 위하여 예외적으로 조약에 의해서 합의한 범위 내에서 협력하는 국가결합 형태이다. 따라서 국가연합은 하나의 새로운 법적 실체이기는 하지만, 국제법상 주권을 갖는 독자적인 국제법적 주체는 아니다. 국가연합의 구성국은 그들의 주권과 독립권을 국가연합에 이양함이 없이 연합한 것에 불과하므로 개별 구성국은 여전히 완전한 주권국가로 남아 있다.23)

연방제는 자치(self-rule)와 공동통치(shared-rule)의 결합을 위해 중앙정부와 구성단위인 지방정부 간의 권력분점(power-sharing)을 이룬 정치제도이다.24) 연방국가는 '복수의 구성국'으로 결합된 복합국가(composite

---

23) G. Fenwick, *International Law,* 4th ed.(New York: Appleton & Stering Publishers, 1983), pp.241-242.

24) Daniel J. Elazar, *Constitutionalizing Globalization: The Postmodern Revival of Confederal Arrangements* (Lanham: Rowman & Littlefield Publishers, Inc., 1998), p.55. 연방제 사회는 구심력과 원심력이 계속적으로 존재한다. 전자는 통합과 통일을 향하여, 후자는 분산과 분리를 추구 하는 경향이 있다. 결국 연방제는 공동의 국가적 목적을 달성하기 위하여 이러한 대립적인 힘을 조화시킴으로써 다양성(variety) 속에

states)의 한 형태로서, 연방의 중앙정부는 국제법의 주체로서 완전한 독립 국가의 능력을 갖고 있으나 구성국은 극히 제한된 특정사항에 관해서만 국 제법상의 능력을 갖는다.[25]

국가연합과 연방국가는 모두 국가결합의 한 형태라는 점에서는 공통적 이다. 하지만 그 실질에 있어서는 양자는 현격한 차이가 있다(〈표 5-2〉 참 조). 국가연합과 연방국가의 주요한 성격(지위)은 다음과 같이 정리된다.[26]

첫째, 국가연합과 연방국가는 복수국가의 결합 시 구성국의 주권 상실 여부에 있어서 근본적인 차이가 있다. 연방국가는 구성국들을 지배하는 상 위 권력으로 새로운 단일주권이 생성되는 데 비해 국가연합은 구성국의 주 권에 변동이 없다.

둘째, 국가연합의 경우, 그 자체는 국제법적 인격(international legal personality)을 갖지 못하고 그 구성국이 국제법적 인격을 갖는다. 그러나 연방국가의 경우, 그 자체는 국제법상 법인격을 가지나 연방국가의 구성국 은 국제법상 법인격을 소유하지 못한다. 그러므로 연방국가는 진정한 국가 (real state)이나 국가연합은 진정한 국가가 아니다.

셋째, 국가연합의 결합근거는 구성국 간에 체결된 조약(국제법)이나, 연 방국가의 결합근거는 연방국가의 헌법(국내법)이다. 따라서 국가연합의 구 성국에 대한 관계는 국제법 질서에 속한다. 연합헌법은 구성국 간의 합의 (조약)에 의해 이루어지며, 구성국은 각기 별개의 독립된 헌법을 가지며 연 합의 중앙정부가 구성국 정부에 종속하는 특징을 갖는다.

넷째, 국가연합과 연방국가는 주민의 국적에서 차이가 있다. 연방국가의 경우 각각의 구성국 주민은 그 구성국의 국적을 갖는 것이 아니라 연방국가

서 통일성(unity)을 실현하는 제도이다.

25) I. Bernier, *International Legal Aspects of Federalism* (London: Longman, 1973), p.13.

26) 장명봉, "국가연합에 관한 연구," 『국제법학회 논총』 33권 3호(대한국제법학회, 1990), p.32; Frederick K. Lister, *The European Union, The United Nations and the Revival of Confederal Governance* (Westpoint: Greenwood Press, 1996), pp. 32-47 참조.

〈표 5-2〉 국가연합과 연방국가의 비교

번호	기준	국가연합	연방국가
1	주권보유	• 국가연합: × • 구성국: ○	• 연방국가: ○ (상위의 단일주권창설) • 구성국: × (주권 소멸)
2	국제법인격	• 국가연합: × • 구성국: ○	• 연방국가: ○ • 구성국: ×
3	결합근거	조약(국제법)	연방헌법(국내법)
4	존속의 안정성	한시적·잠정적· 과도적 결합	영구적 또는 반영구적 결합
5	주민의 국적	• 구성국의 개별국적 보유	• 연방국가의 단일국적 보유
6	대내적 통치권(1): 주민 통치권 및 과세권	• 국가연합: × • 구성국: ○	• 연방국가: ○ • 구성국: ○ ※ 양자간 권한배분문제 발생
	대내적 통치권(2): 군사권 및 통화발행권	• 국가연합: × • 구성국: ○	• 연방국가: ○ • 구성국: ×
7	대외적 통치권	• 국가연합: △ • 구성국: ○ ※ 국가연합도 제한적인 외교권 행사 및 군사적 인 통일행동 가능	• 연방국가: ○ • 구성국: × ※ 조약체결의 경우 예외 존재(미국, 독일 등)
8	국제책임	• 국가연합: × • 구성국: ○	• 연방국가: ○ • 구성국: ×
9	구성국 간 무력충돌	전쟁	내란

자료: 조은식 외, 『남북한 평화공존과 남북한 연합 추진을 위한 법제정비 방안 연구』(서울: 통일연구원, 2001), p.104

의 국민으로서 공통의 단일국적을 갖는다. 이에 비해 국가연합에서는 연합의 공통국적이 없고 개인은 각 구성국의 국민이다. 즉, 연합의 국민은 각자의 구성국 국적을 갖는다. 국가연합의 구성국 국민에 대한 관계를 보면, 구성국 정부의 대표로 구성되는 합의체인 공동기구에서의 결의는 각 구성국 국민을 직접 구속하지 못하고, 각 구성국이 연합의 공동결의를 수락하여 입법조치를 취하는 경우에 한하여 구속한다.

다섯째, 연방국가의 경우 외교권을 비롯한 대외적 통치권(조약체결, 외교사절의 파견 접수, 선전포고와 강화의 권리 등)은 원칙적으로 중앙정부가 행사하며, 구성국들은 대외적 통치권을 행사하지 못한다. 반면 국가연합의 경우 대외적 통치권은 원칙적으로 구성국들에게 있으며, 국가연합은 구성국들 간의 조약이 인정한 범위 내의 특정 사항에 대해서만 대외적 통치권을 행사한다.

여섯째, 연방국가는 중앙인 연방이 전쟁의 주체가 되며, 구성국은 전쟁의 주체가 되지 못한다. 반면에 국가연합은 구성국이 전쟁의 주체가 된다. 국가연합 중앙정부는 독자적 군사력을 갖지 않는다. 국가연합이 대외적으로 전쟁을 할 필요가 있을 경우에 중앙정부는 각 구성국에 필요한 병력을 요청하여 연합군을 조직한다.[27] 구성국 간 무력충돌의 경우, 연방국가의 구성국 상호간의 무력충돌은 내란으로 규정되는 데 반해 국가연합에서는 국가 간의 전쟁으로 규정된다.

2. 남북연합과 낮은 단계 연방제의 공통점과 차이점

남한 당국은 6·15 공동선언 제2항은 북한이 자신들의 낮은 단계 연방제

---

27) 1781년 3월부터 발족한 미국의 연합규약(Articles of Confederation)에서는 평화 시 연합정부가 대륙군(연합군)을 유지할 수 없도록 규정했다가 1784년 6월 1개 연대 규모(현재의 3개 보병대대와 1개 포병대대 규모)의 평화 시 상설 대륙군 창설을 허용하였다. 옥태환, 『미국연방제 연구』(서울: 민족통일연구원, 1991), p.42.

방안이 사실상의 남북연합과 같음을 인정한 것이며, 연방제는 실현 가능성이 없다는 것을 인식한 결과에서 나온 것이라는 판단[28]하에 양 방안의 공통점을 다음과 같이 밝히고 있다.

첫째, 남북연합과 낮은 단계 연방제는 통일의 형태를 말하는 것이 아니라 통일 전 단계, 준비과정의 단계를 말하고 있다. 다시 말해서 통일의 모습이 아니라 통일을 준비해 나가는 접근방법을 의미한다.

둘째, 양 방안은 모두 2체제 2정부를 유지하면서 두 정부 간에 협력 체제를 필요로 하고 있다는 것이다. 즉, 남북정부가 정치, 군사, 외교권을 각각 보유하고 협력기구를 운영해 나간다는 것이다.

셋째, 양 방안은 우선적으로 교류 협력과 정치, 군사, 경제, 사회 등 각 분야별 대화를 통해 통일의 기반을 넓혀나간다는 측면에서 단계적, 점진적 접근방식이라는 공통점이 있다는 것이다.

넷째, 양 방안은 남북 양측이 서로 전제조건을 붙이지 않고 있다는 것이다. 낮은 단계의 연방제는 과거 북한이 연방제 진입조건으로 제시했던 국가보안법 폐지, 주한미군철수 등의 전제조건이 없다는 것이다.[29]

남북연합과 낮은 단계 연방제의 이러한 '공통성 논리'는 제시된 공통점의 진위 여부는 차치하더라도 양 방안의 본질적인 문제에서 공통점을 찾기보다는 형식적인 관점에서 나타난 공통성이라는 특징을 갖는다. 예컨대, 양 방안이 목표로 하는 통일국가의 성격과 형태에 관한 근본적인 문제는 도외시하고 공통성에 치중해 논의되고 있다는 것이다.[30]

---

28) 남북통일방안의 공통성을 인정한 6·15 공동선언 제2항의 합의 과정에 대하여 통일부의 통일백서는 "이번 정상회담에서 김대중 대통령의 '연합제' 안 설명에 대해 김정일 국방위원장은 그 현실성을 인정하고, '낮은 단계의 연방제'는 남북이 현존하는 2체제 2정부를 유지하면서 상호 협력하여 단계적으로 통일을 지향한다는 것으로서, 남북연합과 사실상 같음을 인정하였다"라고 밝히고 있다. 통일부, 『2001 통일백서』(서울: 통일부, 2001), p.45.

29) 통일부, 『2001 통일백서』, p.46. 남한 당국은 다음해에 발간된 『2002 통일백서』에서는 위의 네 번째 공통점 "전제조건을 붙이지 않고 있다."를 삭제하고 "남북한 통일방안 사이에는 '과도기에 상징적으로 중앙정부를 구성하는 여부' 등 핵심사항과 관련해 여전히 차이점이 존재하고 있다."는 점을 첨가하고 있다.

한편 북한은 양 방안의 공통점에 대하여 낮은 단계의 연방제는 고려연방제의 틀 속에서의 낮은 단계라는 논지아래 양 방안의 "공통점은 기본적으로 1국가 2지방정부에 있으며, 지역정부에 기본권한을 주고 민족공동기구를 창설하며 민족공동기구는 같은 수의 쌍방대표로 구성된다는 점과 민족공동기구는 남북관계를 조정하는 기능을 수행하고 양 방안은 모두 높은 련방제를 지향한다."는 점 등을 지적하고 있다. 북한은 또한 양 방안의 차이점에 대해서는 "낮은 단계의 련방제가 1국가 2체제의 고려련방제의 틀에서 규정된 반면에 련합제의 통일국가에 대한 관점은 1국가 1체제 즉 단일체제하의 련방제틀에서 규정된다.", "낮은 단계의 련방제에서 지방정부는 지역자치정부로 규정되지만 련합제에서는 독립정부로 규정되며 국가로 인정할 때도 있다."라고 통일국가의 성격과 형태에 대한 본질적인 차이점을 지적하고 있다.31)

3. 남한의 '남북연합' 성격

남북연합의 성격에 대해서는 국가연합과 연방국가 사이의 중간적 위치에 있는 체제연합으로 보는 견해,32) 기본적으로 국가연합의 성격과 유사하다는 견해,33) 연방제보다는 국가연합에 가깝지만 특수한 형태로서 영연합 형태에 가깝다는 견해34) 등 여러 가지 시각이 있다. 통일원의 해석에 의하면

---

30) 강성윤, "남북정상회담과 연방제 조건," p.223.

31) 장석, 『김정일 장군 조국통일론 연구』(평양: 평양출판사, 2002), pp.392-394, 강성윤(2006), p.224에서 재인용.

32) 김학준, "민족공동체와 남북한 체제연합연구," 『통일문제연구』 제1권 3호(1989 가을), pp.28-32.

33) 장윤수, "남북연합운영체계에 관한 연구," 통일원, 『한민족공동체 형성방안의 실천을 위한 모색』(서울: 통일원, 1992), pp.111-115.

34) 장명봉, "'한민족공동체 통일방안'의 법적 구조에 관한 고찰," 『통일문제연구』 제1권 4호(1989 겨울), pp.248-256.

남북연합은 통일을 지향하는 과도단계로서 국제법적으로는 부분적으로 국가연합의 성격을 띠고 있지만 주권국가 간의 관계를 상정하는 국가연합과는 다른 특수성을 지니고 있다는 것이다. 이는 첫째, 남북연합 단계에서 남북한은 대외적 측면에서 국제법적 주권국가로 존재하기 때문에 남북연합은 분명히 연방과는 다르며, 둘째, 남북연합 단계에서 남북한은 통일국가를 달성하기 위해서 '민족 내부의 특수관계'를 유지하면서 통일문제에 대하여 협의하고 협력의 범위를 넓혀간다는 것으로, 이런 점에서 남북연합은 독립된 국가 간의 관계를 가정하고 있는 일반적인 의미의 국가연합과도 다르다는 것이다.[35] 이런 측면에서 남북연합은 민족공동체를 형성해 가는 공존공영의 통일과정의 정치적 표현으로서 다분히 통일의 중간단계를 포괄적으로 나타내는 상징적 의미가 강하다고 주장한다.[36]

이와 같이 남북연합에 대한 통일원의 해석에서도 나타나듯이 "일견 모순되어 보이는 성격을 지니는 것"은 두 개의 한국을 장기화 또는 고착화하는 분단지향적 접근이라는 비판을 우려하고, 이를 회피하기 위하여 "남북연합 안에서 남과 북은 각자의 외교, 군사력 등을 보유한 주권국가로 남게 되지만, 그렇다고 한반도가 두 개의 국가로 분열되는 것은 아니다."[37]라고 남북연합의 성격을 모호한 상태로 정립해 놓았기 때문이라고 볼 수 있다.

통일원의 기본해설 자료는 남북연합이 국제법이나 국제정치학상의 통합 유형론에 나오는 국가연합(confederation)이나 연방국가(federation)의 성격을 갖지 않고 민족내부의 특수관계임을 강조하고 있으나, 대개의 논자는 그것이 국가연합과 성격이 유사함을 지적하고 있다.[38] 즉, 공영방(com-

---

35) 통일원, 『통일백서 1992』(서울: 통일원, 1992), p.85. 유럽연합도 EU를 공식적으로 "통합된 유럽 건설에 동참하는 국가 사이의 특별한 관계"로 정의하고 있다. 주한 EU대표부, 『유럽연합의 오늘』(서울: 주한 EU대표부, 1995), p.4.

36) 통일원은 남북연합을 'commonwealth'로 규정하고 이를 "각 주권국가가 공동의 이익이나 이상추구를 위하여 상징적 통일체로서 정치·경제 등 공통의 관심을 갖는 분야에서 국제법의 규율을 받지 않고 국내법 또는 국내법에 준하는 특수한 법적 유대를 갖춘 특별한 결합체"라고 정의하였다. 통일원, 『통일백서 1992』, p.85.

37) 통일원, 『통일백서 1992』, p.85.

monwealth)이나 체제연합도 국가연합(연합제)의 범주 내에 든다고 볼 수 있으며, 국가연합이나 연방국가는 일정한 형태로 존재하는 것이 아니라 중앙정부와 구성국정부 또는 지방정부 간의 권한이 어떻게 분배되어 있는가에 따라서 다양한 형태를 취할 수 있다.[39] 이러한 의미에서 남북연합은 미국의 연합규약하의 국가연합(1781~1789) 형태를 기준으로 본다면 '낮은 단계의 국가연합'의 성격을 갖는다고 볼 수 있다.[40]

민족공동체통일방안에서 과도적 통일체제로서 제시하고 있는 남북연합이란 구체적으로 어떠한 성격의 결합형태를 말하는 것이냐에 대해서는 다분히 논란의 여지를 남겨 놓고 있는 것도 사실이다. 더구나 남북연합의 영문표기를 "the Korean Commonwealth"로 명시하고 있을 뿐 그것이 기존의 여러 역사적 사례나 이론모형 중에서 구체적으로 어떤 것을 준거로 삼고 있는지에 대해서는 아무런 언급을 하지 않고 있다. 또한 내부적으로 남북한이 서로를 어떻게 인식하느냐에 있어서 실제적 관계(2개의 국가)보다는 명분적 관계인 '민족내부의 특수관계'에 집착하여 남북연합의 성격적 모호성을 초래하였다.

국내 일부에서는 남북정상회담 공동선언 제2항의 '남측의 연합제안'이 민족공동체통일방안의 2단계인 남북연합이나 김대중 대통령이 주장해 온

---

38) 이장희, "남북연합시대를 대비한 법제도적 과제," 이장희 외, 『개혁과 한국법치민주주의』, 아시아사회과학연구원 법·언론 연구총서 제3권(서울: 아시아사회과학연구원, 1994), p.98; 김병기, "연방국가, 국가연합, 체제연합 비교 연구," 민병천 편, 『전환기의 통일문제』(서울: 대왕사, 1990), pp.91-95 참조.

39) Herbert M. Levine, *Political Issues Debated,* 4th ed.(New Jersey: Prentice-Hall, 1993), pp.207-215. 미국 건국 초기의 국가연합(Confederation), 구소련의 독립국가연합(CIS: Commonwealth of Independent States), 유럽연합(EU: European Union) 참조.

40) 미국 국가연합의 성립과 성격에 대해서는 Jack R. Rakove, *The Beginnings of National Politics*(New York: Alfred A. Knopf, 1979); Ivo D. Duchacek, "Consociations of Fatherlands: The Revival of Confederal Principles and Practices," *Publius: The Journal of Federalism,* Vol.12, No.4(Fall, 1982); Robert Kelley, *The Shaping of the American Past*(New Jersey: Englewood Cliffs, 1990); 옥태환, 『미국연방제 연구』(서울: 민족통일연구원, 1991) 참조.

3단계 통일론의 1단계인 남북연합이냐의 문제가 제기된 바 있다. 1989년부터 제시되어 온 우리 정부의 공식적인 민족공동체통일방안에 나오는 남북연합과 김 대통령의 통일방안에서 제시된 남북연합은 양쪽 모두 '1연합 2국가 2체제 2정부' 형태로 대동소이하다. 그러나 전자에서는 먼저 화해-협력 단계를 거쳐 남북연합에 이르도록 하고 있으나, 후자에서는 선행 단계없이 정치적 결단에 의해 연합이 이루어지도록 되어 있다.[41] 즉, 어떻게 남북연합을 이룰 것인가 하는 방법에는 큰 차이가 있다.[42] 김대중 대통령의 3단계 통일론에 따른다면 3통(통신, 통행, 통상)의 연결도 없는 상태의 남북연합, 즉, 정상국가 간 관계에도 이르지 못하는 국가연합이 이루어지는 셈이다.

4. 북한의 '낮은 단계 연방제' 성격

공동선언에서 북한이 제시한 낮은 단계의 연방제는 외교권과 국방권까지도 지역정부에 맡기는 등 지역정부에 더 많은 권한을 부여함으로써 그 성격상 연합제를 나타내고 있다고 하나 본질적으로 연방제임을 주목할 필요가 있다. 북한의 제안이 김대중 정부의 주장대로 그 성격상 1국가를 주장하지 않는다면 명칭을 '낮은 단계의 연방제' 가 아니라 '높은 단계의 연합제' 라고 해야 할 것이다. 연방제는 아무리 낮은 단계라고 하더라도 구성국의 독립성이 인정되지 않는 통일된 국가형태이고 연합제는 아무리 높은 단계라고 하더라도 구성국의 독립성을 인정하는 국가형태이기 때문이다.

---

41) 김대중 대통령의 3단계 통일론에 따르면 "민족적 합의와 남북 당국의 정치적 결단에 의해 남북연합으로의 진입은 언제든 가능한 것" 으로 본다. 아태평화재단, 『김대중의 3단계 통일론: 남북연합을 중심으로』(서울: 아태평화재단, 1995), p.64.

42) 일반적으로 우리의 공식적 통일방안은 민족공동체통일방안으로 '남측 연합제안' 은 민족공동체통일방안의 과정으로서의 남북연합으로 보는 견해이나, 서동만은 김대중 대통령의 3단계 통일방안에 무게를 주고 있다. 서동만, "남북한 통일방안의 접점," 고대 아세아문제연구소 세미나 『남북정상회담과 패러다임 전환』(2000년 6월 26일), pp.46-47.

북한은 2000년 10월 6일 개최된 고려민주연방공화국 창립방안 제시 20 돌 기념 평양시 보고회에서 "낮은 단계의 연방제는 1민족 1국가 2제도 2정부의 원칙에 기초하되 남북의 현 정부가 정치·군사·외교권을 비롯한 현재의 기능과 권한을 그대로 보유한 채 민족통일기구를 구성하는 것"이라고 규정하였다.[43] 따라서 낮은 단계의 연방제안이 기존의 연방제안을 포기했다거나 또는 수정한 것이 아니라 단지 높은 단계의 연방제로 가기 위한 합의를 쉽게 이루기 위하여 고려연방제의 틀 속에서 낮은 형태의 연방제를 과도적으로 실시하자는 방안으로 보아야 할 것이다. 이에 대하여 북한도 "낮은 단계의 연방제안은 연방제로 가기 위한 잠정적 조치"임을 분명히 밝히고 있다.[44] 뿐만 아니라 북한은 6·15 공동선언 이후 낮은 단계의 연방제에 의한 통일을 거론하기보다는 기존의 연방제통일방안을 계속 주장함으로써 제2항을 김대중 정부의 해석과는 반대로 남측이 자신들의 연방제통일방안에 합의한 것이라는 자의적 논리를 전개하고 있다.[45]

한편 한호석의 다음과 같은 낮은 단계의 연방제에 대한 설명은 시사하는 바가 크다. 첫째, 낮은 단계의 연방제는 "민족적 합의를 보다 쉽게 하기 위한" 것이었지, 기존의 연방제안을 수정하거나 보완하기 위한 것이 아니다. 낮은 단계의 연방제안은 대체방안이 아니라 '고려민주연방공화국 창립방안'에 대한 합의를 더 쉽게 이끌어내기 위한 일시적인 협의방편으로 제시되었다. 둘째, 낮은 단계의 연방제에서 나오는 지역자치정부라는 개념은 남북연합의 두 단독정부를 뜻하는 것이 아니라, 연방공화국의 지역자치정부를 뜻하는 것이다. 셋째, 연방공화국의 지역자치정부에 "더 많은 권한"을 부여

---

43) 2000년 10월 6일 『조선중앙방송』 및 『평양방송』 보도. 통일부, 『북한동향』 제507호 (2000.9.30~10.6), p.39에서 재인용.

44) 한응호, "련방제 통일방안은 가장 정당하고 현실적인 통일방도," 『로동신문』 2000년 10월 9일.

45) 북한은 『로동신문』 2003년 12월 28일자의 "련방제 방식은 민족자주통일의 현실적 방도"라는 논설에서 '6-15 공동선언에서 북과 남이 련방제와 련합제의 공통성이 있다고 인정했던 것은 우리 련방제 통일방안이 누구에게나 접수될 수 있는 공명정대한 통일방안으로 된다는 것을 시사해 준다'고 주장하고 있다.

한다는 말의 뜻은 중앙정부보다 지역자치정부에 더 많은 권한을 부여한다
는 뜻이 아니다. 기존의 '고려민주연방공화국 창립방안'에 나오는 지역자
치정부에 부여하는 권한보다 더 많은 권한을 부여한다는 뜻이다.[46]

5. 중앙정부의 설치 및 지위 문제

국가연합이건 연방국가이건 국가통합에서 가장 중요하고 민감한 부분은
중앙정부의 문제라고 할 수 있다. 통일아랍공화국(United Arab Republic,
1958~1961)의 경우 이집트와 시리아 지도층의 가치관이 유사하였지만 대
립되는 이해관계를 조정할 만한 대의제도를 갖추지 못하여 결국 다시 분열
되었으며, 예멘의 경우도 통일과도기 의회가 남북예멘 지도층의 권위를 초
월할 만한 권한을 갖지 못하여 화해·조정에 실패하고 결국 무력대결을 겪
게 되었다(〈부록 5-2〉 참조).[47]

무엇보다도 남북은 중앙정부의 구성(대표권), 권한, 의사결정방법 등을
명확히 해야 할 것이다.[48] 따라서 남북연합과 낮은 단계의 연방제에서 중

---

46) 한호석, "근본문제해결의 길을 열어놓은 평양회담(2000년 8월 12일)," http://www.
   onekorea.org/research/000812.htm(검색일: 2002년 8월 22일); 공용득, 『북한연방
   제연구: 중앙과 지방정부의 관계를 중심으로』(서울: 청록출판사, 2004), p.229에서
   재인용.

47) 김국진, 『남북연합 형성 및 운영방안 연구』(서울: 민족통일연구원, 1994), pp.18-46
   참조. 북한이 제시하는 대로 연방제(대외적으로 1국가)하에서 지역정부의 군대보유
   또는 군사권을 인정할 때, 남북 지역정부 간 의견 차이나 분쟁이 평화적으로 해결되
   지 못할 경우 남북예멘의 사례와 같이 내란으로 비화할 가능성이 있다. 지역정부가
   다수가 아닌 2개 지역정부로 구성된 연방국가의 경우 그 위험성은 더욱 크다. 더구나
   고려연방제는 남한과 북한의 체제적 이질성을 전제로 연방제를 상정하고 있어 더욱
   위험하다.

48) 미국은 13정부 간의 연방제 합의 과정에서 큰 주(州)들은 연방의회를 양원제로 하여
   하원의원은 국민들이 직접 선출하고 상원은 각 주 정부에서 선임한 의원들을 하원에
   서 인준하며, 상-하 양원 의원 수는 각 주의 재산과 인구에 비례하여 정할 것을 주장
   (Virginia Plan)하였다. 작은 주들은 연방의회는 단원제를 채택하고 각 주는 인구와

앙정부의 성격과 지위는 어떠한지 남북한 모두 이를 통일협상 과정에서 명확한 합의에 의해 구체적으로 명시해야 할 것이다. 이를 위해서는 미국 건국 초기의 국가연합, 독립국가연합(CIS), 유럽연합(EU) 등의 비교연구가 유용할 것이다.[49] 이와 관련하여 고려연방제는 남북한의 이질적 체제를 전제로 연방제를 상정함으로써 연방정부의 구성과 운영에 대한 전제가 비현실적이라는 문제를 갖고 있다. 또한 남북한 통일방안 사이에는 '과도기에 상징적으로 중앙정부를 구성하는 여부'에 대하여 차이점이 존재한다. 남한의 연합제안은 남북한 현 정부 상위에 권력기구의 신설을 고려하지 않고 연합정상회의의 협의체 구성을 주장하는 반면, 북한의 낮은 단계 연방제안

면적의 크기에 관계없이 동등한 의회대표를 가지며, 의원은 주 의회가 선출할 것을 주장(New Jersey Plan)하였다. 이러한 큰 주와 작은 주의 갈등은 결과적으로 연방의 회는 양원으로 구성하고 하원은 인구비례에 따라 의원 수를 결정하고, 상원은 각 주의 인구에 관계없이 같은 수(2인)의 의원을 각 주 의회에서 선출하도록 합의하였다. 한편 연방하원 의원 수를 결정할 때 노예들도 인구 수에 포함시켜야 한다고 주장하는 남부 주들과 노예들은 연방하원 의원 수 상정에서 제외되어야 한다는 북부 주들 사이의 갈등은 양측이 양보하여 하원의원 수 결정 시 5명의 노예를 3명의 자유인과 같이 취급한다는 3/5 합의(Three-fifths Compromise)를 도출해냈다.

49) 미국의 연합규약에서는 의사결정방법으로 입법사항은 13구성정부 중 9구성정부 이상 찬성으로, 연합규약 개정은 만장일치를 택하고 있다. EU의 실질적인 정치력이 집중된 기관인 각료이사회(The Council of Ministers)의 의결권은 독일·프랑스·영국·이탈리아 각 10표, 스페인 8표, 벨기에·그리스·네덜란드·포르투갈 각 5표, 오스트리아·스웨덴 각 4표, 덴마크·핀란드·아일랜드 각 3표, 룩셈부르크 2표로 총 87표이다. 의안이 채택되기 위해서는 62표(71.3%) 이상의 찬성이 있어야 하며, 가중다수결의 경우 62표 이상이면서 최소한 15개국 중에서 10개 회원국 이상의 찬성이 있어야 했다. 김병오, 『민족통일과 남북연합』(서울: 여강출판사, 2001), p.233. 한편 2000년 12월 체결된 니스조약(Nice Treaty)에서 가맹국의 확대 방침에 따라 각료이사회 의결권에 대하여 새로운 합의가 이루어졌다(2004년 11월부터 적용). 독일·영국·프랑스·이탈리아 각 29표, 폴란드·스페인 27표, 루마니아 14표, 네덜란드 13표, 그리스·벨기에·포르투갈·체코·헝가리 각 12표, 스웨덴·오스트리아·불가리아 각 10표, 덴마크·핀란드·아일랜드·슬로바키아·리투아니아 각 7표, 룩셈부르크·슬로베니아·라트비아·에스토니아·키프로스 각 4표, 말타 3표 등 총 345표로 조정되었다. 2007년 1월 1일 이후 가중다수결(Qualified Majority)은 전체 345표 중 255표(73.91%)의 찬성과 함께 찬성하는 국가 숫자가 회원(27개국) 과반과 찬성국가의 총인구가 EU 전체 인구의 62% 이상을 필요로 한다(〈부록 5-3〉 참조).

은 남북한 현 정부 상위에 중앙연방정부의 과도적 역할을 담당할 '민족통일기구'의 구성을 주장하고 있다.

V. 맺는말

2000년 정상회담은 몇 가지 괄목할 만한 합의를 이끌어냈음에도 불구하고 후속조치와 관련하여 많은 과제를 안겨 주었다. 특히 공동선언의 제2항과 관련, 남북한의 통일방안이 수렴가능성이 있으며, 현실가능성이 있는 것인가 하는 문제도 그중의 하나이다. 남북정상은 연합제와 낮은 단계의 연방제 간의 공통점이 통일로 이어지기는 어렵다고 판단하면서도 그것이 남과 북의 실익인 상호 화해에 장애로 작용하지 않도록 모호하게 처리했다는 해석도 있다. 즉, 통일 논의는 되도록 피하면서 교류협력의 증대를 원하는 남한과, 남북관계 개선과 경협은 바라지만 통일을 말하지 않을 수 없는 북한을 동시에 만족시켜줄 수 있는 방법으로 남과 북 정상이 전략적으로 합의 제2항에 모호성을 남겨두었다는 것이다. 여하튼 남북한 통일방안의 공통점을 찾고 통일을 지향하는 방향으로 나가기 위해서는 남북한은 우선 각각 내부적으로 남북연합안과 낮은 단계 연방제안의 구체적인 내용을 명확히 하는 것이 필요하다. 또한 이러한 작업을 기초로 남북한은 통일 중간 단계로의 진입절차, 사전조건, 시기, 공동기구의 구성 및 권한, 운영 등에 대하여 구체적으로 협의해 나가야 할 것이다.

한편 실질적인 남북한 주민들의 '삶의 통일'을 위해서는 경제, 교통, 통신, 환경, 과학기술, 보건 및 문화 등의 부분적 영역에서 기능적 통합을 진행해 나가야 한다. 이런 과도기적 '계약공동체(vertragsgemeinschaft)' 단계를 거쳐 국가연합을 실현하고 난 이후, 장기적으로 통일국가(단일제 혹은 연방제)로 이행하는 것이 필요하다. 연방국가나 단일국가는 그 자체로서 완성된 통일국가이며, 연방국가에서 단일국가로의 전환은 통일과정이 아닌 통일국가 이후 국가형태의 변화이다. 여기서 통일한국 정부체제로서의 연방제는 남북한 그 자체를 기본 단위로 연방을 구성하는 '거시 연방'은 불안정하며, 남북한을 10여 개의 지방정부로 구성하는 캐나다나 독일과 같은 형태의 연방제가 바람직하다. 거시 연방제에서는 남과 북의 두 자치정부가 대치할 경우 이를 조정·중화할 수 있는 완충지대가 없기 때문에 폭력적 대결과 체제 붕괴로 이어질 가능성이 매우 크기 때문이다.

그러나 무엇보다도 먼저 정상회담 합의사항 실천을 위한 국민적 동의기반을 확충시켜 나가는 것이 중요하다. 국민적 합의를 위해서는 의견의 통일이나 이견(異見)의 부재보다는 통일정책의 결정 추진 이행에 있어서 사회 내의 신뢰 회복이 중요하다. 이를 위해서 남한은 통일문제를 둘러싼 건전한 보수적 견해와 합리적인 진보적 관점이 상호보완하여 선의의 경쟁을 벌이며 공존하는 사회공동체를 형성해야 한다. 즉, 남한 사회 내에서 먼저 상생(相生)의 의식과 민주적 제도의 실천이 이루어진 다음에야 남북한 간 상생의 결합과 통일을 이룰 수 있다.

마지막으로 강조할 것은 현 단계에서 남북한의 통일을 위해서는 통일 논의 자체보다 어떻게 하면 화해·협력의 노력과 신뢰를 축적할 것인가의 논의가 더욱 필요하고 중요하다는 것이다. 이를 위해 남북한은 서로 간에 통신·통행·통상 등 3통의 자유를 허용하고, 미국과 캐나다의 관계와 같은 '정상국가' 관계의 정립과 발전, 그리고 양 사회의 성숙한 민주화가 이루어지는 방향으로 나아가야 한다. 이러한 방향으로 실질적인 진전이 있을 때 남북한의 주민들은 분단의 고통에서 벗어날 수 있으며, 또한 그 결과로서의 자연스러운 통일을 기대할 수 있을 것이다.

▮ 참고문헌 ▮

강성윤. 2001. "6.15남북공동선언 1주년 평가." 『통일경제』 5~6월.

_____. 2006. "남북정상회담과 연방제 조건." 『세계한민족포럼 논문집』 제7집.

공용득. 2004. 『북한연방제연구: 중앙과 지방정부의 관계를 중심으로』. 서울: 청록출판사.

국토통일원. 1988. 『남북한 통일·대화제의 비교(1945~1988)』. 서울: 국토통일원.

김국진. 1994. 『남북연합 형성 및 운영방안 연구』. 서울: 민족통일연구원.

김병기. 1990. "연방국가, 국가연합, 체제연합 비교 연구." 민병천 편. 『전환기의 통일문제』. 서울: 대왕사.

김병오. 2001. 『민족통일과 남북연합』. 서울: 여강출판사.

김일성. 1981. "조국통일 5대방침에 대하여: 조선로동당 중앙위원회 정치위원회 확대회의에서 한 연설." 『조국의 자주적 평화통일을 위하여』. 평양: 조선로동당출판사.

_____. 1981. "조선로동당 제6차 대회에서 한 중앙위원회사업총화 보고." 『조국의 자주적 평화통일을 위하여』. 평양: 조선로동당출판사.

_____. 1996. "신년사(1991년 1월 1일)." 『김일성저작집 43권』. 평양: 조선로동당출판사.

김학준. 1989. "민족공동체와 남북한 체제연합연구." 『통일문제연구』 제1권 3호. 가을.

류길재. 2000. "남북 정상회담에 대한 평가." 한국정치학회 남북정상회담 평가 학술회의. 『남북정상회담 평가와 향후 남북관계 전망』 발표논문. 6월 17일.

박건영. 2000. "'3단계 통일론'과 남북정상 합의 추진방향." 한국통일포럼 국내학술회의 『남북 통일방안의 모색』 발표논문. 7월 15일.

박영호·박종철. 1993. 『남북한 정치공동체 형성방안 연구』. 서울: 민족통일연구원.

박종철. 2000. "정상회담 이후 남북관계 전망과 과제." 한국정치학회 남북정상회담 평가 학술회의 『남북정상회담 평가와 향후 남북관계 전망』 발표논문. 6월 17일.

박형중. 2000. "남북정상회담의 성과." 통일연구원 국내학술회의 『남북정상회담의 성과와 남북관계의 전망』 발표논문. 6월 27일.

서동만. 2000. "남북한 통일방안의 접점." 고대 아세아문제연구소 세미나 『남북정상회담과 패러다임 전환』 발표논문. 6월 26일.

아태평화재단. 1995. 『김대중의 3단계 통일론: 남북연합을 중심으로』. 서울: 아태평화출판사.

_____. 2000. 『남북정상회담: 이해의 길잡이』. 서울: 아태평화재단.

양현모·이준호. 2001. 『남북연합의 정부·행정체제 구축방안』. 서울: 통일연구원.

옥태환. 1991. 『미국연방제 연구』. 서울: 민족통일연구원.

이옥연. 2003. "다층구조 거버넌스로서의 연방체제." 『한국정치학회보』 제37집 5호.

이장희. 1994. "남북연합시대를 대비한 법제도적 과제." 이장희 외. 『개혁과 한국법치민주주의』. 서울: 아시아사회과학연구원.

이종석. 2000. "남북정상회담의 성과와 향후 과제." 세종연구소 제5차 세종 국가전략포럼 『정상회담 이후 남북관계 개선 전략』 발표논문. 6월 30일.

이종원·황기식. 2008. 『EU27 유럽통합의 이해』. 서울: 해남.

장 석. 2002. 『김정일장군 조국통일론 연구』. 평양: 평양출판사.

장명봉. 1989. "'한민족공동체 통일방안'의 법적 구조에 관한 고찰." 『통일문제연구』 제1권 4호. 겨울.

_____. 1990. "국가연합에 관한 연구." 『국제법학회 논총』 33권 3호.

장윤수. 1992. "남북연합운영체계에 관한 연구." 통일원. 『한민족공동체 형성방안의 실천을 위한 모색』. 서울: 통일원.

정용석. 2001. "김대중은 과연 자유통일을 지향하나?" 『월간조선』 8월.

『정치사전』. 1973. 평양: 사회과학출판사.

제성호. 1991. 『북한연방제안의 분석 및 평가』. 서울: 민족통일연구원.

조은식 외. 2001. 『남북한 평화공존과 남북한 연합 추진을 위한 법제정비 방안 연구』. 서울: 통일연구원.

주한 EU대표부. 1995. 『유럽연합의 오늘』. 서울: 주한 EU대표부.

통일부. 2000. 『북한동향』 제507호. 9월 30일~10월 6일.

통일원. 1992. 『통일백서 1992』. 서울: 통일원.

_____. 1997. 『통일백서 1997』. 서울: 통일원.

_____. 2001. 『통일백서 2001』. 서울: 통일원.

_____. 2002. 『통일백서 2002』.서울: 통일원.

한응호. 2002. "련방제 통일방안은 가장 정당하고 현실적인 통일방도." 『로동신문』 10월 9일.

Bernier, I. 1973. *International Legal Aspects of Federalism.* London: Longman.

Duchacek, Ivo D. 1982. "Consociations of Fatherlands: The Revival of Confederal Principles and Practices." *Publius: The Journal of Federalism.* 12(4) Fall.

Elazar, Daniel J. 1980. "Federalism." David L. Sill, ed. *International Encyclopedia of Social Science,* Vol.5. Macmillan & the Free Press.

_____. 1997. "Contrasting Unitary and Federal System." *International Political Science Review.* 18(3).

_____. 1998. *Constitutionalizing Globalization: The Postmodern Revival of Confederal Arrangements.* Lanham: Rowman & Littlefield Publishers, Inc.

Fenwick, G. 1983. *International Law.* 4th ed. New York: Appleton & Stering Publishers.

Ferguson, John H., and Dean E. McHenry. 1981. *The American Federal Government.* New York: McGraw-Mill Inc.

Kelley, Robert. 1990. *The Shaping of the American Past.* New Jersey: Englewood Cliffs.

Levine, Herbert M. 1993. *Political Issues Debated.* 4th ed. New Jersey: Prentice-Hall.

Lister, Frederick K. 1996. *The European Union, The United Nations and the Revival of Confederal Governance.* Westpoint: Greenwood Press.

Macmahon, Arthur W. 1972. *Administering Federation in a Democracy.* New York: Oxford University Press.

New York Times. 1991. June 2.

Rakove, Jack R. 1979. *The Beginnings of National Politics.* New York: Alfred A. Knop.

〈부록 5-1〉 미국 연합규약과 연방헌법의 비교

중앙정부 권력구조

법 항목	연합규약	연방헌법
정부형태	• 입법부(연합의회)만 존재	• 삼권분립(입법, 사법, 행정)
의회제도	• 단원제	• 양원제
의원수	• 각 주 2~7명(주 의회가 선출)	• 상원: 각 주 2명씩(6년임기) • 하원: 인구비례(2년임기)
투표권	• 각 주 한 표씩 행사	• 각 의원 한 표씩 행사
의사결정	• 입법: 9/13 찬성 • 연합규약개정: 만장일치	• 중요사항: 2/3 이상 찬성 • 일반사항: 과반수이상 찬성 • 헌법개정: 상·하 양원 2/3 이상이 제의
행정수반	• 연합의회 의장 (연합의회가 선출, 임기 1년) - 실권 없음	• 대통령 (선거인단에서 선출, 임기 4년) - 법률안 거부권 - 사면권 - 각료 임명권 - 대법원판사 임명권 - 의회 소집권
위헌심사 및 분쟁 중재	• 중앙정부소속 재판관 없음 • 관련 각 주 재판관들로 임시법원을 조성하여 분쟁중재	• 연방법원이 헌법 해석, 법률의 합헌성 심사, 각 주 분쟁 중재

권력분배

항목 \ 법	연합규약	연방헌법
중앙정부 권한	• 입법권 • 식민지 분쟁중재 • 외교, 국방 • 전쟁, 평화결정 • 우편업무 • 도량형 규정 • 조폐권 • 인디안 관련업무 • 영국소유 서부토지 처리 등	• 주권 • 입법권 • 사법권(법원 설립권, 주 간의 분쟁 조정권 등) • 외교, 국방 • 전쟁, 평화결정 • 우편업무 • 도량형 규정 • 조폐권 • 징세권 • 통상규제권 • 징병권 • 도로건설권 • 헌법개정 제안권 • 외환관리권
지방정부 권한	• 주권 • 입법권 • 사법권 • 국내치안(민병대, 경찰유지) • 조폐권 • 징세권 • 통상규제권 • 징병권등	• 주권 • 입법권 • 사법권(법원 설립권 등) • 국내치안(주방위군, 경찰유지) • 조폐권 • 징세권(연방법에 위배되지 않아야 함) • 주 간의 통상규제권 • 도로건설권 • 헌법개정 제안권 • 헌법 비준권
비고	• 형식적인 중앙정부 - 징세권, 통상규제권, 징병권 등 중요 권한이 주정부에 속함 - 주권이 지방정부에만 귀속	• 강력한 중앙정부 - 연방법이 상위법임을 명시 - 징세권, 통상규제권, 징병권 등 중요권한을 연방정부가 소유함 - 주권은 중앙과 지방정부가 동시에 소유함

〈부록 5-2〉 남북예멘 통일 과정

아라비아반도 남쪽에 위치한 예멘은 지정학적으로 유럽과 아프리카, 아시아를 연결하는 길목에 위치하고 있어 다양한 문화와 종교, 강대국들이 경합·공존하는 각축장이 되어왔다. 1차 세계대전 이후, 북예멘은 자이드파의 이맘이 통치하는 왕정국가가 됐으며, 남예멘은 영국의 식민지가 되면서 실질적인 분단이 시작된다. 이후, 1967년 영국으로부터 독립한 남예멘이 사회주의의 길을 선택했고 이어 70년 북예멘이 예멘 공화국을 수립하며 공화정 체제로 접어들면서 양국의 분단은 고착화된다.

정치엘리트간의 권력투쟁과 국경충돌 등 수없는 내전을 겪던 남북예멘은 냉전체제 종식과 함께 1990년 마침내 합의방식을 통해 통일을 이룩했다. 통일의 서막은 1988년 5월 3일 북예멘의 살레(Saleh) 대통령과 남예멘 사회당 서기장 알 바이드(al-Baidh)가 사나(Sanaa)에서 정상회담을 개최하면서부터 시작되었다. 이 회담에서 두 지도자는 양국의 통일에 관한 회담의 지속적인 개최와 국경지대의 비무장지대화 및 공동개발에 합의하였다. 이듬해인 1989년 11월 29일에는 살레 대통령이 남예멘의 아덴을 방문하여 두 번째 정상회담(아덴회담)이 개최되었다. 아덴회담에서 양국은 통일국가헌법안을 승인하고 국민투표를 통하여 이를 확정짓기로 합의함으로써 통일에 한 걸음 더 다가갔다.

1990년 4월 19일 양국 지도층은 사나에서 회동하여 통일선포 및 과도정부의 조직에 관해서 합의함에 따라 1990년 5월 남북예멘의 무장이 통일에 앞서 기술적으로 해제되었다. 같은 해 5월 22일에는 북예멘 지도자 살레를 대통령에, 남예멘 지도자 알 바이드를 부통령에 선출하고 마침내 통일국가인 예멘공화국(The Republic of Yemen)을 선포하였다. 통일예멘의 '행정수도'는 북예멘의 수도였던 사나로 정해졌으며, 상대적으로 인구가 적었던 남예멘의 아덴은 '경제수도'로 지정되었다.

남북예멘 정부는 통일을 준비하는 과도기간을 설정하는데 합의하였고, 30개월 동안의 과도기 체제를 이끌어갈 과도 정부를 공동으로 구성하였다. 과도기간 중에 국민투표로 통일헌법을 확정하고 총선을 실시하는 등 실질적인 통합을 추진하여 통일국가를 수립하는 것이 과도정부의 목표였다. 과도정부는 북예멘의회 의원 159명과 남예멘의 111명, 부족대표 31명 등 총 301명으로 구성되었으며, 최고 권력기관인 대통령평의회는 5명으로 구성되었다. 대통령평의회는 대통령이 의장, 부통령이 부의장을 담당하며, 나머지 3인은 북측에서 2인, 남측에서 1인으로 배분하였다. 대통령평의회에서 임명하는 각료회의는 총 39명으로서 총리는 남예멘에, 4명의 부총리는 남과 북에 각각 2명씩 배분되었다. 그리고 나머지 34개 장관직도 북에 18석, 남에 16석이 배정되었으며, 차관 직은 장관과 다른 지역인사가 담당하는 방식이 적용되었다.

그러나 통일예멘 정부의 구성은 남북예멘 정치지도층의 권력유지를 보장하는 전제하에 이루어졌으며, 인구수의 현격한 차이에도 불구하고 거의 대등한 수준으로 권력이 배분되었다는 점에서 불안요소를 안고 있었다. 통일이 남북 집권층 간의 정치적 협상에 의하여 마무리되었듯이 분열의 조짐도 정치적 갈등에서부터 나타나기 시작한 것이다. 1993년 4월 선거에서 알 바이드가 패배한 이후, 살레와 알 바이드 관계는 악화되었고 알 바이드는 1993년 9월 사나를 떠나 아덴으로 되돌아가면서 예멘은 다시 남과 북으로 갈라지기 시작했다. 오만과 요르단의 중재 노력을 포함한 수많은 화해 시도에도 불구하고 두 지도자는 합의를 이루지 못했고, 사나에 남아 있던 남부출신의 각료들과 사회당의 고위간부들이 속속 아덴으로 귀환함으로써 1993년 말에는 사실상 두 개의 정부가 존재하는 양상이 되었다.

제도 통합의 실패는 남북예멘 간의 긴장을 고조시켰다. 특히, 통합되지 않은 채로 남아있던 군부 사이의 무력충돌 가능성은 상존해 있었다. 1994년에 접어들면서 여러 차례 무력충돌이 발생하였고, 1994년 4월 27일 급기야 남북군이 공동으로 사용하고 있던 합동군사기지에서 무력충돌이 발생하면서 양측은 내전상태로 돌입하였다. 이어 남예멘이 통일된 공화국에서 탈퇴를 선언하였고, 1994년 5월 5일에는 다시 전면적인 내전이 발발하였다.

예멘 내전은 같은 해 7월 7일, 남측군대가 항복을 선언하며 마무리 된다. 북예멘은 남예멘 분리주의자들에 대해 '군의 통일'을 위한 승리를 선언하였고, 남예멘 지도자들은 인접 국가로 망명한다. 이렇게 해서 남북 지도부의 합의로 시작했던 예멘의 통일은 결국 북예멘이 무력으로 내전을 종식시키며 '재통일'을 이뤄내는 형식으로 마무리되었다.

〈부록 5-3〉 유럽연합(EU) 각료이사회 의결권

회원국	EU-15 (~2004.4.30)	EU-25 (2004.05.01~ 2004.10.31)	EU-25 (2004.11.01~ 2006.12.31)	EU-27 (2007.01.01~)	인구* (백만 명)
독일	10	10	29	29(8.4%)	82.3(16.6%)
프랑스	10	10	29	29(8.4%)	63.3(12.8%)
영국	10	10	29	29(8.4%)	60.8(12.3%)
이탈리아	10	10	29	29(8.4%)	59.1(11.9%)
스페인	8	8	27	27(7.8%)	44.4(8.9%)
폴란드	-	8	27	27(7.8%)	38.1(7.7%)
루마니아	-	-	-	14(4.0%)	21.5(4.3%)
네덜란드	5	5	13	13(3.7%)	16.3(3.3%)
그리스	5	5	12	12(3.4%)	11.1(2.2%)
벨기에	5	5	12	12(3.4%)	10.5(2.1%)
포르투갈	5	5	12	12(3.4%)	10.5(2.1%)
체코 공화국	-	5	12	12(3.4%)	10.2(2.0%)
헝가리	-	5	12	12(3.4%)	10.0(2.0%)
스웨덴	4	4	10	10(2.9%)	9.1(1.8%)
오스트리아	4	4	10	10(2.9%)	8.2(1.6%)
불가리아	-	-	-	10(2.9%)	7.6(1.5%)
덴마크	3	3	7	7(2.0%)	5.4(1.1%)
슬로바키아	-	3	7	7(2.0%)	5.3(1.1%)
핀란드	3	3	7	7(2.0%)	5.2(1.0%)
아일랜드	3	3	7	7(2.0%)	4.3(0.8%)
리투아니아	-	3	7	7(2.0%)	3.3(0.6%)
라트비아	-	3	4	4(1.1%)	2.2(0.4%)
슬로베니아	-	3	4	4(1.1%)	2.0(0.4%)
에스토니아	-	3	4	4(1.1%)	1.3(0.2%)
키프로스	-	2	4	4(1.1%)	0.7(0.1%)
룩셈부르크	2	2	4	4(1.1%)	0.4(0.0%)
몰타	-	2	3	3(0.8%)	0.4(0.0%)
계	87	124	321	345	495
의결정족수	62(71.26%)	88(70.97%)	232(72.27%)	255(73.91%)	306.9(62%)
의사결정 저지수	26	37	90	91	188.1(38%)

* 자료: Eurostat 통계자료 2007.01.01 기준(http://epp.eurostat.ec.europa.eu)

제6장 |

북한의 경제특구전략:
운용과 한계*

I. 머리말

1970년대 후반 이후 구조적 침체를 보이기 시작한 북한경제는 1980년대 말 동구 사회주의권 국가 및 소련의 붕괴에 따른 대외경제 여건의 급격한 악화로 인하여 심대한 위기상황을 맞게 되었다.[1] 특히 1990년대 들어서는 대외무역의 50% 이상을 차지하던 대소무역이 급감하였고 중국마저 원유·곡물 등에 대해서 우호가격이 아닌 국제시장가격 적용과 경화결제를 요구함으로써 어려움은 가중되었다.[2] 북한은 최근까지도 '먹는 문제'를 해결

---

* 이 글은 "북한의 경제특구전략: 신의주 경제특구를 중심으로," 『중소연구』 제27권 제3호(2003)를 수정·보완한 것이다.

1) 1970년대 후반 이후 1980년대 말까지 북한경제는 연평균 경제성장률 2~4%로 침체되기 시작했으며, 1990년대 들어서는 1990년에 -3.7%의 마이너스 성장률을 기록한 이후 1998년까지 9년 연속 마이너스 성장을 보이고 있다. US CIA, *Handbook of Economic Statistics* (Washington, D.C.: Government Printing Office, 1988); 한국은행, 『북한 GNP 추정결과』, 각년도. 북한 경제성장률은 〈부록 6-1〉 참조.

하지 못하고 있다.

2002년 북한의 신의주 경제특구정책은 이와 같은 경제난 타개를 위한 불가피한 선택이었으며, 이는 대외개방을 통한 선진국의 자본·기술 없이는 회복이 어려운 경제현실을 반영하고 있다. 경제특구전략은 개발도상국가에서 주로 운영되었던 경제정책이다. 특구지역을 격리하여 국내 여타 지역과는 구별되는 우대조치를 제공함으로써 외자유치 증대와 국내유치산업 보호라는 목표를 동시에 달성하고자 하려는 것이다. 그러나 주목되는 것은 1980년대 이후 중국, 러시아, 동유럽, 베트남 등 사회주의 국가들이 체제 전환을 위한 과도기적 수단으로 이 전략을 적극적으로 도입하였다는 것이다. 북한은 1991년 12월 나진·선봉지구를 최초의 경제특구로 지정한 바 있으나 나진·선봉지구는 경제특구로서 기대만큼 기능을 발휘하지 못했다.

신의주 경제특구는 '시장경제체제와의 계획되고 규제된 타협'을 추구하는 사회주의 위기에 대응한 북한식 개방정책의 핵심이라 할 수 있다. 북한의 개방은 중국의 개방과는 달리 대내경제의 개혁이 수반되지 않고 있으며, 개방전략도 전 방위적 개방이 아니라 일부 지역에 국한된 제한적 성격의 개방이라 할 수 있다. 그러나 주체경제와 자력갱생의 원칙을 주장해 오던 북한의 입장에서는 커다란 변화임에는 틀림없다.

남한과 북한은 경제협력을 통하여 상호간에 신뢰를 회복하고 공동체의식을 고양하여 통일기반을 구축할 수 있으며 경제적으로도 남북 모두 실익을 얻을 수 있다. 때문에 남북경협은 우리 입장에서도 반드시 추진해야 하며 이에 따른 적절한 대북경협 정책을 준비해 두어야 할 것이다. 이러한 상황에 근거하여 이 글의 목적은 북한 경제특구정책의 의미, 배경 및 전망을 분석하는 데 있다. 이에 따라 먼저 경제특구의 정의, 유형 및 목적을 살펴보고, 나진·선봉 경제특구 설치 배경과 성과 그리고 신의주 경제특구

---

2) 중국의 대북한 원유수출단가는 1990년에는 국제시장가격(142달러/톤)의 40% 수준인 톤당 58달러였으나 1991년에는 국제시장가격(131달러/톤)과 거의 같은 수준인 톤당 126달러로 올라갔다. 조은호, "최근 중국-북한 경제관계 변화 동향과 북한 경제에 미치는 영향," 「대한무역진흥공사 북방현안리포트」 93-1호(1993), p.11.

의 성격, 배경 및 전망을 분석한다. 마지막으로 북한의 경제특구에 대한 우리의 정책방향을 제시하고자 한다.

II. 경제특구의 유형과 목적

1. 경제특구의 정의

경제특구(Special Economic Zone)라는 용어는 1979년 중국이 대외개방 정책의 일환으로 동남부 연해 4개 지역에 대해 처음으로 붙인 명칭이다. 그러나 이제 경제특구는 중국의 경제특구만을 가리키는 고유명사라기보다는 세계 각국에서 법적 또는 제도적으로 국내의 다른 지역과 구분하여 생산, 무역, 조세상의 특별대우가 주어지는 자유무역지대, 수출자유지역, 수출가공구와 같은 지역을 총칭하는 것으로 보편화되었다.[3] 유엔공업개발기구(UNIDO: United Nations Industrial Development Organization)의 정의에 따르면 경제특구란 "어떤 한 국가 내에 정책적으로 특별히 선정된 공업단지지역으로, 이곳에 진출하여 투자하는 기업에 대해서는 일련의 우대조치를 적용시켜 줌으로써 국내 및 외국기업들이 해당 지역에 진출, 기업을 설립하여 경영활동을 벌이도록 유도하기 위하여 설정된 지역"이다.[4]

---

3) 1960년대 후반 개발도상국들이 외국의 자본과 기술을 이용한 가공무역의 발전을 꾀하기 위하여 자유무역지대를 설치함으로써 경제특구는 수출드라이브에 의한 경제발전전략의 수단으로 급증하였다. 대만의 까오슝(高雄) 수출가공구, 한국의 마산 수출자유지역은 1960~70년대 수출드라이브정책의 대표적 예이다. 1980년대에는 중국이 대외개방정책의 추진과 함께 종합형 경제특구를 설치하였고, 1990년대에 들어서는 구소련과 동유럽 사회주의권의 체제이행과정에서 경제특구 설치가 보편화되고 있다. 오용석, "세계 경제특구의 유형 및 전략과 남북한 경제통합에의 적응," 한국비교경제학회 편, 『남북한의 경제체제와 통합』(서울: 박영사, 1995), p.233.

2. 경제특구의 유형

경제특구의 유형은 추구하는 기능적 목표에 따라 무역형, 공업과 무역을
결합시킨 공업·무역형, 과학기술개발을 위한 과학기술형, 다목적성의 종합
형 등으로 나누어 볼 수 있다.[5]

1) 무역형
무역형 경제특구는 국가가 어떤 특정 무역항 혹은 일부 지역을 지정해서
그곳을 통과하는 외국물자에 대해 관세를 면제할 뿐만 아니라 출입하는 외
국선박에 대해서도 일반 과세지역과는 구별해서 어느 정도의 자유를 인정
하고, 방역업무도 면제하며 감독행위도 하지 않는 곳을 말한다. 무역형 경
제특구에는 자유항(free port)과 자유무역지대(free trade zone)가 있으며,
여기서는 반입된 상품의 재수출, 또는 재포장·혼합·가공이 가능하다.[6]

2) 공업·무역형
공업·무역형은 자유무역지대와 공업단지의 혼합체로서, 자유무역지대가
갖고 있는 여러 가지 우대조치를 부여하면서, 한편으로는 공업단지가 갖는
관리 및 운송상 규모의 경제를 얻기 위해서 만들어진 것이다. 대표적 형태
는 외국으로부터 면세수입된 원료를 임가공하여 전량 수출하는 수출가공구
(EPZ: export processing zone)이다.

---

4) United Nations Industrial Development Organization(UNIDO), *Export Processing
Zones in Development Countries,* UNIDO Working Papers on Structural Changes,
No.19, UNIDO/ICIS 176, New York, August 18, 1980.

5) 오용석(1995), pp.233-236.

6) Herbert G. Grubel, "Towards a Theory of Free Economic Zones," Weltwirts-
chaftliches Archiv, Band 18, Heft 1(1982), p.40. 최초의 자유무역지대는 13세기에
출현한 독일 함부르크(Hamburg) 자유무역지대와 브레멘(Bremen) 자유무역지대까지
소급될 수 있으나 근대적 의미에서의 자유무역지대는 1934년 미국의회에서 통과된 대
외무역지대법(Foreign Trade Zone Act)에 따른 뉴욕의 브루클린(Brooklyn) 자유무역
지대이다.

〈표 6-1〉 아시아의 주요국별 EPZ 설치 현황

	설치 수	개발 기간	면적(km²)
대만	3	1966~1971	1.82
한국	2	1970~1973	1.14
말레이시아	11	1971~1980	7.00
태국	3	1982~	1.13
인도	2 4	1965~1975 1984~1993	1.62 1.57
파키스탄	1	1980~	8.09
방글라데시	2	1980~1990	1.55
중국	5	1979~	34,538.1
베트남	3	1988~	9.50

자료: World Bank, *Export Processing Zones,* Policy and Research Series 20(New York: Oxford University Press, 1992), p.29

수출가공구는 제2차 세계대전 이후 개발도상국들의 수출주도개발전략 (export-drive development strategy)의 일환으로서 대만의 까오쓩(高雄), 닌쯔(楠梓)와 타이중(台中) 수출가공구, 한국의 마산과 이리 수출자유지역 등 아시아지역에서 활발히 설치되었다.[7] 세계은행에 의하면 1990년 기준 아시아지역의 수출가공구는 〈표 6-1〉에서 보는 바와 같이 총 36개가 설치 된 것으로 나타나고 있다. 수출가공구도 자유무역지대와 같이 특정지역을 격리하여 만드는 방책형(防柵型, fenced type)의 경우가 많으나 비방책형 (非防柵型, unfenced type)의 광역수출가공구도 적지 않다.[8]

---

7) Peter G. Warr, "Korea's Masan Free Export Zone: Benefits and Costs," *The Developing Economies,* Vol.22, No.2(June 1984), pp.169-70. 아시아 최초의 수출 가공구는 1965년 인도 정부에 의하여 세워진 칸들라(Kandla) 자유무역지대였으나 인 도는 수입대체적인 공업화정책을 채택하여 수출가공구 개발에 소극적이었다.

3) 과학기술형

과학기술특구는 산·학·주(産·學·住)가 결합된 과학기술도시(Techno-polis)를 형성하여 기술집약적 산업과 지식집약적 산업을 육성하고 고정밀 첨단산업제품의 개발로 산업구조를 고도화함으로써 국제경쟁력을 높이고 자 하는 것이다. 흔히 과학기술공업단지(science, technology and industry complex)로 불리는 과학기술특구의 건설을 미국, 일본, 싱가포르, 대만, 중국, 홍콩, 한국 등에서 활발히 이루어지고 있다.

미국은 1950년대 초에 캘리포니아주 스탠포드대학 부근에 세계 최초이며 최대의 테크노폴리스인 실리콘밸리를 세운 이래 지금까지 전국에 걸쳐 80여 개의 과학기술단지를 운영하고 있다. 일본은 1970년대 말 규슈(九州)에 테크노폴리스 건설 프로젝트를 수립, 첨단기술제품에 대한 조세감면, 특별 감가상각 인정, 자금지원보증 등의 특혜정책을 추진함으로써 실리콘밸리에 버금가는 테크노폴리스를 만드는 데 성공하였다.9) 그 외에 대만의 신죽(新竹) 과학공업원구가 있으며 중국은 52개의 고신(高新) 기술개발구를 운영하고 있다.

4) 종합형

종합형 경제특구는 생산, 무역, 금융, 과학기술, 관광 등에 이르는 거의 모든 산업을 대외적으로 개방하고 외국기업의 투자와 경제활동에 대해 폭넓은 자유와 인센티브를 제공하는 광역지구이다. 따라서 종합형 경제특구는 대부분 투자촉진지역(investment promotion zone)으로서 수출가공구를 기초로 하면서 면적의 대규모성, 경영의 광범위성, 업종의 다양성, 정책의 다목적성 및 다기능성을 갖는다. 홍콩, 싱가포르, 중국의 5대 경제특구(深圳, 珠海, 汕頭, 廈門, 海南島)는 대표적인 종합형 경제특구이다.10) 북한

---

8) 대표적인 비방책형 광역수출가공구로는 파나마의 콜론(Colon) 자유무역특구, 브라질 아마존강 유역의 마나우스(Manaos), 멕시코의 마킬라도라스(Maquiladoras) 공단 등이 있다.

9) 오용석(1995), pp.235-236.

의 나진·선봉 자유경제무역지대나 신의주 특별행정구도 이러한 유형으로 볼 수 있다.[11)]

3. 경제특구 설치 목적

경제특구 설치 목적은 국가마다 나름대로의 구체적 우선순위에는 상호 차이가 있을 수 있으나, 수출확대 및 수출다각화, 재정수입증가, 고용증대 효과, 선진과학기술 및 경영관리 방법도입, 국제수지개선 및 외자도입, 지역발전 등의 측면에서 효과를 노리고 있는 것은 일치한다.[12)] 오용석 교수는 경제특구전략의 목적을 내향적 동기와 외향적 동기로 구분한다. 내향적 목적은 내수시장이 크면서도 경제가 침체상태에 있는 선진국이나, 노동력과 천연자원이 풍부하면서도 자본과 기술이 부족한 개발도상국들이 외국인 직접투자유치와 선진기술의 도입, 고용기회의 확대를 통하여 국내생산활동의 활성화, 국내산업발전의 가속화를 추구하는 경우이다. 특히 개발도상국들의 경제특구전략은 특구지역을 격리하여 국내 여타지역과는 구별되는 우대조치를 마련함으로써 외자유치증대와 국내유치산업보호라는 목표를 동

---

10) 오용석(1995), p.236. 초기의 자유무역지대는 중계무역과 단순포장업 위주로 운영되었으나, 수출가공구가 보편화되면서부터는 지역 내에서 경영활동이 허용되는 업종의 범위가 다양화되었으며, 외국인기업의 투자진출도 허용되었다. 따라서 현재 자유무역지대와 수출가공구의 차이점은 거의 없어지게 되었다.

11) 북한의 나진·선봉 자유경제무역지대는 총면적이 746km²로서 해남도(33,906km²)를 제외한 중국의 4개 경제특구 총면적(632km²)보다도 크다. 신의주 특별행정구의 총면적은 132km²이다. 일반 개도국 수출가공구로서 지금까지 가장 큰 곳은 브라질의 마나우스 수출가공구(16km²)였다.

12) 아시아생산성기구의 연구조사 결과에 따르면 아시아지역 국가들의 경제특구 설치 목적은 단기적으로는 재정수입의 증대와 고용기회 확대에 상대적으로 중요성을 두었으며, 장기적으로는 선진과학기술과 경영관리경험을 도입하여, 수출을 확대하고, 국내 물자를 효과적으로 이용함으로써 경제를 발전시키는 것이다. N. Vittal, ed., *Export Processing Zones in Asia: Some Dimensions* (Tokyo: Asian Productivity Organization, 1977).

시에 달성하고자 한다.

경제특구의 외향적 목적은 수출경쟁력 확보와 대외무역의 확대이다.[13] 이를 위해서는 경제특구에서 생산되는 상품은 가격 및 품질 면에서 국제경쟁력을 갖고 있어야 한다. 따라서 경제특구전략을 추진하는 국가는 수출상품의 국제경쟁력 강화를 위하여 특구에 입주하는 기업에 대해서는 생산비를 절감할 수 있는 각종 금융·세제상의 우대조치를 제공한다.[14]

경제특구전략은 지역경제를 활성화시키려는 자본주의 선진국, 수출경쟁력 확보와 대외무역의 확대를 통한 경제발전을 추구하는 개발도상국에서 주로 운영되어 왔으나, 주목할 만한 점은 1980년대 이후 사회주의 국가들의 체제 전환을 위한 수단으로 개혁·개방정책 속에서 이 전략이 적극적으로 도입되고 있다는 것이다. 중국은 경제특구전략을 근간으로 경제개방정책을 시작하여 오늘날 고도성장의 기반을 마련하였으며, 러시아, 동유럽, 베트남 및 북한까지도 경제특구를 주요 정책으로 채택하고 있다.

중국 경제특구전략의 목적 역시 덩샤오핑이 강조한 ①선진기술 도입창구, ②선진관리경험 도입창구, ③현대지식 도입창구, ④대외개방정책창구라는 '4개 창구'의 역할 수행을 통하여 특구 자체의 공업화를 가속화시키고 그것을 중국경제 전체에 확산시켜 나간다는 것이다. 중국의 대외개방지역으로는 5개 경제특구 외에도 14개 연해 개방도시와 106개 국가급 개발구(30개 국가급 경제기술개발구, 국가과학위원회에서 허가한 52개 고신(高新) 기술개발구, 국가관광국에서 허가한 11개 관광개발구, 해관총서에서 허

---

13) 1970년대까지만 해도 많은 개도국에서는 외국인투자기업의 수출확대효과를 높이기 위하여 투자승인시 제품의 일정비율 이상은 의무적으로 수출하도록 하는 수출단서 (export requirement) 조항을 두어왔다. 인도의 경우 생산제품의 30% 이상을 수출하도록 하였으며, 인도네시아는 85%, 태국은 50%의 수출비율을 달성해야 했으며, 멕시코는 기업수입의 50%를 수출하도록 의무화하였다. András Inotai, "Liberalization and Foreign Direct Investment," András Köves and Paul Marer, eds., *Foreign Economic Liberalization: Transformation in Socialist and Market Economy* (Boulder: Westview Press, 1991), pp.101-104.

14) 오용석(1995), pp.240-241.

가한 13개 보세구)를 포함한 상당수의 개발구가 있다. 경제특구의 경우 종합적인 도시구조를 갖고 시장거래가 일반화되어 있으나 개방도시·개발구는 수출공단적인 특성을 가지고 있다.15)

한편 중국의 경제특구전략에는 이 지역에 시장경제체제를 도입시킴으로써 그것을 사회주의 계획경제체제와 융합하게 하여 소위 중국식 사회주의 시장경제체제를 구축하는 '경제체제개혁 실험장'으로서의 역할이 있다.16) 또한 경제특구를 발전시켜 홍콩·마카오의 주권을 회복하는 데 있어 특구 형식의 운용을 그 수단으로 삼고자 했으며, 더 나아가서 경제특구를 대만통일전략을 위한 장기적인 포석으로 여기고 있다.17)

아시아권의 수출지향적 공업화정책과 중국의 경제특구 개발전략은 베트남의 대외개방정책에 큰 영향을 주었다. 1986년 개혁·개방노선을 채택한 이래 수출가공구 개발정책은 베트남의 개방노선에서 가장 핵심적인 정책으로 부각되고 있다. 베트남은 경제특구의 명칭을 특별경제가공구(special economic processing zone)로 명명하고, 제품수출과 생산 및 수출 관련 제반서비스를 제공하기 위한 산업지역으로 육성하고 있다.18) 베트남은 1988년 말 수출가공구 설치를 결정한 이래 그동안 남부 호치민 시(市)의 딴투언과 린쭝, 메콩델타지역의 칸토, 중부의 다낭 및 북부의 하이퐁지역에 수출가공구가 지정되었다. 이 중에서 딴투언, 린쭝과 하이퐁지역의 수출가공구는

---

15) 대한무역진흥공사, 『북방통상정보』(1993.8; 1993.9); 대외경제정책연구원, 『중국편람: 증보판』(1994), pp.428-429.

16) 중국의 경제특구는 "레닌이 말한 바대로 자본주의의 자금·기술 및 경영관리경험을 이용한 사회주의 건설이론에 관해 연구하고, 세계 각국에 설치된 자유무역구와 가공수출구의 경험을 빌려 중국경제의 구체적 상황과 결합시킴으로써 '四個現代化'를 촉진시키기 위한 중국 사회주의 경제의 일종의 보충형식"으로 정의되고 있다.『中國經濟新聞』, 1981년 6월 29일, 오용석,『중국 경제특구의 평가와 한국기업의 대응』(서울: 대외경제정책연구원, 1991), p.42에서 재인용.

17) "특구를 대만과의 무역창구로 하여 조국 통일의 전초 기지로 삼아야 한다."『福建論壇』(1982.2), p.46, 중화경제연구원 편, 백원호 역,『중국 경제특구에 관한 연구』(서울: 산업연구원, 1985), p.11에서 재인용.

18) 베트남,『특별경제가공구규정』(1991.10.18), 제1조.

합작개발 되고 있고, 다낭과 칸토지역은 개발계약이 체결되어 공단조성이 시작되고 있다.[19]

북한의 경제특구 개발 목표도 이상과 크게 다르지 않다. 북한은 경제특구를 통한 "합영, 합작은 외화를 얻을 수 있는 중요 통로의 하나"이며 "인민경제를 현대화, 과학화하고 없거나 부족한 연료, 원료문제들을 푸는데서 적지 않은 예비와 가능성"이 될 수 있으며 또한 "앞선 기술과 현대적인 기계, 설비들을 끌어들이는 문제를 효과적으로, 합리적으로 풀 수 있는 대외경제관계"라고 함으로써 외화획득, 부족한 국내자본의 보완, 선진 기술 및 설비도입 등을 구체적인 정책목표로 밝히고 있다.[20]

III. 북한의 나진·선봉 자유경제무역지대

1. 나진·선봉 경제특구의 성격

북한은 1991년 12월 나진·선봉지역의 621km²를 자유경제무역지대로 지정하는 정무원결정 제74호를 공포함으로써 경제특구정책을 추진하기 시작하였다. 1993년 9월에는 나진시와 선봉군을 통합하여 정무원 산하의 직할시로 승격시키는 한편, 나진·선봉 자유경제무역지대에 은덕군 원정리, 훈융리를 포함하는 중국 국경쪽의 125km²를 추가함으로써 지대의 총 면적을 746km²로 확장시켰다. 나진·선봉 자유경제무역지대 관련, 북한 정무원 결정 제74호 요지는 다음과 같다.[21]

19) 권율, 『베트남의 수출가공구 개발정책과 현황』(서울: 대외경제정책연구원, 1993); 삼성경제연구소, 『베트남』(1994.2), pp.133-137.

20) 최원철, "합영, 합작을 잘 하는것은 대외경제관계 발전의 중요 요구," 『경제연구』 제4호(평양: 과학백과사전종합출판사, 1993), p.20.

① 나진시의 14개 동, 리와 선봉군의 10개 리를 포함하는 621km²의 지역을 자유경제무역지대로 한다.

② 자유경제무역지대에서는 합영, 합작, 외국인 단독기업을 허용한다.

③ 투자하는 나라에 대한 제한이 없다.

④ 국가는 다른 나라 사람들이 투자한 자본과 재산, 기업운영을 통하여 얻은 소득과 기타 소득을 법적으로 보장한다.

⑤ 개발지대 안의 나진항, 선봉항과 함께 인접지역에 있는 청진항을 자유무역항으로 한다.

⑥ 기업소득세의 감면을 비롯한 여러 가지 특혜조치를 취한다.

북한은 나진·선봉 자유경제무역지대를 ①자유무역항으로서의 화물중계기지, ②제조업 중심의 수출가공기지, ③관광·금융·상업의 중심지로 개발하고자 하였다.[22]

〈표 6-2〉 자유경제무역지대 투자우대조치의 주요 내용

비교항목	비자유경제무역지대	나진·선봉 자유경제무역지대
투자유형	• 합작이나 합영기업	• 100% 외국인투자도 허용
세율	• 기업소득세: 25% • 기타소득: 20% • 거래세: 규정세율	• 기업소득세: 14% • 기타소득: 10% • 거래세: 규정세율의 50%
조세감면	• 해당사항 감면 없음	• 제조업: 3년간 면제 다음 2년간 50% 감면

---

21) 조선민주주의인민공화국 대외경제협력추진위원회, 『황금의 삼각주: 나진·선봉』 (1993). 북한은 1998년 9월 이후 『나진 선봉자유경제무역지대』에서 '자유'를 빼고 『나진 선봉경제무역지대』로 호칭하고 있다.

22) 조선민주주의인민공화국 대외경제협력추진위원회, 『황금의 삼각주, 라진·선봉 개발계획』(1992.4), pp.30-32.

		• 6천만 원 이상 사회간접투자: 4년간 면제, 다음 3년간 50% • 수출입물자: 관세 면제
최저노임	• 월 220원(약 110달러)	• 월 160원(약 80달러)

상품의 가격결정	• 국제시장가격이나 국가가격
	  재정기관의 가격에 준거함
		• 판매자와 구매자의 합의로 결정
		  (대중필수품 가격결정 제외)

외화관리	• 허용 안 됨	• 외화유가증권거래 허용,
		  외화현금·외화유가증권의
		  자유반출입 허용

토지임대	• 국토관리기관이 토지임대
	• 협상방법으로 임대
	• 장려부문: 10년 이내 범위에서
	  토지사용료 감면, 면제
		• 지대당국이 토지임대
		  (기간 50년, 연장 가능)
		• 입찰, 경매방법도 가능
		• 10년 이내 범위에서 토지
		  사용료 감면, 면제

외국인출입	• 사증 소지	• 초청장 소지자 무사증출입
사무소설치	• 규정 없음	• 상주대표사무소 설치 허용
은행설립	• 합영은행만 설립 가능	• 외국은행, 외국은행지점도 설립 가능

자료: 북한의 외국투자 관련법 참조 작성

2. 나진·선봉 경제특구 설치 배경

북한이 1991년 말 자유경제무역지대를 설치하고 1993년에는 그 면적을 확장하는 등 경제특구정책을 추진하는 데는 다음과 같은 대내외적 요인이 복합적으로 작용하였다.

첫째, 북한의 심각한 경제침체문제이다. 북한은 제3차 7개년 경제계획기간(1987~93) 동안 연평균 7.9%의 성장목표를 세웠으나 같은 기간 연평균 경제성장률은 -1.7%를 기록하였다. 또한 외화부족에 따른 원부자재의 수입

감소와 에너지 부족으로 공장의 평균가동률도 30~40% 밖에 되지 않았다.[23]

둘째, 경제침체 타개책의 일환으로 1984년 9월부터 합영법을 발표, 외국인 직접투자 형태의 자본도입정책을 추진하였으나 1993년 말까지 10년 동안 북한의 외자유치실적은 140여 건에 금액으로는 1억 5천만 달러 정도(조총련과의 합작이 90%)에 불과하였다. 따라서 경제특구의 설치는 조총련 일변도의 외자유치정책에서 탈피하여 서방 선진국자본을 적극적으로 유치함으로써 침체된 경제를 활성화하려는 새로운 경제발전전략의 시도라고 볼 수 있다.[24]

셋째, 경제특구설치는 일부 지역에 한정된 경제개방정책으로서 동구와 같은 전면적 개방의 경우에 수반되는 정치체제 변화의 위험성을 최소화할 수 있는 방법인 것이다. 이와 관련, 북한은 746km² 면적의 자유경제무역지대를 내부경제로부터 차단·관리하기 위하여 1993년 말부터 지대 주위에 높이 3.6m, 길이 80km의 울타리를 건설하였다.

넷째, 1991년 말 북한이 나진·선봉지역에 경제특구를 설치하기로 결정한 것은 1990년 7월 장춘에서 열린 동북아 지역개발회의에서 중국이 발표한 훈춘개발계획에 대응한다는 의미가 강하다. 중국의 훈춘개발계획이 빠

---

23) 북한 에너지 공급의 70%를 차지하는 석탄생산이 1991년 3,100만 톤, 1992년 2,290만 톤, 1993년 2,710만 톤으로 계속 감소되고 있으며 구소련으로부터 연 100만 톤 가까이 수입되던 원유가 최근 들어 중단상태이다. 또한 북한의 연간 전력수요는 500~600억kwh로 추정되고 있으나 1990~93년 동안의 연평균 전력생산량은 252억 kwh로서 각 수요의 40~50%에 불과하다. 북한경제 실태에 대해서는 남궁영, "남북한 경제력 비교평가," 한국비교경제학회, 『남북한의 경제체제와 통합』(서울: 박영사, 1995), pp.56-92 참조.

24) 나진·선봉 자유경제무역지대 설치 배경에 대하여 북한의 대외경제협력위원회 위원장 김정우는 다음과 같이 말하였다: "우리는 1990년을 전후로 동구라파 사회주의 나라들이 무너짐으로써 세계에는 자본주의 시장만이 남은 국제적 환경과, 우리 당 중앙위원회가 1993년 12월 전체회의에서 제시한 경공업 위주의 경제전략, 무역제일주의 경제전략의 요구를 고려하여 나진·선봉지역에서 시장구조를 자유경제무역지대의 특성에 맞게 개선함으로써 이 지대를 대수출기지, 기술교류거점으로 꾸리려고 합니다." 김정우, "조선민주주의인민공화국 정부의 나진·선봉 자유경제무역지대 개발정책에 대하여," 일본 동경에서의 투자촉진 세미나 연설문(1996.7.15).

른 속도로 진전되고 북한이 이에 대처하지 못할 경우, 두만강지역개발에 대한 주도권을 중국이 갖게 되어 중계무역기지로서의 잠재력이 큰 나진·청진이 제대로 활용되지 못할 뿐만 아니라 중국에게 동해로의 출로만을 열어주게 되어 사회간접시설 확충을 위한 외자유치 면에서도 불리하게 될 것이라는 인식을 하게 된 것이다.[25] 더욱이 북한은 중·러 간에 추진되고 있는 훈춘-자루비노 간 철도연결계획이 순조롭게 진행되어 중국의 흑룡강성과 길림성 물동량의 주요 출구가 러시아의 자루비노항이 된다면 나진·선봉·청진항이 확충된다 할지라도 충분한 물동량을 확보하지 못할 것이라는 우려에서 1993년 이후 유엔개발계획(UNDP: United Nations Development Plan) 주도하의 두만강지역개발계획(TRADP: Tumen River Area Development Program)은 물론, 자체적인 나진·선봉지대 개발에도 주력하게 된 것으로 볼 수 있다.[26]

3. 나진·선봉 경제특구의 투자유치 성과 및 한계

나진·선봉의 외국인 직접투자 성과에 대해서는 김일성대학 김수용 교수의 동경 투자촉진세미나 연설에 잘 나타나 있다. 김 교수에 따르면, 북한은 외국기업과 1996년 중반까지 총 49개 대상에 3억 5,000만 달러의 투자계약을 체결하였으며, 이 가운데 22건이 계약 이행 단계에 들어가 3천 400만 달러가 투자되었다.[27] 한편 북한은 1996년 9월 대외경제협력추진위원회에

---

25) 김익수, 『두만강지역개발사업과 한반도』(서울: 대외경제정책연구원, 1994), p.19.

26) 1992년 11월 중국은 러시아 극동의 자루비노항을 중계무역항으로 이용하는 것을 러시아와 합의, 협정을 조인하였다. 이 협정에 의하면 러시아는 중국에 자루비노항의 사용권을 허용하는 대신 중국은 자루비노항의 확장 및 중국 훈춘과의 철도, 도로 건설에 모든 자금과 노동력을 제공한다는 것이다. 또한 1993년 2월에는 상기협정에 따라 중·러간에 자루비노항 확장 및 중국 훈춘과의 철도 연결을 위한 2개의 합작회사가 설립되었다. JETRO, 『中國經濟』(1993), p.39.

27) 김수용, "라진·선봉 자유경제무역지대 투자환경의 우위성에 대하여," 일본 동경 투

의해 나진·선봉지대 현지에서 개최된『국제투자포럼에 대한 평가보고서』에서 나진·선봉국제투자포럼에는 26개국 540명이 참가하여 8건 2억 8,500만 달러 상당의 투자계약이 체결되었으며, 31건 8억 3,000만 달러 상당의 투자의향서가 교환되었다고 밝혔다.[28] 또한 1997년 1월 스위스의『다보스 세계경제포럼』에서 김정우 북한 대외경제협력추진위원장이 밝힌 바에 따르면 1996년 말까지 총 투자계약액 9억 달러 중 1억 달러의 투자가 실제로 이행되었다고 하였다.[29]

북한사회과학원의 리행호 소장의 발표에 따르면, 북한의 1997년 말까지 투자유치 실적은 투자계약액은 7억 5,077만 달러(111건), 실제투자액은 6,242만 달러(77건)이다.[30] 한편 두만강지역개발계획(TRADP) 사무국에 의하면 지대 내의 실제투자유치 규모는 1998년 말 현재 약 8,800만 달러 수준인 것으로 알려지고 있다.[31] 나진 선봉지대의 실제 투자유치 규모는 발표기관에 따라 상이함을 보이고 있으나 이러한 발표내용을 기본으로 북한의 외자유치 실적을 분석해 보면 다음과 같다.

첫째, 외자유치 규모 면에서 이러한 북한의 외자유치실적은 중국·베트남의 경우와 비교해 보면 그 건수나 규모가 매우 저조한 상태임을 알 수 있다. 중국은 1978년 12월에 개최된 공산당 제11기 중앙위원회 제3차 전체

자촉진 세미나 연설문(1996.7.15).

28) 『한국일보』 1996년 12월 29일. 유엔공업개발기구(UNIDO)의 자료에 따르면 투자포럼 기간 중 계약이 체결된 투자 내용은 홍콩의 엠퍼러그룹이 호텔건설 투자 1억 8,000만 달러, 재일교포기업(김만유)이 병원건설 투자 5,000만 달러, 중국의 얀타이 오토바이제조업체가 오토바이공장 건설을 위한 투자 500만 달러 등 2억 6,500만 달러이고, 합의서를 체결한 것이 5억 6,275만 달러이다.

29) 『조선일보』 1997년 2월 3일. UNDP 북경사무소 자료에 따르면 1996년 말까지 북한에 실제로 투자된 외자 액수는 3,700만 달러이다. 대한무역투자진흥공사, 『북한뉴스 레터』(1997.8).

30) 리행호(북한사회과학원 세계경제남남협력연구소장), "라진 선봉 경제무역지대의 개발과 특징," 日本 環日本海經濟硏究所, *ERINA REPORT*, Vol.24, 1998.8.

31) 고일동, "두만강지역 개발계획의 현황과 과제," 한국개발연구원, 『KDI 북한경제리뷰』(1999.6), p.9에서 재인용.

회의에서 개혁·개방노선이 공식 채택되어 외자도입정책을 추진한 이래 외
자도입은 꾸준히 증가하여 1997년 한 해 동안 투자계약액 617억 달러, 실
제투자액 640억 달러를 기록하였다.[32] 베트남의 1997년 투자유치실적은
계약건수 417건에 투자계약액은 47억 4,000만 달러에 달하고 있다.[33]

둘째, 투자실행률이 매우 낮다. 1997년 말 현재, 총투자유치 계약액 7억
5,000만 달러 중 실제 투자액은 6,242만 달러로서 투자실행률이 8.3%에
지나지 않음을 지적할 수 있다.

셋째, 경제특구 내 외국인투자의 60% 이상(건수기준)이 화교자본이나
연변조선족 자치주 등 중국기업에 의해 이루어지고 있으며, 소규모의 투자
가 주류를 이루고 있다. 평균투자규모는 75만 달러 정도(계약기준은 676만
달러)이며, 건수 기준으로 투자의 대부분을 차지하고 있는 중국투자의 경우
평균투자규모는 30만 달러에 불과하다.[34] 한국기업의 경우 삼성전자, 동양
시멘트, 동룡해운, 신일피혁 등 4개 기업이 1995~1997년 중 '협력사업
자' 승인을 받았으나 실질적으로 투자가 이루어지지는 않고 있으며, 1998
년 5월 남한의 두레마을과 북한의 라선경제협조회사는 나진 선봉지역 내에
라선두레농업회사(투자규모 200만 달러)를 설립하여 10만 평의 시범농장
과 1,000만 평 규모의 계약재배를 추진하기로 계약하였다.[35]

넷째, 투자대상과 관련, 제조업에 대한 투자가 매우 적다는 것이다. 투자
계획 대상 가운데 대부분은 도로, 항만, 공항, 통신 에너지 등 사회간접자본

---

32) Shinwha News, *Monthly Shinwha,* Beijing: Shinwha News, May 30, 1998, p.66.

33) WEIS(World Economic Information Services), *Socialist Republic of Vietnam*
(Tokyo: WEIS, December 1998), p.9. 최근 3개 국가의 외자유치실적 비교는 〈부
록 6-1〉 참조.

34) 배종렬, "라진-선봉지역 외자유치정책에 대한 평가 및 전망," 한국수출입은행, 『수은
조사월보』(1999.6), p.18.

35) 그러나 북한이 본격적인 사업추진을 위한 두레마을과의 협의에서 계약서상 주요 내
용의 변경을 요구함에 따라 사업추진은 어려움을 겪고 있는 것으로 알려지고 있다.
손기웅, "대북 농업지원 협력 현황과 추진방안," 통일연구원, 『통일연구논총』제7권
2호(1998), pp.286-287. 결국 두레마을 사업은 수년 동안 합의를 보지 못하고 무산
되었다.

건설사업이다. 인프라 부문 이외에는 식당, 호텔, 상점, 택시업 등의 관광관련 서비스업에 집중되어 있다. 이는 개발 초기의 실정을 방영하는 것으로서, 이 지대에 아직 하부구조 정비가 제대로 갖추어지지 않고, 외국인 투자도 이 부문에 우선적으로 유치하는 조치를 취한 결과라고 볼 수 있다.[36]

한편 북한은 1997년 여름 나진·선봉의 개발을 위하여 몇 가지 경제개혁 조치[37]를 취하는 등 적극성을 보였으나 곧이어 1997년 하반기부터 시작된 동아시아 외환위기로 투자유치에 어려움을 겪게 되자 나진 선봉지역의 개발은 난관에 봉착하였다.[38] 1998년 9월 헌법개정 및 김정일체제 출범 이후, 북한은 나진 선봉지대에 대하여 외형상 기존의 전향적 정책과는 상충되는 조치들을 취하였다. 북한은 이 지역을 나진·선봉자유경제무역지대에서 '자유'라는 글귀를 빼고 '경제무역지대'로 공식화했으며, 지대 내 대형 서방기업 광고판을 철거했으며, 원정리 조-중공동시장도 거의 폐쇄 상태에 있다.

북한의 나진 선봉 경제특구 개발구상은 ①중앙정부의 과도한 행정적 관여, ②지대당국의 자율권 제한, ③지나치게 외진 곳에 위치한 데 따른 출입의 제약, ④부족한 인프라, ⑤내부경제와의 차단, ⑥국제사회의 불신, ⑦경직된 사회주의 체제적 운영 등이 주요 실패원인으로 지적되었다. 한편 북한은 최근 라선시를 중국 및 러시아의 투자와 협력을 통해 대외무역의 요충지로 발전시키고자 시도하고 있다. 김정일 국방위원장은 2009년 12월 라선시를 경제자유무역지대로 지정(1991년 12월)한 이래 처음으로 이곳을 방문

---

36) 김수용 교수에 의하면 북한은 나진·선봉지역의 인프라 문제를 해결하기 위하여 지난 3년간(1993~95년) 이 지역 인프라 정비에 약 1억 5천만 북한 원(약 7천만 달러)을 투자하였다.

37) 북한은 1997년 6월 '외화와 바꾼 돈표'의 폐지, 시장환율제도의 도입, 원정리에 조·중공동시장 개설, 개인자영업 허용, 국영기업의 독립채산제 실시, 시장경제교육을 위한 학교개설 등의 조치를 취하였다.

38) 나진-원정리 간 도로건설이나 홍콩 엠페러(Emperor)그룹이 투자한 호텔건설, 태국 록슬리(Loxley)그룹의 이동전화 사업 등은 동아시아 외환위기 이후 중단된 상태이다. 고일동, "두만강지역 개발계획의 현황과 과제," 한국개발연구원, 『KDI북한경제 리뷰』(1999.6), p.9.

했으며, 2010년 1월에는 라선시를 '특별시'로 지정했다.

IV. 신의주 특별행정구

1. 신의주 경제특구의 성격 및 법적 지위

북한은 2002년 9월 12일 최고인민회의 상임위원회 정령을 통해 중국과의 국경도시인 신의주 지역 132km²를 특별행정구로 지정했다. 북한 당국은 특구는 신의주와 주변 지역(위화도, 유초도, 비단섬 등 주요 부속섬 14개 포함)을 묶는 특별행정단위로 중앙정부의 권한 밑에 직접 놓이게 된다고 밝혔다.[39] 한편 9월 21일 발표된 신의주 특별행정구 기본법(6장 101조)의 요지는 다음과 같다.

① 신의주 특구는 특수 행정 단위이며, 국가는 특구를 중앙에 직할시킨다.
② 국가는 특구에 입법권, 행정권, 사법권을 부여하며, 특구의 법률제도를 50년간 변화시키지 않는다.
③ 내각, 위원회, 성, 중앙기관은 특구 사업에 관여하지 않는다.
④ 특구는 국가가 위임한 범위 내에서 독자 명의로 대외사업을 하며, 특구 여권을 따로 발급할 수 있다.
⑤ 특구의 토지 임대기간은 2052년 12월 31일까지이며, 임대기간이 끝난 다음에도 신청에 따라 기간을 연장해 준다.
⑥ 특구내 개인 소유의 재산을 보호하며, 상속권을 보장한다.
⑦ 자체로 화폐금융정책을 실시할 수 있으며, 특구에서는 외화를 제한

---

39) 『조선중앙통신』 2002년 9월 19일.

없이 반출입할 수 있다.

⑧ 장관은 특구를 대표하며, 장관의 임명과 해임은 최고입법기관이 한다.

북한은 신의주 특구를 특구 정부청사와 금융가가 들어서는 특구 중심지역, 공업단지, 국제공항-물류센터, 대규모 주거단지, IT공단-화력발전소, 국제회의센터-무역전시관, 관광유람단지 등 7개 권역으로 구분, 체계적으로 개발하는 종합형 경제특구의 청사진을 제시했다.[40] 특히 북한 당국은 기업 창설 심의는 물론 특구내 검찰소장, 경찰국장, 행정부와 검찰-경찰의 주요 간부에 대한 임면권 등 특구 개방과 운영의 전권을 갖는 행정장관에 네덜란드 국적의 중국인 사업가 양빈을 임명했다.[41] 신의주 특구 정부는 수출입 등 정상적인 무역거래에 대해서는 무관세 원칙을 적용하고, 기업소득세 세율도 중국의 경제특구(최저 15%)보다 낮은 14%를 적용할 것이라 전한다. 또한 특구내 통용화폐로 달러화를 채택할 예정이다.[42]

신의주 경제특구는 지나치게 외진 곳에 조성된 나진·선봉보다는 입지 조건상 많은 이점을 갖고 있다.[43] 더욱이 남북의 경의선 철도 연결이 실제로 이루어진 후에는 신의주 경제특구는 남한의 기술 자본과 중국의 거대한 시장을 연결하는 기능을 할 수 있을 것이다.

---

40) 『중앙일보』 2002년 10월 3일.

41) 신의주 특별행정구 기본법(77조)에 의하면 장관은 "신의주 특별행정구 주민으로서 사업능력이 있고 주민들의 신망이 높은 자"가 될 수 있다. 또한 특구의 주민이 되는 조건(42조)은 ①특구가 조직되기 이전에 거주한 자, ②북한 공민으로서 특구의 요구에 따라 특구내 기관 또는 기업에 취직한 자, ③다른 나라 사람으로서 합법적인 직업을 가지고 특구내 7년 이상 거주한 자, ④최고입법기관 또는 장관이 추천한 자 등이다.

42) 양빈, 신의주 특별행정구 초대 행정장관 외신기자회견, *Asian Wall Street Journal*, September 24, 2002.

43) 신의주는 북한 제1의 변경 무역도시로서 북·중 전체 접경무역의 약 70%를 점유하고 있다.

2. 신의주 경제특구 지정의 배경

북한이 2002년 9월 신의주에 특별행정구를 설치하고 두 번째 경제특구 정책을 추진하는 데는 다음과 같은 대내외적 요인들이 복합적으로 작용한 것으로 볼 수 있다.

1) 심각한 경제침체

북한의 심화된 경제적 위기와 외채상환 문제는 북한의 사회적 긴장도와 국가위험도를 높게 하는 요인이 되고 있다. 마이너스 성장률의 만성적 지속, 생산시설미비, 원자재·에너지부족, 낙후된 기술, 공장가동률 저하, 농업생산성 하락에 따른 만성적인 식량위기 등은 단기간에 개선될 수 없는 문제이다.[44]

북한은 1990년에 -3.7%의 마이너스 성장률을 기록한 이후 1998년까지 9년 연속 마이너스 성장을 보였으며, 1999년까지 10년 동안의 연평균 경제성장률은 -2.84%이다.[45] 결과적으로 북한의 1999년 경제규모는 1990년보

---

44) 2001/2002 양곡연도의 곡물생산량은 2000/2001 양곡연도의 257만 톤보다 42% 증가한 366만 톤으로 추정되나 국내생산량은 여전히 최소 곡물필요량에는 매우 부족한 수준이다. 2001/2002 양곡연도의 곡물부족규모는 130만 톤으로 추정되며, 북한은 경제침체로 인하여 상업적으로 곡물을 수입할 능력이 매우 제한되어 있기 때문에 상당량을 해외지원에 의존하고 있다. 82만 톤의 해외곡물지원이 약속되었고 북한의 상업적 예상수입능력을 10만 톤이라고 할 때 여전히 38만 톤 이상의 해외지원이 필요한 상태이다. FAO/WFP, Special Report: FAO/WFP Crop and Food Supply Assessment Mission to the Democratic People's Republic of Korea, July 29, 2002.

45) 1990년대 들어 지속적으로 마이너스 성장을 해 오던 북한경제는 1999년 처음으로 6.2%의 플러스 성장을 기록한 것으로 추정된다. 북한경제의 회복 원인은 북한정부의 경제회복을 위한 노력에 따른 실물경제의 성장과 한국을 포함한 국제사회의 지원이 복합적으로 작용한 것으로 평가된다. 국제사회의 지원이 북한경제에 미친 영향은 매우 크다고 볼 수 있다. 1995년부터 1999년 말까지 국제사회(남한 포함)가 북한에 무상으로 지원한 물자는 금액으로 환산하면 총 14억 8,339만 달러로서 연평균 약 3억 달러에 달한다. 북한이 1999년 1년 동안 남한을 비롯한 국제사회로부터 무상으로 지원받은 물자는 1998년 대비 16.9% 증가한 총 4억 299만 달러이며 여기에 한반도에너지개발기구(KEDO)가 제공한 중유 50만 톤(5,800만 달러)과 현대의 금강산관

〈표 6-3〉 북한의 경제성장률 추이

(단위: %)

연도	1990	1991	1992	1993	1994	1995	1996	1997	1998	1999	연평균
성장률	-3.7	-3.5	-6.0	-4.2	-2.1	-4.1	-3.6	-6.3	-1.1	6.2	-2.84

자료: 한국은행, 『북한 GDP 추정결과』 각년도

다 30% 이상 감소된 것으로 평가되고 있다. 또한 에너지 부족은 매우 심각한 상태로 공장가동률도 20~30% 정도에 지나지 않았다. 북한은 1990년대 경제위기에 대처하기 위해 1991년 말 설치한 나진·선봉 경제특구의 성과가 극히 부진한 상황에서 새로운 돌파구로서 신의주 특별행정구를 제안한 것으로 보인다.

2) 7·1 경제관리 개선조치의 후속조치

신의주 경제특구 지정, 북·일 정상회담,[46] 남북관계의 일련의 진전[47] 등 북한이 취한 최근의 일들은 모두 '7·1 경제관리 개선조치'에 대한 후속조치들이라고 볼 수 있다. 북한은 2002년 7월 배급제 수정, 임금 및 물가 인상, 환율 평가절하 등의 개선조치를 발표했다.[48] 이 조치는 지속되는 경제난으

광사업 대가(1억 6,400만 달러)까지 포함하면 1999년 중 북한이 외부세계로부터 받은 금액 총액은 6억 2,499만 달러에 달한다. 이는 북한의 1998년 국내총생산(126억 달러)의 5%, 무역총액(14.4억 달러)의 43%, 수출규모(5.6억 달러)의 112%에 달하는 금액이다. 박석삼, "김정일식 경제개혁 1년에 대한 평가 및 과제," 한국은행, 『한은 조사연구』(2000).

46) 북·일 정상회담의 목적은 크게 앞으로 예상되는 미국의 이라크 공격 이후 또 하나의 '악의 축' 대상으로서의 북한이 일본을 통하여 미국에 화해제스처를 보냄으로써 안보위기를 벗어나고자 하는 것과, '7·1 경제관리 개선조치'의 성공적 이행을 위하여 일본으로부터 장·단기적으로 안정적인 경제지원을 받고자 하는 데 있다.

47) 이미 북한은 2002년 8월의 제2차 남북경협추진위원회에서 경의선과 동해선 철도 및 도로 연결, 부산 아시안게임 참가 등을 합의하였으며, 남한은 쌀 40만 톤과 비료 10만 톤의 지원을 약속했다.

로 인해 '먹는 문제'도 해결이 어려운 실정에서 경제 회복을 위하여 내부적
으로 동원할 수 있는 자본과 노동을 최대한 동원하고자 하려는 것이다.

생필품의 가격을 농민시장 가격으로 올리고 환율을 평가절하 함으로써
자본을 비공식 부문에서 공식 부문으로 동원하는 한편 임금을 인상하여 노
동 인센티브를 강화함으로써 노동력의 추가적인 동원효과를 얻겠다는 의도
이다. 이러한 조치들의 성과를 위해서 가장 중요한 것은 필요한 물품들을
얼마나 원활하게 공급할 수 있는가의 문제이다. 신의주 경제특구 지정도
2002년 7월 단행한 경제관리 개선조치의 성공을 위해 외국자본 유치를 통
한 생산력의 대폭 확대를 위한 것이라고 볼 수 있다.

3) 중국 경제특구정책의 성공

중국의 경제특구 성공 사례는 외화부족과 만성적인 경제부진의 어려움
에 처한 북한에 중요한 시사점을 제공하였다. 중국의 경제특구정책은 ①대
외무역의 확대와 대외무역 관리능력의 축적, ②외자이용에 의한 국면타개,
③외국선진기술의 도입, ④대외경제의 발전, ⑤세계 각국 정부·국민과의
우호증진 및 국제사회에서의 중국의 지위향상이라는 성과를 가져왔다.

2001년 1월 중국을 방문해 중국경제의 급성장을 눈으로 확인한 김정일
국방위원장은 중국 방문 직후 신의주를 시찰하며 중국 상하이 방식을 참고,
경제특구로 개발하는 방법을 검토하라고 지시한 것으로 전해지고 있다.

4) 미국에 대한 개방 제스처

신의주 경제특구 지정 당시 조만간 발생할 것으로 예상되는 미국의 이라
크 공격(2003.3.19) 이후 또 하나의 대표적인 '불량국가(rogue state)'로

---

48) 경제관리 개선조치의 주요 내용은 ①일상 생활용품 가격 약 20~40배 인상, ②식품가
   격 40~50배 인상(쌀 배급가는 kg당 8전에서 44원으로 약 5백배 인상), ③임금 기존
   의 200원에서 3,500원 정도로 15~20배 인상, ④달러당 2.2원에서 153원으로 평가절
   하, ⑤집세, 교통요금 등 무상 서비스의 유료화 및 대폭 가격 인상 등의 조치를 포함
   한다. 서재진, 『북한의 7·1 '경제관리개선' 조치가 주민생활에 미칠 영향』(서울: 통
   일연구원, 2002), pp.2-3.

남게 될 북한은 북·일 정상회담으로 일본을 통하여 미국에 화해제스처를 보냄으로써 안보위기를 벗어나고자 했다. 이처럼 북한은 변화하고 있다는 모습을 대외에 내보이는 등 교착상태에 빠져 있는 북·미관계의 개선의지를 위한 상징적 조치가 필요했다. 이와 같은 외부 환경이 신의주 특구를 지정한 주요 요인으로 작용하였다.[49]

이러한 신의주 경제특구 지정 배경에 대한 이유 중 처음 세 가지를 적극적 이유라고 한다면 네 번째 것은 소극적 이유라고 할 수 있다. 다시 말해서 여러 배경 가운데 네 번째 이유가 가장 중요하다면 신의주 특구 지정은 충분한 고려와 준비 없이 돌발적으로 발표되었을 가능성도 배제할 수 없다. 신의주 특구 발표 직후 발생되고 있는 행정장관 양빈의 연행·가택연금 등 중국과의 껄끄러움도 신의주 특구 지정과 관련하여 중국과의 사전 조율이 충분하지 않았음을 보여주고 있다.[50]

---

49) 미국 공화당 정부의 대북 정책을 대변했다고 할 수 있는 〈아미티지보고서〉는 보다 강경한 대북 정책이 필요한 근거 중의 하나로 제네바협정은 북한을 대외개방으로 유도하며 실질적인 개혁을 통한 '연착륙(soft landing)'으로 이끌 것을 가정하였으나, 현 상황(1999년)은 북한이 급진적 형태의 시장중심적 개혁을 고려하고 있지 않다는 점을 제시하였다. Richard L. Armitage, "A Comprehensive Approach to North Korea," National Defense University, *Strategic Forum*, No.159, March 1999. 한편 미국은 2002년 9월 20일 발표한 『국가안보전략보고서』에서 연초 '악의 축'으로 지목했던 3개국 중 이란을 제외한 이라크와 북한을 대표적인 불량국가로 지목하면서 단호한 대처를 천명했다. 보고서는 불량국가의 공통된 속성으로 ①국민에 대한 야만적 탄압, ②국제법 무시, ③대량살상무기 추구, ④테러지원, ⑤미국에 대한 증오 등 다섯 가지를 제시하는 한편, "북한은 지난 10년 동안 세계의 주요 탄도미사일 공급처였으며, 점점 더 성능 좋은 미사일을 시험해 오면서 자신들의 대량살상무기도 늘렸다"고 지적했다. 또한 미국의 국가안보전략 보고서는 세계전략 부분에서 전임 행정부들이 추구하던 적성국가에 대한 억제와 봉쇄정책 대신 ①선제공격, ②미국의 독자적 공격가능, ③미국의 절대적 군사우위 유지라는 세 가지 개념을 강조했다. The White House, *The National Security Strategy of the United States of America*, September 2002, pp.13-16.

50) 중국 베이징대학의 쑹청유(宋成有) 교수는 북한의 신의주 경제특구에 대하여 "그 자체로도 가능성이 낮을 뿐더러 랴오닝성과 중국 동북3성 경제에 불안 요인으로 작용할 소지가 있다"고 평하였다. 『중앙일보』 2003년 1월 3일.

3. 신의주 경제특구의 성공요건

중국 경제특구의 성공요건을 살펴보면, 첫째 중국정부의 정치적 안정과 제도적 지원, 둘째 화교자본 등 외국자본의 유치, 셋째 광대한 배후시장의 확보, 넷째 개방의 확대를 통한 시장경제 확대 등이다.[51]

경제개혁과 대외개방의 성공을 위하여 정치적 안정성은 절대적으로 필요하다. 중국은 1978년 12월 중국공산당 제11기 3차 중앙위원회 전체회의에서의 극적인 노선 전환을 계기로 개혁과 개방을 지속하였다. 1992년 10월에 개최된 중국공산당 제14차 전국대표대회에서는 '사회주의 시장경제이론'을 중국공산당장전에 삽입하고, 이를 '중국적 특색을 갖는 사회주의이론'으로 개괄하여 역사적인 지위를 부여하였다. 북한 신의주 특구의 경우 특구법률의 50년간 유지를 기본법에 규정하고 있으나 북한당국의 포괄적인 경제노선 방침을 밝히고 있지 않아 외국기업의 적극적인 투자를 자극하기에는 부족하다. 한편 중국의 경우 경제특구 개방 전에 미국과 외교관계 수립(1979.1)을 통하여 대외관계를 정상화하였으나 북한의 경우는 미국과의 갈등으로 정치적 리스크가 매우 크다.

중국 경제특구에 투자하는 외국기업은 장기적으로 13억 인구의 광대한 중국시장을 배후시장으로 큰 메리트를 갖고 있으나, 북한 신의주 특구의 경우 내수시장의 기반이 취약하고 북한의 다른 지역과 연계성이 떨어져 배후시장의 근거지를 해외에서 찾아야 한다. 중국의 개방정책은 일부 지역의 개방에 국한된 부분적 개혁개방이 아닌 국가 전체의 개혁개방을 목표로 하여 점-선-면의 단계적인 개방 실시를 통하여 시너지 효과를 창출하였다. 신의주 특구는 북한 지역과는 별개의 특별행정구로서 북한 전체로의 파급효과는 제한적일 것으로 예상된다. 따라서 경의선의 연결을 통해 지역적 한계를 벗어나 남한-개성-평양-신의주-중국을 잇는 지역 간 경제연결을

---

51) 박한진, "중국의 경제특구와 신의주 특구 비교 분석," 한국국제지역학회 세미나 「신의주 특구개발과 한반도 주변정세」(2002년 11월 30일) 발표논문 참조.

모색해야 할 것이다.

결과적으로 신의주 특구가 중국 정도의 성과를 이루기 위해서는 첫째 정치적 안정성 유지 및 관련 법률정비, 둘째 외국의 자본유치를 위한 제도적 인센티브 및 인프라 확보, 셋째 미·일 등 주요 선진국과의 관계개선을 통한 국제적 금융기관의 자금지원 유치, 넷째 한국과 중국을 연결하여 물류중심 기능강화를 통한 배후시장의 확보, 다섯째 개방지역 확대를 통한 시너지 효과 창출 등이 필요하다.

4. 신의주 경제특구의 전망

북한의 개방 지향적인 특구전략 발표로 외국인 투자가의 관심이 높아진 것은 사실이지만 서방 투자가들은 아직도 북한은 투자위험이 높고 신의주의 인프라 여건도 별로 좋지 않다고 평가하고 있다. 따라서 서방기업은 당분간 상황을 주시하며 진출 타당성을 검토하는 관망세를 보일 것이다. 신의주 경제특구의 전망은 시기적으로 단기, 중기, 장기로 구분하여 예측할 필요가 있다.

단기적으로 특구개발 초기(향후 2~3년) 신의주 경제특구의 성과는 중국(중앙 정부, 랴오닝성 정부, 단둥시 정부)이 어느 정도 협조하느냐에 달려 있다. 첫째, 북한의 신의주 특구는 중국의 단둥을 통해서만 출입할 수 있으므로 비자문제와 통관절차 등 중국의 협조가 필수적이다. 둘째, 전력, 통신, 항만 등 신의주의 부족한 인프라로 인한 문제를 단기적으로는 단둥에서 해결해 주어야만 특구의 구실을 할 수가 있다.

신의주는 중국 단둥과 가까워 대중국 교역을 위한 입지는 뛰어난 반면, 산업 인프라는 수자원을 제외하면 바로 활용할 수 있는 인프라가 대부분 미흡할 정도로 매우 취약하다. 현대아산이 지난 1999년 10월 북측의 신의주 개발 제의를 받고 현장조사 끝에 개성공단으로 방향을 선회한 것도 바로 이 때문이다. 압록강변 수풍댐과 태평만댐의 2개 발전소에서 나오는 전력은 현재 북한과 중국이 절반씩 사용하나 시설이 노후화돼 있다. 특히 북한 측이 관리하는 수풍댐은 노후화가 심해 산업단지 조성시 필요한 최소 발전 량 80만kw에 턱없이 부족하다는 평가이다. 인근의 항구는 수심이 낮아 3,000톤급 배만 드나들 수 있다. 그러나 산업단지가 들어서려면 최소한 5 만 톤급 배가 드나들 수 있어야 한다. 이를 개선하려면 수천억 원의 투자비 가 들어가야 한다.[52] 철도와 도로도 심하게 노후된 상태이다. 평양에서 출 발해 단둥을 거쳐 중국 내륙으로 가는 국제열차가 지나가는 신의주 청년역 의 경우 나무로 만든 침목은 상당 부분 망가진 채 보수가 되어 있지 않고, 교체한 콘크리트 침목도 부서져 있는 상태라고 전해진다.[53] 한편 최근의 국가정보원 비공개보고서는 북한의 열차 평균 운행속도는 철도와 기관차의 노후로 인하여 시속 25~60km 수준이라고 밝혔다.[54]

지리적으로 중국은 신의주 경제특구에서 생산되는 상품의 시장으로서 유망하며, 특히 미국의 대북 경제제재로 미국시장 접근이 어려운 상황에서 는 중국 시장으로의 판로가 확보되지 않는다면 특구내 제조업 외자유치는 큰 어려움에 직면할 것이다.

그러나 양빈 행정장관의 신의주 특구 무비자 입국 약속의 잇단 번복, 중 국 당국의 양빈 장관 연행·가택연금 등의 사태는 신의주 특구의 성공적 운영을 위해서 매우 긴요한 중국과의 협력관계에 문제가 있음을 보여주고 있다.[55]

---

52) 『대한매일』 2002년 9월 25일.
53) 『중앙일보』 2002년 9월 28일.
54) 『동아일보』 2002년 9월 24일.
55) 중국 당국의 조치는 탈세와 농지 불법전용, 주가조작 등 양빈 장관 개인의 비리 때문 이라고 볼 수 있다. 그러나 북한과의 관계 등 외교적 파장을 무시하고 양빈 장관을 제재한 데는 다른 배경이 있을 수 있다. 첫째, 북한이 양빈 특구 행정장관을 임명하면 서 중국과 충분한 사전협의를 하지 않았다는 점이 중국의 신경을 자극했을 가능성이 다. 둘째, 동북지역 개발의 선수를 북한에 빼앗길지 모른다는 우려에서 중국이 신의 주 특구개발 자체를 환영하지 않을 수 있다. 주룽지 중국 총리는 특구 후보지로 신의 주보다는 개성을 북한에 권유한 것으로 전해진다. 셋째, 최근 북한과 러시아의 급속 한 밀착 기류와 러시아의 적극적인 철도 연결사업 추진 등에 불안을 느낀 중국 정부

특구가 시작된 뒤 4~5년 후인 중기에는 첫째, 특구가 안정적으로 운영되고 둘째, 북한 당국이 자율성과 독립성을 보장하며 셋째, 축적된 자본이 재투자돼 인프라 개선에 투입될 경우 서방기업의 진출이 시작될 것이다. 이를 위해서는 ①법제도의 성실한 집행, ②자유로운 경영활동 보장, ③임금·지대 등 비용 경쟁력 확보, ④인프라 구축, ⑤제3국으로의 판로 확보 등은 앞으로 풀어야 할 과제로 남아 있다. 그러나 이와 달리 투자환경이 개선되지 않는다면 신의주 특구는 나진·선봉 경제특구와 마찬가지로 실패할 것이다.[56]

한편 결정적으로 서방기업의 본격적 진출은 미국이 얼마나 대북 경제제재를 완화하느냐에 달려 있다.[57] 미국은 북한에 대하여 정상교역관계(NTR: Normal Trade Relations) 대우를 부여하지 않고 있으며, 북한은 미국이 개발도상국에 적용하는 관세특혜인 일반특혜관세(GSP: Generalized System

---

가 북한의 러시아 밀착을 견제하기 위해 보낸 외교적 경고 메시지의 의미가 있을 수 있다.

56) 미국의 시사주간지 타임(TIME)지는 성의만 가지고 특구를 성공시킬 수는 없으며, 신의주 특구가 자칫하면 평양의 1백5층짜리 미완성 건물 유경호텔처럼 '거대한 골칫거리'로 전락할 가능성도 있다고 평했다. *TIME,* October 7, 2002.

57) 미국은 지난 1950년 12월 적성교역법(Trading with the Enemy Act)에 따라 북한을 적성국으로 지정한 이후 지금까지 수출입, 투자, 재정적 거래 등 제반 경제행위를 금지해 왔다 미국의 대북한 경제제재조치의 내용은 ①무역 및 금융 거래의 실질적 금지, ②미국내 북한 자산의 동결, ③경제적 지원 및 원조, ④최혜국 대우 부정, ⑤북한과의 무기거래 및 군수산업 관련 수출입 금지 등으로 대별된다. Congressional Research Service, *Korea: Procedural and Jurisdictional Questions Regarding Possible Normalization of Relations with North Korea* (Washington, D.C.: The Library of Congress, November 29, 1994), pp.21-36 참조. 1994년 10월 북·미 기본합의에 따라 1995년 1월 금융거래 및 통신분야에 대해 부분적으로 제재를 완화했던 미국 정부는 1999년 9월 북한의 미사일 시험발사 유보 선언으로 북·미 간 베를린 미사일협상이 진전됨에 따라 ①북한 물품, 천연자원 수입 및 민감하지 않은 물품 및 용역 수출, ②농업 광업 목재 시멘트 운송 사회간접자본 관광 분야 투자, ③대북송금, ④승인된 화물운송, ⑤북·미 간 상업 항공항운 등을 허용하는 제2단계 대북 경제제재 완화의사를 표명하였다. "Easing Sanctions Against North Korea," the White House Press Secretary, September 17, 1999. 미국은 이후 관련 법령과 규정 등의 개정 작업으로 제2단계 대북 경제제재 완화 조치의 실행이 지연되어 오다가 9개월이 지난 2000년 6월 발효시켰다. Federal Register/Vol.65, No.118/Monday, June 19, 2000/Rules and Regulations.

of Preferences)의 적용도 받지 못하고 있다. 따라서 신의주에 투자한 외국 기업이 특구 내에서 생산한 북한이 원산지인 상품을 미국으로 수출하는 데 는 많은 어려움이 남아 있다. 미국의 통상법은 적성국이나 GATT(1995년 이후 WTO) 미가입국에 대해서는 정상교역국가 관세('Column 1' 관세)가 아닌 'Column 2' 관세를 적용하도록 규정하고 있다. Column 2 관세율은 해당국의 수출을 거의 불가능하게 하는 금지관세적 성격을 띠는 것으로, 의류 및 신발류의 몇 개 품목에 대해서 정상교역국가 관세율과 Column 2 관세율을 비교해 보면 Column 2 관세율은 정상교역국가 관세율에 비하 여 최소 2~4배 정도까지 높다.58)

장기적으로 신의주 경제특구의 전망은 특구와 북한 전체의 내부경제와 의 관계에 달려 있다. 내부 개혁 없이 신의주의 단순한 개방만으로는 북한 경제를 회생시킬 성과를 거두기 어렵다. 중국이 대외 개방을 성공적으로 추진하고 있는 것은 내부 개혁이 이를 뒷받침했기 때문이다.59) 그러나 북 한은 전반적인 국가경제는 사회주의체제로 유지하면서 신의주 특구를 자본 주의 세계경제에 개방하고, 이를 통해 외자를 유치함으로써 개발을 촉진하 겠다는 생각을 갖고 있는 것으로 보인다.

---

58) 미국의 대북 경제제재 및 완화조치에 대해서는 남궁영, "북-미 경제관계 10년 평가와 전망," 조명철 편,『북한의 대외경제정책 10년: 평가와 과제』(서울: 대외경제정책연 구원, 2001), pp.185-216 참조.

59) 중국의 일국양제(一國兩制) 논리는 자본주의체제인 홍콩, 마카오 환수와 나아가 대만 과의 통일을 염두에 두고, 이들 지역의 기존 체재를 유지하면서 '사회주의 시장경 제'를 추진하기 위한 것이다.

V. 맺는말

북한은 신의주 지역을 경제특구로 분리 운영하여 외국자본과 기술 유치에 따른 경제적 효과를 향유하는 한편 소위 '자본주의적 오염'이 국내에 미치는 영향을 차단하려는 전략을 취하고 있다.[60] 그러나 외자유치가 북한 체제에 미치는 파급효과를 막을 수 있을 것인지는 미지수이다. 중국의 경우에도 경제특구 설치 초기에는 내륙과 분리된 연안지역에 특구를 설치함으로써 시장경제가 국내 정치경제에 미치는 영향을 최소화하려 하였으나 경제특구개발이 성공적으로 진행되면서 개혁·개방은 점차 내륙지역으로 확대되어 갔다. 특히 북한은 중국에 비해서 국토 및 경제규모가 매우 협소하여 경제특구의 경제활동이 북한 국내경제에 미치는 영향은 더욱 클 것이다.

그러나 북한이 외자유치정책을 성공적으로 추진하기 위해서는 북한의 경제구조를 점차 외부지향형으로 변화시키는 동시에 경제특구 개발 및 운용의 경험을 점차 국내 경제개혁으로 확산하려는 노력이 크게 요구된다고 볼 수 있다. 사회주의 경제체제의 구조적 비효율성, 교조적인 자력갱생 경제발전전략의 실패, 구사회주의권 국가들의 붕괴에 따른 대외 협력파트너의 상실 등으로 최악의 경제위기에 처해 있는 북한이 경제를 회복시키기 위한 방법은 대외개방으로 선진기술과 자본을 도입하고, 경제체제의 개혁으로 이를 효율적으로 운영해 나가는 길 밖에 없다.

한편 한국의 입장에서도 단기적으로는 남북한 경제협력을 위해서, 그리고 장기적으로는 평화적 통일을 위한 민족경제공동체 형성을 위하여 북한이 중국 정도의 개혁·개방을 이행할 수 있도록 유도해 나가야 할 것이다. 이를 위해서는 역설적으로 북한의 개혁·개방을 강요하거나 압력을 행사해서는 안 될 것이다. 북한이 정치적으로 불안정한 상태에서 체제개혁·대외개방은 더욱 이루어지지 않을 것이기 때문이다. 따라서 북한의 개혁·개방

---

60) 북한은 신의주 특구 둘레에 장벽을 설치하고, 50만에 달하는 주민을 다른 곳으로 이주시키는 계획을 세운 바 있다.

을 유도하기 위해서는 북한의 제한된 개방정책 내에서 가능하고 현실적인
분야에서의 경제교류·협력을 추진해 나갈 필요가 있다.

제한적이나마 북한의 개혁·개방으로 남북한 경제협력이 활성화된다면
북한을 포함한 동북아지역의 경제발전에 크게 기여할 것은 확실하다. 동북
아지역의 시장경제권 국가들은 해외시장에의 진입장벽으로 인해 북방 사회
주의권 시장개발이 필요하며, 사회주의권 국가들은 경제개발과 사회간접자
본 확충을 위해 시장경제권의 자본과 기술을 필요로 하는 등 상호간 공동이해
의 폭이 넓어지고 있기 때문이다. 한편 남북 경제관계에서 유의할 점은 '상
호인정 상호존중'의 원칙하에 인도적 지원이 이루어져야 하며, 경제협력에
있어서 당국 간 경제협력과 민간기업 간 경제협력을 구분하여 접근해야 한
다는 것이다. 우선 인도적 지원은 가능한 한 적극적으로 제공할 필요가 있
으며, 당국 간 경제협력은 상호주의에 따라 정책적 목표를 갖고 추진해야
한다. 또한 민간기업 간 경제협력은 남북 경제관계의 중심이 되어야 하며,
이를 위해 민간기업 간 경제협력은 자율화·활성화되어야 한다.

▌참고문헌 ▌

고일동. 1999. "두만강지역 개발계획의 현황과 과제." 한국개발연구원. 『KDI북한
　　　경제리뷰』 6월.

권　율. 1993. 『베트남의 수출가공구 개발정책과 현황』. 서울: 대외경제정책연구원.

김수용. 1996. "라진·선봉 자유경제무역지대 투자환경의 우위성에 대하여." 일본
　　　동경 투자 촉진 세미나 연설문. 7월 15일.

김웅렬. 1996. "동북아세아경제협력에 대한 우리의 립장과 구체적 방안." 일본 니가
　　　타 국제 학술회의 발표논문. 2월 7일~9일.

김익수. 1994. 『두만강지역개발사업과 한반도』. 서울: 대외경제정책연구원.

김정우. 1996. "조선민주주의인민공화국 정부의 라진·선봉 자유경제무역지대 개발
　　　정책에 대하여." 일본 동경에서의 투자촉진 세미나 연설문. 7월 15일.

남궁영. 1995. "남북한 경제력 비교평가." 한국비교경제학회. 『남북한의 경제체제
　　　와 통합』. 서울: 박영사.

_____. 2001. "북·미 경제관계 10년 평가와 전망." 조명철 편. 『북한의 대외경제정
　　　책 10년: 평가와 과제』. 서울: 대외경제정책연구원.

대외경제정책연구원. 1994. 『중국편람: 증보판』.

대한무역진흥공사. 1993. 『북방통상정보』 8월.

_____. 1993. 『북방통상정보』 9월.

대한무역투자진흥공사. 1997. 『북한뉴스레터』 8월.

_____. 2000. 『북한뉴스레터』 2월.

『대한매일』 2002.9.25.

『동아일보』 2002.9.24.

리유호(북한 국가과학기술위원회 대외과학기술교류국 부국장). 1991. "동북아세아
　　　지역 나라들의 경제적 협조와 우리나라 선봉지구 경제무역지대 개발에 대하
　　　여." 제2차 동북아 경제기술개발회의 발표논문(중국, 장춘) 8월.

리행호(북한사회과학원 세계경제남남협력연구소장). 1998. "라진 선봉 경제무역지대의 개발과 특징." 日本 環日本海經濟研究所. ERINA REPORT, Vol.24.

박석삼. 2000. "전환기의 북한경제: '김정일식 경제개혁' 1년에 대한 평가 및 과제." 한국은행. 『한은조사연구』.

박한진. 2002. "중국의 경제특구와 신의주 특구 비교 분석." 한국국제지역학회 세미나 『신의주 특구개발과 한반도 주변정세』 발표논문. 11월 30일.

배종렬. 1999. "라진-선봉지역 외자유치정책에 대한 평가 및 전망." 한국수출입은행. 『수은조사월보』 6월.

서재진. 2002. 『북한의 7·1 '경제관리개선' 조치가 주민생활에 미칠 영향』. 서울: 통일연구원.

손기웅. 1998. "대북 농업지원 협력 현황과 추진방안." 통일연구원. 『통일연구논총』 제7권 2호.

오승렬. 1999. "북한 나진 선봉지대 현황 및 '지대' 정책 전망." 통일연구원. 『통일정세분석』7월.

오용석. 1991. 『중국 경제특구의 평가와 한국기업의 대응』. 서울: 대외경제정책연구원.

_____. 1995. "세계 경제특구의 유형 및 전략과 남북한 경제통합에의 적응." 한국비교경제학회 편. 『남북한의 경제체제와 통합』. 서울: 박영사.

오진용. 1992. "중국과 두만강개발." 『북방경제』 제1권 제1호.

이기만. 1996. "라진·선봉자유경제무역지대와 중계수송업." 일본 니가타 국제학술회의 북한측 발표논문. 2월 7일~9일.

이배석. 1995. "라진·선봉자유경제무역지대와 동북아세아 경제협력." 중국 심양 국제학술회의 북한측 발표논문. 8월 16일~18일.

조선민주주의인민공화국 대외경제협력추진위원회. 1992. 『황금의 삼각주, 라진·선봉 개발계획』4월.

조선민주주의인민공화국 대외경제협력추진위원회. 1992. "조선민주주의인민공화국 라진, 선봉지구 자유경제무역지대의 현 실태와 전망에 대하여." 동북아경제포럼 발표논문. 5월.

_____. 1993. 『황금의 삼각주: 라진·선봉』.

_____. 1993. 『황금의 삼각주: 라진·선봉, 투자대상안내』.

_____. 1995. 『라진·선봉 자유경제무역지대 투자 환경: 투자, 무역, 봉사 특혜제도』 2월.

『조선중앙통신』 2002.9.19.

조은호. 1993. "최근 중국-북한 경제관계 변화 동향과 북한 경제에 미치는 영향." 대한무역 진흥공사. 『북방현안리포트』.

_____. 1999. "1999년은 북한 경제 회생의 마지막 기회."『통일경제』제49호. 1월.

『중앙일보』 2002.10.3.

_____ 2002.9.28.

_____ 2003.1.3.

중화경제연구원 편. 백권호 역. 1985.『중국 경제특구에 관한 연구』. 서울: 산업연구원.

최원철. 1983. "합영, 합작을 잘하는 것은 대외경제관계 발전의 중요요구."『경제연구』제4호. 평양: 과학백과사전종합출판사.

한국비교경제학회 편. 1985.『남북한의 경제체제와 통합』. 서울: 박영사.

한국은행.『북한 GNP 추정결과』각년도.

Armitage, Richard L. 1999. "A Comprehensive Approach to North Korea." National Defense University. *Strategic Forum,* No.159, March.

Asian Wall Street Journal. 2002. September 24.

Congressional Research Service. 1994. *Korea: Procedural and Jurisdictional Questions Regarding Possible Normalization of Relations with North Korea.* Washington, D.C.: The Library of Congress. November 29.

FAO/WFP. 2002. *Special Report: FAO/WFP Crop and Food Supply Assessment Mission to the Democratic People's Republic of Korea.* July 2.

Federal Register. 2000. Vol.65(118)/Monday. June 19/Rules and Regulations.

Grubel, Herbert G. 1982. "Towards a Theory of Free Economic Zones." *Welt Wirtschaftliches Archiv.* Band 18, Heft 1.

Inotai, András. 1991. "Liberalization and Foreign Direct Investment." András Köves and Paul Marer, eds. *Foreign Economic Liberalization: Transformation in Socialist and Market Economy.* Boulder: Westview Press.

Miller, M. M. Holm and T. Kelleher. 1991. *Tumen River Area Development: Mission Report.* New York: UNDP.

Shinwha News. 1998. *Monthly Shinwha.* Beijing: Shinwha News. May 30.

The White House. 2002. *The National Security Strategy of the United States of America.* September.

TIME. 2002. October 7.

United Nations Industrial Development Organization(UNIDO). 1980. "Export Processing Zones in Development Countries." *UNIDO Working Papers on Structural Changes.* No.19, UNIDO/ICIS 176. New York, August 18.

US CIA. 1988. *Handbook of Economic Statistics.* Washington, D.C.: Government Printing Office.

Vittal, N., ed. 1977. *Export Processing Zones in Asia: Some Dimensions.* Tokyo: Asian Productivity Organization.

Warr, Peter G. 1984. "Korea's Masan Free Export Zone: Benefits and Costs." *The Developing Economies.* 22(2) June.

WEIS(World Economic Information Services). 1996. *Socialist Republic of Vietnam.* Tokyo: WEIS, December.

World Bank. 1992. *Export Processing Zones, Policy and Research Series 20.* New York: Oxford University Press.

〈부록 6-1〉 중국·베트남·북한의 경제성장률 및 해외직접투자(1990~2008)

연도	경제성장률(%)			해외직접투자(백만 US$)		
	중국	베트남	북한	중국	베트남	북한
1990	4	5	-3.7	3,487	180	-6.1
1991	9	6	-3.5	4,366	375	134
1992	14	9	-6.0	11,008	474	2
1993	14	8	-4.2	27,515	926	8
1994	13	9	-2.1	33,767	1,945	-1
1995	11	10	-4.1	37,521	1,780	0
1996	10	9	-3.6	41,726	1,803	2
1997	9	8	-6.3	45,257	2,587	307
1998	8	6	-1.1	45,463	1,700	31
1999	8	5	6.2	40,319	1,484	-15
2000	8	7	1.3	40,715	1,289	3
2001	8	7	3.7	46,878	1,300	-4
2002	9	7	1.2	52,743	1,200	-16
2003	10	7	1.8	53,505	1,450	158
2004	10	8	2.2	60,630	1,610	197
2005	10	8	3.8	72,406	2,021	50
2006	12	8	-1.1	72,715	2,400	-105
2007	13	8	-2.3	83,521	6,739	67
2008	9	6	3.7	108,312	8,050	44

* 자료: 해외직접투자는 유입(Inward)액을 기준으로 작성된 것이며 〈국제연합무역개발협의회 (UNCTAD)〉 데이터 참조. http://stats.unctad.org(검색일: 2010.1.5) 중국·베트남 경제 성장률은 〈세계은행(World Bank)〉 데이터 참조, http://web.worldbank.org(검색일: 2010. 1.5). 북한 경제성장률은 〈한국은행〉 데이터 참조. http://www.bok.or.kr(검색일: 2010.1.5)

제7장 |
북한 체제 변화의 단계와 방향*

I. 머리말

사회주의권의 붕괴가 이루어진 1990년대부터 최근까지 북한의 변화에 대한 전망은 다음과 같은 네 가지로 예측되었다. 첫째 북한 국가붕괴와 남한에의 흡수 통일, 둘째 북한 국가는 존속하나 김정일 정권 또는 사회주의 체제의 붕괴(regime change), 셋째 김정일 정권의 그럭저럭 현상 유지(muddling through), 넷째 북한의 중국식 개혁과 개방(사회주의 시장경제) 등이다.

이러한 네 가지 전망 중 1990년대 중반까지는 '북한 붕괴론'이 국내 학계에서 지배적 견해였다. 그러나 1990년대 후반에 들어와 북한 변화의 화두는 '북한 존속론'으로 무게 중심이 이동하면서, 셋째와 넷째 전망 중 어

---

* 이 글은 "북한 체제변화의 단계와 방향," 한국외국어대학교, 『사회과학논집』 제21권 2호(2004)를 수정·보완한 것이다.

느 것이 더 적절한가를 둘러싼 논쟁으로 발전하게 되었다. 특히 북한은 2002년 들어 신의주 경제특구 지정, '7·1 경제관리개선조치' 시행 등 과감한 개혁·개방 정책을 추진해 왔다. 이러한 변화 속에서 본 장에서는 북한 경제체제 변화의 정도와 방향을 평가하고자 한다. 이를 위하여 북한의 개혁·개방 사례를 살펴보고, 사회주의 경제체제 전환의 단계와 유형에 따라, 과연 북한의 사례는 어디에 위치해 있는지를 분석하고자 한다.

II. 변화의 개념: 개혁, 체제 전환, 변혁

사회주의 국가에서 진행되고 있는 시장경제로의 이행과정은 여러 가지 형태로 나타나고 있으며, 이러한 현상들은 사회주의 국가에서의 변화·개혁 또는 체제 전환이라는 몇 가지 용어가 혼용되어 설명되고 있다. 그러나 이들 간에는 체제 변화의 심도, 속도, 주체에 따라 개념적인 차이가 존재하는 바, 이들을 구분하여 변화의 개념을 보다 엄밀하게 정의할 필요성이 제기되고 있다.[1]

코르나이(J. Kornai)는 개혁, 체제 전환, 변혁의 개념을 보다 구체적으로 규정하고 있다. 그는 '개혁(reform)'을 다음 세 가지 요소를 포함하고 있는 것으로 정의한다. 첫째, 정치구조(마르크스·레닌주의 특성으로서 공산당의 독점적인 권력), 소유관계(국유제나 집단소유제의 절대적 비중), 조정기제(관료주의적 조정이 우선) 중 적어도 하나에 영향을 미쳐야 한다. 둘째, 온건하고 부분적인 변화이어야 한다. 셋째, 체제의 기본적인 속성은 유지된다. 즉 개혁은 위로부터 추동되어 시작되고, 체제의 근본적 속성의 변

---

1) Ilpyong J. Kim and Jane Shapiro Zacek, *Reform and Transformation in Communist System: Comparative Perspectives* (New York: A Washington Institute Press Book, 1991), pp.1-2.

화를 의미하지 않는다. 반면, 변혁(revolution)은 사회주의 체제의 근본적인 변화로 보며, 그 예로 공산당 일당독재의 포기를 들고 있다. 이것은 변혁이 변화의 결과에 집중된 것이라면, 개혁은 그 결과로 이끄는 정책의 속성에 집중되어 있다는 것을 의미한다.[2] 또한 코르나이는 '사회주의 체제전환(post-socialist transition)'의 정의를 사회주의 체제로부터 정치영역에서 다원민주주의, 경제영역에서 시장경제체제로의 이동이라고 규정하고 있다. 이 경우 내부적으로는 사회주의적 특성이 많이 남아 있다 할지라도 경제영역에서는 자본주의 시장경제로 이행되어 간다는 것이다.[3]

라빈(M. Lavigne)은 개혁의 성격을 사회주의 경제체제의 특성인 공산당의 엄격한 통제(one-party), 단일한 국가소유제(one-property), 중앙에 집중된 단일계획(one-plan) 체계의 일부를 부분적으로 교정하는 작업으로 정의하고 있으며, 이 과정에서 계획경제의 기본 틀을 유지하는 것으로 인식하고 있다.[4] 라빈은 사회주의 국가들에서 나타나는 개혁작업이 ①공산당의 통제력 완화를 통한 의사결정의 분권화, ②국가소유의 독점 완화를 통한 소유제도의 다양화, ③시장적 요소의 도입을 통한 정부의 계획과 시장의 조화라는 3가지 형태로 추진된다고 설명하고 있다.

결국 대부분의 학자들은 사회주의 국가들에서 나타나는 개혁이 갖는 의미를 경제체제의 전환과 구분하는 것이 문제에 대한 접근을 보다 분명하게 한다고 믿고 있는 것으로 보인다. 그러나 개혁이라는 용어가 전 세계적으로 모든 국가들에게 광범위하게 적용되고 있다는 점을 고려할 때, 개혁은 한 국가가 경제의 효율성과 경쟁력 증대라는 목표를 성취하기 위해 추진하는 보다 포괄적인 개념으로 이해될 수도 있다. 이처럼 포괄적인 개념에 기

---

2) Janos Kornai, *The Socialist System: the Political Economy of Communism* (Princeton: Princeton University Press, 1992), pp.387-392.

3) Janos Kornai, *The Road to a Free Economy Shifting from a Socialist System: The Example of Hungary* (Harvard University and Hungarian Academy of Science, 1990), pp.14-15.

4) Marie Lavigne, *The Economics of Transition from Socialist Economy to Market Economy* (New York: St. Martin's Press, Inc., 1999), pp.29-43.

초할 경우, 우리는 사회주의 국가들에서 추진되는 경제개혁을 체제 전환이
갖는 중요성을 기초로 '체제 전환 이전의 개혁(체제 내적 개혁)' 과 '체제
전환적 개혁' 으로 구분할 수 있다. 체제 전환 이전에 추진되는 개혁의 특징
은 사회주의 계획경제의 기본 원칙이나 조직의 틀을 유지하면서 합리적인
요소의 도입을 통하여 효율 향상을 도모하는 것인데 반하여, 체제 전환적
개혁은 사회주의 계획경제의 기본 틀 자체를 변경시키는 것으로 시장경제
로의 전환을 지향한다고 볼 수 있다.[5]

III. 사회주의 체제 전환의 단계와 유형

사회주의 체제의 구체적 양태와 역사는 국가마다 다르지만 그 경험들을
일반화하면, 사회주의 성립에서 붕괴에 이르는 변화 과정을 몇 개의 단계로
나누어 볼 수 있다.[6] 사회주의 체제는 정치권력·경제소유권·이데올로기
등 3중의 당-국가 독점체제로부터 출발한다. 이 3중의 당-국가 독점은 몇
개의 변화 단계를 거쳐 점차로 약화되며, 궁극적으로 붕괴단계에 도달한다.
이러한 뜻에서 사회주의 체제 변화의 단계별 모델을 상정할 수 있다.

---

5) 바쉬크(A. M. Vacic)는 사회주의 경제체제의 개혁유형을 ①부분적 경제개혁(sectoral
economic reform), ②포괄적 경제개혁(comprehensive economic reform), ③경제
체제 전환(alteration of economic system)으로 구분한다. A. M. Vacic, *System
Transformation in Central and Easter Europe: General Framework, Specific
Features and Prospects,* in: Osteuropa-Wirtschaft 1, 1992, pp.2-5 참조.

6) 사회주의 국가들의 체제 붕괴와 체제 전환의 원인에 대한 전문가들의 시각은 매우 다
양하다. Jan Adam, *Why did the Socialist System Collapse in Central and Eastern
European Countries?*(New York: St. Martin's Press, 1996) 참조. 코르나이는 사회
주의 체제의 변화를 유발하는 주요 동인으로 다음의 4가지를 제시한다. 첫째, 경제적
어려움의 누적(생산의 비효율성, 과중한 군사비), 둘째, 대중의 불만 증대(낮은 생활
수준, 관리의 횡포), 셋째, 권력층의 자신감 상실, 넷째, 외부적인 환경이다. Janos
Kornai(1992), pp.383-386.

물론 해당 국가의 발전단계나 대외 여건에 따라 모든 국가가 이 모든 단계를 순차적으로 거치는 것도 아니며, 현재 어느 특정 단계에 있다고 해서 반드시 다음 단계로 이행하는 것도 아니다. 그러나 이러한 보다 일반적 단계 설정은 사회주의 체제의 변화 과정상에서 현 북한 체제의 위치 및 순차적 다음 단계를 상정하는 데, 또는 단계를 건너뛰었을 때 등장할 수 있는 여러 문제점을 상정하는 데 도움을 줄 수 있다.

1. 정치체제의 단계별 진화 유형

사회주의 정치체제는 민주주의(democracy)나 권위주의(authoritarianism)와 구별되는 뚜렷한 특징이 존재한다. 민주주의 정권 유형은 정치, 경제, 사회적 다원주의를 특징으로 하며, 권위주의 정권 유형은 제한되어 있지만 일정한 정치적 다원주의, 매우 광범위한 경제적·사회적 다원주의가 존재하는 것이 통상적이다. 그러나 사회주의 체제는 정치·경제·사회적 다원주의를 완전히 제거하는 체제로서, 민주주의 및 권위주의와 구별되는 체제이며, 이를 표현하기 위해서 전체주의(totalitarianism)라는 개념이 불가결하다.[7]

---

7) Juan J. Linz and Alfred Stepan, *Problems of Democratic Transition and Consolidation: Southern Europe, South America, and Post-Communist Europe* (Baltimore and London: The Johns Hopkins University Press, 1996), p.42. 국내의 신진 북한 연구자 사이에서 전체주의 개념은 일반적으로 '냉전의 정치적 감정적 도구'라고 배척되었다. 실제로 60~70년대 동서 긴장완화의 시작과 함께 서방의 공산주의 연구가들은 대체로 전체주의 개념을 포기했었다. 그러나 같은 시기, 1968년 체코 개혁의 분쇄를 계기로 동유럽 지식인들은 전체주의 개념을 수정하여 재생시켰으며, 공산주의 체제 붕괴 이후, 이 개념은 반공적 보수주의자 이외의 학자들 사이에서도 새로운 학문적 자산으로 수용되고 있다. 그 이유는 사회주의 정치체제의 특징을 나타내는 개념으로서 전체주의 개념은 여전히 유효하기 때문이다. Jacques Rupnik, "Totalitarianism Revisited," John Keane(ed.), *Civil Society and the State: New European Perspectives* (London: Verso, 1988), pp.263-290; Abbott Gleason, *Totalitarianism: The Inner History of the Cold War* (Oxford: Oxford University Press, 1995); Achim Siegel(ed.), *The Totalitarian Paradigm after the End of Communism*.

린쯔(J. Linz)와 스테판(A. Stepan)은 공산주의 정치체제의 변화를 포괄하는 보다 일반적 전체주의의 개념 정의 및 변화단계 이론을 발전시켰다.[8) 이에 따르면 강력한 전체주의적 경향을 갖는 정권은 다음과 같은 특징을 갖는다. 첫째, 기존하는 거의 모든 정치·경제·사회적 다원주의의 제거. 둘째, 획일적으로 잘 구조화되어 있으며 지도적 역할을 하는 유토피아적 이데올로기의 존재. 셋째, 광범위하고 철저한 동원의 존재. 넷째, 예측하는 것이 어렵고, 보통 사람들뿐 아니라 엘리트까지도 자의적으로 통제하며, 때때로 카리스마적으로 통치하는 무제한적 권한의 지도부 존재 등이다.

탈(脫)전체주의 유형은 3단계로 세분화될 수 있다. ①초기 탈전체주의, ②동결된 탈전체주의, ③성숙한 탈전체주의가 그 세분화된 유형이다. 첫째, 초기 탈전체주의는 전체주의 이념형과 매우 유사하지만, 적어도 한 분야, 즉 통상적으로 최고 지도자에 대한 일정한 제약이 존재한다는 점에서 차이가 난다. 둘째, 동결된 탈전체주의는 탈전체주의적 변화가 시작되다가 일정 시점 이후 동결된 경우를 말한다. 시민사회의 정권에 대한 일정한 비판이 지속적으로 관용되지만, 거의 모든 다른 분야에서의 당-국가의 통제기제는 장기간 동안 존속한 채로 변화하지 않는다. 셋째, 성숙한 탈전체주의는 탈전체주의 변화가 지속적으로 진행되어, 모든 분야에서 중요한 변화가 있지만, 공산당의 지도적 역할은 정치적으로 신성시된다. 상당한 정도의 정치·경제·사회의 다양성이 존재하며, 반대파들이 공산주의 국가의 이데올로기·문화와는 구별되는 '2차 문화(second culture)' 또는 국가의 직접적인 간섭으로부터 상당히 자율적인 공간으로서의 '병행사회(parallel society)'를 조직한다.

전체주의와 탈전체주의(초기 탈전체주의, 동결된 탈전체주의, 성숙한 탈-전체주의)로의 단계별 변화 과정은 당-국가의 정치 독점이 점차적으로 해

Towards a Theoretical Reassessment (Amsterdam: Rodopi B.V., 1988) 참조.

8) Linz and Stepan, *Problems of Democratic Transition and Consolidation,* p.40; Juan J. Linz, *Totalitarian and Authoritarian Regimes* (London: Boulder, 2000), pp.65-142.

체되면서, 정치·경제·사회적으로 다원주의가 점차로 발전해 가는 과정을
보여준다.

2. 경제체제의 단계별 유형 변화

사회주의 경제체제의 기본 특징은 경제적 결정권의 독점이다. 이는 세
가지 사항에 기반하고 있다. 첫째, 생산수단에 대한 소유권 독점. 둘째, 국
가 내의 인적·물적 자원에 대한 관리권의 독점. 셋째, 경제 정책결정권의
독점 등이다. 소유권, 관리권, 정책결정권의 독점은 공산주의 초기 단계의
스탈린주의 시기에는 극도로 중앙에 집권화되어 있었다가 몇 단계의 개혁
을 거쳐 점차로 분권화되어 가는 과정을 밟아 해체되었다. 그 순서를 보면
경제정책에 주민의 욕구가 점차 확대 반영되며, 그 다음으로 경제 관리권에
서 분권화가 일어나고, 최종적으로 국가 소유권에 대한 변화가 발생한다.

정책결정권, 관리권, 소유권의 단계적 분권화, 그에 따른 명령경제의 단
계적 분권화와 철폐, 그리고 시장요소의 단계적 강화 및 국가소유권의 상대
화라는 측면에서 논리적으로 볼 때 사회주의 경제체제는 ①스탈린적 중앙
집권 명령경제체제 → ②부분 분권화된 중앙집권 명령경제체제(부분개혁체
계) → ③사회주의 상품경제 → ④사회주의 시장경제 등의 순서를 밟아 해
체되어 간다고 볼 수 있다. 이 네 단계 중 스탈린적 중앙집권 명령체제와
부분 분권화된 중앙집권 명령체제는 소유권의 국가 독점, 관리권의 중앙집
권이라는 공통점이 존재하지만, 후자의 경우 명령경제의 효율성 향상을 위
하여 경제관리체계가 보다 분권적이라는 것과 보다 민생우선적 경제정책이
추진된다는 측면에서 차이나 나며, 이러한 뜻에서 '부분개혁체계' 라고 표
현된다.9) 부분개혁체계와 비교할 때, 사회주의 상품경제에서는 경제 관리

---

9) 코르나이는 중앙집권 명령경제의 철폐 및 시장사회주의(여기서 '사회주의 상품경제')
의 도입만을 '개혁' 이라고 할 수 있다고 주장한다. J. Kornai, *The Socialist System*,
pp.383-395. 그러나 스탈린적 명령경제의 부분 분권화 시도도 일반적으로 '개혁' 이라

<표 7-1> 국가 및 시기별 경제체제 유형

	중앙집권적 명령체제		분권적 유도체제	
경제 체제	스탈린적 중앙집권체제	부분 분권화된 중앙집권체제	사회주의 상품경제	사회주의 시장경제
경제 관리 체제	중앙의 계획명령 존재		계획 명령 폐기	
	초집중 명령경제	분권화 채산성 강조	국가와 기업의 경영 분리 관료적·시장적 조율관계 공존	국가와 기업의 소유권 분리(주식 회사화), 시장적 조율관계 우세
중·소 사경제	불허	묵인 및 방임	합법화 및 장려	사경제는 성장의 엔진
대외개방	폐쇄 경제	개방 시작	개방 확대	세계경제 통합
동유럽	1950년대	1960년대 전체 동유럽, 1970~80 년대 소련, 동독, 체코, 루마니아, 불가리아	1970~89 (폴란드, 헝가리) 1985~91(소련)	시도된 적 없음
중국	1979년 이전	1979~1984년	1985~1992년	1992년 이후

권 차원에서 혁신적 변화가 발생한다. 즉 중앙집권 명령체계의 단순 분권화
차원을 넘어서서, 계획경제와 함께 시장기구가 공식적으로 인정되고 활용
되기 시작한다. 그러나 주요 기업에 대한 국가소유는 여전히 존속한다.[10]

는 이름으로 논의되었으며, 사회주의 비교경제체제론상으로도 그 독자성이 인정되었
다. '부분개혁'이라는 개념은 Jiri Kosta, "Sozialistische Wirtschaftssysteme," Klaus
Ziemer(Hrsg.), *Sozialistische Systeme: Pilitik-Wirtschaft-Gesellschaft* (München:
Piper, 1986), pp.443-455.
10) 동유럽·소련의 사회주의 경제의 개혁은 여기까지 진척된 이후 붕괴했다. 일반적으로
1990년대 이전에 사회주의 경제를 다루는 문헌은 이러한 경제체제를 '시장사회주

사회주의 시장경제에서는 시장기구가 보다 주도적 위치를 차지하고 시장이
기능할 수 있는 기반으로서의 법·제도와 문화가 성숙해가면서, 궁극적으로
국가 기업 소유권에 변동이 발생하여 민영화가 추진된다.

　사회주의 경제개혁 논쟁의 역사에서 보나 현실적으로 보나, 경제개혁이
란, 하나의 경제체제에서 다음 단계의 체제로 넘어가는 데 필요한 조치를
취할 때였다. 이 네 가지 사회주의 경제체제의 기본 구조를 요약하여 국가
별 시기별로 각 경제체제의 도입여부를 보면 〈표 7-1〉과 같다.[11]

IV. 북한의 개혁·개방 정책 추진 실태

　사회주의 국가들의 개혁에 대한 코르나이의 정의를 적용할 경우, 북한에
서 시장경제를 지향한 체제 전환적 경제개혁이 추진되었다고 이야기하기에
는 어려울 것이다. 아직까지 노동당의 독점적인 권력이 절대성을 유지하고
있으며, 국가소유와 집단적 소유의 비중이 절대적이고, 경제관리의 측면에
서도 중앙정부가 주도하는 관료적인 조정이 우선적으로 이루어지고 있다는
점에서 그렇다.

　반면에 대외개방의 측면에서는 가시적인 조치들이 발견되고 있다. 물론
대외개방을 개혁의 한 부문으로 규정하여 엄격하게 적용할 경우, 북한이
본격적인 대외개방정책을 추진해왔는가에 의문을 제기할 수도 있다. 그러
나 사회주의 국가 경제의 대외개방을 비사회주의 국가들에 대한 문호 개방

의'라고 부르고 있다. 여기서 '사회주의 상품경제(1985~1992)'는 중국식 용어로서,
　동유럽·소련의 '시장사회주의'와 개념 내용상 일치한다. 중국 개혁은 한 걸음 더
　나아가 1992년 이후 '사회주의 시장경제'라는 공식 용어를 사용하고 있다.

11) 이에 관한 자세한 논의는 박형중, "북한경제체제의 변화와 개혁,"『통일연구논총』
　제7권 2호(1998); 박형중,『북한의 변화 능력과 방향, 속도와 동태』(서울: 통일연구
　원, 2001); 박형중,『북한의 경제관리체계』(서울: 해남, 2002) 참조.

이자 경제관계의 확대라고 보다 광범위하게 정의한다면, 경제개혁과 대외 개방은 별도의 체계와 추진 양식하에서 움직인다고 할 수 있다. 이 경우 개혁과 대외개방을 분리해서 접근할 수 있을 것이다.

개혁과 개방의 추진 동인을 구분하여 접근할 경우, 그동안 북한이 경제 개혁에서는 커다란 움직임을 보이지 않아 왔지만, 대외개방의 관점에서는 1980년대 중반부터 나름대로의 진전된 정책을 추진해 왔다고 할 수 있다.

1. 대외개방정책의 추진

1) 대외무역의 확대

대외무역을 확대하기 위한 노력의 일환으로 채택된 정책으로는 '무역제 일주의'와 '새로운 무역체계'의 도입을 들 수 있다. 1993년 12월 노동당 중앙위원회 제6기 21차 회의에서 북한 지도부는 처음으로 경제계획(제3차 7개년계획: 1987~1993)의 실패를 자인하고 향후 3년간을 완충기로 설정한 뒤 새로운 경제발전전략의 일환으로 무역제일주의 원칙을 천명하면서 "대 외무역부문에 대한 국가투자를 늘리며 이 부문에 필요한 자재와 설비들을 무조건 우선적으로 보장함으로써 대외무역에서 혁명적 전환을 이룩하자"고 촉구하였다.[12] 1992년 초에 도입된 '새로운 무역체계'에서는 국가가 독점 적으로 추진한 대외무역을 모든 생산단위들로 하여금 독자적인 무역기구를 갖추고 직접 세계시장에서 무역활동을 할 수 있도록 하였다. 북한이 '새로 운 무역체계'의 특징으로 강조하고 있는 것은, 생산자들이 대외무역에 직접 참여하는 무역방법이라는 것으로, 국가의 무역독점권을 부분적으로 기업에 이양하는 조치를 취한 것이다.

이와 함께 사회주의권 시장의 소멸이라는 변화된 국제환경에 맞추어 자

---

12) 조강일, "무역제일주의 방침은 사회주의 경제건설에서 일대앙양을 일으키게 하는 혁명적 방침," 『경제연구』 2호(평양: 과학백과사전종합출판사, 1994), pp.11-13.

본주의 시장을 주 대상으로 무역을 개선시키기 위한 조치들이 강조되었다. 구체적인 조치로는, 자본주의 국가들과의 무역에 능숙한 '무역일군'을 많이 확보하여 자본주의 시장을 공략하고자 한 것과, 1998년 3월에 발표된 대외무역을 규제하는 법규인 〈무역법〉을 들 수 있다. 북한이 〈무역법〉을 채택한 목적은 경제난의 와중에서 이완된 무역질서를 체계화함으로써 무질서와 낭비요소를 제거하여 대외무역으로부터 파생되는 경제적 이익을 극대화하겠다는 것이며, 동시에 자본주의 시장에서 통용될 수 있는 방법과 형식에 의거하여 무역을 추진하겠다는 의지를 표현한 것으로 볼 수 있다.[13]

2) 경제특구 설치

외환 부족문제를 해결하기 위한 보다 효율적인 방법을 모색하던 북한은, 1990년대 초부터 대외경제환경의 급격한 변화에 대응하고 필요한 외환을 조달하기 위하여 외자유치의 활성화를 포함한 보다 적극적인 대외경제정책을 추진하기 시작하였다. 대외경제를 확대하기 위한 새로운 정책으로 채택한 것이 경제특구 설치이다.

이에 따라 북한은 1991년 나진·선봉지역을 자유경제무역지대로 지정하고 장기적 개발계획을 발표하였다. 나진·선봉 경제특구에 대한 북한의 개발전략은 다음과 같다. 첫째, 자유무역항으로서 나진·선봉항 및 인근의 청진항을 물류 중계기지로 삼고, 둘째, 제조업 중심의 수출가공지역으로 육성하며, 셋째, 관광·금융·상업을 결합시킴으로써 이른바 '황금의 삼각주'라는 이점을, 최대한 활용한다는 것이다. 이를 위해 외국인 기업의 적극적 투자방안을 마련하였다. 즉 투자국가에 대한 제한을 두지 않고, 소득의 법적 보장 및 소득세 감면 등 특혜조치를 포함시켰다.[14]

그러나 나진·선봉 자유경제무역지대에 대한 북한의 외국인 기업 투자요청에도 불구하고 성과는 기대에 크게 미치지 못하였다.[15] 이처럼 나진·선

---

13) 북한의 무역추세는 〈부록 7-1〉 참조.
14) 나진·선봉 자유경제무역지대 설치와 관련한 북한의 공식적 결정 내용은 제6장 참조.

봉 경제특구의 개발이 부진을 면치 못하게 된 핵심적 이유는 다음과 같다. 첫째, 중앙정부의 과도한 행정적 관여, 둘째, 지대당국의 자율권 제한, 셋째, 지나치게 외진 곳에 위치한 데 따른 출입의 제약 및 부족한 인프라, 넷째, 내부경제와의 차단 및 국제사회의 불신, 다섯째, 경직된 사회주의 체제적 운영 등이다.

북한의 나진·선봉 자유경제무역지대 정책은 사실상 실패로 귀결되었으며, 이후 북한은 2002년 9월 신의주 특구설치 발표를 통해 특구정책을 재추진하였다.[16] 신의주 특구는 북·중 국경지역인 신의주와 그 주변 지역을 묶어 특별 행정단위를 설치하는 종합형 경제특구의 성격을 지니고 있다. 특히 특구내 무역거래의 무관세 적용, 특구내 개인소유와 상속권 보호, 특구장관에게 여권의 발급권한 부여, 달러를 통용화폐로 채택하는 등 전향적 조치들을 포함하고 있다.[17]

신의주 경제특구에 대한 전망은 다양한 관점에서 가능하나, 보다 장기적인 시각에서 이해할 필요가 있다.[18] 이 경우, 북한의 경제정책 변화 여부에 대한 면밀한 관측을 토대로 하여 판단해야 한다. 개혁과 개방이 동시적으

---

15) 두만강지역개발계획(TRADP) 사무국에 의하면 지대 내의 실제투자유치 규모는 1998년 말 기준으로 약 8,800만 달러 수준인 것으로 알려지고 있다. 고일동, "두만강지역개발계획의 현황과 과제," 한국개발연구원, 『KDI 북한경제리뷰』(1999.6), p.9에서 재인용. 외자유치 규모 면에서 이러한 북한의 외자유치실적은 중국·베트남의 경우와 비교해 보면 그 건수나 규모가 매우 저조한 상태임을 알 수 있다. 중국은 1978년 12월에 개최된 공산당 제11기 중앙위원회 제3차 전체회의에서 개혁·개방노선이 공식 채택되어 외자도입정책을 추진한 이래 외자도입은 꾸준히 증가하여 1997년 한 해 동안 투자계약액 617억 달러, 실제투자액 640억 달러를 기록하였다. Shinwha News, *Monthly Shinwha,* Beijing: Shinwha News, May 30, 1998, p.66. 베트남의 1997년 투자유치실적은 계약건수 417건에 투자계약액은 47억 4,000만 달러에 달하고 있다. WEIS(World Economic Information Services), *Socialist Republic of Vietnam* (Tokyo: WEIS, December 1998), p.9.

16) 신의주 특구에 대한 자세한 설명은 제6장 참조.

17) 양빈 신의주 특별행정구 초대 행정장관 외신기자회견, *Asian Wall Street Journal,* September 24, 2002.

18) 신의주 경제특구의 단계별 전망에 대한 자세한 설명은 제6장을 참조할 것.

로 추진되고 있는가의 문제가 특히 중요하다. 개혁을 수반하지 않은 채 신의주를 개방한다고 해서 북한경제가 회생될 것이라고 기대할 수는 없다. 중국이 대회 개방을 성공적으로 추진하고 있는 것은 내부 개혁이 병행되었기 때문에 가능한 일이었다. 그러나 북한은 경제정책 전반에 대해 계획경제 시스템을 유지하면서 신의주 특구에 대해서만 제한적으로 자본주의적 시장요소를 도입하겠다는 것이다. 따라서 북한의 의도는 신의주를 통해 외자를 유치하고 이를 기반으로 개발을 촉진하겠다는 것 이상의 의미를 지니고 있지 아니하다. 경제체제 전반의 변화의 일단으로 받아들일 수 없으며 근본적 개혁개방의 신호로 해석할 수도 없다.

요컨대 북한의 개방지향적 특구전략에 대해 외국인들의 투자관심이 다소 고조되었던 것은 사실이다. 그러나 북한에 대한 투자가 지닌 불안정성과 신의주의 열악한 인프라 등 투자여건에 대해 부정적 평가가 대세이다. 따라서 서방기업은 당분간 유보적 태도를 취할 것으로 보인다.

3) 대외경제관계 개선

북한의 새 천년을 전후한 경향은 서방국가들과의 외교적 관계를 개선하고, 이를 기반으로 경제관계를 확대하려는 모습으로 나타나고 있다. 북한은 2000년 이탈리아, 필리핀, 호주, 영국과의 외교관계를 개선한 데 이어 2001년에는 네덜란드, 벨기에, 캐나다, 스페인, 독일, 룩셈부르크, 그리스, 브라질, 뉴질랜드, 바레인, 유럽연합과의 외교관계를 수립하는 등 유럽연합 국가들을 중심으로 하는 외교관계 수립에 상당한 성과를 거두었다.[19] 이를 바탕으로 북한은 대외경제협력을 위한 정부 차원의 대표단 교류를 활발히 추진해 나가고 있다.[20]

---

19) 북한은 2003년 말까지 EU 15개 국가 중에서 아일랜드와 프랑스를 제외한 13개국과 외교관계를 맺었다.

20) 2002년 3월 리관근 무역상 등 12명의 경제사절단이 벨기에, 이탈리아, 스웨덴, 영국 등 유럽 4개국을 순방하여 경제관계 확대를 도모하였다. 『연합뉴스』 제1304호 (2002.3.14).

북한의 대외경제관계 확대 노력은 자본주의 국가들에 대한 학습을 위한 해외연수 증가를 통해서도 나타나고 있다. 1998년 이후 2001년 상반기까지 400명이 넘는 경제관료들을 중국·호주·헝가리 등에 파견하여 교육연수를 실시한 것으로 알려지고 있으며,[21] 2001년 들어서는 미국과 유럽연합 국가들을 중심으로 한 다양한 지역을 대상으로 경제관리, 무역일꾼, 학생들의 해외연수 및 시찰이 급증하고 있다. 이는 자본주의 국가들과의 거래가 불가피해진 상황에서 자본주의시장에 대한 지식습득을 통해서 이들 국가들과의 대외무역 및 경제협력에 나설 전문가들을 양성 및 재교육시킬 필요성이 증대되었기 때문으로 보인다. 그러나 이러한 북한의 시장경제에 대한 학습 및 연구 활동 확대 현상은 대외개방을 본격적으로 추진하기 위한 준비 작업의 일환이라기보다는 '우리식 사회주의 건설'이라는 기조를 유지한 상태에서 변화한 국제환경에 적응하려는 노력으로 평가된다.[22]

이처럼 북한은 국내경제의 문제를 해결하는 수단으로 외국의 기술 및 자본을 도입하려는 정책을 지속적으로 추진해 왔으며, 그 과정에서 차관을 통한 기계·설비 도입에서 시작하여 자금과 선진기술 도입을 위하여 문호를 제한적이나마 확대 개방하는 모습을 보여 왔다. 특히 최근에는 생존권 확보의 차원에서 대외경제관계를 적극적으로 확대해 나가려 하고 있다. 그러나 외국과의 경제협력을 확대하려는 노력에도 불구하고 개혁·개방에 대한 부정적인 인식과 경제체제의 근본적인 개혁을 외면하는 태도로 인하여 북한의 제한적인 개방 노력은 아직까지 별다른 성과를 거두지 못한 것으로 평가되고 있다. 향후 북한은 당면한 경제난을 극복하기 위해서 외국과의 경제협력을 확대하기 위한 노력을 강화해 나갈 것이고 이 과정에서 대외개방의 폭을 보다 확대할 것으로 전망되지만 적절한 경제개혁을 통한 경제의 체질개선이 뒷받침되지 않는 한 대외개방의 성과를 기대하기는 힘들 것으로 예상된다.

---

21) 통일부, 『남북 정상회담 이후 북한의 변화』(2001.6.1).
22) 임강택, "북한의 대외 경제 협력 특성과 전망," 『통일경제』 11·12월호(2001).

2. 개혁정책의 추진

1) 경제관리체계의 부분적인 개혁

1965년 사회주의적 경제관리체계를 구축한 이후, 북한은 경제상황의 변화에 따른 요구에 부응하여 경제전반에 걸친 효율성을 제고하고 생산력을 증대시킨다는 목적하에서 관리체계를 부분적으로 개혁해 왔다. 1966년에는 농업부문에서 분조관리제를 전면적으로 도입하였으며,[23] 1970년대 초에는 독립채산제의 적용 기업을 기존의 중앙 국영기업에서 지방산업공장을 포함한 공업·농업 부문, 그리고 비생산적 부문인 유통부문에 이르기까지 확대하였다.[24] 또한 1974년에 연합기업소를 금속·화학·광업부문에 처음으로 도입한 데 이어 1978년경부터 건설분야로, 1979년 이후부터 기계공업부문에 확대 적용하였다.[25] 그러나 실험적 성격이 강한 데다 정무원과 각부·위원회 등의 책임회피 및 제도적 조정실패로 인해 제대로 운영되지 못한 것으로 알려지고 있다.

1981년에는 기존의 공업지도체계를 개편, 각 도마다 '도경제지도위원회'를 설치하여 중앙의 지도하에 도내의 공업전반을 책임지고 관리·운영하도록 하였으며, 국가경제지도기관의 기능과 역할을 강화하였다.[26] 또한 1985년에는 경제지도관리체계에 대한 전면적인 개편작업을 추진하여, 연합기업소들을 합리적으로 조직하고 그에 맞게 계획화체계와 자재공급체계를 구축하였으며, 수송조직을 강화하는 조치를 취하였다.[27] 북한이 연합기업소 체제를 도입한 배경은 원료 및 반제품의 생산과 수송과 관련해 기업간 연계를 재조정하여 산업생산의 부진을 타파하기 위한 것이었다. 연합기

---

23) 『조선중앙연감 1966-67』(평양: 조선중앙통신사, 1967), p.208.
24) 북한은 1984년 6월에 다시 사무기관을 제외한 비생산부문의 기관이나 기업소를 대상으로 독립채산제의 실시범위를 확대했다.
25) 북한은 1994년 숙천협동농장을 숙천농업연합기업소로 변경해 연합기업소 개념을 농업에까지 도입하였다.
26) 『조선중앙연감 1983』(평양: 조선중앙통신사, 1983), p.315.
27) 『조선중앙연감 1986』(평양: 조선중앙통신사, 1986), p.199.

업소 체제하에서는 연합기업소가 하부 기업소들에 국가계획 과제를 분할하고 필요에 따라 그것을 조절하며, 국가계획에 기초하여 다른 기관이나 기업소와 경제거래를 할 수 있는 권한을 가지게 되었다. 이처럼 독자적인 계획단위이자 경영단위이며 채산단위인 연합기업소를 중심으로 하는 기업관리 체계가 도입됨으로써 국가계획위원회가 직접적으로 관리해야 하는 단위의 숫자가 현저하게 감소하였다.

이 외에도 1980년대 중반 들어 북한은 독립채산제를 철저하게 실시할 것을 강조하고, 주민들의 생활 수준 향상을 위한 경공업 혁명을 역설하는가 하면 '8·3 인민소비품 증대운동'을 추진하였다. 또한 무역의 중요성을 강조하면서 무역의 다각화와 다양화 및 수출의 확대를 촉구하였으며, 외국인의 투자 유치를 위한 합영법을 제정하는 등의 조치를 취하였다.

2) 경제난으로 개혁작업의 정체

북한은 1993년 12월 제3차 7개년 계획의 실패를 공식적으로 인정하면서 이후 완충기의 경제정책 방향으로 농업·경공업·무역 등 '3대 제일주의'를 채택하기에 이른다. '3대제일주의'의 등장은 북한이 중공업 우선정책을 포기한 것으로 해석할 수도 있겠으나 당시 '3대제일주의'의 적용대상으로 언급된 세 가지 경제분야에서 심각한 어려움을 겪고 있었다는 사실을 고려할 때, 이들 분야에서 제기되는 문제 해결을 강조한 측면이 강하다고 할 수 있다.

'3대제일주의' 하에서 북한은 분조관리제를 개선하여 식량 증산을 유도하였다. 새로운 분조관리제하에서는 ①분조의 규모를 7~8명 선으로 축소하고, ②분조에 부과되는 생산계획을 현실화해 계획량을 지난 3년간의 평균 수확고와 1993년 이전 10년간의 평균수확고를 합해 나눈 평균으로 설정하며, ③계획을 초과한 생산물에 대한 처분권을 분조에 넘겨준다는 것을 골자로 하고 있다. 또한 경공업품의 공급부족을 해결하기 위해서 북한은 '8·3 인민소비품'의 생산 증가를 독려하였다.

그러나 식량난으로 대표되는 극심한 경제난의 와중에서 공급·배급체계가 와해 되면서 일반주민들이 농민시장을 통하여 식량과 생필품을 조달하게 되자 농민시장을 중심으로 한 비공식경제가 활성화되었다. 이 과정에서 공식부문이 위축되고 자본주의 시장요소들이 사회 전반에 걸쳐 급속하게 확산되면서 체제이완 현상이 확대되었다. 이러한 사태의 전개를 체제유지에 대한 심각한 위협요소로 인식한 북한 지도부는 『인민경제계획법』의 제정(1999.4.8)을 통해 공식경제의 정상화를 최우선과제로 설정하고 이를 위해서 내부통제력 강화를 통한 계획경제체계의 복구를 강력하게 추진하기에 이르렀다. 이와 동시에 제시된 정책방향이 '중공업 우선정책'과 '자립적 민족경제건설 노선'의 고수로써, 중공업·군수산업에 대한 우선적인 투자와 폐쇄적 경제성장전략의 고수 방침을 천명한 것이다.[28] 또한 경제의 계획적 관리에서 그 어떤 분권화나 자유화도 허용하지 않을 것이며 국가의 중앙집권적 지도원칙을 변함없이 고수해 나갈 것임을 강조하였다.[29]

반면에 북한은 경제관련 제도를 법제화하면서 그동안 변화한 현실을 일부 수용하여 제도적으로 보완하는 작업을 추진하고 있으며, 실용주의적인 경제관과 무역의 중요성을 강조하는 등 변화의 가능성은 열어 놓고 있다. 특히, 1995년 이후 2001년 말까지 17건에 달하는 경제관련법을 제정하여 변화한 현실의 일부를 수용함과 동시에 제도적 보완을 통한 생산활동의 정상화를 모색하고 있다.[30] 특히 1998년 개정된 헌법에는 몇 가지 중요한 변화가 나타나고 있다.[31] 새 헌법에서는 "경제관리에서 대안의 사업체계

---

28) 『로동신문』·『근로자』 공동논설, "자립적 민족경제 건설로선을 끝까지 견지하자" (1988. 9.17).

29) 최고인민회의 상임위 부위원장 양영섭의 최고인민회의 제10기 제2차 회의 보고문, 『중앙방송』(1999.4.8).

30) 1995년 이후 북한이 제정한 것으로 알려진 국내경제 관련법은 『가공무역법』과 『갑문법』 및 『저작권법』(2001.4.5), 『인민경제계획법』(1999.4.8), 『양어법』(1999.3.10), 『농업법』(1999.1.29), 『공중위생법』(1998.11), 『발명법』(1998.6.11), 『에네르기관리법』(1998.5), 『무역법』(1998.3), 『의료법』(1998.1), 『도로법』(1997.11), 『물자원법』(1997.7), 『가격법』(1997.2), 『전력법』(1996.1), 『재정법』(1995.11), 『수산법』(1995.2) 등이 있다.

31) 주요 내용으로는 소유의 주체 및 개인소유의 범위를 확대하고(제20조, 제22조, 제24

의 요구에 맞게 독립채산제를 실시하며 원가 가격 수익성과 같은 경제적 공간을 옳게 이용하도록 한다."고 명시하고 있으며, 국가예산 집행결산 및 예산안 심의를 위한 보고에서 "인민경제 모든 부문, 모든 단위에서 원가를 따지고 경제적 타산을 바로 하며 경영활동에서 실리를 보장하는 것을 재정 관리, 경제관리의 중요한 임무"라고 강조하고 있다.[32]

또한 생산활동의 계획을 수립하고 이를 집행하는 데 있어서 현실적·객관적 조건을 제대로 반영하여 실리를 얻을 수 있어야 한다고 강조하고 있다. 〈인민경제계획법〉에서는 경제계획을 수립할 때 "객관적 조건의 타산과 실리보장의 원칙"에서 계획을 작성할 것을 강조하는가 하면, 현실적 조건 및 경제적 실리를 중시할 것과 과학성 및 체계성을 강조하고 있다.[33]

3) 경제관리개선조치

2002년 7월에 단행한 경제관리개선조치는 매우 획기적인 정책이라고 할 수 있다. 7·1 경제관리개선조치로 불리는 이 정책의 주요내용은 임금, 물가, 배급제도, 환율, 기업관리 등의 대폭적인 변화를 포함한 경제제도의 개선을 시도한 것이다.

① 물가 인상

북한은 7·1 경제관리개선조치를 통하여 식량과 생필품의 국정가격을 농민시장가격 수준과 비슷한 평균 30배 정도 인상하였다. 특히 쌀의 경우, 과거 배급제하에서 국가가 농민들로부터 kg당 8전에 수매하여 주민들에게 80전에 공급하였으나, 새로운 가격체계하에서는 kg당 40원에 수매하여 44원(550배 인상)에 판매하도록 하였다. 또한 옥수수의 경우에는 과거 kg당

조), 거주 여행의 자유를 허용하는 조항(제75조)을 신설한 것과, 또한 대외무역의 주체로 사회협동단체를 공식적으로 인정하는 것 등을 들 수 있다.

32) 재정상 임경숙의 최고인민회의 제10기 제2차회의 보고문, 『중앙방송』(1999.4.7).

33) "현실적 조건을 정확히 계산하여 과학성, 현실성, 동원성이 보장된 인민경제계획을 세우고 … 경제사업에서 실리를 내도록 한다(제6조)"고 명시하고 있다.

50전에 수매, 6전에 공급하던 것을 20원(330배 인상)에 판매하게 되었다. 동시에 돼지고기 판매가격은 kg당 7원에서 180원으로 26배 인상되었으며, 계란은 개당 17전에서 8원으로 47배 인상되었고, 평양시내의 냉면 한 그릇 값은 5~10원에서 150~200원으로 상향 조정되었다.

일반적으로 전통적 사회주의 계획경제에서 매우 낮은 수준으로 책정되는 공공요금 역시 큰 폭으로 올랐다. 지상 전차요금은 10전에서 1원으로, 지하 철요금은 10전에서 2원으로, 함북-새별-청진 구간 철도요금은 10원에서 300원, 전기요금은 kwh당 3전에서 2.1원(70배)으로 현실화되었다. 또한 과거에는 집세, 전기, 수도요금을 합해 상징적인 요금을 일률적으로 징수해 왔으나, 조정 후의 집세는 실제 거주 면적에 따라 차등 징수하게 되었다.

② 임금 인상

임금의 경우, 노동자와 사무원 등 전 직종을 대상으로 20~25배 인상하고, '노동의 결과에 따른 배분' 원칙 아래 차등 폭을 확대하였다. 광산 등 중노동자는 이전의 200원~300원 수준으로부터 6,000원으로 20여 배 정도 임금이 상승하였으며, 사무직 종사자는 140원에서 1,200원으로 9배, 일반 노동자의 급여는 110원으로부터 2,000원으로 18배 인상되었다. 임금 인상과 관련, 북한 국가계획위원회 국민경제종합계획국 최강(崔强) 부국장은 "기업은 생산계획을 초과 달성한 직공에게는 보너스를 지급하되, 임무를 달성하지 못한 직공에게는 정액의 임금조차 보장하지 않는다."고 하며, 임금 제도와 관련하여 평균주의가 철저히 변화했음을 강조했다.[34]

③ 식량·생필품 배급제의 축소

가격·임금 구조의 개편에 따라 북한의 식량 및 생필품 배급제도 역시 축소되는 양상을 보이고 있다. 종래에 국가가 무상에 가까운 가격으로 배급하던 식량과 생필품을 새로운 정책하에서는 주민들이 식량판매소와 국영

---

34) 중국 『環球時報』 2002년 8월 18일.

<표 7-2> 경제관리개선 조치의 내용

구분	품목	내용
물가인상	• 쌀 배급가 • 옥수수 배급가	kg당 8전에서 44원 kg당 6전에서 20원
	• 지상 전차요금	10전에서 1원
	• 지하철요금	10전에서 2원
	• 평성-남양 침대차 요금	50원에서 3,000원
	• 송도해수욕장 입장료	3원에서 50원
임금인상	• 사무직 종사자	140원에서 1,200원
	• 생산직 근로자	110원에서 2,000원
	• 탄광 등 고강도 근로자	200~300원에서 6,000원
	• 농민, 과학자	10배 인상
	• 군인, 공무원	14~17배 인상
환율 현실화	• 대미달러화 • 외화환전표 폐지	달러당 2.14원에서 150원으로 인민원지폐로 외화교환가능
배급제	• 식량의 배급표제	배급표제도는 시행하고 있으나 고가의 국영가격으로 매입 - 부분적·단계적 폐지
농업정책	• 자체분배 • 토지소유제	국가수매 줄이고 자체분배 확대 함북도 일부지역에서 개인영농제

자료: 서재진,『북한의 7·1 '경제관리개선' 조치가 주민생활에 미칠 영향』(서울: 통일연구원, 2002), p.2; 중국『環球時報』 2002.8.15

상점에서 인상된 가격으로 직접 구매할 수 있게 되었다. 7월 1일부터는 식량배급권을 제외한 기타 일용품의 배급권 제도는 모두 폐지한 것으로 알려지고 있다. 북한 주민들이 화폐를 가지고 국영상점에서 물건을 살 수 있으며, 1회 구입량의 제한도 없어졌음을 의미한다.[35] 특히 지난 시기에 공급

---

35) 중국『環球時報』 2002년 8월 18일.

권으로 물건을 구매해 온 북한주민에게 있어서 화폐로 물건을 구매하게 된 이번의 조치는 획기적인 것으로 받아들여지고 있다. 예를 들면, 과거에는 공급권으로 25원과 55원에 각각 구매하던 남자 와이셔츠와 지퍼 달린 셔츠는 새로운 제도하에서 현금 225원과 555원으로 구매할 수 있게 되었다.

④ 환율 현실화

북한은 사회주의 계획경제의 일반적인 특징이라고 볼 수 있는 화폐의 고평가 현상을 해소하기 위해 북한 원화의 현실적 환율을 반영하여 미화 1달러당 2.14원 수준으로부터 150원으로 평가절하하였다. 이는 가격·임금 인상에 따라 물자 공급능력 확보 여부가 새로운 정책의 정착에 결정적인 중요성을 가지게 됨에 따라 일종의 외화예비를 확보하고, 새로운 가격체계에서 외자유치를 도모하며, 생산단위 및 무역회사의 수출 의욕을 제고시키기 위한 것으로 보인다.

또한 이는 그동안 실질적으로 북한 원화를 대체하는 양상을 보였던 외화에 대한 관리를 강화한다는 의미도 포함하고 있다. 예를 들면, 평양 낙원백화점 내의 모든 상품가격을 과거에는 미화가격으로 표시했으나, 새 조치 이후 모두 원화로 바꾸어 표기하고 있다. 또한 과거와는 달리 외국인은 외화상점 내에서도 소지한 북한 원화로 물건을 매입할 수 없고, 반드시 상점 내 외화태환소를 거쳐 환전한 원화만을 사용해야 하며(환전영수증 확인), 다른 곳에서 바꾼 북한 원화는 수납을 거부하고 있다. 즉, 각 외화상점은 자기 상점의 이익을 지키고 국가의 외화시장 조정과 관리강화에 부응하기 위해 자기 상점 내에 개설된 외화태환소에서 바꾼 원화만 사용하도록 규정하고 있다는 것이다.

⑤ 기업의 경영 자율권 확대 및 관리 개선

북한은 그동안 당 간부가 행사하던 주요 의사결정권한을 '지배인'에게 이양함으로써 정치적 판단에 의한 당의 간섭으로 인해 경영효율성이 저해되는 현상을 해소하고, 기업 운영의 전문성을 제고한다는 방침을 추진하고

있다. 또한 과거의 독립채산제가 명분상의 구호에 그치고, 실질적인 경영권
한 부여와는 거리가 있었던 데 비해 이번의 기업 자율권 확대조치는 임금과
상대가격 구조의 변화와 동시에 추진되고 있다는 점에서 좀 더 실질적인
의미를 가지고 있는 것으로 평가할 수 있다. 구체적으로 세부 생산지표 및
일부 가격 및 제품 규격 제정 권한을 지방과 기업에 이양하고 있으며, 기업
자체의 실정에 맞도록 현실적인 계획 수립을 지향하고 있다. 또한 상부 기
관으로부터의 계획시달 없이도 기업 간에 자율적 판단과 계약에 의한 원자
재 거래를 허용하는 사회주의 물자교류시장(원자재 거래시장)을 부분적으
로 운영함으로써, 기업의 자재 공급 원활화에 의한 채산성 및 생산효율 증
대를 도모하고 있다.[36]

⑥ 개인 경작지 확대와 시범적 개인영농제 실시

한편 북한은 영농 인센티브 부여를 통한 농업생산 증대 방안을 강구하고
있는 것으로 알려지고 있다. 종래에 개인이 임의로 개간·경작할 수 있는
토지(텃밭, 뙈기밭)가 30평~50평으로부터 400평으로 확대되었으며, 함경
북도 회령·무산 등 일부지역에서는 협동농장 토지를 개인에게 할당해 주
어 경작토록 하는 개인영농제를 시범적으로 실시하고 있다.

북한 경제관리개선 조치는 그동안 국가가 무료 또는 저렴한 가격으로 제
공해오던 재화와 서비스의 종류를 최소화하고 유료화하는 것으로서 주요
골자는 다음과 같다. ①암시장의 창궐에 따른 공식부문 경제의 위축(물자
유출, 노동자의 근무지 이탈, 계획경제의 혼란) 문제에 대해 적극적으로 대
처하고, ②생산의 기회비용적 개념을 적용한 가격을 책정함으로써 자원배
분의 효율을 향상시키며, ③주민 소비생활의 화폐적 관리를 통해 소비선택
권 및 공급 확대 및 인센티브 제공 효과를 거두기 위한 정책 변화라고 할
수 있다.

북한은 7·1 경제관리개선조치를 뒷받침하기 위해 2002년 7월 중순부터

---

36)『조선신보』 2002년 7월 26일.

장마당에 대한 통제를 강화하고 농산물 거래만 허용하였다. 특히 8월 이후에는 경제관리개선조치의 기본 운영원리 및 지침에 대한 대중매체의 선전을 강화하였다. 7·1 경제관리개선조치의 성패의 관건은 상품공급을 원활히 제공하는 데 있다. 그렇지 못할 경우 물가상승의 압력으로 만성적 인플레의 위험이 있다. 실제로 1kg당 60~70원 하던 장마당 쌀값은 8월 초 80~90원으로, 국제지원이 끊긴 12월경에는 150원으로 상승했다. 기업소의 생산정상화가 어려움에 직면하면서 노임이 제대로 지급되지 않았다. 국영상점 활성화 노력도 물자공급 능력의 부족에 따라 무의미해졌다. 시간이 지나면서 장마당 통제에 대한 주민의 불만이 극심해지자, 북한당국은 2002년 12월 초순부터 장마당에서 공산품 거래를 다시 허용했다.

현재 북한이 시행하고 있는 7·1 조치와 이후 경제개혁 조치들은 현 단계에서는 위로부터 추진된 '체제 전환 이전의 개혁(체제 내적 개혁)'에 불과하다. 이것이 성공하고 나아가 북한 사회주의 시스템의 변화를 추동하는 체제 전환으로까지 발전하기 위해서는 체제 전환으로의 발전 가능성을 내포하고 있어야 한다. 그리고 그것은 경제부문의 제한된 경제관리 개선조치를 넘어서는 '체제 전환적 개혁(전반적 경제개혁)' 조치가 이루어짐과 동시에 정치·이데올로기·생활문화의 차원에서도 수령제의 변화, 주체사상의 추상화, 집단주의의 약화 등이 동반되어야 할 것이다. 그때부터 비로소 북한의 체제 변화가 시작된다고 할 수 있을 것이다.

V. 북한 경제체제의 변화 단계

사회주의 경제체제 유형 구분에 따를 때, 북한의 경제체제는 부분 분권화된 중앙집권체제(부분개혁체제) 단계에 있다고 볼 수 있다. 이러한 부분개혁체제는 북한의 경우 〈합영법〉이 시행되고, 연합기업소를 합리적으로 조직하는 등 경제지도관리체계에 대한 전면적인 개편작업이 추진되기 시작한 1980년대 중반 경부터 도입되었다고 할 수 있다. 부분개혁체제는 스탈린적 고전 명령체제 다음 단계로서 일반적으로 계획명령은 존재하지만, 연합기업소를 중간 매개로 보다 분권화되고, 양적 생산보다는 채산성을 보다 중시한다. 경제정책에서도 고도성장정책이 보다 완화되고, 대외무역을 보다 강조하고, 인민생활에 대한 배려가 보다 강조된다.

그러나 북한의 부분개혁체제는 보다 전향적인 방향에서 운영되지 못하였다. 경제관리체계의 기본 제도와 규범은 공식적으로 유지되지만, 1987년부터 시작되었던 3차 7개년 계획에서 경제정책상으로 이미 중대한 후퇴가 나타났다. 1990년대의 경제난은 북한의 중앙집권적 경제관리체계 자체를 거의 무력화시켰다. 북한은 1997년 10월 김정일의 총비서 취임 이후 중앙집권적 경제관리체계를 복구하는 정책을 취해가고 있다. 북한의 경제관리체계는 1985년 이후의 부분개혁체제의 제도와 규범을 기준으로 재건되고 있으며, 1998년 북한 개정 헌법의 경제관련 수정 조항도 부분개혁체제의 제도와 규범에서 이해될 수 있다.

북한의 1990년대의 변화는 내키지 않은 순응 그리고 경제난에 의한 변화라고 할 수 있다. 북한은 경제난으로 초래된 중앙정부의 자원동원 능력의 한계에 대해 여러 형태로 적응해왔다. 이 과정에서 사회주의 경제체제 고수, 개혁 반대라는 이데올로기적 수사에도 불구하고, 북한 당국은 사실상의 광범한 분권화 현상을 묵인했을 뿐만 아니라 부분적으로는 장려하기도 했다. 자원한계와 경제혼란 때문에 중앙정부의 역할이 축소된 반면, '자력갱생', '간고분투' 논리에 따라 지방정부와 기업소의 역할은 사실상 확대되었다.

무엇보다도 소비재와 식량에 대한 배급제가 사실상 폐기되었으며, 이 결과로 국가외적인 생필품 거래가 확산되었다.[37] 하부의 지방정부 단위, 기

---

37) 북한 공산주의의 '특수성' 중의 하나는 장기간 지속되어 왔으며, 아직도 공식적으로 폐기되지 않은 식량 및 생필품의 사실상의 배급제도와 직장 배치제도이다. 소련·동유럽 공산주의의 역사를 보면, 배급제와 배치제는 일반적으로 전쟁시기 또는 전후 직후시기에 국한되었다. 대부분의 공산주의 시기에는 생필품 구매와 판매 및 직장

업소 단위, 그리고 개인 차원에서 중앙정부의 경제관리 능력 약화에 대해
수동적으로 적응하는 한편, 적극적으로도 활용하는 광범한 행위가 나타났
다. 이 때문에 중앙정부의 자원공급 마비에도 불구하고, 상당한 정도의 소
비재와 식량이 북한 경제에 공급되었다. 계획경제의 붕괴가 초래한 공백을
비공식경제가 보완했다. 이러한 이점 때문에 권력 상층은 비공식 경제활동
을 묵인하고 부분적으로 장려할 뿐 아니라, 일정 부분에서는 조정자 역할을
했다. 이러한 1990년대의 점진적 변화의 결과로 북한에는 사실상 이중경제
가 수립되었다. 외견상으로 또한 공식적으로 계획경제의 틀이 유지되고 있
지만, 다른 한편에서 자원배분, 생산과 판매, 그리고 가격결정에서 광범위
한 분권화가 일어났다. 중앙정부는 경제난과 자원한계에도 불구하고, 군수
중공업, 채취공업, 수출산업 등의 중요 기간산업, 특정 계층에 대한 소비
재·식량 배급제의 유지, 이 분야에서 통용되는 국정가격 등을 여전히 관장
해왔다. 그러나 중앙정부가 관장하지 못하는 경제활동이 증대했다. 이에는
지방정부의 역할 증대, 국가계획 이외의 광범한 자원유통, 소비재와 식량
유통을 끼고 발생하는 다양한 소생산과 소상업망의 발전, 농민시장 등이
있다. 최근 북한은 2003년 3월부터 기존의 농민시장을 '종합적 소비품시
장'으로 확대하고 그 운영도 국영기업소 체제로 전환해 거의 모든 소비품
을 주민들이 시장에서 확보할 수 있게 하였다. 그러나 공장, 기업소가 시장
에 의존하는 비중은 아직은 미미한 것으로 보인다.[38]

결론적으로 볼 때, 1998년 이후 김정일의 북한은 '체제보수적인 위기타

잡기 및 구인문제에 대하여 물론 제한적이지만 시장관계가 허용되었다. 다시 말해
생필품에 대한 시장관계 허용은 공산주의 경제의 내생적 요소라고 할 수 있을 것이
다. 통일부는 북한의 식량·생필품의 농민시장 의존도를 50% 이상으로 평가한다. 통
일부, "최근 남북관계와 대북정책 추진방향"(2001.12.22).

38) 시장활동에 대한 공장, 기업소의 참여와 관련해 대안중기계연합기업소 지배인은 다
음과 같이 언급하고 있다. "일련의 조치들이 여러 가지 억측들을 불러 일으키는 것
같은데 그것은 우리 경제의 주류가 결코 아닙니다. 례컨대 우리의 경우 물자교류시장
에 참여하거나 생산된 제품을 시장에 넘겨 얻어낸 수입은 총수입의 2%도 안 됩니
다." <변혁의 현장에서> 과거의 부정이 아닌 체계의 재구축: 대안중기계, 40대 지
배인의 구상," 『조선신보』 2003년 10월 22일.

개 전략'을 추진하고 있다고 판단할 수 있다. 이러한 전략은 지배유지를 위해 필요한 자원을 확보함에 있어 문제가 되었을 때, 그 원인을 국가사회주의 사회의 제도와 운영원칙이 철저하게 관철되지 못했다는 점에서 찾는다. 따라서 지배유지 자원을 집약적으로 확대 재생산해 낼 수 있기 위해서는 국가사회주의 제도를 한층 확대 구축해야 한다는 처방을 내린다. 즉 지배 보장의 문제를 국가사회주의 제도 아래로 더 많은 사회분야를 외연적으로 종속시키는 것과 더욱 더 철저하게 사회분야들을 이데올로기적 원형모델에 맞게 개조하는 것을 통해 해결하고자 시도한다. 최근 북한이 취하고 있는 중앙집권 강화경향과 대중동원을 통한 생산증대 전략은 이러한 체제 보수적 전략 추진의 대표적 사례라고 할 수 있다. 이는 이른바 체제 전환 전략과 구분된다. 단순화시키면 체제 전환 전략은 시스템의 효율성을 증대시키기 위하여 제도와 운영규범을 새로 짜는 것이라 할 수 있다. 이 경우 중앙과 지방, 상층과 하층의 관계를 새로이 설정하는 제도 및 의식 개혁이 이데올로기적 언설체계에서 주요한 화두로 떠오른다.39) 또한 사회주의적 거래 관계에서 화폐-상품 관계의 중요성, 기업소 실적 통제에서 국가재정의 역할의 중대성 등을 거론할 때에야 화폐적 차원의 개념인 원가, 이윤 등의 개념이 현실성을 가질 수 있다. 또한 중앙과 지방 및 기업 관계의 분권화, 중앙과 기업의 관계에서 기업 이익의 존중 강화, 기업과 노동자의 이익에서 노동자의 이익 강화 등이 주요한 화두가 된다.

2000년대 중반 이후 북한은 전통적 체제를 복원함으로써 중앙의 지방과 하부에 대한 장악력과 통제를 높여, 지방과 하부를 보다 효율적으로 중앙의 뜻에 따라 동원하는 차원의 기본전략을 추구하고 있다. 이 경우에 지방과 하

---

39) 중국은 사상해방·실사구시라는 사상이론적 조정을 통해 '사회주의 초급단계론'에 따라 사회주의 시장경제 노선을 당의 공식 노선으로 채택하고 개혁·개방을 가속화했다. 중국은 '한 개 중심(경제발전) 두 개 기본점(개혁·개방과 4항 견지)' 이론에 따라 사회주의 초급단계에서는 경제발전을 위해 개혁·개방을 통한 시장경제를 과감하게 수용하되 마르크스·레닌주의와 마오쩌둥사상 견지, 프롤레타리아 독재 견지, 사회주의 노선 견지, 공산당의 영도성 견지 등 4항 견지를 통해서 정치·사회적 혼란을 막고자 했다.

부를 중앙의 의도에 따라 동원하며, 중앙의 의지 관철을 감시해야 하는 중·
하급 당 조직의 역할이 중요해진다. 경제정책의 기본 방향 역시 체제 전환
적 개혁이 아니라 체제 내적 개혁이다. 예를 들어, 농업 생산을 증대하기
위해서는 '생산관계'에 손을 대는 방식(예를 들어, 중국의 가족생산책임제
실시)이 있을 수 있다. 그러나 기존 '생산관계'를 그대로 두고, 현 농업체
제의 기술적 효율성을 증대시켜(예를 들어, 토지정리를 통한 대농경영 시
도, 비료·농약 투입 증대 시도, 감자 증산 등) 생산을 증대하고자 시도할
수 있다. 북한의 경제정책은 일반적으로 체제 전환적 개혁이 아니라 현존
하는 체제의 효율성을 강화하는 방식의 테크노크라트적 효율성 증대(대표
적으로 과학 중시 정책, 현대적 기술 재건 등)와 노력동원 강화 등의 체제
내적 개혁의 방향에서 취해지고 있다. 더욱이 북한은 2006년 이후 개인경
작지 단속, 종합시장(소비재 거래시장) 폐쇄 발표 등 시장경제 요소의 확산
을 막기 위해 중앙집권적 계획경제를 강화하고 있다.[40]

북한의 경우를 중국의 개혁·개방 사례와 비교해 보면 북한의 체제보수
적인 경제변화가 가지고 있는 특성과 한계를 쉽게 찾을 수 있다. 중국의
경제 개혁·개방 성공요건을 살펴보면, 첫째, 중국 지도부의 확고한 개혁
의지, 둘째, 중국정부의 정치적 안정과 제도적 지원, 셋째, 화교자본 등 외
국자본의 유치, 넷째, 광대한 배후시장의 확보, 다섯째, 개방의 확대를 통한
지속적인 시장경제 확대 등이다.[41]

성공적인 경제개혁과 대외개방을 위하여 정치적 안정성은 절대적으로
필요하다. 중국은 1978년 12월 중국공산당 제11기 3차 중앙위원회 전체회
의에서의 극적인 노선 전환을 계기로 개혁과 개방을 지속하였다. 1992년

---

40) 북한의 경제관리개선조치들은 2005년 말 이후 대부분 폐지되거나 후퇴하고 있다. 즉
2005년 10월 식량배급제 재개, 2006년 17세 이상 남성의 장마당 장사 금지, 2007년
개인경작지 단속, 여성들의 장마당 장사·연령·품목 등 제한, 2008년 11월 종합시장
폐쇄 발표, 2009년 6월 개인 매대 및 가내수공업 단속, 2009년 11월 30일 화폐개혁
을 통한 국영유통망 복원 조치 등 과거 회귀적 경제정책들을 시행하고 있다.

41) 박한진, "중국의 경제특구와 신의주 특구 비교 분석," 한국국제지역학회 세미나 『신
의주 특구개발과 한반도 주변정세』(2002년 11월 30일) 발표논문 참조.

10월에 개최된 중국공산당 제14차 전국대표대회에서는 '사회주의 시장경제 이론'을 중국공산당장전에 삽입하고, 이를 '중국적 특색을 갖는 사회주의 이론'으로 개괄하여 역사적인 지위를 부여하였다. 북한은 신의주 특구와 같은 특구 법률의 50년간 유지를 기본법에 규정하고 있으나 북한당국의 포괄적인 경제노선 방침은 밝히고 있지 않다. 한편 중국의 경우 경제특구 개방 전에 미국과 외교관계 수립을 통하여 대외관계를 정상화하였으나, 북한의 경우는 미국과의 갈등으로 정치적 리스크가 매우 크다는 것 또한 지속적인 개혁·개방의 추진에 장애가 되고 있다.

중국의 개방정책은 일부 지역의 개방에 국한된 부분적 개혁개방이 아닌 국가 전체의 개혁개방을 목표로 하여 점 → 선 → 면의 단계적인 개방 실시를 통하여 시너지 효과를 창출하였다. 그러나 북한의 경제특구정책은 전반적인 국가경제는 사회주의체제를 유지하면서 특구 지역만을 자본주의 세계경제에 개방하고, 이를 통해 외자를 유치함으로써 개발을 촉진하겠다는 생각을 가지고 있는 것으로 보인다.

VI. 맺는말: 북한의 시장경제화 경로와 전망

사회주의 변화의 단계 모델에 비추어 볼 때, 북한의 현재 정치체제는 탈전체주의 이전 상태에 머물고 있으며,[42] 경제적으로도 부분 분권화된 중앙

---

[42] 북한의 전체주의 체제는 공산당(제도)과 이데올로기가 아니라, 최고지도자를 중심으로 극도로 인물화된 체제라는 점에서 왕조적 전체주의(Totalitarianism-cum-Sultanism)라고 할 수 있다. 린쯔와 스테판은 정권 유형을 민주주의, 권위주의, 전체주의, 왕조주의의 4가지 유형으로 나누고 있는데, 왕조적 전체주의는 전체주의적 특성과 왕조주의적 특성의 동시적 존재 현상으로 이해할 수 있다. 전체주의의 특성은 앞에서 이미 언급한 바 있다. 왕조주의의 특징은 ①권력의 족벌화 경향 및 최고 권력의 친족 승계 경향의 존재, ②국가 공적 복무와 통치자에 대한 개인적 봉사 간의 구별이 없음, ③합리적이고 비인물적(impersonal) 이데올로기의 부재, ④사회정치적 성공의 통치자와

집권체제(부분개혁체제) 단계에 있다. 북한의 시장경제체제로의 개혁·개방 경로를 전망하자면 다음과 같다. 북한이 추진하게 될 개혁·개방 정책 추진과정에서의 중점 부분은 단계적으로 변화할 것이며, ①제한적 대외개방 확대, ②시장요소의 부분적인 도입, ③소유제도의 다양화 실험, ④정책결정권의 제한적인 분권화, ⑤시장요소 도입 작업 확대, ⑥소유제도의 다양화 확대, ⑦전면적 대외개방 추진, ⑧정책결정권의 분권화 가속, ⑨체제 전환 진입 등의 순서로 추진될 것으로 예상된다. 이러한 경로의 특징은 제한적 대외개방과 실험적 개혁 ⇒ 개혁의 확산 ⇒ 대외개방의 확대 ⇒ 개혁의 심화라는, 대외개방이 앞서고 개혁이 뒤따르는 방식을 취할 것이라는 점이다.[43]

이러한 개혁·개방 추진 과정에서 '정책결정권의 제한적인 분권화'라는 4번째 단계까지는 본격적인 개혁·개방(체제 전환적 개혁)이라기보다는 정책적 실험(체제 전환 이전의 개혁)의 수준으로 평가할 수 있으며, 이 기간 동안 북한은 본격적인 개혁·개방을 대비하여 이를 실험해 본다는 차원에서 주로 특정지역과 제한된 부문을 중심으로 개혁·개방 조치를 도입할 것으로 예상된다. 이 실험 결과를 통해서 북한은 개혁·개방의 가능성과 한계를 평가하고 추가적인 단계의 진입 여부와 성격을 결정하고자 할 것으로 보인다.

본격적인 개혁정책의 추진이라고 할 수 있는 '시장요소 도입 작업확대'라는 5번째 단계로의 진입은 북한의 경제성장정책에 있어서 심각한 전술적 변화를 의미한다고 할 수 있다. 이 단계에 진입하게 되면, 북한의 경

의 인적 관계에 의한 결정, ⑤통치자의 무제한적 자의적 권력 행사 등이다. Linz and Stepan, *Problems of Democratic Transition and Consolidation,* p.52; H. E. Chehabi and Juan J. Linz(eds.), *Sultanistic Regimes*(Baltimore: The Johns Hopkins University Press, 1998), pp.10-25. 린쯔와 스테판은 사회주의 국가 중에서는 루마니아와 북한을 왕조적 전체주의 정권 유형으로 분류했다. 이러한 유형의 체제는 일반적으로 저발전 지역에서 성립했고, 공산주의 통치 시기나 그 이후에도 내재적 변화 잠재력이 가장 낮은 체제였다.

43) 임강택, 『북한의 개혁·개방정책 추진 전망』(서울: 통일연구원, 2001), pp.156-158.

제관리운영체계에서 본격적인 변화가 나타나게 될 것이며, 이를 뒷받침하기 위한 새로운 경제이론 정립과 그것의 범국가적인 교육홍보작업이 사전적으로 이루어져야 할 것으로 보인다. 따라서 이 단계에서의 개혁·개방정책은 보다 전면적·공개적으로 추진될 것으로 예상되나 북한체제의 속성상 매우 점진적인 방법으로 이루어질 것으로 보인다.

'전면적 대외개방 추진'이라는 7번째 단계부터는 최소한 북한의 기존전략이 수정되어야 가능할 것으로 판단되며, 이를 위해서는 주체사상에 대한 기존의 해석을 전면적으로 수정하거나 새로운 사상을 제시해야 할 것이다. 이러한 작업을 추진하기 위해서는 정권안보에 대한 믿음과 경제개혁의 필요성에 대한 공감대가 광범위하게 형성되어야 할 것이다. 따라서 그동안 추진된 개혁·개방정책의 성과가 어느 정도는 가시화된 이후에야 가능할 것이다.

'체제 전환 진입'의 9번째 단계부터는 국가목표의 변화가 동반되어야 할 것으로 보인다. 또한 이 단계로의 진입은 정치적 변화를 수반할 수밖에 없을 것이기 때문에 체제 내의 저항이 적지 않을 것으로 판단되며, 기존의 정치세력이 이를 추진하게 될 가능성은 매우 희박하다고 할 수 있다. 즉, 이 단계로의 진입은 지금과는 다른 성격의 정치세력의 등장을 의미한다고 할 수 있다.

▌참고문헌▐

고일동. 1999. "두만강지역 개발계획의 현황과 과제." 한국개발연구원. 『KDI 북한
　　경제리뷰』 6월.

김근식. 2003. "북한의 경제개혁 방향과 과제: 7·1 조치 이후를 중심으로." 『북한
　　경제논총』 제9호.

남궁영. 2001. "북-미 경제관계 10년 평가와 전망." 조명철 편. 『북한의 대외경제정
　　책 10년: 평가와 과제』. 서울: 대외경제정책연구원.

박한진. 2002. "중국의 경제특구와 신의주 특구 비교 분석." 한국국제지역학회 세미
　　나 『신의주 특구개발과 한반도 주변정세』 발표논문. 11월 30일.

박형중. 1998. "북한경제체제의 변화와 개혁." 『통일연구논총』 제7권 2호.

＿＿＿＿. 2001. 『북한의 변화 능력과 방향, 속도와 동태』. 서울: 통일연구원.

＿＿＿＿. 2002. 『북한의 경제관리체계』. 서울: 해남.

서재진. 2002. 『북한의 7·1 '경제관리개선' 조치가 주민생활에 미칠 영향』. 서울:
　　통일연구원.

임강택. 2001. 『북한의 개혁·개방정책 추진 전망』. 서울: 통일연구원.

＿＿＿＿. 2001. "북한의 대외 경제 협력 특성과 전망." 『통일경제』 11·12월호.

조강일. 1994. "무역제일주의 방침은 사회주의 경제건설에서 일대양양을 일으키게
　　하는 혁명적 방침." 『경제연구』 2호. 평양: 과학백과사전종합출판사.

조선민주주의인민공화국 대외경제협력추진위원회. 1992. 『황금의 삼각주, 라진·선
　　봉 개발계획』.

＿＿＿＿. 1993. 『황금의 삼각주: 나진·선봉』.

통일부. 2001. 『남북 정상회담 이후 북한의 변화』 6월 1일.

Adam, Jan. 1996. *Why did the Socialist System Collapse in Central and Eastern European
　　Countries?* New York: St. Martin's Press.

Asian Wall Street Journal. 2002. September 24.

Chehabi, H. E., and Juan J. Linz, eds. 1998. *Sultanistic Regimes.* Baltimore: The Johns Hopkins University Press.

Congressional Research Service. 1994. *Korea: Procedural and Jurisdictional Questions Regarding Possible Normalization of Relations with North Korea.* Washington, D.C.: The Library of Congress. November 29.

Gleason, Abbott. 1995. *Totalitarianism: The Inner History of the Cold War.* Oxford: Oxford University Press.

Kim, Ilpyong J., and Jane Shapiro Zacek. 1991. *Reform and Transformation in Communist System: Comparative Perspectives.* New York: A Washington Institute Press Book.

Kornai, Janos. 1990. *The Road to a Free Economy Shifting from a Socialist System: The Example of Hungary.* Harvard University and Hungarian Academy of Science.

_____. 1992. *The Socialist System: the Political Economy of Communism.* Princeton: Princeton University Press.

Kosta, Jiri. 1986. "Sozialistische Wirtschaftssysteme." Ziemer, Klaus (Hrsg.). *Sozialistische Systeme: Politik-Wirtschaft-Gesellschaft.* München: Piper.

Lavigne, Marie. 1999. *The Economics of Transition from Socialist Economy to Market Economy.* New York: St. Martin's Press, Inc.

Linz, Juan J. 2000. *Totalitarian and Authoritarian Regimes.* London: Boulder.

Linz, Juan J., and Alfred Stepan. 1996. *Problems of Democratic Transition and Consolidation: Southern Europe, South America, and Post-Communist Europe.* Baltimore and London: The Johns Hopkins University Press.

Rupnik, Jacques. 1988. "Totalitarianism Revisited." John Keane, ed. *Civil Society and the State: New European Perspectives.* London: Verso.

Shinwha News. 1998. *Monthly Shinwha.* Beijing: Shinwha News. May 30.

Siegel, Achim, ed. 1988. *The Totalitarian Paradigm after the End of Communism. Towards a Theoretical Reassessment.* Amsterdam: Rodopi B.V.

The White House. 1999. "Easing Sanctions Against North Korea." Washington, D.C.: Office of the White House Press Secretary. September 17.

Vacic, A. M. 1992. "System Transformation in Central and Easter Europe: General Framework, Specific Features and Prospects." In *Osteuropa-Wirtschaft 1.*

WEIS(World Economic Information Services). 1998. *Socialist Republic of Vietnam.* Tokyo: WEIS, December.

〈부록 7-1〉 북한 무역 추이

(단위: 백만 US$, %)

구분	수출		수입		수출입계		무역수지
	금액	증감률	금액	증감률	금액	증감률	금액
1990	1,733	–	2,437	–	4,170	–	-704
1991	945	-45.5	1,639	-32.7	2,584	-38.0	-694
1992	933	-1.3	1,622	-1.0	2,555	1.1	-689
1993	990	6.1	1,656	2.1	2,646	3.6	-666
1994	858	-13.3	1,242	-25.0	2,100	-20.6	-384
1995	736	-14.2	1,316	6.0	2,052	-2.3	-580
1996	727	1.2	1,250	-5.0	1,977	-3.7	-523
1997	905	24.5	1,272	1.8	2,177	10.1	-367
1998	559	-38.2	883	-30.6	1,442	-33.8	-324
1999	515	7.9	965	9.3	1,480	2.6	-450
2000	556	8.0	1,413	46.4	1,969	33.0	-857
2001	650	16.9	1,620	14.6	2,270	15.3	-970
2002	735	13.1	1,525	-5.9	2,260	-0.4	-790
2003	777	5.5	1,614	5.9	2,391	5.8	-837
2004	1,020	31.3	1,837	13.8	2,857	19.5	-817
2005	998	-2.1	2,003	9.1	3,002	5.1	-1,005
2006	947	-5.2	2,049	2.3	2,996	-0.2	-1,102
2007	918	-3.0	2,022	-1.3	2,941	-1.8	-1,104
2008	1,130	23.0	2,685	32.8	3,816	29.7	-1,555
2009	1,063	-5.9	2,351	-12.5	3,414	-10.5	-1,556
2010	1,513	42.3	2,660	13.1	4,174	22.3	-1,147
2011	2,789	84.3	3,567	34.1	6,357	52.3	-778
2012	2,880	3.3	3,931	10.2	6,811	7.1	-1,051

* 자료: KOTRA, 『2008 북한의 대외무역동향』(2009), p.4; 『2012 북한의 대외무역동향』(2013), p.2.

〈부록 7-2〉 북한 주요 10대 무역 상대국 및 교역 추이

〈1995년~1996년〉

(단위: 천 US$, %)

순위	국가	수출		수입		수출입계		점유율	
		1995	1996	1995	1996	1995	1996	1995	1996
1	중국	63,606	68,638	486,187	497,029	549,793	565,667	26.8	28.6
2	일본	339,680	291,412	254,957	226,994	594,637	518,406	29.0	26.2
3	인도	76,440	72,804	50,423	42,947	126,863	115,751	6.2	5.9
4	독일	41,976	41,074	39,002	33,829	80,978	74,903	3.9	3.8
5	싱가포르	1,271	4,508	45,502	66,373	46,773	70,881	2.3	3.6
6	러시아	15,518	28,978	67,893	35,840	83,411	64,818	4.1	3.3
7	홍콩	23,586	16,439	59,527	45,523	83,113	61,962	4.1	3.1
8	영국	273	361	35,142	36,895	35,415	37,256	1.7	1.9
9	스웨덴	902	880	11,408	36,233	12,310	37,112	0.6	1.9
10	프랑스	21,873	30,840	12,976	5,636	34,849	36,476	1.7	1.8
합계		585,125	555,933	1,063,017	1,027,299	1,648,142	1,583,232	80.3	80.1
전체금액		736,008	726,676	1,315,913	1,249,617	2,051,921	1,976,293	100.0	100.0

* 자료: KOTRA(http://www.globalwindow.org)(검색일: 2010.1.7)

〈2001년~2002년〉

(단위: 천 US$, %)

순위	국가	수출		수입		수출입계		점유율	
		2001	2002	2001	2002	2001	2002	2001	2002
1	중국	166,767	270,863	570,660	467,309	737,457	738,172	32.6	32.7
2	일본	225,618	234,404	249,077	135,137	474,695	369,541	21.0	16.3
3	태국	24,098	44,616	105,964	171,966	130,062	216,582	5.8	9.6
4	인도	3,060	4,768	154,794	186,573	157,853	191,341	7.0	8.5
5	독일	22,756	27,799	82,077	140,418	104,833	168,217	4.6	7.4
6	싱가포르	3,050	796	112,298	83,026	115,348	83,822	5.1	3.7
7	러시아	4,541	3,642	63,794	77,048	68,335	80,690	3.0	3.6
8	홍콩	37,974	21,940	42,555	29,169	80,529	51,109	3.6	2.3
9	네덜란드	10,424	6,377	9,067	27,620	19,491	33,997	0.9	1.5
10	방글라데시	37,701	32,267	1,275	490	38,976	32,757	1.7	1.4
합계		536,019	647,472	1,391,560	1,318,756	1,927,579	1,966,228	85.3	87.0
전체금액		650,208	734,992	1,620,291	1,525,369	2,270,499	2,260,388	100.0	100.0

* 자료: KOTRA, 『2002년도 북한의 대외무역동향』(2003), p.7

〈2007년~2008년〉

(단위: 천 US$, %)

순위	국가	수출		수입		수출입계		점유율	
		2007	2008	2007	2008	2007	2008	2007	2008
1	중국	581,521	754,046	1,392,453	2,033,233	1,973,974	2,787,279	67.1	73.0
2	싱가포르	1,025	331	54,649	120,024	55,674	120,355	1.9	3.2
3	인도	90,620	67,020	35,768	53,180	126,388	120,200	4.3	3.2
4	러시아	33,539	13,519	126,068	97,005	159,607	110,524	5.4	2.9
5	브라질	33,996	38,329	33,504	42,527	67,500	80,856	2.3	2.1
6	태국	36,199	28,998	192,469	47,772	228,668	76,770	7.8	2.0
7	독일	14,470	20,893	36,795	31,460	51,265	52,353	1.7	1.4
8	미국	0	0	1,728	52,151	1,728	52,151	0.1	1.4
9	네덜란드	12,100	25,975	15,764	16,775	27,864	42,750	0.9	1.1
10	홍콩	2,193	31,710	15,400	8,604	17,593	40,314	0.6	1.1
합계		805,663	980,821	1,904,598	2,502,731	2,710,261	3,483,552	92.2	91.3
전체금액		918,771	1,130,213	2,022,306	2,685,478	2,941,077	3,815,691	100.0	100.0

* 자료: KOTRA, 『2008 북한의 대외무역동향』(2009), p.10

〈2012년〉

(단위: 백만 US$, %)

순위	국가	수출		수입		수출입계		점유율
		금액	증감률	금액	증감률	금액	증감률	
1	중국	2,484	0.8	3,527	11.5	6,012	6.8	88.3
2	홍콩	58.7	627.9	52.9	342.5	111.7	457.4	1.6
3	러시아	11.0	-15.1	64.9	-35.0	75.9	-32.7	1.1
4	인도	0.1	-77.9	75.7	51.1	75.8	49.4	1.1
5	태국	21.9	74.5	40.0	68.4	62.0	70.5	0.9
6	대만	41.9	69.8	10.5	-25.0	52.4	35.1	0.8
7	싱가포르	0.7	-4.3	48.0	22.2	48.7	21.7	0.7
8	인도네시아	39.6	24.3	1.0	-84.1	40.6	6.1	0.6
9	독일	9.1	-78.3	26.7	64.2	35.8	-38.6	0.5
10	브라질	18.9	-4.8	3.4	-75.9	22.4	-34.4	0.3
합계		2,686	617	3,850	340	6,537	541	96
전체금액		2,880	3.3	3,931	12.2	6,811	8.3	100

* KOTRA, 『2012 북한의 대외무역동향』(2013), p.10

제8장 |

[기획좌담]
이명박 정부의 외교안보정책에 대한 평가와 제언

〈기획 취지〉

이명박 정부 출범 후 남북관계의 경색, 6자회담의 공전, 북한의 2차 핵실험 등 강경 도발, 국제사회의 대북제재, 북한 경제의 악화와 화폐개혁 실패 등 중요 사건이 있었다. 한편 최근에는 남북정상회담설, 김정일 국방위원장의 방중설 등 이 나오는 등 변화의 조짐이 있다. 이처럼 위기와 기회가 교차하는 듯 한 시점에 서, 본 기획좌담은 지난 2년간 이명박 정부의 외교안보정책과 대북정책을 분석 하고 북한의 상황과 국제 환경을 검토하며, 이후 한국이 나아갈 방향을 모색하고 자 기획되었다.

패널: 남궁영
(한국외대 정치외교학과 교수)

사회: 윤영관
(서울대 외교학과 교수)

패널: 김근식
(경남대 정치외교학과 교수)

- **사회** 윤영관 교수 (서울대 외교학과 / 전 외교통상부 장관)
- **패널** 남궁영 교수 (한국외대 정치외교학과)
  김근식 교수 (경남대 정치외교학과)

- **장소**: 한반도평화연구원 사무실 (기독교연합회관 607A)
- **일시**: 2010년 3월 29일 (월요일) 오후 2시부터 4시
- **정리**: 조동준 (서울시립대학교 국제관계학과 교수)

윤영관: 남북관계가 순탄하지 못한 가운데, 한반도 내부의 불안정이 심화되고 있고 북한 내에서도 화폐개혁 실패, 경제 및 식량난 등으로 어려움에 처해 있다. 이 대담을 통하여 이명박 정부 출범 이후의 대북정책을 평가하고 북핵, 금강산, 개성공단 등 남북관계의 현안과 6자회담의 재개 등 동아시아의 주요 현안을 검토하고자 한다. 이 대담은 (1) 남북한 정세와 국제환경, (2) 이명박 정부의 대북정책 평가, (3) 현안 문제와 향후 나아갈 방향 등 세 부분으로 나누어서 진행할 예정이다.

I. 남북한 정세와 국제환경

윤영관: 첫 번째 남북한 정세와 국제환경이다. 특히 북한 상황과 주변 4강의 한반도 정책과 정세인식을 살펴보자. 현재의 북한 상황을 어떻게 보는가?

남궁영: 북한의 안정성에 대해서는 평가가 분분하지만, 아주 빠른 시일 내에 붕괴되는 상황은 아니더라도 전반적으로 체제 불안요인이 가중되고 있다고 보는 것이 가장 타당하다. 첫째, 김정일 위원장의 나이와

건강 문제가 가장 큰 요인이다. 김 위원장은 1942년 2월 16일생으로 올해 만 68세로서 일흔을 바라보고 있다. 고령에 성인병, 당뇨, 뇌졸중 등 신체적 질병에다 현재의 상황으로 볼 때 상당한 격무에 시달리고 있다. 당연히 고령에 건강 이상은 상당한 문제가 될 수밖에 없다.

둘째, 북한이 처한 대내외적 환경과 그로 인한 경제적 어려움을 들 수 있다. 내적으로는 화폐개혁의 실패로 인한 상당한 후유증을 겪고 있다. 물자 공급 부족과 인플레이션이 일고 있다. 특히 공식 환율이 1달러에 98원이지만 평양 암시장에서는 1,600원에 달하는 것으로 알려지고 있고, 쌀값도 40배 이상 폭등한 것으로 전해진다. 화폐개혁의 후유증은 북한 주민들에게 권력집단이 경제 운용 시스템을 효율적으로 해결해 나갈 수 있을 것인가에 대한 신뢰성 문제로 작용할 가능성이 있다. 신뢰성의 위기는 경제적 어려움을 넘어 체제위기로까지 이어질 수 있다.

셋째, 북한의 2차 핵실험 이후 국제사회의 대북 제재가 매우 체계적으로 이뤄지고 있다고 볼 수는 없지만, 전반적으로 중국을 포함한 국제 공조 속에서 북한에 상당부분 영향을 주고 있는 것도 사실이다. 이는 북한이 6자회담 참여의 조건으로 경제 제재 해제를 강력하게 요구하고 있다는 점에서 드러난다. 북한은 김정은으로의 권력 승계를 추진하고 있는데, 권력이양이 안정적으로 이루어질지도 의문이다. 전체적으로 북한이 근시일 내에 붕괴할 것으로 보이지는 않지만 체제 안정성은 상당히 침해받고 있다.

김근식: 1990년대 이후 북한 체제가 위기인 가운데 핵문제가 존속되고, 2008년 김정일의 건강 위기 이후 북한 내부에서도 정치적인 저항과 주민들의 의식 변화가 있었다. 전반적인 추세는 북한 체제위기의 만성화, 위기의 지속이다. 그렇다고 해서 지금 현재 북한은 체제 붕괴의 임계점인가? 폭발적인 수준에 와 있는가? 이렇게 묻는다면 그렇지 않은 측면도 있다. 결론적으로 이야기하자면 체제의 불안정성이 지속되

는 한편에 안정성도 유지되고 있다.

불안정성에 대해서는 남궁영 교수님께서 자세히 설명하셨기 때문에 저는 안정적 측면에서 보고 싶다. '북한이 오래 갈 수 없다' 는 예상에 기반을 둔 대북정책과 그 반대의 대북정책은 분명 다르고 결과도 판이하다. 불안정 대비 안정성도 봐야 한다. 안정성은 건강과 후계체계가 가장 많이 이야기가 된다. 김정일 위원장은 2008년 쓰러진 이후 회복이 돼서 김정일의 건강상태나 업무, 국정장악에 문제가 될 것은 없는 것으로 보인다. 무난하게 클린턴을 만났고 현정은도 만났다. 외부에 노출된 상태를 봐서 뇌졸중 이후 회복 중이기는 하지만 전반적인 건강에는 큰 문제가 없는 것으로 보인다.

후계체제는 김정은으로 가는 과정이다. 자신이 살아있을 때 후계를 정리하는 편이 좋다. 그래서 3남 정은에 대한 기대를 갖고 있다. 김정은으로 권력승계는 진행 중이지만, 권력승계는 상대적으로 순탄하리라고 예상한다. 이미 김일성에서 김정일로 권력승계 경험이 있기 때문에 다른 사회주의권에 비해 순탄할 것으로 보인다. 한번 혈통 세습의 경험을 통해 후계자론의 매뉴얼을 갖고 있다. 북한이라는 유일 수령체제에서 반대파들이 대립하는 분파를 만들 정도는 아니다. 김정은에게 큰하자가 없는 한 북한 집권층 사이에서 큰 분열이 없다고 보면 된다.

북한의 내부 동향을 예의 주시할 필요가 있고 대비할 필요도 있지만 1994년 김일성 사망 이후 북한 체제는 16년 이상 지속되어 왔고 앞으로의 안정적 지속 가능성도 배제하지 않는다.

남궁영: 김근식 교수나 저나 어느 한쪽을 조금 더 강조한 것이라고 볼 수 있다. 다만, 김정일 위원장이 2주마다 혈액 투석을 한다는 보도 등을 강조하며 김 위원장이 금방 사망할 것이라는 일부 보수 세력의 주장은 지나치게 앞서간 것이다. 그렇다고 김정일 위원장의 건강에 별 문제가 없다는 주장도 역시 비약이다. 단순히 건강에 특별한 문제가 있다 없다는 식으로 접근하기보다는 자연인으로 그 정도 나이가 되면

건강에 문제가 있을 수밖에 없다고 이해해야 할 것이다. 객관적 상황을 고려해야 한다. 북한이 곧 붕괴될 것이라고 전제하면서 정책을 만드는 것도 문제지만, 실제 위기 상황에 직면해 있음에도 별로 문제가 안 된다는 식으로 접근하는 것도 문제다. 현재 북한이 처한 대내외 환경을 고려하면 이명박 정부의 대북정책에는 크게 무리가 없다. 당장 북한이 붕괴하는 것도 아니고, 그렇다고 전혀 이상이 없는 것도 아닌 바에 현재 정부가 북한 체제에 대해 의도적, 공세적인 체제붕괴 정책을 취하지 않으면서 원칙 있는 남북관계를 추진해 나가는 것은 옳은 선택이라 할 수 있다.

윤영관: 두 분의 이야기를 살펴보면 북한내부 리더십, 건강문제 등 불안정한 요인이 존재하고 동시에 체제 안정을 유지케 하는 요인이 존재하는 듯하다. 이 두 가지를 종합적으로 평가하고 이것을 바탕으로 입장을 전개해야 할 필요성이 있다는 생각이 든다. 대외변수 요인이 매우 중요하다. 김정일 국방위원장의 방중설이 있고 몇 달 전부터 중국 고위급들이 북한을 방문하는 등 북중관계에 대한 관심도 커지고 있다. 그런 요인들과 관련해서 주변 4국의 한반도 정책 및 대외변수에 대해 평가를 해 봤으면 한다.

김근식: 과거 경험을 보면 북한은 외부 정세를 내부의 정세로 연관시켜 접근하는 경향이 있다. 예를 들면 내부의 체제적인 안정을 도모할 필요가 있을 경우, 미국이나 한국과의 협상보다는 사회주의 국가와의 연대 특히 중국과 정치적 유대 관계를 강화했다. 역으로 미국과 협상이 잘되고 남북관계가 진전되고 외부로부터 지원이 들어오면, 내부가 상대적으로 이완되고 개혁이나 개방을 시도하는 경향성을 보였다. 지금은 화폐개혁과 맞물려서 체제 보수화 경향이 강화되는 시기여서 내부 체제 단속의 경향과 맞물려 대외 정세가 북중관계를 공고화하면서 한국과 미국과의 갈등관계를 대체하는 상황으로 가고 있다.

또한 잇따른 북중 고위급 인사들의 상호방문, 임박한 김정일 위원장 방중 그리고 경제적 협력이 확대되는 것을 보면서 중국의 북한경제 간섭이 심화되는 것이 아니냐는 이야기도 나온다.

실제로 2008년 이후 김정일은 미국과 협상을 원했지만 원하는 결과를 얻지 못했다. 이명박 정부와도 마찬가지다. 그래서 북중관계에 전념하고 있다. 한국과 미국에 막혀 있는 상황에서는 중국으로부터의 지원이 절대적이다. 이러한 면에서 중국에 대한 의존도가 커지고 있다. 북한이 중국에 의존하고 있기 때문에, 한국과 미국이 평양으로 가는 길이 막혀 있다. 한국과 미국이 북경에 가서 평양의 이야기를 듣고 있는 형편이다.

남궁영: 북한의 대외관계는 국제질서라는 큰 틀에서 봐야 한다. 첫째, 북한의 대외환경은 어려워질 수밖에 없다. 미국, 일본, 한국 모두가 북한의 대외 환경에 어려움을 만들고 있는 상황이다. 중국은 북한을 어렵게 만들기 보다는 치유해주는 환경적 요소였다. 그러나 중국도 점차 국제사회에서 북한의 어려움을 해결해 주는 역할 폭이 좁아질 수밖에 없다.

둘째, 미국의 한반도 및 북한에 대한 전략을 이해하기 위해서는 미국의 탈냉전 이후 세계패권 전략을 중심에 놓고 검토해야 한다. 미국은 자국의 패권을 보호, 유지, 증진하는 가운데 국제질서를 관리하고자 한다. 이를 위해 대량살상무기 비확산과 미국적 가치의 확산이라는 두 가지 전략을 구사하고 있다. 그런데 탈냉전 이후 북한, 이란, 이라크 등은 이 두 가지 모두를 위반함으로써 미국의 주적이 되어 버렸다. 현재는 미국의 '악의 축' 명단에서 이라크는 제외되었고 이란과 북한만이 남아 있는 상태다. 이러한 점에서 북핵문제에 대한 미국의 인식과 접근은 단순히 핵문제 이상의 의미를 지니고 있다. 요컨대, 북한문제는 이러한 미국의 세계 패권전략과 연계되어 있기 때문에 이를 도외시하고 풀 수는 없는 것이다.

셋째, 일본은 북핵문제를 직접적인 안보 위협으로 보고 있고, 한국은 비핵화를 가장 중요한 대외정책으로 삼고 있다. 중국은 국제무대에서의 위치 때문에 책임 있는 강대국으로서의 역할뿐 아니라 미국의 영향력을 완전히 무시할 수도 없는 상황이다. 이런 입장 때문에 북한을 끝없이 보호해 줄 수는 없으며 융통성을 발휘할 수밖에 없다. 이러한 점을 종합해 보면, 북한의 대외 환경은 지금도 어렵지만 앞으로도 나아지기 보다는 더 어려운 상황으로 갈 수밖에 없을 것이다.

II. 이명박 정부의 대북정책 평가

윤영관: 북한문제에 적극적으로 대응하고 국제적인 흐름을 주도해야 할 나라가 한국이다. 한반도의 평화구축은 한국 정부의 주요 정책목표이다. 지난 10년 동안 김대중, 노무현 정부에서 대북포용의 기조가 지속되다가 이명박 정부가 들어서고 나서 새로운 국면이 전개되고 있다. 지난 2년 동안 이명박 정부의 대북정책을 어떻게 평가하는지 논의를 했으면 한다. 비핵·개방 3000 구상, 금강산과 개성 관광의 축소, 북한의 2차 핵실험문제, 또 미사일문제라든지, 또 국제 제재 이후 사태 흐름과 전개방향, 우리정부의 대응에 대해 어떻게 평가하고 있는가?

김근식: 이명박 정부는 원칙을 지키는 대북정책을 천명하고 있다. 사전적 의미에서는 동의한다. 그리고 이명박 정부는 비핵·개방 3000 고수, 상호주의 관철, 국제규범과 일치하는 대북정책, 북한 내 인권신장 등 몇 가지 원칙을 견지했다. 이명박 정부의 원칙 있는 정책이 북한에게 한국의 대북정책에 대한 학습효과를 가져왔다. 하지만 한 가지 아쉬운 점이 있다면 지나치게 원칙이 강조되어 대북정책이 실종되었다는 점이다. 먼저 대북정책 방향의 기조를 먼저 잡고 이 기조를 지키기 위한

원칙이 필요한데 지난 2년간 북한과 연관이 되어 있는 사안들에 대해 이명박 정부는 원칙을 넘어 고집 그리고 오기까지 가고 있다. 한마디로 원칙은 있었으나 정책이 없었다.

지난 미국 부시 정부 때 북의 선핵 포기가 가장 우선시되었다. '악행에 대해 보상하지 않는다', '북한과 양자 협상을 하지 않는다'는 원칙을 지켰지만 북한의 핵 역량은 더 커버렸다. 부시 행정부도 북핵을 어떻게 막을 것인가에 대한 정책이 없었다. '핵은 안 된다'는 원칙만 있었다.

금강산 관광을 예로 들 수 있다. 남북관계에서 금강산 관광의 유용성을 고려하지 않고, 우리의 원칙만 북한에게 요구하고 있다. 북도 나름대로 금강산 관광의 재개를 위해 노력하지만 이명박 정부는 원칙만을 내세운다. 금강산, 개성공단, 대북지원의 각 사안별 원칙도 중요하지만 이 사안들을 꿰뚫을 수 있는 총괄적 입장이 필요하다. 금강산 관광이 필요하다면, 금강산 관광이 이루어질 수 있도록 문제를 풀어 나가야 한다. 금강산 관광 재개를 위한 조건에 이명박 정부의 원칙이 과하게 투영되었다. 이는 본말전도이다.

남궁영: 김근식 교수의 '원칙은 있으나 정책은 없다'는 평가에 대해 전혀 수긍하지 못하는 바는 아니다. 그러나 원칙만 있고 정책은 없다고 평가하기 전에 상황을 객관적으로 들여다 볼 필요가 있다. 이명박 정부 2년의 대북정책은 올바른 방향의 정책이고 원칙 있게 추진되고 있음에도 구체적 정책이 없는 것처럼 비춰지고 있다. 그러한 점에서 불행한 정책이다. 먼저 남북협력의 유무를 논하기 전에, 무엇을 위한 남북협력이냐를 생각해야 한다.

'비핵·개방 3000'은 이명박 정부 대북정책의 얼굴이다. 비핵은 북한의 핵이 우리의 안보에 가장 큰 위협을 주고 있기 때문에 이것을 해결하는 것이 국가 입장에서는 가장 중요하다. 개혁·개방은 북한에 정상국가화를 요구하는 것이다. 북한이 정상국가화되어야만 우리의 안보문제가 해결된다. 같은 민족이기에 적이 아니라고 말할 수 없다. 같은 가치를 가지면서 서로 생명을 해칠 것이라고 생각하지 않을 때 적이 아닌 것이다. 핵문제뿐 아니라 북한의 개혁·개방도 남한의 안보문제다. 이러한 점에서 북한의 개혁·개방은 북한 주민들을 정상적으로 잘 살게 하는 정상국가를 만드는 목적도 있지만, 동시에 공통의 가치를 갖게 된다는 점에서 한국의 안보에 가장 필요한 부분이다. 비핵과 개방을 위한 원칙 있는 접근을 하겠다는 것은 남북관계의 가시적 이벤트성 진전이 아니라 다소 느리더라도 실질적인 남북관계의 진전을 가져오도록 접근을 하겠다는 것이다. 그러다 보니, 김근식 교수의 지적대로 핵문제에 대한 현실적인 대안을 못 내고 있다. 핵문제에 대한 대안을 내지 못하고 있는 것이 잘하는 것은 아니지만, 그렇다고 정책이 잘못된 건 아니다. 정확히 말하면, 북한 핵문제와 관련 미국과 협력하고 공조하는 것 이외에 한국은 현실적인 대안이 없다.

북핵문제는 두 가지 방식으로 해결될 수 있다. 첫째, 북한이 원하는 모든 것을 주었을 때 해결될 수 있다. 북한이 원하는 것은 김정일 정권의 안정, 북한 체제안정, 경제적인 지원, 국제적인 고립의 탈피 등이다. 이를 다 이루어줄 수 있는 나라는 미국이다. 하지만 미국은 북한의 요구사항을 절대 들어주지 않으려 하며, 미국의 원칙상 들어줄 수도 없는 일이다. 북한의 요구사항은 민주주의, 시장경제, 인권 등 미국적 가치에 위배되는 일이기 때문이다. 또한 북한이 원하는 것을 다 들어주는 소극적 해결방식으로는 완전한 검증을 통한 완전한 북핵폐기를 이루기가 어렵다는 것이다.

둘째, 북한으로 하여금 핵무기 보유가 자국에게 이익이 되지 않음을 깨닫게 하여 포기시키는 것이다. 북한이 핵무기를 갖고 있는 것이 스스로 너무 비용이 크기 때문에 핵무기를 보유하지 않는 쪽으로 가게 만드는 방법밖에 없다. 미국의 대북정책 접근은 이 방향에 있다. 비핵과 북한의 정상국가화는 같이 붙어 있다고 본다. 미국의 입장에서는 북한문제를 해결해야지 북핵문제가 해결된다고 보고 있지 협상과 타협에 의해 해결된다고 보지 않는다. 미국의 대북정책에 있어 민주당과 공화당이 차이를 갖지 않으며, 장기적 관점에서 접근하고 있다. 이런 점에서 이명박 정부와 미국의 북핵문제에 대한 정책방향과 가치는 상당히 일치하며, 긴밀할 수밖에 없다.

요컨대, 북핵문제도 단기간에 해결할 수 없고 남북관계도 개선이 당장 힘들다. 현실적인 불안함의 문제이지 정책적인 큰 문제가 있다고 보기는 어렵다. 이명박 정부의 대북정책이 올바른 방향을 취하지만 즉각적 효과를 보일 수 없기 때문에, 정책 입안자에게는 불행한 상황이다.

윤영관: 문제의 구조적인 성격 자체가 대안을 찾기 힘들다는 지적이 나왔다. 핵문제에 대해 말씀해 주셨는데 이야기 중에 북한 스스로가 핵을 갖게 되는 비용이 이익보다 크다고 생각하게 만들어야 한다고 했는데 그런 맥락에서 리비아 카다피와 같은 전략적인 결단을 내릴 수 있는 가능성은 없는 것인가?

김근식: 남궁영 교수님의 구조적인 접근은 현실적인 입장에서 타당하다. 북한의 핵문제가 해결되기 위해서는 세 가지 방법이 있다고 본다. 첫째, 미국이나 한국이 핵을 돈 주고 사는 것이다. 돈 주고 산다는 의미는 협상을 통해 거래를 한다는 뜻이다. 쉽게 말하면 6자회담이란 '장터'에서 김정일이 값을 부르고 나머지 국가는 이에 흥정하는 것이다. 하지만 이 방법은 어렵다. 국제시장에 핵무기 가격이 없고 핵을 둘러싼 이해 관계자들의 요구 조건이 다 다르다. 힘들긴 하지만 한반도에서 핵을 평화적으로 관리할 수 있는 방법이다.

둘째, 북한 스스로 못 견뎌서 포기하는 안이다. 핵을 갖고 있을 때의 이익보다 제재와 압박을 통해 핵을 보유함으로써 치르는 비용을 더 크게 하는 것이다. 제재와 압박만으로 가능하다면 그렇게 가야 하겠지만 그것이 가능한가에 대해서 조금 더 지켜봐야 한다. 특히, 중국이 핵을 갖고 있는 북한을 포기할 정도로 그런 대외 전략을 취할 것 같지는 않다. 이것은 시간을 너무 많이 소요한다. 말끔한 해결도 보장할 수 없다.

셋째, 군사적으로 무력화시키는 방법이다. 북한의 핵무기를 밖으로 가져오거나, 북한의 핵무기를 작동불능상태로 만들면 된다. 하지만 이것은 한반도 상황과는 맞지는 않는다.

세 안의 장단점을 비교하면, 6자회담을 통한 거래가 최적이다. 협상을 통한 거래를 주요 수단으로 잡고, 제재와 압박이 병행될 수 있다. 흥정이 안 될 경우도 협상을 조금 더 유리하게 하기 위해서 제재와 압박을 가할 수 있다. 하지만 제재와 압박 자체가 목적이 아니어야 한다.

윤영관: 오바마 대통령이 선거전부터 대화를 강조했기 때문에, 북한문제가 풀리지 않겠느냐는 전망이 있었다. 하지만 오바마 행정부가 출범하자마자 북한에서 먼저 위성과 미사일을 발사하고 핵실험을 해버렸다. 이 행태를 보면 북한에서 핵 보유 입장을 분명히 한 것이 아닌가 하는 비관적인 해석을 하기도 한다. 그렇다면 과연 돈 주고 사는 방식이 가능할 것인가?

김근식: 2009년 4월에 로켓을 발사하고 5월에 핵실험 한 것은 김정일의 패착이라 본다. 2차 핵실험은 오바마를 시험하는 성격을 가진 동시에 빠른 대화 촉구를 위한 제스처였다고 본다. 결과적으로 보면, 북한의 2차 핵실험은 원하는 결과를 얻지 못했다. 미국이란 강대국에 북한만 봐달라고 하는 것은 상당히 위험한 생각이다. 미국은 김정일만 바라볼 수 없다. 김정일의 조급함과 오바마의 무관심이 만든 비극이었다. 김정일이 6개월만 기다렸어도 혹은 오바마가 북한에게 조금 더 일찍 관심을 가졌다면 상황은 달라졌을지도 모른다. 여하튼 이후 핵을 포기할 수 있는 요구 조건이 높아졌고 북한이 미국에게 달라고 하는 것이 늘어났다. 작년 4월의 사태는 불행한 일이었다.

남궁영: 오바마 행정부 출범 당시 많은 사람들이 미북관계가 좋아질 것으로 전망한 바 있지만, 개인적으로 이는 너무 낭만적 사고라고 지적해왔다. 만일 북한이 미사일을 발사하지 않거나 2차 핵실험을 하지 않았더라도 마찬가지였다고 본다.

기본적으로 안보위협을 경험하는 국가의 지도자에게 안보위협에 맞서는 수단으로서 핵무기는 최상의 카드이다. 북한은 원하는 것을 얻기 전까지는, 국제사회나 미국에서 접근해오거나 뭘 주겠다고 하지 않는 이상 핵실험이나, 장거리 미사일 발사와 같은 사건을 계속 만들어 나가야 할 입장이다. 반면, 미국은 미국이 갖고 있는 북한문제 해결이라는 기본적인 전략을 추진해 나가면서 때를 기다리고 있다고 본다.

6자회담을 통해서 북핵문제가 해결된다고 보지 않는다. 6자회담은 미국의 입장에서는 대화와 협상을 꾸준히 하고 있다는 절차를 보여주면서 핵문제를 관리하는 장이지 해결이 되리라고 보는 장이 아니다. 중국의 입장에서도 국제사회에서 핵문제와 북한을 관리하는 장이다.

이런 상황에서 협상을 통한 해결과, 제재와 압박을 통한 해결 가운데 어느 정책안이 현실적일까? 북한이 원하는 바를 주는 협상안은 현실적이지 않다. 그렇다고 제재와 압박으로 단기간에 해결될 수 있는 문제도 아니다. 한국이 북핵정책을 추진하는 데 있어서 실효성 없는 '북한이 원하는 것을 주는 안'을 내놓으며 미국과 갈등을 겪는다면 큰 문제가 된다. 따라서 6자회담 과정에서 북핵문제를 거래의 방식으로 해결해야 한다는 접근은 북핵문제를 해결하지도 못하면서 미국과의 신뢰에 문제를 야기할 수 있다.

윤영관: 미국에서는 전반적으로 북핵문제에 대한 비관론이 높아졌다. 하지만 대화를 하면서 협상의 여지를 보자는 기류도 나타나고 있다. 북한이 느끼는 체제안보에 대한 위협을 해소시켜 주면서 핵을 포기하게 하고 한미동맹도 유지하면서 평화체제를 이루어 갈 현실적인 제3의 해결 방법은 없는가?

남궁영: 미국은 북한이 자국의 정책 유연성에 일정한 영향을 미친다고 평가하고 있다. 미국의 입장에서, 북한이 아무 문제없이 건전하고 지속적으로, 정상적 발전을 한다면 압박을 통한 핵 포기 시도는 비현실적 방법이 될 것이다. 그러나 현재 북한은 비정상적 상황이므로, 어느 정도 시간이 지나야 변화할 것으로 판단하고 있기 때문에 제재와 압박이 가장 현실성 있는 접근이라고 보고 있는 것이다.

윤영관 교수님께서 말씀하신 것은 일종의 그랜드 바겐(Grand Bargain)이 될 수 있다. 서로가 원하는 평화체제, 핵문제, 북미관계 개선까지 모두를 해결하는 것이다. 그런데 미국의 입장에서 볼 때, 그런 상황이 현실적으로 가능하기 위해서는 북한의 정권교체(regime change)까지는 아니더라도 체제변화(regime transformation)가 전제되어야 한다.

북한이 시장경제로의 개혁·개방을 추진하고, 국제규범을 준수하는 정상국가가 된다면, 북한의 개혁·개방을 돕지 않을 이유가 없다. 미국의 입장에서도 북한의 체제변화가 가능하다면, 그랜드바겐을 시도할 것이다. 한국으로서도 비핵·개방 3000이 아니라 4000도 추진할 수 있을 것이다. 다만 현재 상황에서 미국은 북한이 체제변화 방향으로 가주기를 기대하면서 기다리고 있으며, 그럴 가능성도 전혀 없지 않은 것으로 판단하고 있는 것 같다.

김근식: 이 부분에 대해서는 남궁영 교수님과 입장이 다르다. 남궁영 교수님의 논리를 종합하면, 북한이 비정상국가이기 때문에 북핵 해결의 과정으로서 협상이 현실적이지 않다. 6자회담은 소모적인 반면, 제재와 압박이 필요하다고 판단하시고 있다. 북한의 개혁·개방이 정권 변화로 이어지지 않는다고 예상한다.

이 논리를 연장하면, 부시 행정부 초반 6년간의 선핵 포기론으로 갈 가능성이 크다. 부시 행정부도 북한의 폭정 종식을 외쳤지만 북한은 핵실험까지 했고 결국 실패한 외교라는 소리를 듣고 있다. 만약 이번에 또 그랬을 경우 3~4년 이상 가면 그 후과와 상황을 어떻게 해야 하는지도 생각해 봐야 한다. 이명박 정부의 대북정책을 비판하는 이유는 원칙이 좋으나 효과를 내지 못할 때의 정책적 실패에 대해 어떻게 하냐이다. 이 부분이 가장 안타깝다.

그럼 포괄적 맞교환이 가능한가? 아직도 가능하다고 본다. 시도를 하지 않았던 것이 아니다. 미국도 부시 행정부하에서 비핵화와 평화체제를 같이 교환하려 했다. 북한이 핵을 포기하게 하는 비핵화 프로세스와 북한이 미국으로부터 얻기 원하는 관계정상화와 체제 인정 이 둘 사이의 교환이 가능한가? 논리적으로는 가능하다. 하지만 중도에 북미관계에 불신 구조가 커졌지만 가능하다.

리비아 카다피와 미국도 원수 관계이지만 카다피도 어느 순간 미국이 자신들의 체제를 위협하지 않는다는 전략적 확약 속에서 협상을 진행했고 결단을 내렸다. 이렇게 하지 않으면 협상과 외교의 의미는 지워야 한다고 본다. 안 된다. 우크라이나도 마찬가지다. 우크라이나에 100기 이상의 핵무기가 있을 때 어느 누구도 그것을 내놓는다고 생각하지 않았다. 하지만 국제사회가 그것을 가능하게 한 협상의 기준들을 마련했다. 협상을 통한 북핵해결을 포기해서는 안 된다.

2005년 9.19 프로세스 과정에서 북한의 핵무기 폐기 조치와 국제사회의 상응하는 조치가 합의되었다. 비핵화와 평화체제를 교환하는 프로세스를 다시 시작할 경우 북한은 리비아의 카다피식 결단을 할 수 있다. 이명박 정부가 막후에서 조정하는 역할을 해야 한다.

남궁영: 이명박 정부가 미국에 이야기를 잘하면 북미관계의 신뢰성이 높아지고, 잘 못하면 불신이 증폭되는 것으로 이해하는 것은 곤란하다. 미국의 대북정책은 대량살상무기 비확산과 미국적 가치의 확산이라는 세계전략의 틀에서 추진된다. 따라서 북미관계는 북한의 태도에 달려 있다. 한미관계에 대한 평가는 공통의 가치에 대한 선호와 방향이 얼마나 서로 잘 맞느냐의 문제다. 한국이 이와 다르게 행동한다면, 미국과 상충된 행보를 보일 수밖에 없다. 현재 한미관계는 상당히 공조가

잘되고 있다고 평가한다.

북한이 장기적으로 체제위기를 맞아 체제변화가 일어날 것인지 여부에 대한 판단은 확률의 문제다. 따라서 이를 근거로 실제 정책 옵션으로서 협상이냐 제재냐를 선택할 수 없는 것이다. 이런 점에서 종국적으로는 가치판단이 개입될 수밖에 없다.

제재와 압력은 한국의 입장에서도 현실적 선택이라고 생각한다. 한국은 미국 등 국제사회와의 공조 및 협조 속에서 해결해 나가는 것이 더욱 현실적이다. 더구나 한국의 입장에서 제재·압력이 북한의 핵무기 포기를 이끌어낸다면, 단기적 안보, 장기적 안보, 북한의 체제변화 등 한국이 원하는 것들이 모두 실현된다. 제재·압력과 거래가 가지는 정책수단으로써의 가치(실현성, 정책목표 등)를 비교하면, 제재·압력이 더 유용하다.

윤영관: 핵 문제가 중요한 북한 관련 쟁점이지만, 또 하나의 축은 북한경제의 개혁·개방이다. 북한이 시장 원리를 도입해서 현재 마비되어 있는 경제를 다시 움직일 수 있는지 여부가 큰 관심사다. 1980년대 후반 이후 동구권 역사가 보여주는 것처럼 통제된 중앙계획경제는 살아날 수 없다. 북한이 시장원리를 도입하여 북한경제가 회생할 가능성, 만약 북한이 시장원리를 도입하는 경우 주변국의 원조 여부 등에 관하여 의견을 교환했으면 한다.

김근식: 북한 스스로 개혁·개방을 해준다면 핵문제도 쉽게 풀 수 있다. 사회주의 국가의 개혁·개방과 대외적 환경은 상호 연결되어 있다. 1970년대 중반 미-중 간의 관계전환이 1978년 중국 개혁·개방의 배경이다. 북한 지도층은 스스로 북한 사회주의 경제 시스템의 한계를 잘 알고 있다. 더 이상 국가중앙계획경제에 의해서 나라 경제를 이끌고 가지 못할 것이다.

개혁·개방은 시간의 문제이지 결단의 문제는 아니다. 그러면 그 시

기는 언제일까? 북한 내부의 엘리트 문제들도 있지만, 개혁·개방 후에
도 체제를 유지할 수 있다는 대외적 환경이 조성될 때 가능하다. 특히,
다른 나라에 대한 의구심이 사라질 때 북한의 개혁·개방이 취해질 수
있다. 물론 김정일을 정점으로 하는 북한 지도층으로부터, 즉 상부로부
터 개혁이 이루어지려면, 북한의 대외적 환경에서 극적 전환이 있어야
한다. 개혁·개방을 하고 싶지만, 외부환경이 북한의 개혁·개방에 우
호적이지 않다는 상황이 북한에게 고민거리다. 물론 아래로부터 개혁·
개방이 추동된다면, 대외적 환경에 구애를 받지 않고 이루어질 것이다.
　　세 사례가 있다. 1973~74년도에 북한이 일정 정도 사회주의 공업화
를 이룬 이후 유럽 자본을 끌어 들여 대규모 플랜트 산업에 투자했다.
북한식 개혁·개방을 시도한 셈이다. 하지만, 석유파동과 같은 대외적
인 경제환경 악화 때문에 실패했다. 1991~92년 남북합의서를 체결하
고 합영법을 실시하고 라진선봉지구를 외국에 열었다. 하지만, 1차 북
핵 위기로 북한의 개혁·개방 조치는 무산되었다. 2002년 신의주 개방
등으로 새롭게 개혁·개방을 시도하였다. 하지만 2차 북핵 위기로 다시
원점으로 돌아갔다. 북한이 스스로 개혁·개방을 하고 싶어도 미국이
도와주지 않으면 안 된다는 것을 깊게 느꼈을 것이다. 그래서 오히려
미국과의 관계를 절실하게 생각한다.

남궁영: 사회주의 국가경제체제가 시장 경제적 요소를 받아들이는 것과
　　시장 경제로 전환되는 것은 별개의 문제다. 사회주의 국가들이 시장
　　경제적 요소를 받아들이는 것은 1960~70년대 동유럽 국가들에서 이미
　　시도되었다. 북한도 비록 실패로 끝났지만 여러 차례 부분적으로 시장
　　경제적 요소의 도입을 시도한 바 있다. 여기에 김정일 체제가 갖고 있
　　는 한계가 있다고 지적할 수 있다. 만일 북한 체제가 실질적인 시장경
　　제 지향적 개혁·개방으로 진행할 경우 한국과 미국과 일본은 이를 적
　　극적으로 도와줄 것이다. 특히 안보문제가 상당 부분 완화될 것이기
　　때문이다. 그러나 김정일 체제는 개혁·개방에 대한 정치적인 부담감

을 크게 가지고 있다. 북한이 개혁·개방을 통해 중국, 베트남, 쿠바 정도의 개방된 사회가 된다고 했을 때 김정일 체제가 이들 국가만큼 사회를 통제할 자신감이 있느냐의 문제다. 그래서 북한의 개혁·개방은 환경의 문제가 아니라 지도자가 지닌 의지의 문제이며, 이 때문에 김정일의 북한이 개혁·개방 쪽으로 쉽게 방향을 잡지 못하는 것이다.

윤영관: 상이한 관점에 중요한 문제를 지적해 주셨다. 김근식 박사께서는 북한 지도자의 관점에서 볼 때 대외적 환경이 불안정하기에 개혁·개방으로 가기에 힘든 측면을 이야기하셨고 남궁 영 박사께서는 지도자의 입장에서 경제적인 개혁·개방으로 나갔을 때의 대내적인 부작용에 대해 이야기해 주셨다. 이 두 가지 측면은 동시에 존재 하는 것 같다. 작년 말 화폐개혁 이후에 북한 체제의 불안정성은 더 증대하는 것 같다. 그 이후 보도되는 소식들을 보면 북한 정부와 주민 간의 역학관계의 변화가 보인다. 그런 측면에서는 어떻게 평가하는가?

김근식: 화폐개혁 이후 주민들의 저항은 여러 매체들을 통해 많이 전달되고 있다. 이전에 없었던 불만과 반감을 표출한 국면이 전개되면서 시민사회 수준은 아니지만 과거에 비해서는 인민들의 정부에 대한 관계가 일방향에서 쌍방향으로 가고 있다. 아직 유보적이지만, 작년 북한의 화폐개혁은 하루 아침에 갑자기 한 것은 아니라고 본다. 일부에서 갑작스럽게 했다고 평가하는데, 즉흥적 조치가 아니라고 말하고 싶다.

북한의 화폐개혁을 2000년대 개혁·개방 조치의 실패에 대한 반응으로 본다. 2002년 7·1조치를 하면서 개혁·개방을 시도했다가 2차 북핵 위기로 북한의 개혁·개방 조치는 성과를 거두지 못했다. 2005년에 북한 내 개혁·개방 세력이 퇴조하면서 경제 실세 박봉주 총리가 해임되었다. 2007년에는 7·1조치로 만들어진 시장을 통제하기 시작했다. 그리고 2009년 화폐개혁이 시행되었다. 종합하면, 작년 북한의 화폐개혁은 2005년부터 더 이상 시장을 허용하지 않으려는 반 개혁적 보수화

조치의 연장이라고 본다. 작년 화폐개혁에서 도입한 신화폐는 이미 2002년 7·1조치를 취하면서 만든 화폐다. 아무 준비 없이 한 것이 아니다. 보수화 정책 속에서 쐐기를 박는 차원에서 화폐개혁을 한 것이다.

북한은 화폐개혁의 실패에도 불구하고 여전히 주민에 대한 통제력을 유지하고 있다. 북한은 전형적인 실패국가이지만, 국가 권력이 영토와 주민을 매우 강하게 장악하고 있다. 아프리카의 실패국가들과는 전혀 다른 양상이다. 탈북자들을 보면 북한 체제 이탈률이 높을 것 같지만 실패국가 전체에서 보면 체제이탈과 난민 비율이 낮은 편이다. 화폐개혁 이후 조심스럽게 민심이반의 추이를 검토해야 하겠지만, 북한 당국의 체제 통제는 아직까지는 유효하다.

남궁영: 북한 정부의 입장에서는 화폐개혁을 실시하기 위해서 나름대로의 준비를 했겠지만 실행이 되었을 때의 반응과 효과에 대해서 평가하기는 어려운 문제다. 북한 체제가 개혁·개방을 필요로 한다는 것은 의심할 여지가 없다고 보지만 개혁·개방을 지도자의 계획 속에서 만들어 내지는 못할 것으로 본다.

북한의 현실은 개혁·개방을 필요로 하고 있고, 필요한 물자를 배급으로 충당할 수가 없어서 국민들은 작은 범위 내에서라도 시장경제적인 요소를 지속적으로 가질 수밖에 없다. 그런데 북한 정부와 지도자의 입장에서는 이러한 방향으로 정책을 추진해 갈 수 없다는 데 북한 체제의 어려움이 있으며, 결과적인 위기상황을 초래하고 있는 것이다.

III. 현안 문제와 향후 대책

윤영관: 핵심적인 쟁점인 북한의 핵문제와 개혁·개방에 대한 문제를 진단해 보았고 앞으로 어느 방향으로 나아가야 할 것인가에 대해 논의를 해봤으면 한다. 가장 미시적인 이슈들로 본다면, 개성공단 및 금강산 관광 등이 있고 남북정상회담 문제도 최근까지 나와 있었다. 이 문제들에 대해서도 이야기를 해 봤으면 한다.

김근식: 이명박 정부는 금강산 관광사업의 재개에 별 의지가 없다. 3대 요구조건 ─ 진상규명, 신변보장, 재발방지 ─ 이 충족되어야 금강산 관광을 재개한다는 입장을 가지고 있다. 북한은 한국이 원하는 구체적인 안을 요청했으나, 한국은 묵묵부답이었다. 한국 정부가 반복적으로 '국제적 수준이면 된다' '국민이 납득할 정도의 수준이면 된다'고 하지만, 구체적인 안을 제시하지 않고 있다. 금강산 관광이 북한을 변화시키고 한반도의 평화를 이루는 의미 있는 사업이라는 확신이 있다면 관광사업의 재개를 결정하고 이를 위하여 협상을 해나가야 한다.

정상회담도 마찬가지다. 이명박 정부는 남북협상에 대한 의지가 없다. 북이 정상회담에 대해 작년 8월 이후 적극적인 정책을 폈다. 싱가포르 접촉, 개성 접촉 등 할 때마다 한국의 요구는 점점 많아지고 있다. 이명박 정부는 북한과의 협상이 부질없다고 생각하는 것 같다. 앞에서도 이야기했지만 정책은 없고 원칙만 있다. 현재 이명박 정부는 북한을 만나기도 싫고 협상하기도 싫어 한다. 문을 닫고 인내하고 있으면 북한 정권이 변한다고 생각하는 것 같다. 이 부분을 이명박 정부가 시급하게 고치지 않으면 이명박 정부는 남북관계에서 잃어버린 5년이 될 것이다.

남궁영: 금강산 관광, 개성 관광, 개성공단, 정상회담 관련 부분을 말씀하셨는데, 무엇을 위한 남북협력이냐, 그 목적이 그냥 남북협력인지,

금강산 관광인지, 혹은 북한 사람들을 만나는 것인지 의문이 든다. 왜 금강산 관광을 해야 하고 남북협력을 해야 하는지 그 목표를 큰 틀에서 생각해 보아야 한다.

남북협력과 남북관계 개선에 있어서 이명박 정부는 비핵(안보위협 제거)·개방(북한의 정상국가화)이 가장 중요한 목표라고 생각한다. 비핵·개방을 위한 남북협력, 비핵·개방을 위한 남북대화, 비핵·개방을 위한 남북관계 개선, 이러한 목표에 저촉되거나 도움이 되지 않는다면 차라리 하지 않는 것이 옳다. 만약 금강산 관광의 경우 정상적인 국가가 정상적인 방법으로 하는 안을 제시한다면 북한은 아마도 이를 거부할 것이다. 그래서 더 이상 진척이 되지 않고 있다.

또 하나는 금강산 관광이나 개성공단도 앞으로 문제가 될 수 있다고 본다. 금강산 관광에는 관광공사가, 개성공단에는 토지공사가 들어가 있기 때문에 미국 등 국제사회의 입장에서 봤을 때 민간 기업들의 관계가 아니다. 북한에 대한 대북제재가 지속되는 상황과 금강산 관광·개성공단 사업의 특수성을 감안하면, 특히 금강산 관광은 문제의 소지를 가지고 있다. 국제사회가 대북제재를 취하는 상황에서 정부 차원에서 북한에게 상당액의 현금(달러)을 제공하는 금강산 사업을 재개한다면 국제공조가 약화된다.

남북정상회담이 이루어지기에는 현재 환경이 너무 어렵다. 정상회담에 핵문제를 의제로 올리려 한다면 북한은 많은 경제적 지원을 요구할 것이다. 설사 북핵문제가 남북정상회담 의제로 올라간다 하더라도 실질적인 해결 방안이 나오기는 어렵다. 정상회담을 열기 위하여 대북지원을 하고도 북핵문제에 진전을 보지 못한다면, 이명박 정부는 매우 어려운 처지에 놓일 것이다. 따라서 정상회담은 쉽게 이루어지기 어렵고, 이루어진다 해도 그 후유증은 매우 클 것이다.

김근식: 남북협력의 목표는 북한의 변화이다. 북한의 변화는 남북협력으로부터 시작된다. 남북협력이 북한의 변화를 목표로 하며 남북협력이

북한의 변화로 이어진다고 생각한다. 남북협력이 가져오는 효과에 대해서는 남궁영 교수님과 다른 평가를 내린다.

비핵·개방을 위한 남북관계는 옳다. 비핵·개방을 위한 남북관계가 원칙이다. 하지만 비핵·개방을 위한 정책이 없다. 비핵을 전제한 단호함 때문에 남북협력이 시도조차 되지 않고 있다. 비핵화가 안 되고 개방이 안 되며, 비핵화가 6자회담을 통해서 이루어질 수 없으며, 북한이 개혁·개방을 할 수 없다고 가정한다면, 당연히 남북관계는 매우 어렵다.

우리 입장에서는 비핵·개방을 위한 남북관계가 아니라 남북관계를 통한 비핵·개방을 생각해야 한다. 남북관계의 목표는 대북 포용을 통해 비핵으로 가는 것이다.

남궁영: 남북관계는 잘되어야 된다고 생각한다. 남북협력과 남북대화를 하지 말자는 것이 아니라 정상적인 원칙이 보장되어 있지 않은 상황에서 만나는 것은 전혀 도움이 되지 않는다는 뜻이다. 이제는 이벤트성 만남과 협력이 아닌 실질적인 만남과 협력에 기초한 남북관계의 개선이 필요하다.

윤영관: 이야기 하신 내용들이 우리가 당면하고 있는 대북정책, 북한문제의 핵심들을 집어내고 있다. 많은 도움이 된 대담이다. 양쪽의 입장을 비교 검토함으로써 문제의 성격이 입체적으로 드러났다. 마무리 맥락에서 말하자면 원칙이 있는 포용정책의 필요성에 두 분이 공감하고 있으나 그것을 시도하는 방법에서 차이점을 보이고 있다. 원칙을 지키면서도 북한을 변화시킬 수 있는 협력을 이루어내기 위해서는 상당한 지혜가 필요하다. 쉬운 문제가 아니다.

원칙과 유연성은 동시에 필요하다고 생각한다. 역사는 우연적인 요소가 겹치고 상황이 변하기 때문에 거기에서 어떻게 순간순간 판단을 하고 방향을 잃지 않고 나아가느냐가 중요하다. 길게 보아 한반도 평화를 항구적으로 정착하고 통일까지 염두에 두고 나아갈 때 우리가 중요하게 생각해야 할 변수 중의 하나가 북한 주민의 마음을 사는 것이다. 그런 맥락에서 보면 우리가 모니터링 등의 조건을 조금 더 북쪽에 강하게 요구하더라도 인도적인 지원을 강화하는 방향으로 나가는 것이 어떤가?

남궁영: 100% 찬성이다. 가능한 한 인도적 지원을 늘려야 한다는 것에 대해서는 동의한다. 그러나 인도적 지원이 실질적 인도적 성과를 내기 위해서는 분배의 투명성이 확보되어야 한다.

김근식: 이 부분에 대해서는 이견이 없다.

윤영관: 통일을 염두에 둔다면, 결정적 시기에 북한 주민의 선택이 매우 중요하다. 민족자결원칙에 따라 북한의 선택이 결정되는 시점이 올 것을 가정한다면, 북한 주민이 남쪽에 우호적인 생각을 가지도록 우리가 노력하고 준비를 해나가야 한다. 독일통일 때에도 동독 주민들의 선택이 상당히 중요한 역할을 했다. 서독의 인도적 지원이 동독 주민의 마음을 친서독으로 만들었다. 이처럼 남북관계에서 인도주의적 문제와 관련해서는 유연한 접근법이 필요하다고 본다.

오늘 두 분께서 현안을 접근하는 두 시각 사이에 있는 차이와 유사점을 입체적으로 보여 주셨다. 현안을 이해하는 데 도움이 되는 토론이었다. 감사말씀을 드린다.

부 록

「대한민국 헌법」

(시행 1988년 2월 25일)
(헌법 제10호, 1987년 10월 29일 전부개정)

전 문

　유구한 역사와 전통에 빛나는 우리 대한국민은 3·1운동으로 건립된 대한민국임시정부의 법통과 불의에 항거한 4·19민주이념을 계승하고, 조국의 민주개혁과 평화적 통일의 사명에 입각하여 정의·인도와 동포애로써 민족의 단결을 공고히 하고, 모든 사회적 폐습과 불의를 타파하며, 자율과 조화를 바탕으로 자유민주적 기본질서를 더욱 확고히 하여 정치·경제·사회·문화의 모든 영역에 있어서 각인의 기회를 균등히 하고, 능력을 최고도로 발휘하게 하며, 자유와 권리에 따르는 책임과 의무를 완수하게 하여, 안으로는 국민생활의 균등한 향상을 기하고 밖으로는 항구적인 세계평화와 인류공영에 이바지함으로써 우리들과 우리들의 자손의 안전과 자유와 행복을 영원히 확보할 것을 다짐하면서 1948년 7월 12일에 제정되고 8차에 걸쳐 개정된 헌법을 이제 국회의 의결을 거쳐 국민투표에 의하여 개정한다.

제1장 총 강

제1조 ① 대한민국은 민주공화국이다.
　② 대한민국의 주권은 국민에게 있고, 모든 권력은 국민으로부터 나온다.

제2조 ① 대한민국의 국민이 되는 요건은 법률로 정한다.
　② 국가는 법률이 정하는 바에 의하여 재외국민을 보호할 의무를 진다.

제3조 대한민국의 영토는 한반도와 그 부속도서로 한다.

제4조 대한민국은 통일을 지향하며, 자유민주적 기본질서에 입각한 평화적 통일 정책을 수립하고 이를 추진한다.

제5조 ① 대한민국은 국제평화의 유지에 노력하고 침략적 전쟁을 부인한다.
② 국군은 국가의 안전보장과 국토방위의 신성한 의무를 수행함을 사명으로 하며, 그 정치적 중립성은 준수된다.

제6조 ① 헌법에 의하여 체결·공포된 조약과 일반적으로 승인된 국제법규는 국내 법과 같은 효력을 가진다.
② 외국인은 국제법과 조약이 정하는 바에 의하여 그 지위가 보장된다.

제7조 ① 공무원은 국민전체에 대한 봉사자이며, 국민에 대하여 책임을 진다.
② 공무원의 신분과 정치적 중립성은 법률이 정하는 바에 의하여 보장된다.

제8조 ① 정당의 설립은 자유이며, 복수정당제는 보장된다.
② 정당은 그 목적·조직과 활동이 민주적이어야 하며, 국민의 정치적 의사형성 에 참여하는데 필요한 조직을 가져야 한다.
③ 정당은 법률이 정하는 바에 의하여 국가의 보호를 받으며, 국가는 법률이 정 하는 바에 의하여 정당운영에 필요한 자금을 보조할 수 있다.
④ 정당의 목적이나 활동이 민주적 기본질서에 위배될 때에는 정부는 헌법재판소 에 그 해산을 제소할 수 있고, 정당은 헌법재판소의 심판에 의하여 해산된다.

제9조 국가는 전통문화의 계승·발전과 민족문화의 창달에 노력하여야 한다.

제2장 국민의 권리와 의무

제10조 모든 국민은 인간으로서의 존엄과 가치를 가지며, 행복을 추구할 권리를 가진다. 국가는 개인이 가지는 불가침의 기본적 인권을 확인하고 이를 보장할 의무를 진다.

제11조 ① 모든 국민은 법 앞에 평등하다. 누구든지 성별·종교 또는 사회적 신분에 의하여 정치적·경제적·사회적·문화적 생활의 모든 영역에 있어서 차별을 받지 아니한다.

② 사회적 특수계급의 제도는 인정되지 아니하며, 어떠한 형태로도 이를 창설할수 없다.

③ 훈장등의 영전은 이를 받은 자에게만 효력이 있고, 어떠한 특권도 이에 따르지 아니한다.

제12조 ① 모든 국민은 신체의 자유를 가진다. 누구든지 법률에 의하지 아니하고는 체포·구속·압수·수색 또는 심문을 받지 아니하며, 법률과 적법한 절차에 의하지 아니하고는 처벌·보안처분 또는 강제노역을 받지 아니한다.

② 모든 국민은 고문을 받지 아니하며, 형사상 자기에게 불리한 진술을 강요당하지 아니한다.

③ 체포·구속·압수 또는 수색을 할 때에는 적법한 절차에 따라 검사의 신청에의하여 법관이 발부한 영장을 제시하여야 한다. 다만, 현행범인인 경우와 장기 3년 이상의 형에 해당하는 죄를 범하고 도피 또는 증거인멸의 염려가 있을때에는 사후에 영장을 청구할 수 있다.

④ 누구든지 체포 또는 구속을 당한 때에는 즉시 변호인의 조력을 받을 권리를가진다. 다만, 형사피고인이 스스로 변호인을 구할 수 없을 때에는 법률이 정하는 바에 의하여 국가가 변호인을 붙인다.

⑤ 누구든지 체포 또는 구속의 이유와 변호인의 조력을 받을 권리가 있음을 고지받지 아니하고는 체포 또는 구속을 당하지 아니한다. 체포 또는 구속을 당한자의 가족등 법률이 정하는 자에게는 그 이유와 일시·장소가 지체없이 통지되어야 한다.

⑥ 누구든지 체포 또는 구속을 당한 때에는 적부의 심사를 법원에 청구할 권리를가진다.

⑦ 피고인의 자백이 고문·폭행·협박·구속의 부당한 장기화 또는 기망 기타의방법에 의하여 자의로 진술된 것이 아니라고 인정될 때 또는 정식재판에 있어서 피고인의 자백이 그에게 불리한 유일한 증거일 때에는 이를 유죄의 증거로삼거나 이를 이유로 처벌할 수 없다.

제13조 ① 모든 국민은 행위시의 법률에 의하여 범죄를 구성하지 아니하는 행위로소추되지 아니하며, 동일한 범죄에 대하여 거듭 처벌받지 아니한다.

② 모든 국민은 소급입법에 의하여 참정권의 제한을 받거나 재산권을 박탈당하지 아니한다.

③ 모든 국민은 자기의 행위가 아닌 친족의 행위로 인하여 불이익한 처우를 받지 아니한다.

제14조 모든 국민은 거주·이전의 자유를 가진다.

제15조 모든 국민은 직업선택의 자유를 가진다.

제16조 모든 국민은 주거의 자유를 침해받지 아니한다. 주거에 대한 압수나 수색을 할 때에는 검사의 신청에 의하여 법관이 발부한 영장을 제시하여야 한다.

제17조 모든 국민은 사생활의 비밀과 자유를 침해받지 아니한다.

제18조 모든 국민은 통신의 비밀을 침해받지 아니한다.

제19조 모든 국민은 양심의 자유를 가진다.

제20조 ① 모든 국민은 종교의 자유를 가진다.
② 국교는 인정되지 아니하며, 종교와 정치는 분리된다.

제21조 ① 모든 국민은 언론·출판의 자유와 집회·결사의 자유를 가진다.
② 언론·출판에 대한 허가나 검열과 집회·결사에 대한 허가는 인정되지 아니한다.
③ 통신·방송의 시설기준과 신문의 기능을 보장하기 위하여 필요한 사항은 법률로 정한다.
④ 언론·출판은 타인의 명예나 권리 또는 공중도덕이나 사회윤리를 침해하여서는 아니된다. 언론·출판이 타인의 명예나 권리를 침해한 때에는 피해자는 이에 대한 피해의 배상을 청구할 수 있다.

제22조 ① 모든 국민은 학문과 예술의 자유를 가진다.
② 저작자·발명가·과학기술자와 예술가의 권리는 법률로써 보호한다.

제23조 ① 모든 국민의 재산권은 보장된다. 그 내용과 한계는 법률로 정한다.
② 재산권의 행사는 공공복리에 적합하도록 하여야 한다.
③ 공공필요에 의한 재산권의 수용·사용 또는 제한 및 그에 대한 보상은 법률로써 하되, 정당한 보상을 지급하여야 한다.

제24조 모든 국민은 법률이 정하는 바에 의하여 선거권을 가진다.

제25조 모든 국민은 법률이 정하는 바에 의하여 공무담임권을 가진다.

제26조 ① 모든 국민은 법률이 정하는 바에 의하여 국가기관에 문서로 청원할 권리를 가진다.
② 국가는 청원에 대하여 심사할 의무를 진다.

제27조 ① 모든 국민은 헌법과 법률이 정한 법관에 의하여 법률에 의한 재판을 받을 권리를 가진다.
② 군인 또는 군무원이 아닌 국민은 대한민국의 영역안에서는 중대한 군사상 기밀·초병·초소·유독음식물공급·포로·군용물에 관한 죄중 법률이 정한 경우와 비상계엄이 선포된 경우를 제외하고는 군사법원의 재판을 받지 아니한다.
③ 모든 국민은 신속한 재판을 받을 권리를 가진다. 형사피고인은 상당한 이유가 없는 한 지체없이 공개재판을 받을 권리를 가진다.
④ 형사피고인은 유죄의 판결이 확정될 때까지는 무죄로 추정된다.
⑤ 형사피해자는 법률이 정하는 바에 의하여 당해 사건의 재판절차에서 진술할 수 있다.

제28조 형사피의자 또는 형사피고인으로서 구금되었던 자가 법률이 정하는 불기소처분을 받거나 무죄판결을 받은 때에는 법률이 정하는 바에 의하여 국가에 정당한 보상을 청구할 수 있다.

제29조 ① 공무원의 직무상 불법행위로 손해를 받은 국민은 법률이 정하는 바에 의하여 국가 또는 공공단체에 정당한 배상을 청구할 수 있다. 이 경우 공무원 자신의 책임은 면제되지 아니한다.
② 군인·군무원·경찰공무원 기타 법률이 정하는 자가 전투·훈련등 직무집행과 관련하여 받은 손해에 대하여는 법률이 정하는 보상외에 국가 또는 공공단체

에 공무원의 직무상 불법행위로 인한 배상은 청구할 수 없다.

제30조 타인의 범죄행위로 인하여 생명·신체에 대한 피해를 받은 국민은 법률이 정하는 바에 의하여 국가로부터 구조를 받을 수 있다.

제31조 ① 모든 국민은 능력에 따라 균등하게 교육을 받을 권리를 가진다.
　② 모든 국민은 그 보호하는 자녀에게 적어도 초등교육과 법률이 정하는 교육을 받게 할 의무를 진다.
　③ 의무교육은 무상으로 한다.
　④ 교육의 자주성·전문성·정치적 중립성 및 대학의 자율성은 법률이 정하는 바에 의하여 보장된다.
　⑤ 국가는 평생교육을 진흥하여야 한다.
　⑥ 학교교육 및 평생교육을 포함한 교육제도와 그 운영, 교육재정 및 교원의 지위에 관한 기본적인 사항은 법률로 정한다.

제32조 ① 모든 국민은 근로의 권리를 가진다. 국가는 사회적·경제적 방법으로 근로자의 고용의 증진과 적정임금의 보장에 노력하여야 하며, 법률이 정하는 바에 의하여 최저임금제를 시행하여야 한다.
　② 모든 국민은 근로의 의무를 진다. 국가는 근로의 의무의 내용과 조건을 민주주의원칙에 따라 법률로 정한다.
　③ 근로조건의 기준은 인간의 존엄성을 보장하도록 법률로 정한다.
　④ 여자의 근로는 특별한 보호를 받으며, 고용·임금 및 근로조건에 있어서 부당한 차별을 받지 아니한다.
　⑤ 연소자의 근로는 특별한 보호를 받는다.
　⑥ 국가유공자·상이군경 및 전몰군경의 유가족은 법률이 정하는 바에 의하여 우선적으로 근로의 기회를 부여받는다.

제33조 ① 근로자는 근로조건의 향상을 위하여 자주적인 단결권·단체교섭권 및 단체행동권을 가진다.
　② 공무원인 근로자는 법률이 정하는 자에 한하여 단결권·단체교섭권 및 단체행동권을 가진다.
　③ 법률이 정하는 주요방위산업체에 종사하는 근로자의 단체행동권은 법률이 정하는 바에 의하여 이를 제한하거나 인정하지 아니할 수 있다.

제34조 ① 모든 국민은 인간다운 생활을 할 권리를 가진다.
　② 국가는 사회보장·사회복지의 증진에 노력할 의무를 진다.
　③ 국가는 여자의 복지와 권익의 향상을 위하여 노력하여야 한다.
　④ 국가는 노인과 청소년의 복지향상을 위한 정책을 실시할 의무를 진다.
　⑤ 신체장애자 및 질병·노령 기타의 사유로 생활능력이 없는 국민은 법률이 정
　　하는 바에 의하여 국가의 보호를 받는다.
　⑥ 국가는 재해를 예방하고 그 위험으로부터 국민을 보호하기 위하여 노력하여야
　　한다.

제35조 ① 모든 국민은 건강하고 쾌적한 환경에서 생활할 권리를 가지며, 국가와
　국민은 환경보전을 위하여 노력하여야 한다.
　② 환경권의 내용과 행사에 관하여는 법률로 정한다.
　③ 국가는 주택개발정책등을 통하여 모든 국민이 쾌적한 주거생활을 할 수 있도
　　록 노력하여야 한다.

제36조 ① 혼인과 가족생활은 개인의 존엄과 양성의 평등을 기초로 성립되고 유지
　되어야 하며, 국가는 이를 보장한다.
　② 국가는 모성의 보호를 위하여 노력하여야 한다.
　③ 모든 국민은 보건에 관하여 국가의 보호를 받는다.

제37조 ① 국민의 자유와 권리는 헌법에 열거되지 아니한 이유로 경시되지 아니
　한다.
　② 국민의 모든 자유와 권리는 국가안전보장·질서유지 또는 공공복리를 위하여
　　필요한 경우에 한하여 법률로써 제한할 수 있으며, 제한하는 경우에도 자유
　　와 권리의 본질적인 내용을 침해할 수 없다.

제38조 모든 국민은 법률이 정하는 바에 의하여 납세의 의무를 진다.

제39조 ① 모든 국민은 법률이 정하는 바에 의하여 국방의 의무를 진다.
　② 누구든지 병역의무의 이행으로 인하여 불이익한 처우를 받지 아니한다.

제3장 국 회

제40조 입법권은 국회에 속한다.

제41조 ① 국회는 국민의 보통·평등·직접·비밀선거에 의하여 선출된 국회의원으로 구성한다.
  ② 국회의원의 수는 법률로 정하되, 200인 이상으로 한다.
  ③ 국회의원의 선거구와 비례대표제 기타 선거에 관한 사항은 법률로 정한다.

제42조 국회의원의 임기는 4년으로 한다.

제43조 국회의원은 법률이 정하는 직을 겸할 수 없다.

제44조 ① 국회의원은 현행범인인 경우를 제외하고는 회기중 국회의 동의없이 체포 또는 구금되지 아니한다.
  ② 국회의원이 회기전에 체포 또는 구금된 때에는 현행범인이 아닌 한 국회의 요구가 있으면 회기중 석방된다.

제45조 국회의원은 국회에서 직무상 행한 발언과 표결에 관하여 국회외에서 책임을 지지 아니한다.

제46조 ① 국회의원은 청렴의 의무가 있다.
  ② 국회의원은 국가이익을 우선하여 양심에 따라 직무를 행한다.
  ③ 국회의원은 그 지위를 남용하여 국가·공공단체 또는 기업체와의 계약이나 그 처분에 의하여 재산상의 권리·이익 또는 직위를 취득하거나 타인을 위하여 그 취득을 알선할 수 없다.

제47조 ① 국회의 정기회는 법률이 정하는 바에 의하여 매년 1회 집회되며, 국회의 임시회는 대통령 또는 국회재적의원 4분의 1 이상의 요구에 의하여 집회된다.
  ② 정기회의 회기는 100일을, 임시회의 회기는 30일을 초과할 수 없다.
  ③ 대통령이 임시회의 집회를 요구할 때에는 기간과 집회요구의 이유를 명시하여야 한다.

제48조 국회는 의장 1인과 부의장 2인을 선출한다.

제49조 국회는 헌법 또는 법률에 특별한 규정이 없는 한 재적의원 과반수의 출석과 출석의원 과반수의 찬성으로 의결한다. 가부동수인 때에는 부결된 것으로 본다.

제50조 ① 국회의 회의는 공개한다. 다만, 출석의원 과반수의 찬성이 있거나 의장이 국가의 안전보장을 위하여 필요하다고 인정할 때에는 공개하지 아니할 수 있다.
② 공개하지 아니한 회의내용의 공표에 관하여는 법률이 정하는 바에 의한다.

제51조 국회에 제출된 법률안 기타의 의안은 회기중에 의결되지 못한 이유로 폐기되지 아니한다. 다만, 국회의원의 임기가 만료된 때에는 그러하지 아니하다.

제52조 국회의원과 정부는 법률안을 제출할 수 있다.

제53조 ① 국회에서 의결된 법률안은 정부에 이송되어 15일 이내에 대통령이 공포한다.
② 법률안에 이의가 있을 때에는 대통령은 제1항의 기간내에 이의서를 붙여 국회로 환부하고, 그 재의를 요구할 수 있다. 국회의 폐회중에도 또한 같다.
③ 대통령은 법률안의 일부에 대하여 또는 법률안을 수정하여 재의를 요구할 수 없다.
④ 재의의 요구가 있을 때에는 국회는 재의에 붙이고, 재적의원과반수의 출석과 출석의원 3분의 2 이상의 찬성으로 전과 같은 의결을 하면 그 법률안은 법률로서 확정된다.
⑤ 대통령이 제1항의 기간내에 공포나 재의의 요구를 하지 아니한 때에도 그 법률안은 법률로서 확정된다.
⑥ 대통령은 제4항과 제5항의 규정에 의하여 확정된 법률을 지체없이 공포하여야 한다. 제5항에 의하여 법률이 확정된 후 또는 제4항에 의한 확정법률이 정부에 이송된 후 5일 이내에 대통령이 공포하지 아니할 때에는 국회의장이 이를 공포한다.
⑦ 법률은 특별한 규정이 없는 한 공포한 날로부터 20일을 경과함으로써 효력을 발생한다.

제54조 ① 국회는 국가의 예산안을 심의·확정한다.

② 정부는 회계연도마다 예산안을 편성하여 회계연도 개시 90일전까지 국회에 제출하고, 국회는 회계연도 개시 30일전까지 이를 의결하여야 한다.

③ 새로운 회계연도가 개시될 때까지 예산안이 의결되지 못한 때에는 정부는 국회에서 예산안이 의결될 때까지 다음의 목적을 위한 경비는 전년도 예산에 준하여 집행할 수 있다.

1. 헌법이나 법률에 의하여 설치된 기관 또는 시설의 유지·운영

2. 법률상 지출의무의 이행

3. 이미 예산으로 승인된 사업의 계속

제55조 ① 한 회계연도를 넘어 계속하여 지출할 필요가 있을 때에는 정부는 연한을 정하여 계속비로서 국회의 의결을 얻어야 한다.

② 예비비는 총액으로 국회의 의결을 얻어야 한다. 예비비의 지출은 차기국회의 승인을 얻어야 한다.

제56조 정부는 예산에 변경을 가할 필요가 있을 때에는 추가경정예산안을 편성하여 국회에 제출할 수 있다.

제57조 국회는 정부의 동의없이 정부가 제출한 지출예산 각항의 금액을 증가하거나 새 비목을 설치할 수 없다.

제58조 국채를 모집하거나 예산외에 국가의 부담이 될 계약을 체결하려 할 때에는 정부는 미리 국회의 의결을 얻어야 한다.

제59조 조세의 종목과 세율은 법률로 정한다.

제60조 ① 국회는 상호원조 또는 안전보장에 관한 조약, 중요한 국제조직에 관한 조약, 우호통상항해조약, 주권의 제약에 관한 조약, 강화조약, 국가나 국민에게 중대한 재정적 부담을 지우는 조약 또는 입법사항에 관한 조약의 체결·비준에 대한 동의권을 가진다.

② 국회는 선전포고, 국군의 외국에의 파견 또는 외국군대의 대한민국 영역안에서의 주류에 대한 동의권을 가진다.

제61조 ① 국회는 국정을 감사하거나 특정한 국정사안에 대하여 조사할 수 있으며, 이에 필요한 서류의 제출 또는 증인의 출석과 증언이나 의견의 진술을 요구할 수 있다.

② 국정감사 및 조사에 관한 절차 기타 필요한 사항은 법률로 정한다.

제62조 ① 국무총리·국무위원 또는 정부위원은 국회나 그 위원회에 출석하여 국정처리상황을 보고하거나 의견을 진술하고 질문에 응답할 수 있다.

② 국회나 그 위원회의 요구가 있을 때에는 국무총리·국무위원 또는 정부위원은 출석·답변하여야 하며, 국무총리 또는 국무위원이 출석요구를 받은 때에는 국무위원 또는 정부위원으로 하여금 출석·답변하게 할 수 있다.

제63조 ① 국회는 국무총리 또는 국무위원의 해임을 대통령에게 건의할 수 있다.

② 제1항의 해임건의는 국회재적의원 3분의 1 이상의 발의에 의하여 국회재적의원 과반수의 찬성이 있어야 한다.

제64조 ① 국회는 법률에 저촉되지 아니하는 범위안에서 의사와 내부규율에 관한 규칙을 제정할 수 있다.

② 국회는 의원의 자격을 심사하며, 의원을 징계할 수 있다.

③ 의원을 제명하려면 국회재적의원 3분의 2 이상의 찬성이 있어야 한다.

④ 제2항과 제3항의 처분에 대하여는 법원에 제소할 수 없다.

제65조 ① 대통령·국무총리·국무위원·행정각부의 장·헌법재판소 재판관·법관·중앙선거관리위원회 위원·감사원장·감사위원 기타 법률이 정한 공무원이 그 직무집행에 있어서 헌법이나 법률을 위배한 때에는 국회는 탄핵의 소추를 의결할 수 있다.

② 제1항의 탄핵소추는 국회재적의원 3분의 1 이상의 발의가 있어야 하며, 그 의결은 국회재적의원 과반수의 찬성이 있어야 한다. 다만, 대통령에 대한 탄핵소추는 국회재적의원 과반수의 발의와 국회재적의원 3분의 2 이상의 찬성이 있어야 한다.

③ 탄핵소추의 의결을 받은 자는 탄핵심판이 있을 때까지 그 권한행사가 정지된다.

④ 탄핵결정은 공직으로부터 파면함에 그친다. 그러나, 이에 의하여 민사상이나 형사상의 책임이 면제되지는 아니한다.

제4장 정 부

제1절 대통령

제66조 ① 대통령은 국가의 원수이며, 외국에 대하여 국가를 대표한다.
　② 대통령은 국가의 독립·영토의 보전·국가의 계속성과 헌법을 수호할 책무를
　　진다.
　③ 대통령은 조국의 평화적 통일을 위한 성실한 의무를 진다.
　④ 행정권은 대통령을 수반으로 하는 정부에 속한다.

제67조 ① 대통령은 국민의 보통·평등·직접·비밀선거에 의하여 선출한다.
　② 제1항의 선거에 있어서 최고득표자가 2인 이상인 때에는 국회의 재적의원 과
　　반수가 출석한 공개회의에서 다수표를 얻은 자를 당선자로 한다.
　③ 대통령후보자가 1인일 때에는 그 득표수가 선거권자 총수의 3분의 1 이상이
　　아니면 대통령으로 당선될 수 없다.
　④ 대통령으로 선거될 수 있는 자는 국회의원의 피선거권이 있고 선거일 현재
　　40세에 달하여야 한다.
　⑤ 대통령의 선거에 관한 사항은 법률로 정한다.

제68조 ① 대통령의 임기가 만료되는 때에는 임기만료 70일 내지 40일전에 후임자
　　를 선거한다.
　② 대통령이 궐위된 때 또는 대통령 당선자가 사망하거나 판결 기타의 사유로
　　그 자격을 상실한 때에는 60일 이내에 후임자를 선거한다.

제69조 대통령은 취임에 즈음하여 다음의 선서를 한다.
　"나는 헌법을 준수하고 국가를 보위하며 조국의 평화적 통일과 국민의 자유와
　복리의 증진 및 민족문화의 창달에 노력하여 대통령으로서의 직책을 성실히
　수행할 것을 국민 앞에 엄숙히 선서합니다."

제70조 대통령의 임기는 5년으로 하며, 중임할 수 없다.

제71조 대통령이 궐위되거나 사고로 인하여 직무를 수행할 수 없을 때에는 국무총

리, 법률이 정한 국무위원의 순서로 그 권한을 대행한다.

제72조 대통령은 필요하다고 인정할 때에는 외교·국방·통일 기타 국가안위에 관한 중요정책을 국민투표에 붙일 수 있다.

제73조 대통령은 조약을 체결·비준하고, 외교사절을 신임·접수 또는 파견하며, 선전포고와 강화를 한다.

제74조 ① 대통령은 헌법과 법률이 정하는 바에 의하여 국군을 통수한다.
② 국군의 조직과 편성은 법률로 정한다.

제75조 대통령은 법률에서 구체적으로 범위를 정하여 위임받은 사항과 법률을 집행하기 위하여 필요한 사항에 관하여 대통령령을 발할 수 있다.

제76조 ① 대통령은 내우·외환·천재·지변 또는 중대한 재정·경제상의 위기에 있어서 국가의 안전보장 또는 공공의 안녕질서를 유지하기 위하여 긴급한 조치가 필요하고 국회의 집회를 기다릴 여유가 없을 때에 한하여 최소한으로 필요한 재정·경제상의 처분을 하거나 이에 관하여 법률의 효력을 가지는 명령을 발할 수 있다.
② 대통령은 국가의 안위에 관계되는 중대한 교전상태에 있어서 국가를 보위하기 위하여 긴급한 조치가 필요하고 국회의 집회가 불가능한 때에 한하여 법률의 효력을 가지는 명령을 발할 수 있다.
③ 대통령은 제1항과 제2항의 처분 또는 명령을 한 때에는 지체없이 국회에 보고하여 그 승인을 얻어야 한다.
④ 제3항의 승인을 얻지 못한 때에는 그 처분 또는 명령은 그때부터 효력을 상실한다. 이 경우 그 명령에 의하여 개정 또는 폐지되었던 법률은 그 명령이 승인을 얻지 못한 때부터 당연히 효력을 회복한다.
⑤ 대통령은 제3항과 제4항의 사유를 지체없이 공포하여야 한다.

제77조 ① 대통령은 전시·사변 또는 이에 준하는 국가비상사태에 있어서 병력으로써 군사상의 필요에 응하거나 공공의 안녕질서를 유지할 필요가 있을 때에는 법률이 정하는 바에 의하여 계엄을 선포할 수 있다.
② 계엄은 비상계엄과 경비계엄으로 한다.

③ 비상계엄이 선포된 때에는 법률이 정하는 바에 의하여 영장제도, 언론·출판·
　집회·결사의 자유, 정부나 법원의 권한에 관하여 특별한 조치를 할 수 있다.
④ 계엄을 선포한 때에는 대통령은 지체없이 국회에 통고하여야 한다.
⑤ 국회가 재적의원 과반수의 찬성으로 계엄의 해제를 요구한 때에는 대통령은
　이를 해제하여야 한다.

제78조 대통령은 헌법과 법률이 정하는 바에 의하여 공무원을 임면한다.

제79조 ① 대통령은 법률이 정하는 바에 의하여 사면·감형 또는 복권을 명할 수
　있다.
② 일반사면을 명하려면 국회의 동의를 얻어야 한다.
③ 사면·감형 및 복권에 관한 사항은 법률로 정한다.

제80조 대통령은 법률이 정하는 바에 의하여 훈장 기타의 영전을 수여한다.

제81조 대통령은 국회에 출석하여 발언하거나 서한으로 의견을 표시할 수 있다.

제82조 대통령의 국법상 행위는 문서로써 하며, 이 문서에는 국무총리와 관계 국
　무위원이 부서한다. 군사에 관한 것도 또한 같다.

제83조 대통령은 국무총리·국무위원·행정각부의 장 기타 법률이 정하는 공사의
　직을 겸할 수 없다.

제84조 대통령은 내란 또는 외환의 죄를 범한 경우를 제외하고는 재직중 형사상의
　소추를 받지 아니한다.

제85조 전직대통령의 신분과 예우에 관하여는 법률로 정한다.

제2절 행정부

제1관 국무총리와 국무위원

제86조 ① 국무총리는 국회의 동의를 얻어 대통령이 임명한다.

② 국무총리는 대통령을 보좌하며, 행정에 관하여 대통령의 명을 받아 행정각부를 통할한다.

③ 군인은 현역을 면한 후가 아니면 국무총리로 임명될 수 없다.

제87조 ① 국무위원은 국무총리의 제청으로 대통령이 임명한다.

② 국무위원은 국정에 관하여 대통령을 보좌하며, 국무회의의 구성원으로서 국정을 심의한다.

③ 국무총리는 국무위원의 해임을 대통령에게 건의할 수 있다.

④ 군인은 현역을 면한 후가 아니면 국무위원으로 임명될 수 없다.

제2관 국무회의

제88조 ① 국무회의는 정부의 권한에 속하는 중요한 정책을 심의한다.

② 국무회의는 대통령·국무총리와 15인 이상 30인 이하의 국무위원으로 구성한다.

③ 대통령은 국무회의의 의장이 되고, 국무총리는 부의장이 된다.

제89조 다음 사항은 국무회의의 심의를 거쳐야 한다.

1. 국정의 기본계획과 정부의 일반정책
2. 선전·강화 기타 중요한 대외정책
3. 헌법개정안·국민투표안·조약안·법률안 및 대통령령안
4. 예산안·결산·국유재산처분의 기본계획·국가의 부담이 될 계약 기타 재정에 관한 중요사항
5. 대통령의 긴급명령·긴급재정경제처분 및 명령 또는 계엄과 그 해제
6. 군사에 관한 중요사항
7. 국회의 임시회 집회의 요구
8. 영전수여
9. 사면·감형과 복권
10. 행정각부간의 권한의 획정
11. 정부안의 권한의 위임 또는 배정에 관한 기본계획
12. 국정처리상황의 평가·분석
13. 행정각부의 중요한 정책의 수립과 조정

14. 정당해산의 제소
15. 정부에 제출 또는 회부된 정부의 정책에 관계되는 청원의 심사
16. 검찰총장·합동참모의장·각군참모총장·국립대학교총장·대사 기타 법률이 정한 공무원과 국영기업체관리자의 임명
17. 기타 대통령·국무총리 또는 국무위원이 제출한 사항

제90조 ① 국정의 중요한 사항에 관한 대통령의 자문에 응하기 위하여 국가원로로 구성되는 국가원로자문회의를 둘 수 있다.
② 국가원로자문회의의 의장은 직전대통령이 된다. 다만, 직전대통령이 없을 때에는 대통령이 지명한다.
③ 국가원로자문회의의 조직·직무범위 기타 필요한 사항은 법률로 정한다.

제91조 ① 국가안전보장에 관련되는 대외정책·군사정책과 국내정책의 수립에 관하여 국무회의의 심의에 앞서 대통령의 자문에 응하기 위하여 국가안전보장회의를 둔다.
② 국가안전보장회의는 대통령이 주재한다.
③ 국가안전보장회의의 조직·직무범위 기타 필요한 사항은 법률로 정한다.

제92조 ① 평화통일정책의 수립에 관한 대통령의 자문에 응하기 위하여 민주평화통일자문회의를 둘 수 있다.
② 민주평화통일자문회의의 조직·직무범위 기타 필요한 사항은 법률로 정한다.

제93조 ① 국민경제의 발전을 위한 중요정책의 수립에 관하여 대통령의 자문에 응하기 위하여 국민경제자문회의를 둘 수 있다.
② 국민경제자문회의의 조직·직무범위 기타 필요한 사항은 법률로 정한다.

제3관 행정각부

제94조 행정각부의 장은 국무위원 중에서 국무총리의 제청으로 대통령이 임명한다.

제95조 국무총리 또는 행정각부의 장은 소관사무에 관하여 법률이나 대통령령의 위임 또는 직권으로 총리령 또는 부령을 발할 수 있다.

제96조 행정각부의 설치·조직과 직무범위는 법률로 정한다.

제4관 감사원

제97조 국가의 세입·세출의 결산, 국가 및 법률이 정한 단체의 회계검사와 행정기관 및 공무원의 직무에 관한 감찰을 하기 위하여 대통령 소속하에 감사원을 둔다.

제98조 ① 감사원은 원장을 포함한 5인 이상 11인 이하의 감사위원으로 구성한다.
　② 원장은 국회의 동의를 얻어 대통령이 임명하고, 그 임기는 4년으로 하며, 1차에 한하여 중임할 수 있다.
　③ 감사위원은 원장의 제청으로 대통령이 임명하고, 그 임기는 4년으로 하며, 1차에 한하여 중임할 수 있다.

제99조 감사원은 세입·세출의 결산을 매년 검사하여 대통령과 차년도국회에 그 결과를 보고하여야 한다.

제100조 감사원의 조직·직무범위·감사위원의 자격·감사대상공무원의 범위 기타 필요한 사항은 법률로 정한다.

제5장 법 원

제101조 ① 사법권은 법관으로 구성된 법원에 속한다.
　② 법원은 최고법원인 대법원과 각급법원으로 조직된다.
　③ 법관의 자격은 법률로 정한다.

제102조 ① 대법원에 부를 둘 수 있다.
　② 대법원에 대법관을 둔다. 다만, 법률이 정하는 바에 의하여 대법관이 아닌 법관을 둘 수 있다.
　③ 대법원과 각급법원의 조직은 법률로 정한다.

제103조 법관은 헌법과 법률에 의하여 그 양심에 따라 독립하여 심판한다.

제104조 ① 대법원장은 국회의 동의를 얻어 대통령이 임명한다.

　② 대법관은 대법원장의 제청으로 국회의 동의를 얻어 대통령이 임명한다.

　③ 대법원장과 대법관이 아닌 법관은 대법관회의의 동의를 얻어 대법원장이 임명한다.

제105조 ① 대법원장의 임기는 6년으로 하며, 중임할 수 없다.

　② 대법관의 임기는 6년으로 하며, 법률이 정하는 바에 의하여 연임할 수 있다.

　③ 대법원장과 대법관이 아닌 법관의 임기는 10년으로 하며, 법률이 정하는 바에 의하여 연임할 수 있다.

　④ 법관의 정년은 법률로 정한다.

제106조 ① 법관은 탄핵 또는 금고 이상의 형의 선고에 의하지 아니하고는 파면되지 아니하며, 징계처분에 의하지 아니하고는 정직·감봉 기타 불리한 처분을 받지 아니한다.

　② 법관이 중대한 심신상의 장해로 직무를 수행할 수 없을 때에는 법률이 정하는 바에 의하여 퇴직하게 할 수 있다.

제107조 ① 법률이 헌법에 위반되는 여부가 재판의 전제가 된 경우에는 법원은 헌법재판소에 제청하여 그 심판에 의하여 재판한다.

　② 명령·규칙 또는 처분이 헌법이나 법률에 위반되는 여부가 재판의 전제가 된 경우에는 대법원은 이를 최종적으로 심사할 권한을 가진다.

　③ 재판의 전심절차로서 행정심판을 할 수 있다. 행정심판의 절차는 법률로 정하되, 사법절차가 준용되어야 한다.

제108조 대법원은 법률에 저촉되지 아니하는 범위안에서 소송에 관한 절차, 법원의 내부규율과 사무처리에 관한 규칙을 제정할 수 있다.

제109조 재판의 심리와 판결은 공개한다. 다만, 심리는 국가의 안전보장 또는 안녕질서를 방해하거나 선량한 풍속을 해할 염려가 있을 때에는 법원의 결정으로 공개하지 아니할 수 있다.

제110조 ① 군사재판을 관할하기 위하여 특별법원으로서 군사법원을 둘 수 있다.

　② 군사법원의 상고심은 대법원에서 관할한다.

③ 군사법원의 조직·권한 및 재판관의 자격은 법률로 정한다.

④ 비상계엄하의 군사재판은 군인·군무원의 범죄나 군사에 관한 간첩죄의 경우와 초병·초소·유독음식물공급·포로에 관한 죄중 법률이 정한 경우에 한하여 단심으로 할 수 있다. 다만, 사형을 선고한 경우에는 그러하지 아니하다.

제6장 헌법재판소

제111조 ① 헌법재판소는 다음 사항을 관장한다.

1. 법원의 제청에 의한 법률의 위헌여부 심판
2. 탄핵의 심판
3. 정당의 해산 심판
4. 국가기관 상호간, 국가기관과 지방자치단체간 및 지방자치단체 상호간의 권한쟁의에 관한 심판
5. 법률이 정하는 헌법소원에 관한 심판

② 헌법재판소는 법관의 자격을 가진 9인의 재판관으로 구성하며, 재판관은 대통령이 임명한다.

③ 제2항의 재판관중 3인은 국회에서 선출하는 자를, 3인은 대법원장이 지명하는 자를 임명한다.

④ 헌법재판소의 장은 국회의 동의를 얻어 재판관중에서 대통령이 임명한다.

제112조 ① 헌법재판소 재판관의 임기는 6년으로 하며, 법률이 정하는 바에 의하여 연임할 수 있다.

② 헌법재판소 재판관은 정당에 가입하거나 정치에 관여할 수 없다.

③ 헌법재판소 재판관은 탄핵 또는 금고 이상의 형의 선고에 의하지 아니하고는 파면되지 아니한다.

제113조 ① 헌법재판소에서 법률의 위헌결정, 탄핵의 결정, 정당해산의 결정 또는 헌법소원에 관한 인용결정을 할 때에는 재판관 6인 이상의 찬성이 있어야 한다.

② 헌법재판소는 법률에 저촉되지 아니하는 범위안에서 심판에 관한 절차, 내부규율과 사무처리에 관한 규칙을 제정할 수 있다.

③ 헌법재판소의 조직과 운영 기타 필요한 사항은 법률로 정한다.

제7장 선거관리

제114조 ① 선거와 국민투표의 공정한 관리 및 정당에 관한 사무를 처리하기 위하여 선거관리위원회를 둔다.

    ② 중앙선거관리위원회는 대통령이 임명하는 3인, 국회에서 선출하는 3인과 대법원장이 지명하는 3인의 위원으로 구성한다. 위원장은 위원중에서 호선한다.

    ③ 위원의 임기는 6년으로 한다.

    ④ 위원은 정당에 가입하거나 정치에 관여할 수 없다.

    ⑤ 위원은 탄핵 또는 금고 이상의 형의 선고에 의하지 아니하고는 파면되지 아니한다.

    ⑥ 중앙선거관리위원회는 법령의 범위안에서 선거관리·국민투표관리 또는 정당사무에 관한 규칙을 제정할 수 있으며, 법률에 저촉되지 아니하는 범위안에서 내부규율에 관한 규칙을 제정할 수 있다.

    ⑦ 각급 선거관리위원회의 조직·직무범위 기타 필요한 사항은 법률로 정한다.

제115조 ① 각급 선거관리위원회는 선거인명부의 작성등 선거사무와 국민투표사무에 관하여 관계 행정기관에 필요한 지시를 할 수 있다.

    ② 제1항의 지시를 받은 당해 행정기관은 이에 응하여야 한다.

제116조 ① 선거운동은 각급 선거관리위원회의 관리하에 법률이 정하는 범위안에서 하되, 균등한 기회가 보장되어야 한다.

    ② 선거에 관한 경비는 법률이 정하는 경우를 제외하고는 정당 또는 후보자에게 부담시킬 수 없다.

제8장 지방자치

제117조 ① 지방자치단체는 주민의 복리에 관한 사무를 처리하고 재산을 관리하며, 법령의 범위안에서 자치에 관한 규정을 제정할 수 있다.

    ② 지방자치단체의 종류는 법률로 정한다.

제118조 ① 지방자치단체에 의회를 둔다.

② 지방의회의 조직·권한·의원선거와 지방자치단체의 장의 선임방법 기타 지방자치단체의 조직과 운영에 관한 사항은 법률로 정한다.

제9장 경 제

제119조 ① 대한민국의 경제질서는 개인과 기업의 경제상의 자유와 창의를 존중함을 기본으로 한다.

② 국가는 균형있는 국민경제의 성장 및 안정과 적정한 소득의 분배를 유지하고, 시장의 지배와 경제력의 남용을 방지하며, 경제주체간의 조화를 통한 경제의 민주화를 위하여 경제에 관한 규제와 조정을 할 수 있다.

제120조 ① 광물 기타 중요한 지하자원·수산자원·수력과 경제상 이용할 수 있는 자연력은 법률이 정하는 바에 의하여 일정한 기간 그 채취·개발 또는 이용을 특허할 수 있다.

② 국토와 자원은 국가의 보호를 받으며, 국가는 그 균형있는 개발과 이용을 위하여 필요한 계획을 수립한다.

제121조 ① 국가는 농지에 관하여 경자유전의 원칙이 달성될 수 있도록 노력하여야 하며, 농지의 소작제도는 금지된다.

② 농업생산성의 제고와 농지의 합리적인 이용을 위하거나 불가피한 사정으로 발생하는 농지의 임대차와 위탁경영은 법률이 정하는 바에 의하여 인정된다.

제122조 국가는 국민 모두의 생산 및 생활의 기반이 되는 국토의 효율적이고 균형있는 이용·개발과 보전을 위하여 법률이 정하는 바에 의하여 그에 관한 필요한 제한과 의무를 과할 수 있다.

제123조 ① 국가는 농업 및 어업을 보호·육성하기 위하여 농·어촌종합개발과 그 지원등 필요한 계획을 수립·시행하여야 한다.

② 국가는 지역간의 균형있는 발전을 위하여 지역경제를 육성할 의무를 진다.

③ 국가는 중소기업을 보호·육성하여야 한다.

④ 국가는 농수산물의 수급균형과 유통구조의 개선에 노력하여 가격안정을 도모

함으로써 농·어민의 이익을 보호한다.
⑤ 국가는 농·어민과 중소기업의 자조조직을 육성하여야 하며, 그 자율적 활동과 발전을 보장한다.

제124조 국가는 건전한 소비행위를 계도하고 생산품의 품질향상을 촉구하기 위한 소비자보호운동을 법률이 정하는 바에 의하여 보장한다.

제125조 국가는 대외무역을 육성하며, 이를 규제·조정할 수 있다.

제126조 국방상 또는 국민경제상 긴절한 필요로 인하여 법률이 정하는 경우를 제외하고는, 사영기업을 국유 또는 공유로 이전하거나 그 경영을 통제 또는 관리할 수 없다.

제127조 ① 국가는 과학기술의 혁신과 정보 및 인력의 개발을 통하여 국민경제의 발전에 노력하여야 한다.
② 국가는 국가표준제도를 확립한다.
③ 대통령은 제1항의 목적을 달성하기 위하여 필요한 자문기구를 둘 수 있다.

제10장 헌법개정

제128조 ① 헌법개정은 국회재적의원 과반수 또는 대통령의 발의로 제안된다.
② 대통령의 임기연장 또는 중임변경을 위한 헌법개정은 그 헌법개정 제안 당시의 대통령에 대하여는 효력이 없다.

제129조 제안된 헌법개정안은 대통령이 20일 이상의 기간 이를 공고하여야 한다.

제130조 ① 국회는 헌법개정안이 공고된 날로부터 60일 이내에 의결하여야 하며, 국회의 의결은 재적의원 3분의 2 이상의 찬성을 얻어야 한다.
② 헌법개정안은 국회가 의결한 후 30일 이내에 국민투표에 붙여 국회의원선거권자 과반수의 투표와 투표자 과반수의 찬성을 얻어야 한다.
③ 헌법개정안이 제2항의 찬성을 얻은 때에는 헌법개정은 확정되며, 대통령은

즉시 이를 공포하여야 한다.

부칙 〈헌법 제10호, 1987.10.29〉

제1조 이 헌법은 1988년 2월 25일부터 시행한다. 다만, 이 헌법을 시행하기 위하여 필요한 법률의 제정·개정과 이 헌법에 의한 대통령 및 국회의원의 선거 기타 이 헌법시행에 관한 준비는 이 헌법시행 전에 할 수 있다.

제2조 ① 이 헌법에 의한 최초의 대통령선거는 이 헌법시행일 40일 전까지 실시한다.
② 이 헌법에 의한 최초의 대통령의 임기는 이 헌법시행일로부터 개시한다.

제3조 ① 이 헌법에 의한 최초의 국회의원선거는 이 헌법공포일로부터 6월 이내에 실시하며, 이 헌법에 의하여 선출된 최초의 국회의원의 임기는 국회의원선거후 이 헌법에 의한 국회의 최초의 집회일로부터 개시한다.
② 이 헌법공포 당시의 국회의원의 임기는 제1항에 의한 국회의 최초의 집회일 전일까지로 한다.

제4조 ① 이 헌법시행 당시의 공무원과 정부가 임명한 기업체의 임원은 이 헌법에 의하여 임명된 것으로 본다. 다만, 이 헌법에 의하여 선임방법이나 임명권자가 변경된 공무원과 대법원장 및 감사원장은 이 헌법에 의하여 후임자가 선임될 때까지 그 직무를 행하며, 이 경우 전임자인 공무원의 임기는 후임자가 선임되는 전일까지로 한다.
② 이 헌법시행 당시의 대법원장과 대법원판사가 아닌 법관은 제1항 단서의 규정에 불구하고 이 헌법에 의하여 임명된 것으로 본다.
③ 이 헌법중 공무원의 임기 또는 중임제한에 관한 규정은 이 헌법에 의하여 그 공무원이 최초로 선출 또는 임명된 때로부터 적용한다.

제5조 이 헌법시행 당시의 법령과 조약은 이 헌법에 위배되지 아니하는 한 그 효력을 지속한다.

제6조 이 헌법시행 당시에 이 헌법에 의하여 새로 설치될 기관의 권한에 속하는
직무를 행하고 있는 기관은 이 헌법에 의하여 새로운 기관이 설치될 때까지 존속
하며 그 직무를 행한다.

ㅣ부록Ⅱㅣ

「조선민주주의인민공화국 사회주의헌법」

(2012년 4월 13일 개정)

서 문

조선민주주의인민공화국은 위대한 수령 김일성동지와 위대한 령도자 김정일동지의 사상과 령도를 구현한 주체의 사회주의조국이다.

위대한 수령 김일성동지는 조선민주주의인민공화국의 창건자이시며 사회주의조선의 시조이시다.

김일성동지께서는 영생불멸의 주체사상을 창시하시고 그 기치밑에 항일혁명투쟁을 조직령도하시여 영광스러운 혁명전통을 마련하시고 조국광복의 력사적위업을 이룩하시였으며 정치, 경제, 문화, 군사분야에서 자주독립국가건설의 튼튼한 토대를 닦은데 기초하여 조선민주주의인민공화국을 창건하시였다.

김일성동지께서는 주체적인 혁명로선을 내놓으시고 여러 단계의 사회혁명과 건설사업을 현명하게 령도하시여 공화국을 인민대중중심의 사회주의나라로, 자주, 자립, 자위의 사회주의국가로 강화발전시키시였다.

김일성동지께서는 국가건설과 국가활동의 근본원칙을 밝히시고 가장 우월한 국가사회제도와 정치방식, 사회관리체계와 관리방법을 확립하시였으며 사회주의조국의 부강번영과 주체혁명위업의 계승완성을 위한 확고한 토대를 마련하시였다.

위대한 령도자 김정일동지는 김일성동지의 사상과 위업을 받들어 우리 공화국을 김일성동지의 국가로 강화발전시키시고 민족의 존엄과 국력을 최상의 경지에 올려세우신 절세의 애국자, 사회주의조선의 수호자이시다.

김정일동지께서는 김일성동지께서 창시하신 영생불멸의 주체사상, 선군사상을 전면적으로 심화발전시키시고 자주시대의 지도사상으로 빛내이시였으며 주체의 혁명전통을 견결히 옹호고수하시고 순결하게 계승발전시키시여 조선혁명의 명맥을 굳건히 이어놓으시였다.

　김정일동지께서는 세계사회주의체계의 붕괴와 제국주의련합세력의 악랄한 반공화국압살공세속에서 선군정치로 김일성동지의 고귀한 유산인 사회주의전취물을 영예롭게 수호하시고 우리 조국을 불패의 정치사상강국, 핵보유국, 무적의 군사강국으로 전변시키시였으며 강성국가건설의 휘황한 대통로를 열어놓으시였다.

　김일성동지와 김정일동지께서는 ≪이민위천≫을 좌우명으로 삼으시여 언제나 인민들과 함께 계시고 인민을 위하여 한평생을 바치시였으며 숭고한 인덕정치로 인민들을 보살피시고 이끄시여 온 사회를 일심단결된 하나의 대가정으로 전변시키시였다.

　위대한 수령 김일성동지와 위대한 령도자 김정일동지는 민족의 태양이시며 조국통일의 구성이시다.

　김일성동지와 김정일동지께서는 나라의 통일을 민족지상의 과업으로 내세우시고 그 실현을 위하여 온갖 로고와 심혈을 다 바치시였다.

　김일성동지와 김정일동지께서는 공화국을 조국통일의 강유력한 보루로 다지시는 한편 조국통일의 근본원칙과 방도를 제시하시고 조국통일운동을 전민족적인 운동으로 발전시키시여 온 민족의 단합된 힘으로 조국통일위업을 성취하기 위한 길을 열어놓으시였다.

　위대한 수령 김일성동지와 위대한 령도자 김정일동지께서는 조선민주주의인민공화국의 대외정책의 기본리념을 밝히시고 그에 기초하여 나라의 대외관계를 확대발전시키시였으며 공화국의 국제적권위를 높이 떨치게 하시였다.

　김일성동지와 김정일동지는 세계정치의 원로로서 자주의 새 시대를 개척하시고 사회주의운동과 쁠럭불가담운동의 강화발전을 위하여, 세계평화와 인민들사이의 친선을 위하여 정력적으로 활동하시였으며 인류의 자주위업에 불멸의 공헌을 하시였다.

　김일성동지와 김정일동지는 사상리론과 령도예술의 천재이시고 백전백승의 강철의 령장이시였으며 위대한 혁명가, 정치가이시고 위대한 인간이시였다.

　김일성동지와 김정일동지의 위대한 사상과 령도업적은 조선혁명의 만년재보이며 조선민주주의인민공화국의 륭성번영을 위한 기본담보이다.

　조선민주주의인민공화국과 조선인민은 조선로동당의 령도밑에 위대한 수령 김일성동지를 공화국의 영원한 주석으로, 위대한 령도자 김정일동지를 공화국의 영원한 국방위원회 위원장으로 높이 모시며 김일성동지와 김정일동지의 사상과 업적을 옹호고수하고 계승발전시켜 주체혁명위업을 끝까지 완성하여나갈것이다.

　조선민주주의인민공화국 사회주의헌법은 위대한 수령 김일성동지와 위대한 령도자 김정일동지의 주체적인 국가건설사상과 국가건설업적을 법화한 김일성－김정일헌법이다.

제1장 정 치

제1조: 조선민주주의인민공화국은 전체 조선인민의 리익을 대표하는 자주적인 사회주의국가이다.

제2조: 조선민주주의인민공화국은 제국주의침략자들을 반대하며 조국의 광복과 인민의 자유와 행복을 실현하기 위한 영광스러운 혁명투쟁에서 이룩한 빛나는 전통을 이어받은 혁명적인 국가이다.

제3조: 조선민주주의인민공화국은 사람중심의 세계관이며 인민대중의 자주성을 실현하기 위한 혁명사상인 주체사상, 선군사상을 자기 활동의 지도적지침으로 삼는다.

제4조: 조선민주주의인민공화국의 주권은 로동자, 농민, 군인, 근로인테리를 비롯한 근로인민에게 있다. 근로인민은 자기의 대표기관인 최고인민회의와 지방 각급 인민회의를 통하여 주권을 행사한다.

제5조: 조선민주주의인민공화국에서 모든 국가기관들은 민주주의중앙집권제원칙에 의하여 조직되고 운영된다.

제6조: 군인민회의로부터 최고인민회의에 이르기까지의 각급 주권기관은 일반적, 평등적, 직접적원칙에 의하여 비밀투표로 선거한다.

제7조: 각급 주권기관의 대의원은 선거자들과 밀접한 련계를 가지며 자기 사업에 대하여 선거자들앞에 책임진다. 선거자들은 자기가 선거한 대의원이 신임을 잃은 경우에 언제든지 소환할수 있다.

제8조: 조선민주주의인민공화국의 사회제도는 근로인민대중이 모든것의 주인으로

되고있으며 사회의 모든것이 근로인민대중을 위하여 복무하는 사람중심의 사회제도이다. 국가는 착취와 압박에서 해방되어 국가와 사회의 주인으로 된 로동자, 농민, 군인, 근로인테리를 비롯한 근로인민의 리익을 옹호하며 인권을 존중하고 보호한다.

제9조: 조선민주주의인민공화국은 북반부에서 인민정권을 강화하고 사상, 기술, 문화의 3대혁명을 힘있게 벌려 사회주의의 완전한 승리를 이룩하며 자주, 평화통일, 민족대단결의 원칙에서 조국통일을 실현하기 위하여 투쟁한다.

제10조: 조선민주주의인민공화국은 로동계급이 령도하는 로농동맹에 기초한 전체 인민의 정치사상적통일에 의거한다. 국가는 사상혁명을 강화하여 사회의 모든 성원들을 혁명화, 로동계급화하며 온 사회를 동지적으로 결합된 하나의 집단으로 만든다.

제11조: 조선민주주의인민공화국은 조선로동당의 령도밑에 모든 활동을 진행한다.

제12조: 국가는 계급로선을 견지하며 인민민주주의독재를 강화하여 내외적대분자들의 파괴책동으로부터 인민주권과 사회주의제도를 굳건히 보위한다.

제13조: 국가는 군중로선을 구현하며 모든 사업에서 우가 아래를 도와주고 대중속에 들어가 문제해결의 방도를 찾으며 정치사업, 사람과의 사업을 앞세워 대중의 자각적열성을 불러일으키는 청산리정신, 청산리방법을 관철한다.

제14조: 국가는 3대혁명붉은기쟁취운동을 비롯한 대중운동을 힘있게 벌려 사회주의건설을 최대한으로 다그친다.

제15조: 조선민주주의인민공화국은 해외에 있는 조선동포들의 민주주의적민족권리와 국제법에서 공인된 합법적권리와 리익을 옹호한다.

제16조: 조선민주주의인민공화국은 자기 령역안에 있는 다른 나라 사람의 합법적 권리와 리익을 보장한다.

제17조: 자주, 평화, 친선은 조선민주주의인민공화국의 대외정책의 기본리념이며

대외활동원칙이다.

국가는 우리 나라를 우호적으로 대하는 모든 나라들과 완전한 평등과 자주성, 호상존중과 내정불간섭, 호혜의 원칙에서 국가적 또는 정치, 경제, 문화적관계를 맺는다. 국가는 자주성을 옹호하는 세계인민들과 단결하며 온갖 형태의 침략과 내정간섭을 반대하고 나라의 자주권과 민족적, 계급적해방을 실현하기 위한 모든 나라 인민들의 투쟁을 적극 지지성원한다.

제18조: 조선민주주의인민공화국의 법은 근로인민의 의사와 리익의 반영이며 국가 관리의 기본무기이다. 법에 대한 존중과 엄격한 준수집행은 모든 기관, 기업소, 단체와 공민에게 있어서 의무적이다. 국가는 사회주의법률제도를 완비하고 사회주의법무생활을 강화한다.

제2장 경 제

제19조: 조선민주주의인민공화국은 사회주의적생산관계와 자립적민족경제의 토대에 의거한다.

제20조: 조선민주주의인민공화국에서 생산수단은 국가와 사회협동단체가 소유한다.

제21조: 국가소유는 전체 인민의 소유이다. 국가소유권의 대상에는 제한이 없다. 나라의 모든 자연부원, 철도, 항공운수, 체신기관과 중요공장, 기업소, 항만, 은행은 국가만이 소유한다. 국가는 나라의 경제발전에서 주도적역할을 하는 국가소유를 우선적으로 보호하며 장성시킨다.

제22조: 사회협동단체소유는 해당 단체에 들어있는 근로자들의 집단적소유이다. 토지, 농기계, 배, 중소공장, 기업소 같은것은 사회협동단체가 소유할수 있다. 국가는 사회협동단체소유를 보호한다.

제23조: 국가는 농민들의 사상의식과 기술문화수준을 높이고 협동적소유에 대한 전인민적소유의 지도적역할을 높이는 방향에서 두 소유를 유기적으로 결합시키며 협동경리에 대한 지도와 관리를 개선하여 사회주의적협동경리제도를 공고발

전시키며 협동단체에 들어있는 전체 성원들의 자원적의사에 따라 협동단체소유를 점차 전인민적소유로 전환시킨다.

제24조: 개인소유는 공민들의 개인적이며 소비적인 목적을 위한 소유이다. 개인소유는 로동에 의한 사회주의분배와 국가와 사회의 추가적혜택으로 이루어진다. 터밭경리를 비롯한 개인부업경리에서 나오는 생산물과 그밖의 합법적인 경리활동을 통하여 얻은 수입도 개인소유에 속한다. 국가는 개인소유를 보호하며 그에 대한 상속권을 법적으로 보장한다.

제25조: 조선민주주의인민공화국은 인민들의 물질문화생활을 끊임없이 높이는것을 자기 활동의 최고원칙으로 삼는다.
세금이 없어진 우리 나라에서 늘어나는 사회의 물질적부는 전적으로 근로자들의 복리증진에 돌려진다. 국가는 모든 근로자들에게 먹고 입고 쓰고 살수 있는 온갖 조건을 마련하여준다.

제26조: 조선민주주의인민공화국에 마련된 자립적민족경제는 인민의 행복한 사회주의생활과 조국의 륭성번영을 위한 튼튼한 밑천이다.
국가는 사회주의자립적민족경제건설로선을 틀어쥐고 인민경제의 주체화, 현대화, 과학화를 다그쳐 인민경제를 고도로 발전된 주체적인 경제로 만들며 완전한 사회주의사회에 맞는 물질기술적토대를 쌓기 위하여 투쟁한다.

제27조: 기술혁명은 사회주의경제를 발전시키기 위한 기본고리이다.
국가는 언제나 기술발전문제를 첫자리에 놓고 모든 경제활동을 진행하며 과학기술발전과 인민경제의 기술개조를 다그치고 대중적기술혁신운동을 힘있게 벌려 근로자들을 어렵고 힘든 로동에서 해방하며 육체로동과 정신로동의 차이를 줄여 나간다.

제28조: 국가는 도시와 농촌의 차이, 로동계급과 농민의 계급적차이를 없애기 위하여 농촌기술혁명을 다그쳐 농업을 공업화, 현대화하며 군의 역할을 높이고 농촌에 대한 지도와 방조를 강화한다. 국가는 협동농장의 생산시설과 농촌문화주택을 국가부담으로 건설하여준다.

제29조: 사회주의는 근로대중의 창조적로동에 의하여 건설된다.

조선민주주의인민공화국에서 로동은 착취와 압박에서 해방된 근로자들의 자주적이며 창조적인 로동이다.

국가는 실업을 모르는 우리 근로자들의 로동이 보다 즐거운것으로, 사회와 집단과 자신을 위하여 자각적열성과 창발성을 내여 일하는 보람찬것으로 되게 한다.

제30조: 근로자들의 하루로동시간은 8시간이다.

국가는 로동의 힘든 정도와 특수한 조건에 따라 하루로동시간을 이보다 짧게 정한다.

국가는 로동조직을 잘하고 로동규률을 강화하여 로동시간을 완전히 리용하도록 한다.

제31조: 조선민주주의인민공화국에서 공민이 로동하는 나이는 16살부터이다.

국가는 로동하는 나이에 이르지 못한 소년들의 로동을 금지한다.

제32조: 국가는 사회주의경제에 대한 지도와 관리에서 정치적지도와 경제기술적지도, 국가의 통일적지도와 매개 단위의 창발성, 유일적지휘와 민주주의, 정치도덕적자극과 물질적자극을 옳게 결합시키는 원칙을 확고히 견지한다.

제33조: 국가는 생산자대중의 집체적힘에 의거하여 경제를 과학적으로, 합리적으로 관리운영하는 사회주의경제관리형태인 대안의 사업체계와 농촌경리를 기업적방법으로 지도하는 농업지도체계에 의하여 경제를 지도관리한다. 국가는 경제관리에서 대안의 사업체계의 요구에 맞게 독립채산제를 실시하며 원가, 가격, 수익성 같은 경제적공간을 옳게 리용하도록 한다.

제34조: 조선민주주의인민공화국의 인민경제는 계획경제이다. 국가는 사회주의경제발전법칙에 따라 축적과 소비의 균형을 옳게 잡으며 경제건설을 다그치고 인민생활을 끊임없이 높이며 국방력을 강화할수 있도록 인민경제발전계획을 세우고 실행한다. 국가는 계획의 일원화, 세부화를 실현하여 생산장성의 높은 속도와 인민경제의 균형적발전을 보장한다.

제35조: 조선민주주의인민공화국은 인민경제발전계획에 따르는 국가예산을 편성하여 집행한다.

국가는 모든 부문에서 증산과 절약투쟁을 강화하고 재정통제를 엄격히 실시하여 국가축적을 체계적으로 늘이며 사회주의적소유를 확대발전시킨다.

제36조: 조선민주주의인민공화국에서 대외무역은 국가기관, 기업소, 사회협동단체
가 한다.
국가는 완전한 평등과 호혜의 원칙에서 대외무역을 발전시킨다.

제37조: 국가는 우리 나라 기관, 기업소, 단체와 다른 나라 법인 또는 개인들과의
기업합영과 합작, 특수경제지대에서의 여러가지 기업창설운영을 장려한다.

제38조: 국가는 자립적민족경제를 보호하기 위하여 관세정책을 실시한다.

제3장 문 화

제39조: 조선민주주의인민공화국에서 개화발전하고있는 사회주의적문화는 근로자
들의 창조적능력을 높이며 건전한 문화정서적수요를 충족시키는데 이바지한다.

제40조: 조선민주주의인민공화국은 문화혁명을 철저히 수행하여 모든 사람들을 자
연과 사회에 대한 깊은 지식과 높은 문화기술수준을 가진 사회주의건설자로 만
들며 온 사회를 인테리화한다.

제41조: 조선민주주의인민공화국은 사회주의근로자들을 위하여 복무하는 참다운
인민적이며 혁명적인 문화를 건설한다. 국가는 사회주의적민족문화건설에서 제
국주의의 문화적침투와 복고주의적경향을 반대하며 민족문화유산을 보호하고
사회주의현실에 맞게 계승발전시킨다.

제42조: 국가는 모든 분야에서 낡은 사회의 생활양식을 없애고 새로운 사회주의적
생활양식을 전면적으로 확립한다.

제43조: 국가는 사회주의교육학의 원리를 구현하여 후대들을 사회와 인민을 위하
여 투쟁하는 견결한 혁명가로, 지덕체를 갖춘 주체형의 새 인간으로 키운다.

제44조: 국가는 인민교육사업과 민족간부양성사업을 다른 모든 사업에 앞세우며 일반교육과 기술교육, 교육과 생산로동을 밀접히 결합시킨다.

제45조: 국가는 1년동안의 학교전의무교육을 포함한 전반적11년제의무교육을 현대과학기술발전추세와 사회주의건설의 현실적요구에 맞게 높은 수준에서 발전시킨다.

제46조: 국가는 학업을 전문으로 하는 교육체계와 일하면서 공부하는 여러가지 형태의 교육체계를 발전시키며 기술교육과 사회과학, 기초과학교육의 과학리론수준을 높여 유능한 기술자, 전문가들을 키워낸다.

제47조: 국가는 모든 학생들을 무료로 공부시키며 대학과 전문학교학생들에게는 장학금을 준다.

제48조: 국가는 사회교육을 강화하며 모든 근로자들이 학습할수 있는 온갖 조건을 보장한다.

제49조: 국가는 학령전어린이들을 탁아소와 유치원에서 국가와 사회의 부담으로 키워준다.

제50조: 국가는 과학연구사업에서 주체를 세우며 선진과학기술을 적극 받아들이고 새로운 과학기술분야를 개척하여 나라의 과학기술을 세계적수준에 올려세운다.

제51조: 국가는 과학기술발전계획을 바로세우고 철저히 수행하는 규률을 세우며 과학자, 기술자들과 생산자들의 창조적협조를 강화하도록 한다.

제52조: 국가는 민족적형식에 사회주의적내용을 담은 주체적이며 혁명적인 문학예술을 발전시킨다.
국가는 창작가, 예술인들이 사상예술성이 높은 작품을 많이 창작하며 광범한 대중이 문예활동에 널리 참가하도록 한다.

제53조: 국가는 정신적으로, 육체적으로 끊임없이 발전하려는 사람들의 요구에 맞게 현대적인 문화시설들을 충분히 갖추어주어 모든 근로자들이 사회주의적문화

정서생활을 마음껏 누리도록 한다.

제54조: 국가는 우리 말을 온갖 형태의 민족어말살정책으로부터 지켜내며 그것을 현대의 요구에 맞게 발전시킨다.

제55조: 국가는 체육을 대중화, 생활화하여 전체 인민을 로동과 국방에 튼튼히 준비시키며 우리 나라 실정과 현대체육기술발전추세에 맞게 체육기술을 발전시킨다.

제56조: 국가는 전반적무상치료제를 공고발전시키며 의사담당구역제와 예방의학제도를 강화하여 사람들의 생명을 보호하며 근로자들의 건강을 증진시킨다.

제57조: 국가는 생산에 앞서 환경보호대책을 세우며 자연환경을 보존, 조성하고 환경오염을 방지하여 인민들에게 문화위생적인 생활환경과 로동조건을 마련하여준다.

제4장 국 방

제58조: 조선민주주의인민공화국은 전인민적, 전국가적방위체계에 의거한다.

제59조: 조선민주주의인민공화국 무장력의 사명은 선군혁명로선을 관철하여 혁명의 수뇌부를 보위하고 근로인민의 리익을 옹호하며 외래침략으로부터 사회주의제도와 혁명의 전취물, 조국의 자유와 독립, 평화를 지키는데 있다.

제60조: 국가는 군대와 인민을 정치사상적으로 무장시키는 기초우에서 전군간부화, 전군현대화, 전민무장화, 전국요새화를 기본내용으로 하는 자위적군사로선을 관철한다.

제61조: 국가는 군대안에서 혁명적령군체계와 군풍을 확립하고 군사규률과 군중규률을 강화하며 관병일치, 군정배합, 군민일치의 고상한 전통적미풍을 높이 발양하도록 한다.

제5장 공민의 기본권리와 의무

제62조: 조선민주주의인민공화국 공민이 되는 조건은 국적에 관한 법으로 규정한다. 공민은 거주지에 관계없이 조선민주주의인민공화국의 보호를 받는다.

제63조: 조선민주주의인민공화국에서 공민의 권리와 의무는 ≪하나는 전체를 위하여, 전체는 하나를 위하여≫라는 집단주의원칙에 기초한다.

제64조: 국가는 모든 공민에게 참다운 민주주의적권리와 자유, 행복한 물질문화생활을 실질적으로 보장한다. 조선민주주의인민공화국에서 공민의 권리와 자유는 사회주의제도의 공고발전과 함께 더욱 확대된다.

제65조: 공민은 국가사회생활의 모든 분야에서 누구나 다같은 권리를 가진다.

제66조: 17살이상의 모든 공민은 성별, 민족별, 직업, 거주기간, 재산과 지식정도, 당별, 정견, 신앙에 관계없이 선거할 권리와 선거받을 권리를 가진다. 군대에 복무하는 공민도 선거할 권리와 선거받을 권리를 가진다. 재판소의 판결에 의하여 선거할 권리를 빼앗긴자, 정신병자는 선거할 권리와 선거받을 권리를 가지지 못한다.

제67조: 공민은 언론, 출판, 집회, 시위와 결사의 자유를 가진다. 국가는 민주주의적정당, 사회단체의 자유로운 활동조건을 보장한다.

제68조: 공민은 신앙의 자유를 가진다. 이 권리는 종교건물을 짓거나 종교의식 같은것을 허용하는것으로 보장된다. 종교를 외세를 끌어들이거나 국가사회질서를 해치는데 리용할수 없다.

제69조: 공민은 신소와 청원을 할수 있다.
국가는 신소와 청원을 법이 정한데 따라 공정하게 심의처리하도록 한다.

제70조: 공민은 로동에 대한 권리를 가진다. 로동능력있는 모든 공민은 희망과 재능에 따라 직업을 선택하며 안정된 일자리와 로동조건을 보장받는다. 공민은 능력에 따라 일하며 로동의 량과 질에 따라 분배를 받는다.

제71조: 공민은 휴식에 대한 권리를 가진다. 이 권리는 로동시간제, 공휴일제, 유급휴가제, 국가비용에 의한 정휴양제, 계속 늘어나는 여러가지 문화시설들에 의하여 보장된다.

제72조: 공민은 무상으로 치료받을 권리를 가지며 나이많거나 병 또는 불구로 로동능력을 잃은 사람, 돌볼 사람이 없는 늙은이와 어린이는 물질적방조를 받을 권리를 가진다. 이 권리는 무상치료제, 계속 늘어나는 병원, 료양소를 비롯한 의료시설, 국가사회보험과 사회보장제에 의하여 보장된다.

제73조: 공민은 교육을 받을 권리를 가진다. 이 권리는 선진적인 교육제도와 국가의 인민적인 교육시책에 의하여 보장된다.

제74조: 공민은 과학과 문학예술활동의 자유를 가진다. 국가는 발명가와 창의고안자에게 배려를 돌린다. 저작권과 발명권, 특허권은 법적으로 보호한다.

제75조: 공민은 거주, 려행의 자유를 가진다.

제76조: 혁명투사, 혁명렬사가족, 애국렬사가족, 인민군후방가족, 영예군인은 국가와 사회의 특별한 보호를 받는다.

제77조: 녀자는 남자와 똑같은 사회적지위와 권리를 가진다. 국가는 산전산후휴가의 보장, 여러 어린이를 가진 어머니를 위한 로동시간의 단축, 산원, 탁아소와 유치원망의 확장, 그밖의 시책을 통하여 어머니와 어린이를 특별히 보호한다. 국가는 녀성들이 사회에 진출할 온갖 조건을 지어준다.

제78조: 결혼과 가정은 국가의 보호를 받는다. 국가는 사회의 기층생활단위인 가정을 공고히 하는데 깊은 관심을 돌린다.

제79조: 공민은 인신과 주택의 불가침, 서신의 비밀을 보장받는다. 법에 근거하지 않고는 공민을 구속하거나 체포할수 없으며 살림집을 수색할수 없다.

제80조: 조선민주주의인민공화국은 평화와 민주주의, 민족적독립과 사회주의를 위하여, 과학, 문화활동의 자유를 위하여 투쟁하다가 망명하여온 다른 나라 사람을

보호한다.

제81조: 공민은 인민의 정치사상적통일과 단결을 견결히 수호하여야 한다. 공민은
조직과 집단을 귀중히 여기며 사회와 인민을 위하여 몸바쳐 일하는 기풍을 높이
발휘하여야 한다.

제82조: 공민은 국가의 법과 사회주의적생활규범을 지키며 조선민주주의인민공화
국의 공민된 영예와 존엄을 고수하여야 한다.

제83조: 로동은 공민의 신성한 의무이며 영예이다. 공민은 로동에 자각적으로 성
실히 참가하며 로동규률과 로동시간을 엄격히 지켜야 한다.

제84조: 공민은 국가재산과 사회협동단체재산을 아끼고 사랑하며 온갖 탐오랑비현
상을 반대하여 투쟁하며 나라살림살이를 주인답게 알뜰히 하여야 한다.
국가와 사회협동단체재산은 신성불가침이다.

제85조: 공민은 언제나 혁명적경각성을 높이며 국가의 안전을 위하여 몸바쳐 투쟁
하여야 한다.

제86조: 조국보위는 공민의 최대의 의무이며 영예이다.
공민은 조국을 보위하여야 하며 법이 정한데 따라 군대에 복무하여야 한다.

제6장 국가기구

제1절 최고인민회의

제87조: 최고인민회의는 조선민주주의인민공화국의 최고주권기관이다.

제88조: 최고인민회의는 립법권을 행사한다.
최고인민회의 휴회중에는 최고인민회의 상임위원회도 립법권을 행사할수 있다.

제89조: 최고인민회의는 일반적, 평등적, 직접적선거원칙에 의하여 비밀투표로 선거된 대의원들로 구성한다.

제90조: 최고인민회의 임기는 5년으로 한다.
최고인민회의 새 선거는 최고인민회의 임기가 끝나기 전에 최고인민회의 상임위원회의 결정에 따라 진행한다.
불가피한 사정으로 선거를 하지 못할 경우에는 선거를 할 때까지 그 임기를 연장한다.

제91조: 최고인민회의는 다음과 같은 권한을 가진다.
헌법을 수정, 보충한다.
부문법을 제정 또는 수정, 보충한다.
최고인민회의 휴회중에 최고인민회의 상임위원회가 채택한 중요부문법을 승인한다.
국가의 대내외정책의 기본원칙을 세운다.
조선민주주의인민공화국 국방위원회 제1위원장을 선거 또는 소환한다.
최고인민회의 상임위원회 위원장을 선거 또는 소환한다.
조선민주주의인민공화국 국방위원회 제1위원장의 제의에 의하여 국방위원회 부위원장, 위원들을 선거 또는 소환한다.
최고인민회의 상임위원회 부위원장, 명예부위원장, 서기장, 위원들을 선거 또는 소환한다.
내각총리를 선거 또는 소환한다.
내각총리의 제의에 의하여 내각 부총리, 위원장, 상, 그밖의 내각성원들을 임명한다.
최고검찰소 소장을 임명 또는 해임한다.
최고재판소 소장을 선거 또는 소환한다.
최고인민회의 부문위원회 위원장, 부위원장, 위원들을 선거 또는 소환한다.
국가의 인민경제발전계획과 그 실행정형에 관한 보고를 심의하고 승인한다.
국가예산과 그 집행정형에 관한 보고를 심의하고 승인한다.
필요에 따라 내각과 중앙기관들의 사업정형을 보고받고 대책을 세운다.
최고인민회의에 제기되는 조약의 비준, 폐기를 결정한다.

제92조: 최고인민회의는 정기회의와 림시회의를 가진다.

정기회의는 1년에 1~2차 최고인민회의 상임위원회가 소집한다.

림시회의는 최고인민회의 상임위원회가 필요하다고 인정할 때 또는 대의원전원의 3분의 1이상의 요청이 있을 때에 소집한다.

제93조: 최고인민회의는 대의원전원의 3분의 2이상이 참석하여야 성립된다.

제94조: 최고인민회의는 의장과 부의장을 선거한다.

의장은 회의를 사회한다.

제95조: 최고인민회의에서 토의할 의안은 조선민주주의인민공화국 국방위원회 제1위원장, 국방위원회, 최고인민회의 상임위원회, 내각과 최고인민회의 부문위원회가 제출한다.

대의원들도 의안을 제출할수 있다.

제96조: 최고인민회의 매기 제1차회의는 대의원자격심사위원회를 선거하고 그 위원회가 제출한 보고에 근거하여 대의원자격을 확인하는 결정을 채택한다.

제97조: 최고인민회의는 법령과 결정을 낸다.

최고인민회의가 내는 법령과 결정은 거수가결의 방법으로 그 회의에 참석한 대의원의 반수이상이 찬성하여야 채택된다.

헌법은 최고인민회의 대의원전원의 3분의 2이상이 찬성하여야 수정, 보충된다.

제98조: 최고인민회의는 법제위원회, 예산위원회 같은 부문위원회를 둔다.

최고인민회의 부문위원회는 위원장, 부위원장, 위원들로 구성한다.

최고인민회의 부문위원회는 최고인민회의사업을 도와 국가의 정책안과 법안을 작성하거나 심의하며 그 집행을 위한 대책을 세운다.

최고인민회의 부문위원회는 최고인민회의 휴회중에 최고인민회의 상임위원회의 지도밑에 사업한다.

제99조: 최고인민회의 대의원은 불가침권을 보장받는다.

최고인민회의 대의원은 현행범인 경우를 제외하고는 최고인민회의, 그 휴회중에 최고인민회의 상임위원회의 승인없이 체포하거나 형사처벌을 할수 없다.

제2절 조선민주주의인민공화국 국방위원회 제1위원장

제100조: 조선민주주의인민공화국 국방위원회 제1위원장은 조선민주주의인민공화국의 최고령도자이다.

제101조: 조선민주주의인민공화국 국방위원회 제1위원장의 임기는 최고인민회의 임기와 같다.

제102조: 조선민주주의인민공화국 국방위원회 제1위원장은 조선민주주의인민공화국 전반적무력의 최고사령관으로 되며 국가의 일체 무력을 지휘통솔한다.

제103조: 조선민주주의인민공화국 국방위원회 제1위원장은 다음과 같은 임무와 권한을 가진다.
국가의 전반사업을 지도한다.
국방위원회사업을 직접 지도한다.
국방부문의 중요간부를 임명 또는 해임한다.
다른 나라와 맺은 중요조약을 비준 또는 페기한다.
특사권을 행사한다.
나라의 비상사태와 전시상태, 동원령을 선포한다.

제104조: 조선민주주의인민공화국 국방위원회 제1위원장은 명령을 낸다.

제105조: 조선민주주의인민공화국 국방위원회 제1위원장은 자기 사업에 대하여 최고인민회의앞에 책임진다.

제3절 국방위원회

제106조: 국방위원회는 국가주권의 최고국방지도기관이다.

제107조: 국방위원회는 제1위원장, 부위원장, 위원들로 구성한다.

제108조: 국방위원회 임기는 최고인민회의 임기와 같다.

제109조: 국방위원회는 다음과 같은 임무와 권한을 가진다.

선군혁명로선을 관철하기 위한 국가의 중요정책을 세운다.

국가의 전반적무력과 국방건설사업을 지도한다.

조선민주주의인민공화국 국방위원회 제1위원장 명령, 국방위원회 결정, 지시집 행정형을 감독하고 대책을 세운다.

조선민주주의인민공화국 국방위원회 제1위원장 명령, 국방위원회 결정, 지시에 어긋나는 국가기관의 결정, 지시를 페지한다.

국방부문의 중앙기관을 내오거나 없앤다.

군사칭호를 제정하며 장령이상의 군사칭호를 수여한다.

제110조: 국방위원회는 결정, 지시를 낸다.

제111조: 국방위원회는 자기 사업에 대하여 최고인민회의앞에 책임진다.

제4절 최고인민회의 상임위원회

제112조: 최고인민회의 상임위원회는 최고인민회의 휴회중의 최고주권기관이다.

제113조: 최고인민회의 상임위원회는 위원장, 부위원장, 서기장, 위원들로 구성한다.

제114조: 최고인민회의 상임위원회는 약간명의 명예부위원장을 둘수 있다.

최고인민회의 상임위원회 명예부위원장은 최고인민회의 대의원가운데서 오랜 기간 국가건설사업에 참가하여 특출한 기여를 한 일군이 될수 있다.

제115조: 최고인민회의 상임위원회 임기는 최고인민회의 임기와 같다.

최고인민회의 상임위원회는 최고인민회의 임기가 끝난 후에도 새 상임위원회가 선거될 때까지 자기 임무를 계속 수행한다.

제116조: 최고인민회의 상임위원회는 다음과 같은 임무와 권한을 가진다.

최고인민회의를 소집한다.

최고인민회의 휴회중에 제기된 새로운 부문법안과 규정안, 현행부문법과 규정의 수정, 보충안을 심의채택하며 채택실시하는 중요부문법을 다음번 최고인민회의의 승인을 받는다.

불가피한 사정으로 최고인민회의 휴회기간에 제기되는 국가의 인민경제발전계획, 국가예산과 그 조절안을 심의하고 승인한다.

헌법과 현행부문법, 규정을 해석한다.

국가기관들의 법준수집행을 감독하고 대책을 세운다.

헌법, 최고인민회의 법령, 결정, 조선민주주의인민공화국 국방위원회 제1위원장 명령, 국방위원회 결정, 지시, 최고인민회의 상임위원회 정령, 결정, 지시에 어긋나는 국가기관의 결정, 지시를 폐지하며 지방인민회의의 그릇된 결정집행을 정지시킨다.

최고인민회의 대의원선거를 위한 사업을 하며 지방인민회의 대의원선거사업을 조직한다.

최고인민회의 대의원들과의 사업을 한다.

최고인민회의 부문위원회와의 사업을 한다.

내각 위원회, 성을 내오거나 없앤다.

최고인민회의 휴회중에 내각총리의 제의에 의하여 부총리, 위원장, 상, 그밖의 내각성원들을 임명 또는 해임한다.

최고인민회의 상임위원회 부문위원회 성원들을 임명 또는 해임한다.

최고재판소 판사, 인민참심원을 선거 또는 소환한다.

다른 나라와 맺은 조약을 비준 또는 폐기한다.

다른 나라에 주재하는 외교대표의 임명 또는 소환을 결정하고 발표한다.

훈장과 메달, 명예칭호, 외교직급을 제정하며 훈장과 메달, 명예칭호를 수여한다.

대사권을 행사한다.

행정단위와 행정구역을 내오거나 고친다.

다른 나라 국회, 국제의회기구들과의 사업을 비롯한 대외사업을 한다.

제117조: 최고인민회의 상임위원회 위원장은 상임위원회사업을 조직지도한다.

　　최고인민회의 상임위원회 위원장은 국가를 대표하며 다른 나라 사신의 신임장, 소환장을 접수한다.

제118조: 최고인민회의 상임위원회는 전원회의와 상무회의를 가진다.

　　전원회의는 위원전원으로 구성하며 상무회의는 위원장, 부위원장, 서기장들로 구성한다.

제119조: 최고인민회의 상임위원회 전원회의는 상임위원회의 임무와 권한을 실현하는데서 나서는 중요한 문제들을 토의결정한다.

상무회의는 전원회의에서 위임한 문제들을 토의결정한다.

제120조: 최고인민회의 상임위원회는 정령과 결정, 지시를 낸다.

제121조: 최고인민회의 상임위원회는 자기 사업을 돕는 부문위원회를 둘수 있다.

제122조: 최고인민회의 상임위원회는 자기 사업에 대하여 최고인민회의앞에 책임진다.

제5절 내 각

제123조: 내각은 최고주권의 행정적집행기관이며 전반적국가관리기관이다.

제124조: 내각은 총리, 부총리, 위원장, 상과 그밖에 필요한 성원들로 구성한다.

내각의 임기는 최고인민회의 임기와 같다.

제125조: 내각은 다음과 같은 임무와 권한을 가진다.

국가의 정책을 집행하기 위한 대책을 세운다.

헌법과 부문법에 기초하여 국가관리와 관련한 규정을 제정 또는 수정, 보충한다.

내각의 위원회, 성, 내각직속기관, 지방인민위원회의 사업을 지도한다.

내각직속기관, 중요행정경제기관, 기업소를 내오거나 없애며 국가관리기구를 개선하기 위한 대책을 세운다.

국가의 인민경제발전계획을 작성하며 그 실행대책을 세운다.

국가예산을 편성하며 그 집행대책을 세운다.

공업, 농업, 건설, 운수, 체신, 상업, 무역, 국토관리, 도시경영, 교육, 과학, 문화, 보건, 체육, 로동행정, 환경보호, 관광, 그밖의 여러 부문의 사업을 조직집행한다.

화폐와 은행제도를 공고히 하기 위한 대책을 세운다.

국가관리질서를 세우기 위한 검열, 통제사업을 한다.

사회질서유지, 국가 및 사회협동단체의 소유와 리익의 보호, 공민의 권리보장을 위한 대책을 세운다.

다른 나라와 조약을 맺으며 대외사업을 한다.

내각 결정, 지시에 어긋나는 행정경제기관의 결정, 지시를 폐지한다.

제126조: 내각총리는 내각사업을 조직지도한다.

내각총리는 조선민주주의인민공화국 정부를 대표한다.

제127조: 내각은 전원회의와 상무회의를 가진다.

내각전원회의는 내각성원전원으로 구성하며 상무회의는 총리, 부총리와 그밖에
총리가 임명하는 내각성원들로 구성한다.

제128조: 내각전원회의는 행정경제사업에서 나서는 새롭고 중요한 문제들을 토의
결정한다.

상무회의는 내각전원회의에서 위임한 문제들을 토의결정한다.

제129조: 내각은 결정과 지시를 낸다.

제130조: 내각은 자기 사업을 돕는 비상설부문위원회를 둘수 있다.

제131조: 내각은 자기 사업에 대하여 최고인민회의와 그 휴회중에 최고인민회의
상임위원회앞에 책임진다.

제132조: 새로 선거된 내각총리는 내각성원들을 대표하여 최고인민회의에서 선서
를 한다.

제133조: 내각 위원회, 성은 내각의 부문별집행기관이며 중앙의 부문별관리기관이다.

제134조: 내각 위원회, 성은 내각의 지도밑에 해당 부문의 사업을 통일적으로 장악
하고 지도관리한다.

제135조: 내각 위원회, 성은 위원회회의와 간부회의를 운영한다.

위원회, 성 위원회회의와 간부회에서는 내각 결정, 지시집행대책과 그밖의 중
요한 문제들을 토의결정한다.

제136조: 내각 위원회, 성은 지시를 낸다.

제6절 지방인민회의

제137조: 도(직할시), 시(구역), 군인민회의는 지방주권기관이다.

제138조: 지방인민회의는 일반적, 평등적, 직접적선거원칙에 의하여 비밀투표로 선거된 대의원들로 구성한다.

제139조: 도(직할시), 시(구역), 군인민회의 임기는 4년으로 한다.
　지방인민회의 새 선거는 지방인민회의 임기가 끝나기 전에 해당 지방인민위원회의 결정에 따라 진행한다.
　불가피한 사정으로 선거를 하지 못할 경우에는 선거를 할 때까지 그 임기를 연장한다.

제140조: 지방인민회의는 다음과 같은 임무와 권한을 가진다.
　지방의 인민경제발전계획과 그 실행정형에 대한 보고를 심의하고 승인한다.
　지방예산과 그 집행에 대한 보고를 심의하고 승인한다.
　해당 지역에서 국가의 법을 집행하기 위한 대책을 세운다.
　해당 인민위원회 위원장, 부위원장, 사무장, 위원들을 선거 또는 소환한다.
　해당 재판소의 판사, 인민참심원을 선거 또는 소환한다.
　해당 인민위원회와 하급인민회의, 인민위원회의 그릇된 결정, 지시를 폐지한다.

제141조: 지방인민회의는 정기회의와 림시회의를 가진다.
　정기회의는 1년에 1~2차 해당 인민위원회가 소집한다.
　림시회의는 해당 인민위원회가 필요하다고 인정할 때 또는 대의원전원의 3분의 1이상의 요청이 있을 때 소집한다.

제142조: 지방인민회의는 대의원전원의 3분의 2이상이 참석하여야 성립된다.

제143조: 지방인민회의는 의장을 선거한다. 의장은 회의를 사회한다.

제144조: 지방인민회의는 결정을 낸다.

제7절 지방인민위원회

제145조: 도(직할시), 시(구역), 군인민위원회는 해당 인민회의 휴회중의 지방주권 기관이며 해당 지방주권의 행정적집행기관이다.

제146조: 지방인민위원회는 위원장, 부위원장, 사무장, 위원들로 구성한다.
　지방인민위원회 임기는 해당 인민회의 임기와 같다.

제147조: 지방인민위원회는 다음과 같은 임무와 권한을 가진다.
　인민회의를 소집한다.
　인민회의 대의원선거를 위한 사업을 한다.
　인민회의 대의원들과의 사업을 한다.
　해당 지방인민회의, 상급인민위원회 결정, 지시와 최고인민회의 법령, 결정, 조선민주주의인민공화국 국방위원회 제1위원장 명령, 국방위원회 결정, 지시, 최고인민회의 상임위원회 정령, 결정, 지시, 내각과 내각 위원회, 성의 결정, 지시를 집행한다.
　해당 지방의 모든 행정사업을 조직집행한다.
　지방의 인민경제발전계획을 작성하며 그 실행대책을 세운다.
　지방예산을 편성하며 그 집행대책을 세운다.
　해당 지방의 사회질서유지, 국가 및 사회협동단체의 소유와 리익의 보호, 공민의 권리보장을 위한 대책을 세운다.
　해당 지방에서 국가관리질서를 세우기 위한 검열, 통제사업을 한다.
　하급인민위원회사업을 지도한다.
　하급인민위원회의 그릇된 결정, 지시를 폐지하며 하급인민회의의 그릇된 결정의 집행을 정지시킨다.

제148조: 지방인민위원회는 전원회의와 상무회의를 가진다.
　지방인민위원회 전원회의는 위원전원으로 구성하며 상무회의는 위원장, 부위원장, 사무장들로 구성한다.

제149조: 지방인민위원회 전원회의는 자기의 임무와 권한을 실현하는데서 나서는 중요한 문제들을 토의결정한다.
상무회의는 전원회의가 위임한 문제들을 토의결정한다.

제150조: 지방인민위원회는 결정과 지시를 낸다.

제151조: 지방인민위원회는 자기 사업을 돕는 비상설부문위원회를 둘수 있다.

제152조: 지방인민위원회는 자기 사업에 대하여 해당 인민회의앞에 책임진다.
지방인민위원회는 상급인민위원회와 내각, 최고인민회의 상임위원회에 복종한다.

제8절 검찰소와 재판소

제153조: 검찰사업은 최고검찰소, 도(직할시), 시(구역), 군검찰소와 특별검찰소가 한다.

제154조: 최고검찰소 소장의 임기는 최고인민회의 임기와 같다.

제155조: 검사는 최고검찰소가 임명 또는 해임한다.

제156조: 검찰소는 다음과 같은 임무를 수행한다.
기관, 기업소, 단체와 공민들이 국가의 법을 정확히 지키는가를 감시한다.
국가기관의 결정, 지시가 헌법, 최고인민회의 법령, 결정, 조선민주주의인민공화국 국방위원회 제1위원장 명령, 국방위원회 결정, 지시, 최고인민회의 상임위원회 정령, 결정, 지시, 내각 결정, 지시에 어긋나지 않는가를 감시한다.
범죄자를 비롯한 법위반자를 적발하고 법적책임을 추궁하는것을 통하여 조선민주주의인민공화국의 주권과 사회주의제도, 국가와 사회협동단체재산, 인민의 헌법적권리와 생명재산을 보호한다.

제157조: 검찰사업은 최고검찰소가 통일적으로 지도하며 모든 검찰소는 상급검찰소와 최고검찰소에 복종한다.

제158조: 최고검찰소는 자기 사업에 대하여 최고인민회의와 그 휴회중에 최고인민
회의 상임위원회앞에 책임진다.

제159조: 재판은 최고재판소, 도(직할시)재판소, 시(구역), 군인민재판소와 특별재
판소가 한다.
판결은 조선민주주의인민공화국의 이름으로 선고한다.

제160조: 최고재판소 소장의 임기는 최고인민회의 임기와 같다.
최고재판소, 도(직할시)재판소, 시(구역), 군인민재판소의 판사, 인민참심원의 임
기는 해당 인민회의 임기와 같다.

제161조: 특별재판소의 소장과 판사는 최고재판소가 임명 또는 해임한다.
특별재판소의 인민참심원은 해당 군무자회의 또는 종업원회의에서 선거한다.

제162조: 재판소는 다음과 같은 임무를 수행한다.
재판활동을 통하여 조선민주주의인민공화국의 주권과 사회주의제도, 국가와 사
회협동단체재산, 인민의 헌법적권리와 생명재산을 보호한다.
모든 기관, 기업소, 단체와 공민들이 국가의 법을 정확히 지키고 계급적원쑤들과
온갖 법위반자들을 반대하여 적극 투쟁하도록 한다.
재산에 대한 판결, 판정을 집행하며 공증사업을 한다.

제163조: 재판은 판사 1명과 인민참심원 2명으로 구성된 재판소가 한다. 특별한
경우에는 판사 3명으로 구성하여 할수 있다.

제164조: 재판은 공개하며 피소자의 변호권을 보장한다.
법이 정한데 따라 재판을 공개하지 않을수 있다.

제165조: 재판은 조선말로 한다. 다른 나라 사람들은 재판에서 자기 나라 말을
할수 있다.

제166조: 재판소는 재판에서 독자적이며 재판활동을 법에 의거하여 수행한다.

제167조: 최고재판소는 조선민주주의인민공화국의 최고재판기관이다.

최고재판소는 모든 재판소의 재판사업을 감독한다.

제168조: 최고재판소는 자기 사업에 대하여 최고인민회의와 그 휴회중에 최고인민
회의 상임위원회앞에 책임진다.

제7장 국장, 국기, 국가, 수도

제169조: 조선민주주의인민공화국의 국장은 ≪조선민주주의인민공화국≫이라고
쓴 붉은 띠로 땋아올려 감은 벼이삭의 타원형테두리안에 웅장한 수력발전소가
있고 그우에 혁명의 성산 백두산과 찬연히 빛나는 붉은 오각별이 있다.

제170조: 조선민주주의인민공화국의 국기는 기발의 가운데에 넓은 붉은 폭이 있고
그 아래우에 가는 흰폭이 있으며 그 다음에 푸른 폭이 있고 붉은 폭의 기대달린
쪽 흰 동그라미안에 붉은 오각별이 있다.
기발의 세로와 가로의 비는 1 : 2이다.

제171조: 조선민주주의인민공화국의 국가는 ≪애국가≫이다.

제172조: 조선민주주의인민공화국의 수도는 평양이다.

「조선로동당규약」

(2010년 9월 28일 개정)

조선로동당

조선로동당은 위대한 수령 김일성동지의 당이다.

위대한 김일성 동지는 조선로동당의 창건자이시고 당과 혁명을 백승의 한길로 이끌어 오신 탁월한 령도자이시며 조선로동당과 조선인민의 영원한 수령이시다.

위대한 수령 김일성동지는 영생불멸의 주체사상을 창시하시고 항일혁명의 불길 속에서 당창건의 조직사상적 기초와 빛나는 혁명 전통을 마련하시였으며 그에 토대하여 영광스러운 조선로동당을 창건하시였습니다.

위대한 수령 김일성동지는 혁명적당건설로선과 원칙을 일관하게 견지하시어 조선로동당을 사상의지적으로 통일단결되고 높은 조직성과 규률성을 지닌 강철의 당으로 인민대중의 절대적인 지지와 신뢰를 받는 불패의 당으로 강화발전시키시였다.

위대한 령도자 김정일동지는 위대한 수령 김일성동지의 당건설사상과 업적을 옹호고수하고 빛나게 계승발전시키시여 조선로동당을 유일사상체계와 유일적령도체계가 확고히 선 사상적순결체, 조직적전일체로, 선군혁명을 승리적으로 전진시켜나가는 로숙하고 세련된 향도적 력량으로 강화발전시키시였다.

위대한 수령 김일성동지와 위대한 령도자 김정일동지의 령도밑에 조선로동당은 자주시대 로동계급의 혁명적 당건설의 새 력사를 창조하고 김일성조선의 부강발전과 인민대중의 자주위업, 사회주의위업수행에서 불멸의 업적을 이룩하시였다.

조선로동당은 위대한 수령 김일성동지를 영원히 높이모시고 위대한 령도자 김정일동지를 중심으로 하여 조직사상적으로 공고하게 결합된 로동계급과 근로인민대중의 핵심부대, 전위부대이다.

조선로동당은 위대한 수령 김일성동지의 혁명사상, 주체사항을 유일한 지도사상으로 하는 주체형의 혁명적 당이다.

조선로동당은 주체사상을 당건설과 당활동의 출발점으로 당의 조직사상적 공고화의 기초로, 혁명과 건설을 령도하는데서 지도적 지침으로 한다.

조선로동당은 로동자, 농민, 인테리를 비롯한 근로인민 대중속에 깊이 뿌리박고 그들 가운데서 사회주의위업의 승리를 위하여 몸바쳐 싸우는 선진투사들로 조직한 로동계급의 혁명적 당 근로인민대중의 대중적 당이다.

조선로동당은 조선민족과 조선인민의 리익을 대표한다.

조선로동당은 근로인민대중의 모든 정치조직들 가운데서 가장 높은 형태의 정치조직이며 정치, 군사경제, 문화를 비롯한 모든 분야를 통일적으로 이끌어나가는 사회의 령도적 정치조직이며 혁명의 참모부이다.

조선로동당은 위대한 수령 김일성동지께서 개척하신 주체혁명 위업의 승리를 위하여 투쟁한다.

조선로동당의 당면목적은 공화국북반부에서 사회주의 강성대국을 건설하며 전국적 범위에서 민족해방민주주의 혁명의 과업을 수행하는데 있으며 최종목적은 온 사회를 주체사상화하여 인민대중의 자주성을 완전히 실현하는데 있다.

조선로동당은 당안에 사상과 령도의 유일성을 보장하고 당이 인민대중과 혼연일체를 이루며 당건설에서 계승성을 보장하는 것을 당건설의 기본원칙으로 한다.

조선로동당은 주체사상의 기치 밑에 위대한 령도자 김정일동지를 중심으로 하는 당과 군대와 인민의 일심단결을 백방으로 강화하고 그 위력을 높이 발양시켜나간다.

조선노동당은 주체사상교양을 강화하며 자본주의사상, 봉건유교 사상, 수정주의, 교조주의, 사대주의를 비롯한 온갖 반동적 기회주의적 사상조류들을 반대 배격하여 맑스-레닌주의의 혁명적 원칙을 견지한다.

조선로동당은 계급로선과 군중로선을 철저히 관철하여 당과 혁명의 계급진지를 굳건히 다지며 인민의 리익을 옹호하고 인민을 위하여 복무하며 인민대중의 운명을 책임진 어머니당으로서의 본분을 다해나간다.

조선로동당은 인민생활을 끊임없이 높이는 것을 당활동의 최고 원칙으로 한다.

조선로동당은 사람과의 사업을 당사업의 기본으로 한다.

조선로동당은 사상을 기본으로 틀어쥐고 인민대중의 정신력을 발동하여 모든 문제를 풀어나간다.

조선로동당은 항일유격대식 사업방법, 주체의 사업방법을 구현한다.

조선로동당은 혁명과 건설을 령도하는데서 로동계급적 원칙, 사회주의원칙을 견지하며 주체성과 민족성을 고수한다.

조선로동당은 선군정치를 사회주의 기본정치방식으로 확립하고 선군의 기치밑에 혁명과 건설을 령도한다.

조선로동당은 인민정권을 강화하고 사상, 기술문화의 3대 혁명을 힘있게 다그치는 것을 사회주의건설의 총로선으로 틀어쥐고나간다.

조선로동당은 혁명대오를 정치사상적으로 튼튼히 꾸리고 인민대중 중심의 사회주의 제도를 공고발전시키며 인민군대를 강화하고 나라의 방위력을 철벽으로 다지며 사회주의 자립적 민족경제와 사회주의문화를 발전시켜 나간다.

조선로동당은 근로단체들의 역할을 높여 광범한 군중을 당의 두리에 묶어세우며 사회주의강성대국건설을 위한 투쟁에로 조직동원한다.

조선로동당은 전조선의 애국적 민주력량과의 통일전선을 강화한다.

조선로동당은 남조선에서 미제의 침략무력을 몰아내고 온갖 외세의 지배와 간섭을 끝장내며 일본군국주의의 재침책동을 짓부시며 사회의 민주화와 생존의 권리를 위한 남조선인민들의 투쟁을 적극 지지성원하며 우리민족끼리 힘을 합쳐 자주, 평화통일, 민족대단결의 원칙에서 조국을 통일하고 나라와 민족의 통일적발전을 이룩하기 위하여 투쟁한다.

조선로동당은 자주, 평화, 친선을 대외정책의 기본리념으로 하여 반제 자주력량과의 련대성을 강화하고 다른 나라들과의 선린우호관계를 발전시키며 제국주의의 침략과 전쟁책동을 반대하고 세계의자주화와 평화를 위하여, 세계사회주의 운동의 발전을 위하여 투쟁한다.

제1장 당원

1. 조선로동당은 위대한 수령 김일성동지께서 개척하시고 위대한 령도자 김정일 동지께서 이끄시는 주체혁명위업, 사회주의위업을 위하여 모든 것을 다바쳐 투쟁하는 주체형의 혁명가이다.

2. 조선로동당원으로는 조선공민으로서 당의 유일사상체계와 유일적 령도체계가 든든히 서고 당과 수령, 조국과 인민을 위하여 헌신적으로 투쟁하며 당규약을 준수하려는 근로자들이 될 수 있다

3. 조선로동당원은 후보기간을 마친 후보당원 가운데서 받아들인다.
   특수한 경우에는 입당청원자를 직접 당원으로 받아들일수 있다.

조선로동당에는 열여덟살부터 입당할수 있다.

입당절차는 다음과 같다.

1) 입당하려는 사람은 입당청원서와 당원 두사람의 입당보증서를 당세포에 내야한다.

   김일성사회주의청년동맹원이 입당할때에는 시,군 청년동맹위원회의 입당보증서를 내야 하며 그것은 당원 한사람의 입당보증서를 대신한다.

   후보당원이 당원으로 입당할때에는 입당청원서와 입당보증서를 내지 않는다.

   그러나 당세포가 요구할때에는 다른 입당보증서를 내야한다

2) 입당보증인은 2년이상의 당생활 년한을 가져야 한다.

   입당보증인은 입당청원자의 사회정치생활을 잘 알아야 하며 보증내용에 대하여 당 앞에 책임져야 한다.

3) 입당문제는 개별적으로 심의하여야 한다.

   당세포는 총회에서 입당청원자를 참가시키고 입당문제를 심의하며 채택된 결정은 시, 군당위원회의 비준을 받아야 한다.

   입당보증인은 입당문제를 토의하는 회의에 참가하지 않아도 된다.

   시, 군당위원회는 입당문제에 대한 당세포의 결정을 한달안에 심의하고 처리하여야 한다.

4) 후보당원의 후보기간은 1년으로 한다.

   당세포는 후보당원의 후보기간이 끝나면 총회에서 그의 입당문제를 심의하고 결정하여야 한다.

   특수한 경우에는 후보기간이 끝나지 않은 후보당원을 당원으로 받아들일 수 있다.

   후보당원이 당원으로 입당할 준비가 잘안되였을 때에는 후보기간을 1년까지의 범위안에서 한번 미룰 수 있으며 그 기간에도 입당할 자격을 갖추지 못하면 그를 제명하여야 한다.

   후보기간을 미루거나 후보당원을 제명할데 대한 당세포의 결정은 시, 군당위원회의 비준을 받아야 한다.

5) 입당날자는 당세포총회에서 입당을 결정한 날로 한다.

6) 당원으로 입당한 사람은 당원증을 수여받을 때 입당선서를 한다.

7) 특수한 환경에서 사업하는 사람과 다른 당에서 탈당한 사람의 입당문제는 당중앙위원회가 따로 규정한 절차와 방법에 따라 취급한다.

4. 당원의 의무는 다음과 같다.

1) 당원은 당의 유일사상체계와 유일적 령도체계를 튼튼히 세워야 한다.

당원은 당과 수령에 대한 끝없는 충실성을 지니고 수령을 결사옹위하며 주체사상, 선군사상과 혁명전통으로 튼튼히 무장하고 당의 로선과 정책을 결사관철하며 당과 혁명대오의 일심단결을 눈동자와 같이 지키고 수령의 유일적 령도밑에 하나와 같이 움직이는 혁명적 규률을 세워야 한다.

2) 당원은 당생활에 자각적으로 참가하여 당성을 끊임없이 단련하여야 한다.

당원은 당조직관념을 바로가지고 당회의와 당생활총화, 당학습에 성실히 참가하며 당조직의 결정과 분공을 책임적으로 집행하고 비판과 사상투쟁을 강화하며 당의 규률을 자각적으로 지키고 사업과 생활에서 나서는 문제들을 당조직에 보고하여야 한다.

3) 당원은 사회주의강성대국 건설을 위한 혁명과업수행에서 선봉적 역할을 하여야 한다.

당원은 혁명적 군인정신을 높이 발휘하여 맡은 과업수행에서 혁신을 일으키고 최첨단을 돌파하기위한 투쟁과 어렵고 힘든 일에 앞장서며 로동을 사랑하고 로동규률을 자각적으로 지키며 국가사회재산을 주인답게 관리하고 생산문화, 생활문화를 확립하기 위하여 적극 노력하여야 한다.

4) 당원은 사회주의 조국을 튼튼히 보위하여야 한다.

당원은 군사중시기풍을 세워 군사를 성실히 배우고 전투동원준비를 튼튼히 갖추며 원쑤들의 침해로부터 사회주의조국과 혁명의 전취물을 굳건히 지키며 군민일치의 전통적 미풍을 높이 발휘하며 조국통일을 앞당기기 위하여 적극 투쟁하여야 한다.

5) 당원은 당적, 계급적 원칙을 철저히 지켜야 한다.

당원은 모든 문제를 정치적으로 계급적으로 예리하게 분석판단하고 어떤 역경속에서도 혁명적 신념과 지조를 지키고 계급적 원쑤들과 온갖 이색적인 사상요소들, 비사회주의적현상을 비롯한 부정적인 현상들을 반대하여 견결히 투쟁하여야 한다.

6) 당원은 군중과 늘 사업하며 실천적 모범으로 군중을 이끌어 나가야 한다.

당원은 혁명적 군중관점을 가지고 군중을 교양개조하여 당의 두리에 묶어 세우고 혁명과업 수행에로 불러일으키며 군중의 생활을 진심으로 돌보아 주며 당원의 영예와 존엄을 지켜 사업과 생활에서 군중의 본보기가 되고 자신과 가정, 집단을 혁명화하는데서 모범이 되어야 한다.

7) 당원은 정치리론수준과 문화기술수준을 끊임없이 높여야 한다.

당원은 혁명적 학습기풍을 세우고 당의 로선과 정책을 깊이 체득하며 경제지식과 현대과학기술을 배우고 자기사업에 정통하며 문화정서적 소양을 높여야 한다.

8) 당원은 혁명적 사업기풍과 생활기풍을 세워야 한다.

당원은 언제 어디서나 혁명적으로, 전투적으로 일하고 생활하며 국가의 법과 규정을 자각적으로 지키고 공민적 의무를 다하며 안일해이를 반대하고 혁명적 경각성을 높이며 당, 국가, 군사비밀을 철저히 지켜야한다.

9) 당원은 고상한 도덕품성을 지녀야 한다.

당원은 언제나 겸손하고 소박하며 친절하고 례절이 바르며 사리와 공명을 탐내지 말고 청렴결백하며 사회공중 도덕과 질서를 모범적으로 지키며 혁명적 동지애를 높이 발휘하여야 한다.

10) 당원은 매달 당비를 바쳐야 한다.

당비는 월수입의 2%로 한다.

5. 당원의 권리는 다음과 같다.

1) 당원은 당회의와 당출판물을 통하여 당의 로선과 정책을 관철하며 당사업을 발전시키는데 도움이 되는 의견을 발표할 수 있다.

2) 당원은 당회의에서 결의권을 가지며 각급 당지도기관 선거에서 선거할 권리와 선거받을 권리를 가진다.

3) 당원은 정당한 리유와 근거가 있을때에는 어떤 당원에 대하여서나 비판할 수 있으며 상급이 주는 어떤 과업이라도 그것이 당의 유일사상체계와 유일적령도체계에 어긋날때에는 그 집행을 거부할수 있다.

4) 당원은 자기의 사업과 생활에 대한 문제를 토의결정하는 당회의에 참가할 것을 요구할수 있다.

5) 당원은 당중앙위원회에 이르기까지의 각급 당위원회에 신소와 청원을 할 수 있으며 그에 대한 심의를 요구할 수 있다.

6. 후보당원의 의무는 당원의 의무와 같으며 후보당원의 권리는 결의권과 선거할 권리, 선거받을 권리가 없는 이외에는 당원의 권리와 같다.

7. 당의 규률을 어긴 당원에게는 당책벌을 준다.

1) 당의 유일사상체계와 유일적령도체계에 어긋나는 행동을 하거나 당의 로선과 정책을 반대하고 종파행위를 하거나 적들과 타협하는 것을 비롯하여 당과 혁명에 엄중한 손실을 끼친 당원은 출당시킨다.

2) 출당시키지 않을 정도의 과오를 범한 당원에게는 그 과오의 크기에 따라 경고, 엄중경고, 권리정지, 후보당원으로 내려놓는 책벌을 준다

당책벌은 당원이 과오를 범하게 된 동기와 원인, 과오의 후과와 함께 그의 사업과 생활을 전면적으로 깊이있게 료해하고 심중하게 주어야 한다.

3) 당세포는 총회에서 과오를 범한 당원을 참가시키고 당책벌을 줄데 대하여 심의결정한다. 특수한 경우에는 본인의 참가없이 심의결정할 수 있다. 당원에게 당책벌을 줄데 대한 당세포의 결정은 시,군당위원회의 비준을 받아야 하며 당원을 출당시킬데 대한 당세포의 결정은 도(직할시)당위원회의 비준을 받아야 한다.

4) 당세포는 당책벌을 받은 당원이 자기의 과오를 깊이 뉘우치고 고치기 위하여 노력하며 사업에서 개선이 있을 때에는 총회에서 책벌을 벗겨줄데 대하여 심의결정하여야 하며 그 결정은 시, 군당위원회의 비준을 받아야 한다.

5) 당중앙위원회와 도(직할시), 시, 군당위원회 위원, 후보위원에 대한 당책벌 문제를 비롯하여 당책벌을 주거나 벗겨주는 모든 문제는 당중앙위원회가 정한 절차와 방법에 따라 취급한다.

6) 당중앙위원회와 도(직할시), 시, 군당위원회는 당규률 문제와 관련한 당원의 신소를 제때에 책임적으로 심의하고 처리하여야 한다.

8. 정당한 리유 없이 여섯달 이상 당생활에 참가하지 않고 있는 당원에 대하여서는 당세포총회에서 그를 제명할 것을 결정하여야 하며 그 결정은 시,군당위원회의 비준을 받아야 한다

9. 당원의 등록과 이동은 당중앙위원회가 정한 절차와 방법에 따라 한다.

10. 조선로동당원으로서 당과 수령, 조국과 인민을 위하여 투쟁하다가 년로보장 또는 사회보장을 받고 있는 당원을 비롯하여 당원으로서의 활동을 제대로 할수 없는 당원은 명예당원으로 한다.
    명예당원에게는 명예당원증을 수여한다.
    당원을 명예당원으로 넘기는 문제는 시, 군당위원회에서 비준한다.

제2장 당의 조직원칙과 조직구조

11. 당은 민주주의중앙집권제원칙에 따라 조직하며 활동한다.
    1) 각급 당지도기관은 민주주의적으로 선거하며 선거된 지도기관은 선거받

은 당 조직 앞에 자기의 사업을 정기적으로 총화보고한다.

2) 당원은 당조직에, 소수는 다수에, 하급당조직은 상급당조직에 복종하며 모든 당조직은 당중앙위원회에 절대복종한다.

3) 모든 당조직은 당의 로선과 정책을 무조건 옹호관철하며 하급당조직은 상급당조직의 결정을 의무적으로 집행한다.

4) 상급당조직은 하급당조직의 사업을 계통적으로 지도검열하며 하급 당조직은 자기의 사업정형을 상급당조직에 정상적으로 보고한다.

12. 각급 당조직은 지역단위와 생산 및 사업단위에 따라 조직한다.

어느 한 지역을 맡은 당조직은 그 지역의 일부를 맡은 모든 당조직의 상급 당조직으로 되며 어느 한 부문이나 단위의 사업을 맡은 당조직은 그 부문이나 단위의 일부 사업을 맡은 모든 당조직의 상급당조직으로 된다.

13. 각급 당위원회는 해당 단위의 최고지도기관이며 정치적 참모부이다.

당위원회의 활동에서 기본은 집체적 지도이다.

각급 당위원회는 새롭고 중요한 문제들을 반드시 집체적으로 토의결정하고 집행하며 여기에 당지도기관 성원들과 당원들의 책임성과 창발성을 밀접히 결합시켜야 한다.

14. 각급 당조직의 최고지도기관은 다음과 같이 조직한다

1) 당의 최고지도기관은 당대회이며 당대회와 당대회사이에는 당대회가 선거한 당중앙위원회이다.

도(직할시), 시, 군당조직의 최고지도기관은 해당 당대표회이며 당대표회와 당대표회 사이에는 당대표회가 선거한 해당 당위원회이다.

기층당조직의 최고지도기관은 당총회(당대표회)이며 당총회(당대표회)와 당총회(당대표회)사이에는 당총회(당대표회)가 선거한 해당 당위원회이다.

2) 당대회, 당대표회 대표자는 한급 낮은 당조직의 당대표회 또는 당총회에서 선거한다. 당대회 대표자 선출비률은 당중앙위원회가 규정하며 도(직할시), 시, 군당 대표회 대표자 선출비률은 당중앙위원회가 정한 기준에 따라 해당 당위원회가 규정한다.

3) 당중앙위원회 위원, 후보위원수는 당대회에서 결정한다.

도(직할시), 시, 군당위원회 위원, 후보위원수와 기층당 조직의 위원수는 당중앙위원회가 정한 기준에 따라 해당 당대표회 또는 당총회에서 결정한다.

당위원회 위원, 후보위원수를 변경시킬 필요가 있을때에는 해당 당위원
회 전원회의에서 다시 결정할수 있다.

각급 당지도기관의 선거는 당중앙위원회가 만든 선거세칙에 따라 한다.

15. 각급 당조직의 지도기관 성원의 소환(제명)과 보선은 다음과 같이 한다
  1) 당중앙위원회와 도(직할시), 시, 군당위원회 위원, 후보위원의 제명과 보
     선은 해당 당위원회 전원회의에서 한다.
     당중앙위원회와 도(직할시), 시, 군 당위원회 위원이 결원되였을 때는 해
     당 당위원회 후보위원 가운데서 보선한다. 필요에 따라 후보위원이 아닌
     당원을 위원으로 보선할 수 있다.
  2) 기층당조직의 지도기관 성원의 소환과 보선은 해당 당총회(당대표회)에
     서 한다.
     규모가 크거나 아래 당조직들이 멀리 널려져 있거나 사업상 특성으로
     당총회(당대표회)를 제때에 소집할 수 없는 초급당, 분초급당에서는 당
     위원회에서 위원을 제명, 보선할 수 있다.
  3) 상급당위원회는 결원된 하급당위원회 책임비서(비서), 비서(부비서)를
     파견할 수 있다.

16. 당회의는 해당 당조직에 소속된 당원(위원,대표자) 총수의 3분의 2 이상이
    참가하여야 성립되며 제기된 문제의 가결은 결의권을 가진 당회의 참가자의
    절반을 넘는 찬성을 받아야 확정된다.
    각급 당위원회 후보위원은 해당 당위원회 전원회의에서 발언권만 가진다.

17. 도(직할시), 시, 군당위원회의 조직과 해체문제는 당중앙위원회에서, 초급당
    위원회와 분초급당위원회의 조직과 해체문제는 도(직할시)당위원회에서, 부
    문당위원회와 당세포의 조직과 해체문제는 시, 군당위원회에서 비준한다.
    당 조직의 조직과 해체정형을 시, 군당위원회는 도(직할시) 당위원회에, 도
    (직할시)당위원회는 당중앙위원회에 보고하여야 한다.
    각급 당위원회에는 필요한 부서를 둔다. 부서를 내오거나 없애는 권한은 당
    중앙위원회에 있다.

18. 당중앙위원회는 정치, 군사, 경제적으로 중요한 부문에 정치기관을 조직한다.
  1) 정치기관들은 해당 부문에서 당원들과 근로자들에 대한 정치사상교양사
     업을 조직진행하며 해당 단위에 조직된 당위원회의 집행부서로 사업한다.
     정치기관들은 당의 로선과 정책을 관철하기 위한 투쟁에 당원들과 군중

을 조직동원하기 위하여 당열성자회의를 소집할 수 있다.

  2) 중앙기관에 조직된 정치국(정치부)들은 당 중앙위원회에 직속되어 그 지도밑에 사업하며 자기 사업정형을 당중앙위원회에 정상적으로 보고한다. 정치국(정치부)들은 아래 정치기관들에 대한 지도에서 해당지역 당위원회들과 긴밀한 련계를 가진다.

  3) 정치기관들은 조선로동당규약과 당중앙위원회가 비준한 지도서와 규정에 따라 조직되며 사업한다.

19. 당중앙위원회는 어떤 당조직이든지 당의 로선과 정책, 당규약을 엄중하게 어기거나 집행하지 않을 때에는 해산하고 거기에 소속되었던 당원들을 개별적으로 심사하여 다시 등록하고 당조직을 새로 조직할 수 있다.

20. 당중앙위원회는 정치, 군사, 경제적으로 중요한 지역과 부문, 특수한 환경에 맞는 당조직의 형식과 활동방법, 그 밖의 당건설에서 나서는 문제들을 따로 결정할 수 있다.

제3장 당의 중앙조직

21. 당대회는 당의 최고기관이다.

당 대회는 당중앙위원회가 소집하며 당대회 소집날자는 여섯달 전에 발표한다.

당대회의 사업은 다음과 같다.

  1) 당중앙위원회와 당중앙검사위원회의 사업을 총화한다.

  2) 당의 강령과 규약을 채택 또는 수정 보충한다.

  3) 당의 로선과 정책, 전략전술의 기본문제를 토의결정한다.

  4) 조선로동당 총비서를 추대한다.

  5) 당중앙위원회와 당중앙검사위원회를 선거한다.

22. 조선로동당 총비서는 당의 수반이다.

조선로동당 총비서는 당을 대표하며 전당을 령도한다.

조선로동당 총비서는 당중앙군사위원회 위원장으로 된다.

23. 당중앙위원회는 당대회와 당대회사이에 당의 모든사업을 조직지도한다.

당중앙위원회는 전당과 온 사회의 주체사상화를 당사업의 총적임무로 틀어쥐고 당의 유일사상체계와 유일적령도체계를 튼튼히 세우며 당과 혁명대오를 수령결사옹위의 전투부대로 꾸리고 그 위력을 높이며 주체사상, 선군사상을 구현하여 당의 로선과 정책을 세우고 혁명투쟁과 건설사업을 정치적으로 지도하며 국내외의 각 정당, 단체들과 사업하며 당의 재정을 관리한다.

24. 당중앙위원회는 전원회의를 1년에 한번 이상 소집한다.
    당중앙위원회 전원회의는 해당 시기 당앞에 나서는 중요한 문제들을 토의결정하며 당중앙위원회 정치국과 정치국상무위원회를 선거하며 당중앙위원회 비서들을 선거하고 비서국을 조직하며 당중앙군사위원회를 조직하고 당중앙위원회 검열위원회를 선거한다.

25. 당중앙위원회 정치국과 정치국상무위원회는 전원회의와 전원회의 사이에 당중앙위원회의 이름으로 당의 모든 사업을 조직지도한다.

26. 당중앙위원회 비서국은 당 내부사업에서 나서는 문제와 그 밖의 실무적 문제들을 주로 토의결정하고 그 집행을 조직지도한다.

27. 당중앙군사위원회는 당대회와 당대회 사이에 군사분야에서 나서는 모든 사업을 당적으로 조직지도한다.
    당중앙군사위원회는 당의 군사로선과 정책을 관철하기위한 대책을 토의결정하며 혁명무력을 강화하고 군수공업을 발전시키기 위한 사업을 비롯하여 국방사업 전반을 당적으로 지도한다.

28. 당중앙위원회 검열위원회는 당의 유일사상체계와 유일적령도체계에 어긋나는 행동을 하거나 당규약을 위반하는 것을 비롯하여 당규률을 어긴 당원에게 당적 책임을 추궁하며 당규률 문제와 관련한 도(직할시)당위원회의 제의와 당원의 신소를 심의하고 처리한다.

29. 당중앙검사위원회는 당의 재정관리사업을 검사한다.

30. 당중앙위원회는 당대회와 당대회사이에 당대표자회를 소집할수 있다.
    당대표자회 대표자 선출비률과 대표자선거절차는 당중앙위원회가 규정한다.
    당대표자회는 당의 로선과 정책, 전략전술의 중요한 문제들을 토의결정하며 당중앙지도기관 성원들을 소환하고 보선한다.
    당대표자회는 조선로동당 최고지도기관을 선거하거나 당규약을 수정보충할 수 있다.

제4장 당의 도(직할시)조직

31. 도(직할시)당대표회는 당의 도(직할시)조직의 최고지도기관이다.

   도(직할시) 당대표회는 당중앙위원회의 지시에 따라 도(직할시) 당위원회가 소집한다.

32. 도(직할시)당대표회의 사업은 다음과 같다

   1) 도(직할시)당위원회와 도(직할시)당검사위원회의 사업을 총화한다.

   2) 도(직할시)당위원회와 도(직할시)당검사위원회를 선거한다.

   3) 당대회에 보낼 대표자를 선거한다.

33. 도(직할시)당위원회는 다음과 같은 사업을 한다.

   당의 유일사상체계와 유일적령도체계를 세우는 사업을 주선으로 틀어쥐고 당원들과 근로자들이 수령을 결사옹위하고 당의 로선과 정책을 결사 관철하며 당과 혁명대오의 일심단결을 강화하고 수령의 유일적령도 밑에 하나와 같이 움직이도록 지도한다.

   간부대렬을 튼튼히 꾸리고 그 순결성을 보장하며 당원들에 대한 당생활지도를 강화하고 당력량을 합리적으로 배치하며 광범한 군중을 당의 두리에 묶어세우며 당조직들을 튼튼히 꾸리고 그 전투적 기능과 역할을 높이도록 지도한다.

   당원들과 근로자들을 주체형의 혁명가로 키우기 위한 사상교양을 강화하고 사회주의 강성대국 건설에서 대중의 정신력을 높이 발양시키며 제국주의자들의 사상문화적침투책동을 짓부시고 온갖 이색적인 사상요소들과 비사회주의적 현상을 비롯한 부정적인 현상들을 반대하여 투쟁한다.

   행정경제사업에 대한 당적지도를 강화하여 정치, 경제문화의 모든 사업이 당의 정책적 요구에 맞게 진행되도록 하며 근로단체 조직들을 튼튼히 꾸리고 그 역할을 높이도록 지도한다. 민간무력의 전투력을 높이며 전투 동원준비를 완성하고 인민군대를 적극 원호하도록 지도한다.

   도(직할시) 당위원회의 재정을 관리한다.

   당중앙위원회에 자기의 사업정형을 정상적으로 보고한다.

34. 도(직할시)당위원회는 전원회의를 넉달에 한번 이상 소집한다.

   도(직할시)당위원회 전원회의는 당의 로선과 정책을 관철하기 위한 대책을 토의결정하며 도(직할시)당위원회 집행위원회와 책임비서, 비서들을 선거하고 비서처를 조직하며 도(직할시) 당위원회 군사위원회와 검열위원회를 선거한다.

35. 도(직할시) 당위원회 집행위원회, 비서처, 군사위원회, 검열위원회는 다음과 같은 사업을 한다.
    1) 도(직할시)당위원회 집행위원회는 전원회의와 전원회의 사이에 도(직할시) 당위원회의 이름으로 행정경제사업과 관련한 당정책관철에서 나서는 중요한 문제들을 토의결정하고 그 집행을 위한 사업을 조직지도한다. 도(직할시)당위원회 집행위원회는 한달에 두번이상 한다.
    2) 도(직할시)당위원회 비서처는 간부사업을 비롯한 당내부사업에서 나서는 문제들을 수시로 토의결정하고 조직집행한다.
    3) 도(직할시)당위원회 군사위원회는 당의 군사로선과 정책을 관철하기 위한 대책을 토의결정하고 그 집행을 위한 사업을 조직지도한다.
    4) 도(직할시)당위원회 검열위원회는 당의 유일사상체계와 유일적령도체계에 어긋나는 행동을 하거나 당규약을 위반하는 것을 비롯하여 당규률을 어긴 당원에게 당적 책임을 추궁하며 당규률 문제와 관련한 시, 군당위원회의 제의와 당원의 출당을 최종적으로 비준하며 당규률 문제와 관련한 당원의 신소를 심의하고 처리한다.

제5장 당의 시(구역), 당조직

36. 시(구역), 군당대표회는 당의 시(구역), 군조직의 최고지도기관이다.
    시(구역), 군당대표회는 당중앙위원회의 지시에 따라 시(구역), 군당위원회가 소집한다.

37. 시(구역), 군당대표회의 사업은 다음과 같다.
    1) 시(구역), 군당위원회와 시(구역), 군당검사위원회의 사업을 총화한다.
    2) 시(구역), 군당위원회와 시(구역), 군당검사위원회를 선거한다.
    3) 도(직할시)당대표회에 보낼 대표자를 선거한다.

38. 시(구역), 군당위원회는 당의 말단지도단위, 집행단위로서 다음과 같은 사업을 한다.
    당의 유일사상체계와 유일적령도체계를 세우는 사업을 주선으로 틀어쥐고 당원들과 근로자들이 수령을 결사옹위하며 주체사상, 선군사상과 혁명전통으로 튼튼히 무장하고 당의 로선과 정책을 결사 관철하며 당과 혁명대오의 일심단결을 강화하고 수령의 유일적령도밑에 하나와 같이 움직이는 혁명적 규률을 세우도록 한다.

간부대렬을 튼튼히 꾸리고 일군들의 책임성과 역할을 높이며 당생활지도체계를 정연하게 세우고 당생활지도를 강화하며 당장성사업과 당원등록사업을 진행하고 군중과의 사업을 강화하여 그들을 당의 두리에 묶어세우며 기층당조직들을 튼튼히 꾸리고 그 전투적 기능과 역할을 높이기 위한 사업을 조직진행한다.

선전선동체계를 정연하게 세우고 당원들과 근로자들을 주체형의 혁명가로 키우기 위한 사상교양을 강화하며 사회주의강성대국건설을 위한 투쟁에서 대중의 정신력을 높이 발양시키며 부르죠아 사상문화의 침습을 막고 온갖 이색적인 사상요소들과 비사회주의적 현상을 비롯한 부정적인 현상들을 반대하여 투쟁한다.

행정경제사업에 대한 당적지도를 강화하여 해당단위의 모든 사업이 당의 정책적 요구에 맞게 진행되도록 하고 인민생활을 향상시키며 근로단체조직들을 튼튼히 꾸리고 그 기능과 역할을 높이도록 한다.

로농적위대와 붉은청년근위대대렬을 튼튼히 꾸리고 정치군사훈련을 강화하며 전투동원준비를 완성하고 인민군대를 적극 원호한다.

시(구역), 군당위원회의 재정을 관리한다.

상급당위원회에 자기의 사업정형을 정상적으로 보고한다.

39. 시(구역), 군당위원회는 전원회의를 석달에 한번이상 소집한다.

시(구역), 군당위원회 전원회의는 당의 로선과 정책을 관철하기 위한 대책을 토의결정하며 시(구역), 군당위원회 집행위원회와 책임비서, 비서들을 선거하고 비서처를 조직하며 시(구역), 군당위원회 군사위원회와 검열위원회를 선거한다.

40. 시(구역), 군당위원회 집행위원회, 비서처, 군사위원회, 검열위원회는 다음과 같은 사업을 한다.

1) 시(구역), 군당위원회 집행위원회는 전원회의와 전원회의 사이에 시(구역), 군당위원회의 이름으로 행정경제사업과 관련한 당정책 관철에서 나서는 중요한 문제들을 토의결정하고 그 집행을 위한 사업을 조직지도한다. 시(구역), 군당위원회 집행위원회는 한달에 두 번이상 한다.

2) 시(구역), 군당위원회 비서처는 간부사업을 비롯한 당내부 사업에서 나

서는 문제들을 수시로 토의결정하고 조직집행한다.
3) 시(구역), 군당위원회 군사위원회는 당의 군사로선과 정책을 관철하기 위한 대책을 토의결정하고 그 집행을 위한 사업을 조직지도한다.
4) 시(구역), 군당위원회 검열위원회는 당의 유일사상체계와 유일적령도체와 유일적령도체계에 어긋나는 행동을 하거나 당규약을 위반하는 것을 비롯하여 당규률을 어긴 당원에게 당적책임을 추궁하며 당규률 문제와 관련한 당세포의 결정을 토의비준하며 당규률 문제와 관련한 당원의 신소를 심의하고 처리한다.

제6장 당의 기층조직

41. 당의 기층조직에서는 초급당, 분초급당, 부문당, 당세포가 있다.
    당의 말단기층조직은 당세포이다.
    당세포는 당원들의 당생활의 거점이며 당과 대중을 이어주고 군중을 당의 두리에 묶어 세우는 기본단위이며 당원들과 근로자들을 조직동원하여 당의 로선과 정책을 관철하는 직접적 전투단위이다.

42. 당의 기층조직은 다음과 같이 조직한다.
    1) 당원이 5명부터 30명까지 있는 단위에는 당세포를 조직한다.
       당원이 5명 못되는 단위에는 따로 당세포를 조직하지 않고 그 단위의 당원들과 후보당원들을 가까이에 있는 당세포에 소속시키거나 사업의 성격과 린접관계를 고려하여 두 개이상 단위의 당원들을 합하여 당세포를 조직할 수 있다.
       당원이 3명 못되는 단위에는 시(구역), 군당위원회가 추천하는 당원을 책임자로 하는 당소조를 조직할수 있다.
    2) 당원이 31명 이상 있는 단위에는 초급당을 조직한다.
    3) 초급당과 당세포 사이에 당원이 31명 이상 있는 생산 및 사업단위에는 부문당을 조직한다.
    4) 초급당, 부문당, 당세포의 조직형식만으로 기층당조직을 합리적으로 조직할수 없을 때에는 초급당과 부문당 사이의 생산 및 사업단위에 분초급당을 조직한다.

이상의 당조직형식들이 실정에 맞지 않을 때에는 당중앙위원회의 비준을 받아 다른 형식의 당조직을 내세울수 있다.

5) 다른 단위에 림시 이동하여 생활하는 당원들로 림시당조직을 조직한다.

43. 당총회(당대표회)는 당의 기층조직의 최고지도기관이다.

1) 당세포총회는 한달에 한번 이상 한다.

2) 초급당, 분초급당, 부문당 총회는 석달에 한번 이상한다.

당원과 후보당원이 500명이 넘거나 아래당조직이 멀리 널려져 있을 때에는 초급당총회(대표회)를 1년에 한번 이상 할수 있다.

44. 기층당조직에서는 1년에 한번씩 지도기관 사업을 총화하고 새로운 지도기관을 선거한다.

1) 당세포에서는 총회에서 당세포사업을 총화하고 비서와 부비서를 선거한다.

시(구역), 군당위원회에 직속된 당세포에 당원이 20명이상 되면 당세포위원회를 선거하고 그 위원회에서 비서와 부비서들을 선거한다.

당세포위원회는 한달에 한번이상 한다.

2) 초급당, 분초급당, 부문당에서는 당총회(당대표회)에서 해당 당위원회사업을 총화하고 새로운 당위원회를 선거하며 그 위원회에서 비서와 부비서들을 선거한다.

초급당, 분초급당위원회에서는 필요에 따라 집행위원회를 선거할수 있다.

초급당, 분초급당, 부문당위원회는 한달에 두번이상 하며 집행위원회가 조직된 초급당, 분초급당에서는 한달에 위원회는 한번이상, 집행위원회는 두번이상 한다.

45. 기층당조직의 임무는 다음과 같다.

1) 당원들과 근로자들속에 당의 유일사상체계와 유일적 령도체계를 튼튼히 세운다.

당원들과 근로자들이 투철한 혁명적수령관을 지니고 수령을 결사옹위하며 주체사상, 선군사상과 혁명전통으로 튼튼히 무장하고 당의 로선과 정책을 결사관철하며 당과 혁명대오의 일심단결을 강화하고 수령의 유일적 령도밑에 하나과 같이 움직이는 혁명적규률을 세우도록 한다.

2) 당원들에 대한 당생활조직과 지도를 강화한다.

당원, 후보당원들을 당조직에 빠짐없이 소속시키고 당회의와 당생활총화, 당학습을 높은 정치사상적 수준에서 조직진행하며 당원들에게 당적 분공을 정상적으로 주고 총화하며 당원들이 당규약상규범의 요구대로 사업하고 생활하며 혁명과업수행에서 선봉적역할을 하도록 한다.

3) 초급일군대렬을 튼튼히 꾸리며 검열되고 준비된 사람들을 당에 받아들인다.

초급일군들을 당과 수령에게 충실하고 실력이 있으며 사업작풍이 좋은 사람들로 선발배치하고 그들이 맡은일을 잘 하도록 지도하며 입당대상자들을 료해장악하고 체계적으로 키우며 당원의 자격을 갖춘 사람들을 엄선하여 당에 받아들인다.

4) 당원들과 근로자들에 대한 사상교양사업을 힘있게 벌린다.

당원들과 근로자들 속에서 주체사상, 선군사상원리교양, 충실성교양, 당정책교양, 혁명전통교양, 계급교양, 집단주의교양, 사회주의애국주의교양, 혁명적 신념과 락관주의교양, 사회주의도덕교양을 비롯한 사상교양을 강화하여 부르죠아사상문화의 침습을 막고 비사회주의적현상을 비롯한 온갖 부정적인 현상들을 반대하여 견결히 투쟁하도록 한다.

5) 군중과의 사업을 실속있게 진행한다.

군중과의 사업체계를 정연하게 세우고 군중을 혁명적으로 교양 개조하며 민심을 틀어쥐고 군중의 요구와 의견을 제때에 풀어주며 군중을 당의 두리에 묶어세운다.

6) 행정경제사업에 대한 당적 지도를 강화한다.

당의 로선과 정책을 관철하기 위한 대책을 집체적으로 토의결정하고 그 집행을 위한 조직정치사업을 실속있게 진행하며 근로자들의 정신력을 높이 발양시키고 최첨단을 돌파하기 위한 투쟁을 힘있게 벌려 생산과 건설에서 끊임없는 혁신을 일으키며 생산문화, 생활문화를 확립하고 국가사회재산을 주인답게 관리하며 근로자들의 후방사업을 개선하도록 한다.

7) 근로단체사업에 대한 당적지도를 실속있게 진행한다.

근로단체 초급일군들을 잘 꾸리고 그들의 역할을 높이며 근로단체 조직들의 사업정형을 료해하고 개선대책을 세우며 근로단체조직들에 사업방향을 정상적으로 주고 근로단체 조직들이 자립성과 창발성을 높여 본신 임무를 원만히 수행하도록 한다.

8) 민방위 사업을 강화하며 인민군대를 적극 원호한다.

로농적위대와 붉은청년근위대 대렬을 튼튼히 꾸리고 정치군사훈련을 강화하도록 하며 자기 단위의 전투동원 준비를 완성하며 원군기풍을 세우고 인민군대를 성심성의로 원호한다.

9) 3대혁명붉은기쟁취운동을 비롯한 대중운동을 힘있게 벌린다.

10) 상급당위원회에 자기의 사업정형을 정상적으로 보고한다.

제7장 조선인민군안의 당조직

46. 조선인민군은 위대한 수령 김일성동지께서 항일혁명투쟁의 불길속에서 몸소 창건하신 혁명적 무장력이다.

    조선인민군은 당위 위업, 주체혁명위업을 무장으로 옹호 보위하는 수령의 군대, 당의 선군혁명령도를 맨 앞장에서 받들어나가는 혁명의 핵심부대, 주력군이다.

    조선인민군은 모든 정치활동을 당의 령도밑에 진행한다.

47. 조선인민군 각급 단위에는 당조직을 두며 그를 망라하는 조선인민군 당위원회를 조직한다.

    조선인민군 당위원회는 당중앙위원회 지도밑에 사업한다.

48. 조선인민군안의 각급 당조직들은 다음과 같은 사업을 한다.

    전군의 주체사상화를 군건설의 총적과업으로 틀어쥐고 그 실현을 위하여 투쟁한다.

    당의 유일적령군체계와 혁명적 군풍을 확고히 세워 인민군대안에 당의 사상과 령도의 유일성을 철저히 보장하며 모든 당원들과 군인들을 당과 수령을 결사옹위하는 총폭탄으로, 조국과 인민을 위하여 한목숨 바쳐 싸우는 당의 참된 전사로 튼튼히 준비시킨다.

    간부대렬과 당대렬을 튼튼히 꾸리며 당원들에 대한 당생활조직과 지도를 강화하여 그들의 당성을 끊임없이 단련한다.

    당원들과 근로자들 속에서 사상교양사업을 강화하여 그들을 주체사상, 선군사상으로 튼튼히 무장한 사상과 신념의 강자로 키운다.

    인민군안의 청년동맹조직들을 튼튼히 꾸리고 그 기능과 역할을 높이도록 한다.

    당위원회의 집체적 지도를 강화하고 군사사업을 당적으로, 정치적으로, 군사기술적으로, 육체적으로 튼튼히 준비시킨다.

    군인들속에서 혁명적 동지애와 관병일치, 군민일치의 전통적 미풍을 높이 발양시킨다.

49. 조선인민군 각급 단위에는 정치기관을 조직한다.

    조선인민군 총정치국은 인민군 당위원회의 집행부서로서 당중앙위원회 부서와 같은 권능을 가지고 사업한다.

    조선인민군 총정치국 아래 각급 정치부들은 해당 당위원회의 집행부로서 당정치사업을 조직집행한다.

50. 조선인민군 각급 부대들에는 정치위원을 둔다.

    정치위원은 해당 부대에 파견된 당의 대표로서 당정치사업과 군사사업을 비롯한 부대안의 전반사업에 대하여 당적으로, 정치적으로 책임지며 부대의 모든 사업이 당의 로선과 정책에 맞게 진행되도록 장악지도한다.

51. 조선인민군안의 각급 당조직들과 정치기관들은 조선로동당규약과 조선인민군 당정치사업지도서에 따라 사업한다.

제8장 당과 인민정권

52. 인민정권은 위대한 수령 김일성동지께서 창건하신 인민대중 중심의 사회주의 정권이다.

    인민정권은 사회주의위업, 주체혁명위업 수행의 강력한 정치적무기이며 당과 인민대중을 련결시키는 가장포괄적인 인전대이며 당의 로선과 정책의 집행자이다.

    인민정권기관은 당의 령도밑에 활동한다.

53. 당은 인민정권기관안의 당의 유일사상체계와 유일적령도체계를 튼튼히 세우고 인민정권이 주체사상, 선군사상과 그 구현인 당의 로선과 정책을 철저히 관철하도록 정치적으로 지도한다.

54. 당은 인민정권이 인민대중의 자주적 권리와 리익의 대표자, 창조적 능력과 활동의 조직자, 인민생활을 책임진 호주로서의 사명을 훌륭히 수행하며 사회에 대한 통일적 지도기능과 인민민주주의 독재기능을 강화하여 사회주의 제도를 옹호 고수하고 공고 발전시키며 사회주의 강성대국 건설을 다그치도록 지도한다.

55. 각급 당조직들은 인민정권기관 일군대렬을 튼튼히 꾸리고 일군들의 역할을

높이며 인민정권기관들이 본신 임무를 책임적으로 수행하도록 지도한다.

제9장 당과 근로단체

56. 근로단체들은 위대한 수령 김일성동지께서 조직하신 근로자들의 대중적 정치 조직이며 사상교양 단체이다.

    근로단체들은 당의 외곽단체이고 당과 대중을 련결시키는 인전대이며 당의 믿음직한 방조자이다.

    김일성사회주의청년동맹은 조선청년운동의 개척자이신 위대한 수령 김일성동지께서 몸소 무어주신 주체적인 청년조직이며 주체혁명 선군혁명의 대를 이어 나갈 당의 정치적 후비대이다.

    근로단체들은 당의 령도밑에 활동한다.

57. 당은 근로단체조직들안에 당의 유일사상체계와 유일적령도 체계를 튼튼히 세워 근로단체들을 당에 충실한 정치조직으로 만들며 근로단체들이 당의 사상과 로선을 철저히 관철하도록 정치적으로 지도한다.

    당은 근로단체들이 동맹원들 속에서 사상교양사업과 동맹조직 생활을 강화하고 대중운동을 힘있게 벌려 그들을 당의 두리에 튼튼히 묶어 세우며 사회주의강성대국 건설에 적극 조직동원하도록 지도한다.

    당은 청년중시로선을 일관하게 틀어쥐고 김일성사회주의청년동맹이 당에 끝없이 충실한 청년전위의 대오, 조국보위와 사회주의강성대국건설에 앞장서는 돌격대가 되도록 지도한다.

58. 각급 당조직들은 청년동맹을 비롯한 근로단체 일군대렬을 튼튼히 꾸리고 근로단체들의 특성에 맞게 사업방향을 정확히 주며 근로단체조직들이 본신 임무를 자립적으로, 창발적으로 수행하도록 지도한다.

제10장 당마크, 당기

59. 당마크는 마치와 낫, 붓이 한곳에서 교차되게 그려진 조선로동당의 상징적

표식이다.

당마크는 조선로동당이 수령을 중심으로 하여 조직사상적으로 굳게 뭉친 로동자, 농민, 인테리를 비롯한 근로인대중의 전위부대이며 인민대중 속에 깊이 뿌리박고 인민대중의 요구와 리익을 위하여 투쟁하는 혁명적이며 대중적인 당이라는 것을 상징한다.

60. 당기는 붉은색 기폭의 중심에 당마크가 새겨져 있는 조선로동당의 상징적 기발이다.

당기는 위대한 수령 김일성동지의 혁명사상을 지도사상으로 하고 백두의 혁명 전통을 순결하게 이어나가며 전체인민을 당과 수령의 두리에 굳게 묶어세워 주체혁명 위업을 끝까지 완성해 나가는 조선로동당의 혁명적이며 대중적인 성격과 불굴의 의지, 투쟁정신을 상징한다.

개정 「조선로동당규약」 서문

(2012년 4월 12일 개정)

조선로동당은 위대한 김일성동지와 김정일동지의 당이다.

위대한 김일성동지는 조선로동당의 창건자이시고 당과 혁명을 백승의 한길로 이끌어오신 탁월한 령도자이시며 조선로동당과 조선인민의 영원한 수령이시다.

위대한 수령 김일성동지는 영생불멸의 주체사상을 창시하시고 항일혁명의 불길 속에서 마련하신 당창건의 조직사상적 기초와 빛나는 혁명전통에 토대하여 영광스러운 조선로동당을 창건하시였으며 조선로동당을 사상의지적으로 통일단결되고 높은 조직성과 규률성을 지닌 강철의 당으로, 인민대중의 절대적인 지지와 신뢰를 받는 위력한 당으로, 주체혁명의 대를 굳건히 이어나가는 불패의 당으로 강화발전 시키시였다.

위대한 수령 김일성동지는 혁명무력과 인민정권을 창건하시고 혁명의 주체적력량을 비상히 강화하시였으며 항일혁명투쟁과 조국해방전쟁, 민주주의혁명과 사회주의혁명을 승리에로 이끄시여 민족해방, 계급해방의 력사적위업을 이룩하시고 사회주의건설을 힘있게 다그쳐 이 땅우에 자주, 자립, 자위로 위용떨치는 인민대중중심의 사회주의나라를 일떠세우시였으며 조국통일과 인류자주위업수행에 거대한 공헌을 하시였다.

위대한 김정일동지는 조선로동당을 위대한 김일성동지의 당으로 강화발전시키시고 선군혁명을 승리에로 이끌어오신 탁월한 령도자이시며 조선로동당의 영원한 총비서이시고 조선로동당과 조선인민의 영원한 수령이시다.

위대한 령도자 김정일동지는 주체사상을 자주시대의 위대한 지도사상으로 심화발전시키시고 조선로동당을 유일사상체계와 유일적령도체계가 확고히 선 사상적 순결체, 조직적전일체로 건설하시였으며 조선로동당을 인민대중과 혼연일체를 이루고 인민대중의 운명을 책임지고 보살피는 어머니당으로, 높은 령도예술을 지닌 로숙하고 세련된 당으로, 령도의 계승성을 확고히 보장한 전도양양한 당으로 강화발전시키시였다.

위대한 령도자 김정일동지는 온 사회의 김일성주의화를 당의 최고강령으로 내세우시고 혁명과 건설의 모든 분야에서 기적과 변혁의 새 력사를 창조하시였으며 선군의 기치높이 나라와 민족의 자주권을 군건히 수호하시고 김일성조선을 일심단결된 정치사상강국, 무적의 군사강국으로 일떠세우시였으며 조국땅우에 강성번영의 일대 전성기를 펼치시고 조국통일과 세계의 자주화위업수행에서 전환적국면을 열어놓으시였다.

위대한 김일성동지와 김정일동지는 천재적인 예지와 비범한 령도력, 불굴의 의지와 인민에 대한 열렬한 사랑을 지니시고 한평생을 오로지 당의 강화발전과 인민의 행복을 위하여 모든것을 다 바치신 탁월한 사상리론가, 걸출한 령도자, 인민의 자애로운 어버이이시다.

조선로동당은 위대한 김일성동지와 김정일동지의 성스러운 혁명생애와 고귀한 업적을 천추만대에 빛내여나갈 것이며 김일성동지와 김정일동지의 거룩한 존함은 조선로동당과 더불어 영구불멸할 것이다.

경애하는 김정은동지는 위대한 김일성동지와 김정일동지의 혁명위업을 승리에로 이끄시는 조선로동당과 조선인민의 위대한 령도자이시다.

조선로동당은 위대한 김일성동지와 김정일동지를 영원히 높이 모시고 경애하는 김정은동지를 중심으로 하여 조직사상적으로 공고하게 결합된 로동계급과 근로인민대중의 핵심부대, 전위부대이다.

조선로동당은 위대한 김일성 — 김정일주의를 유일한 지도사상으로 하는 김일성 — 김정일주의당, 주체형의 혁명적당이다.

조선로동당은 위대한 김일성－김정일주의를 당건설과 당활동의 출발점으로, 당의 조직사상적공고화의 기초로, 혁명과 건설을 령도하는데서 지도적 지침으로 한다.

조선로동당은 위대한 김일성동지와 김정일동지께서 이룩하신 주체의 혁명전통을 고수하고 계승발전시키며 당건설과 당활동의 초석으로 삼는다.

조선로동당은 로동자, 농민, 인테리를 비롯한 근로인민대중속에 깊이 뿌리박고 그들가운데서 사회주의위업의 승리를 위하여 몸바쳐싸우는 선진투사들로 조직한 로동계급의 혁명적당, 근로인민대중의 대중적당이다.

조선로동당은 조선민족과 조선인민의 리익을 대표한다.

조선로동당은 근로인민대중의 모든 정치조직들 가운데서 가장 높은 형태의 정치조직이며 정치, 군사, 경제, 문화를 비롯한 모든 분야를 통일적으로 이끌어나가는 사회의 령도적 정치조직이며 혁명의 참모부이다.

조선로동당은 위대한 김일성동지와 김정일동지의 위업, 주체혁명위업의 승리를 위하여 투쟁한다.

조선로동당의 당면목적은 공화국북반부에서 사회주의강성국가를 건설하며 전국적범위에서 민족해방민주주의혁명의 과업을 수행하는데 있으며 최종목적은 온 사회를 김일성－김정일주의화하여 인민대중의 자주성을 완전히 실현하는데 있다.

조선로동당은 당안에 사상과 령도의 유일성을 보장하고 당이 인민대중과 혼연일체를 이루며 당건설에서 계승성을 보장하는 것을 당건설의 기본원칙으로 한다.

조선로동당은 당의 유일적 령도체계를 세우는 사업을 주선으로 틀어쥐고 당대렬을 수령결사옹위의 전위대오로 꾸리며 경애하는 김정은동지를 중심으로 하는 당과 군대와 인민의 일심단결을 백방으로 강화하고 그 위력을 높이 발양시켜나간다.

조선로동당은 주체사상교양을 강화하며 자본주의사상,봉건유교사상,수정주의,교조주의,사대주의를 비롯한 온갖 반동적, 기회주의적 사상조류들을 반대배격하며 맑스－레닌주의의 혁명적원칙을 견지한다.

조선로동당은 계급로선과 군중로선을 철저히 관철하여 당과 혁명의 계급진지를 굳건히 다지며 인민의 리익을 옹호하고 인민을 위하여 복무하며 인민대중의 운명을 책임지고 돌보는 어머니당으로서의 본분을 다해나간다.

조선로동당은 인민생활을 끊임없이 높이는 것을 당활동의 최고원칙으로 한다.

조선로동당은 사람과의 사업을 당사업의 기본으로 한다.

조선로동당은 사상을 기본으로 틀어쥐고 인민대중의 정신력을 발동하여 모든 문제를 풀어나간다.

조선로동당은 항일유격대식 사업방법, 주체의 사업방법을 구현한다.

조선로동당은 혁명과 건설을 령도하는데서 로동계급적원칙, 사회주의원칙을 견지하며 주체성과 민족성을 고수한다.

조선로동당은 선군정치를 사회주의기본정치방식으로 확립하고 선군의 기치밑에 혁명과 건설을 령도한다.

조선로동당은 인민정권을 강화하고 사상, 기술, 문화의 3대혁명을 힘있게 다그치는것을 사회주의건설의 총로선으로 틀어쥐고나간다.

조선로동당은 혁명대오를 정치사상적으로 튼튼히 꾸리고 인민대중중심의 사회주의제도를 공고발전시키며 인민군대를 강화하고 나라의 방위력을 철벽으로 다지며 사회주의자립적 민족경제와 사회주의문화를 발전시켜나간다.

조선로동당은 근로단체들의 역할을 높여 광범한 군중을 당의 두리에 묶어세우며 사회주의강성국가건설을 위한 투쟁에로 조직동원한다.

조선로동당은 전조선의 애국적 민주력량과의 통일전선을 강화한다.

조선로동당은 남조선에서 미제의 침략무력을 몰아내고 온갖 외세의 지배와 간섭을 끝장내며 일본군국주의의 재침책동을 짓부시며 사회의 민주화와 생존의 권리를 위한 남조선인민들의 투쟁을 적극 지지성원하며 우리 민족끼리 힘을 합쳐 자주, 평화통일, 민족대단결의 원칙에서 조국을 통일하고 나라와 민족의 통일적 발전을 이룩하기 위하여 투쟁한다.

조선로동당은 자주, 평화, 친선을 대외정책의 기본리념으로 하여 반제자주력량과의 련대성을 강화하고 다른 나라들과의 선린우호관계를 발전시키며 제국주의의 침략과 전쟁책동을 반대하고 세계의 자주화와 평화를 위하여, 세계사회주의운동의 발전을 위하여 투쟁한다.

| 부록 IV | ─────────────────────────────────

【9.19 공동성명】

제4차 6자회담 공동성명

(2005.9.19, 베이징)

제4차 6자회담이 베이징에서 중화인민공화국, 조선민주주의인민공화국, 일본, 대한민국, 러시아연방, 미합중국이 참석한 가운데 2005년 7월 26일부터 8월 7일까지 그리고 9월 13일부터 19일까지 개최되었다.

우다웨이 중화인민공화국 외교부 부부장, 김계관 조선민주주의인민공화국 외무성 부상, 사사에 켄이치로 일본 외무성 아시아·대양주 국장, 송민순 대한민국 외교통상부 차관보, 알렉세예프 러시아 외무부 차관, 그리고 크리스토퍼 힐 미합중국 국무부 동아태 차관보가 각 대표단의 수석대표로 동 회담에 참석하였다.

우다웨이 부부장은 동 회담의 의장을 맡았다.

한반도와 동북아시아 전반의 평화와 안정이라는 대의를 위해, 6자는 상호 존중과 평등의 정신하에, 지난 3회에 걸친 회담에서 이루어진 공동의 이해를 기반으로, 한반도의 비핵화에 대해 진지하면서도 실질적인 회담을 가졌으며, 이러한 맥락에서 다음과 같이 합의하였다.

1. 6자는 6자회담의 목표가 한반도의 검증가능한 비핵화를 평화적인 방법으로 달성하는 것임을 만장일치로 재확인하였다.
   조선민주주의인민공화국은 모든 핵무기와 현존하는 핵계획을 포기할 것과, 조속한 시일 내에 핵확산금지조약(NPT)과 국제원자력기구(IAEA)의 안전조치에 복귀할 것을 공약하였다.
   미합중국은 한반도에 핵무기를 갖고 있지 않으며, 핵무기 또는 재래식 무기로 조선민주주의인민공화국을 공격 또는 침공할 의사가 없다는 것을 확인하였다. 대한민국은 자국 영토 내에 핵무기가 존재하지 않는다는 것을 확인하면서, 1992년도 「한반도의 비핵화에 관한 남·북 공동선언」에 따라, 핵무기를 접수 또는 배비하지 않겠다는 공약을 재확인하였다.

1992년도 「한반도의 비핵화에 관한 남·북 공동선언」은 준수, 이행되어야 한다.

조선민주주의인민공화국은 핵에너지의 평화적 이용에 관한 권리를 가지고 있다고 밝혔다. 여타 당사국들은 이에 대한 존중을 표명하였고, 적절한 시기에 조선민주주의인민공화국에 대한 경수로 제공 문제에 대해 논의하는데 동의하였다.

2. 6자는 상호 관계에 있어 국제연합헌장의 목적과 원칙 및 국제관계에서 인정된 규범을 준수할 것을 약속하였다.

조선민주주의인민공화국과 미합중국은 상호 주권을 존중하고, 평화적으로 공존하며, 각자의 정책에 따라 관계정상화를 위한 조치를 취할 것을 약속하였다.

조선민주주의인민공화국과 일본은 평양선언에 따라, 불행했던 과거와 현안사항의 해결을 기초로 하여 관계 정상화를 위한 조치를 취할 것을 약속하였다.

3. 6자는 에너지, 교역 및 투자 분야에서의 경제협력을 양자 및 다자적으로 증진시킬 것을 약속하였다.

중화인민공화국, 일본, 대한민국, 러시아연방 및 미합중국은 조선민주주의인민공화국에 대해 에너지 지원을 제공할 용의를 표명하였다.

대한민국은 조선민주주의인민공화국에 대한 2백만 킬로와트의 전력공급에 관한 2005.7.12자 제안을 재확인하였다.

4. 6자는 동북아시아의 항구적인 평화와 안정을 위해 공동 노력할 것을 공약하였다.

직접 관련 당사국들은 적절한 별도 포럼에서 한반도의 항구적 평화체제에 관한 협상을 가질 것이다.

6자는 동북아시아에서의 안보협력 증진을 위한 방안과 수단을 모색하기로 합의하였다.

5. 6자는 '공약 대 공약', '행동 대 행동' 원칙에 입각하여 단계적 방식으로 상기 합의의 이행을 위해 상호조율된 조치를 취할 것을 합의하였다.

6. 6자는 제5차 6자회담을 11월초 북경에서 협의를 통해 결정되는 일자에 개최하기로 합의하였다.

Joint Statement of the Fourth Round of the Six-Party Talks

(Beijing, 19 September 2005)

The Fourth Round of the Six-Party Talks was held in Beijing, China among the People's Republic of China, the Democratic People's Republic of Korea, Japan, the Republic of Korea, the Russian Federation, and the United States of America from July 26th to August 7th, and from September 13th to 19th, 2005.

Mr. Wu Dawei, Vice Minister of Foreign Affairs of the PRC, Mr. Kim Gye Gwan, Vice Minister of Foreign Affairs of the DPRK; Mr. Kenichiro Sasae, Director-General for Asian and Oceanian Affairs, Ministry of Foreign Affairs of Japan; Mr. Song Min-soon, Deputy Minister of Foreign Affairs and Trade of the ROK; Mr. Alexandr Alekseyev, Deputy Minister of Foreign Affairs of the Russian Federation; and Mr. Christopher Hill, Assistant Secretary of State for East Asian and Pacific Affairs of the United States attended the talks as heads of their respective delegations.

Vice Foreign Minister Wu Dawei chaired the talks.

For the cause of peace and stability on the Korean Peninsula and in Northeast Asia at large, the Six Parties held, in the spirit of mutual respect and equality, serious and practical talks concerning the denuclearization of the Korean Peninsula on the basis of the common understanding of the previous three rounds of talks, and agreed, in this context, to the following:

1. The Six Parties unanimously reaffirmed that the goal of the Six-Party Talks is the verifiable denuclearization of the Korean Peninsula in a peaceful manner.

The DPRK(Domocratic People's Repbublic of Korea) committed to abandoning all nuclear weapons and existing nuclear programs and returning, at an early date, to the Treaty on the Non-Proliferation of Nuclear Weapons and to IAEA safeguards.

The United States affirmed that it has no nuclear weapons on the Korean Peninsula and has no intention to attack or invade the DPRK with nuclear or conventional weapons.

The ROK reaffirmed its commitment not to receive or deploy nuclear weapons in accordance with the 1992 Joint Declaration of the Denuclearization of the Korean Peninsula, while affirming that there exist no nuclear weapons within its territory.

The 1992 Joint Declaration of the Denuclearization of the Korean Peninsula should be observed and implemented.

The DPRK stated that it has the right to peaceful uses of nuclear energy. The other parties expressed their respect and agreed to discuss, at an appropriate time, the subject of the provision of light water reactor to the DPRK.

2. The Six Parties undertook, in their relations, to abide by the purposes and principles of the Charter of the United Nations and recognized norms of international relations.

   The DPRK and the United States undertook to respect each other's sovereignty, exist peacefully together, and take steps to normalize their relations subject to their respective bilateral policies.

   The DPRK and Japan undertook to take steps to normalize their relations in accordance with the Pyongyang Declaration, on the basis of the settlement of unfortunate past and the outstanding issues of concern.

3. The Six Parties undertook to promote economic cooperation in the fields of energy, trade and investment, bilaterally and/or multilaterally.

   China, Japan, ROK, Russia and the US stated their willingness to provide energy assistance to the DPRK.

   The ROK reaffirmed its proposal of July 12th 2005 concerning the provision of 2 million kilowatts of electric power to the DPRK.

4. The Six Parties committed to joint efforts for lasting peace and stability in Northeast Asia.

   The directly related parties will negotiate a permanent peace regime on the Korean Peninsula at an appropriate separate forum.

The Six Parties agreed to explore ways and means for promoting security cooperation in Northeast Asia.

5. The Six Parties agreed to take coordinated steps to implement the afore-mentioned consensus in a phased manner in line with the principle of "commitment for commitment, action for action."

6. The Six Parties agreed to hold the Fifth Round of the Six-Party Talks in Beijing in early November 2005 at a date to be determined through consultations.

【2.13 합의문】

9.19 공동성명 이행을 위한 초기 조치

(2007.2.13, 베이징)

제5차 6자회담 3단계 회의가 베이징에서 중화인민공화국, 조선민주주의인민공화국, 일본, 대한민국, 러시아연방, 미합중국이 참석한 가운데, 2007년 2월 8일부터 13일까지 개최되었다.

우다웨이 중화인민공화국 외교부 부부장, 김계관 조선민주주의인민공화국 외무성 부상, 사사에 켄이치로 일본 외무성 아시아·대양주 국장, 천영우 대한민국 외교통상부 한반도평화교섭본부장, 알렉산더 로슈코프 러시아 외무부 차관, 그리고 크리스토퍼 힐 미합중국 국무부 동아태 차관보가 각 대표단의 수석대표로 동 회담에 참석하였다.

우다웨이 부부장은 동 회담의 의장을 맡았다.

I. 참가국들은 2005년 9월 19일 공동성명의 이행을 위해 초기단계에서 각국이 취해야 할 조치에 관하여 진지하고 생산적인 협의를 하였다. 참가국들은 한반도 비핵화를 조기에 평화적으로 달성하기 위한 공동의 목표와 의지를 재확인하였으며, 공동성명상의 공약을 성실히 이행할 것이라는 점을 재확인하였다. 참가국들은 '행동 대 행동'의 원칙에 따라 단계적으로 공동성명을 이행하기 위해 상호 조율된 조치를 취하기로 합의하였다.

II. 참가국들은 초기단계에 다음과 같은 조치를 병렬적으로 취하기로 합의하였다.

1. 조선민주주의인민공화국은 궁극적인 포기를 목적으로 재처리 시설을 포함

한 영변 핵시설을 폐쇄·봉인하고 IAEA와의 합의에 따라 모든 필요한 감시 및 검증활동을 수행하기 위해 IAEA 요원을 복귀토록 초청한다.

2. 조선민주주의인민공화국은 9.19 공동성명에 따라 포기하도록 되어있는, 사용후 연료봉으로부터 추출된 플루토늄을 포함한 공동성명에 명기된 모든 핵프로그램의 목록을 여타 참가국들과 협의한다.

3. 조선민주주의인민공화국과 미합중국은 양자간 현안을 해결하고 전면적 외교관계로 나아가기 위한 양자대화를 개시한다. 미합중국은 조선민주주의인민공화국을 테러지원국 지정으로부터 해제하기 위한 과정을 개시하고, 조선민주주의인민공화국에 대한 대적성국 교역법 적용을 종료시키기 위한 과정을 진전시켜 나간다.

4. 조선민주주의인민공화국과 일본은 불행한 과거와 미결 관심사안의 해결을 기반으로, 평양선언에 따라 양국관계 정상화를 취해 나가는 것을 목표로 양자대화를 개시한다.

5. 참가국들은 2005년 9월 19일 공동성명의 1조와 3조를 상기하면서, 조선민주주의인민공화국에 대한 경제·에너지·인도적 지원에 협력하기로 합의하였다. 이와 관련, 참가국들은 초기단계에서 조선민주주의인민공화국에 긴급 에너지 지원을 제공하기로 합의하였다. 중유 5만톤 상당의 긴급 에너지 지원의 최초 운송은 60일 이내에 개시된다.

참가국들은 상기 초기 조치들이 향후 60일 이내에 이행되며, 이러한 목표를 향하여 상호 조율된 조치를 취한다는데 합의하였다.

III. 참가국들은 초기조치를 이행하고 공동성명의 완전한 이행을 목표로 다음과 같은 실무그룹(W/G)을 설치하는데 합의하였다.

1. 한반도 비핵화

2. 미·북 관계정상화

3. 일·북 관계정상화

4. 경제 및 에너지 협력

5. 동북아 평화·안보 체제

실무그룹들은 각자의 분야에서 9.19 공동성명의 이행을 위한 구체적 계획을 협의하고 수립한다. 실무그룹들은 각각의 작업진전에 관해 6자회담 수석대표 회의에 보고한다. 원칙적으로 한 실무그룹의 진전은 다른 실무그룹의 진전에 영향을 주지 않는다. 5개 실무그룹에서 만들어진 계획은 상호 조율된 방식으로 전체적으로 이행될 것이다.

참가국들은 모든 실무그룹 회의를 향후 30일이내에 개최하는데 합의하였다.

IV. 초기조치 기간 및 조선민주주의인민공화국의 모든 핵프로그램에 대한 완전한 신고와 흑연감속로 및 재처리 시설을 포함하는 모든 현존하는 핵시설의 불능화를 포함하는 다음단계 기간중, 조선민주주의인민공화국에 최초 선적분인 중유 5만톤 상당의 지원을 포함한 중유 100만톤 상당의 경제·에너지·인도적 지원이 제공된다.

상기 지원에 대한 세부 사항은 경제 및 에너지 협력 실무그룹의 협의와 적절한 평가를 통해 결정된다.

V. 초기조치가 이행되는 대로 6자는 9.19 공동성명의 이행을 확인하고 동북아 안보협력 증진방안 모색을 위한 장관급 회담을 신속하게 개최한다.

VI. 참가국들은 상호신뢰를 증진시키기 위한 긍정적인 조치를 취하고 동북아에서의 지속적인 평화와 안정을 위한 공동노력을 할 것을 재확인하였다. 직접 관련 당사국들은 적절한 별도 포럼에서 한반도의 항구적 평화체제에 관한 협상을 갖는다.

VII. 참가국들은 실무그룹의 보고를 청취하고 다음단계 행동에 관한 협의를 위해 제6차 6자회담을 2007년 3월 19일에 개최하기로 합의하였다.

대북 지원부담의 분담에 관한 합의 의사록

　미합중국, 중화인민공화국, 러시아연방, 대한민국은 각국 정부의 결정에 따라,
II조 5항 및 IV조에 규정된 조선민주주의인민공화국에 대한 지원부담을 평등과 형
평의 원칙에 기초하여 분담할 것에 합의하고, 일본이 자국의 우려사항이 다루어지
는 대로 동일한 원칙에 따라 참여하기를 기대하며, 또 이 과정에서 국제사회의 참
여를 환영한다.

Initial Actions for the Implementation of the Joint Statement

(13 February 2007)

The Third Session of the Fifth Round of the Six-Party Talks was held in Beijing among the People's Republic of China, the Democratic People's Republic of Korea, Japan, the Republic of Korea, the Russian Federation and the United States of America from 8 to 13 February 2007.

Mr. Wu Dawei, Vice Minister of Foreign Affairs of the PRC, Mr. Kim Gye Gwan, Vice Minister of Foreign Affairs of the DPRK; Mr. Kenichiro Sasae, Director-General for Asian and Oceanian Affairs, Ministry of Foreign Affairs of Japan; Mr. Chun Yung-woo, Special Representative for Korean Peninsula Peace and Security Affairs of the ROK Ministry of Foreign Affairs and Trade; Mr. Alexander Losyukov, Deputy Minister of Foreign Affairs of the Russian Federation; and Mr. Christopher Hill, Assistant Secretary for East Asian and Pacific Affairs of the Department of State of the United States attended the talks as heads of their respective delegations.

Vice Foreign Minister Wu Dawei chaired the talks.

I. The Parties held serious and productive discussions on the actions each party will take in the initial phase for the implementation of the Joint Statement of 19 September 2005. The Parties reaffirmed their common goal and will to achieve early denuclearization of the Korean Peninsula in a peaceful manner and reiterated that they would earnestly fulfill their commitments in the Joint Statement. The Parties agreed to take coordinated steps to implement the Joint Statement in a phased manner in line with the principle of "action for action".

II. The Parties agreed to take the following actions in parallel in the initial phase:

1. The DPRK will shut down and seal for the purpose of eventual abandonment the Yongbyon nuclear facility, including the reprocessing facility and invite back IAEA personnel to conduct all necessary monitoring and verifications as agreed between IAEA and the DPRK.

2. The DPRK will discuss with other parties a list of all its nuclear programs as described in the Joint Statement, including plutonium extracted from used fuel rods, that would be abandoned pursuant to the Joint Statement.

3. The DPRK and the US will start bilateral talks aimed at resolving pending bilateral issues and moving toward full diplomatic relations. The US will begin the process of removing the designation of the DPRK as a state-sponsor of terrorism and advance the process of terminating the application of the Trading with the Enemy Act with respect to the DPRK.

4. The DPRK and Japan will start bilateral talks aimed at taking steps to normalize their relations in accordance with the Pyongyang Declaration, on the basis of the settlement of unfortunate past and the outstanding issues of concern.

5. Recalling Section 1 and 3 of the Joint Statement of 19 September 2005, the Parties agreed to cooperate in economic, energy and humanitarian assistance to the DPRK. In this regard, the Parties agreed to the provision of emergency energy assistance to the DPRK in the initial phase. The initial shipment of emergency energy assistance equivalent to 50,000 tons of heavy fuel oil (HFO) will commence within next 60 days.

The Parties agreed that the above-mentioned initial actions will be implemented within next 60 days and that they will take coordinated steps toward this goal.

III. The Parties agreed on the establishment of the following Working Groups (WG) in order to carry out the initial actions and for the purpose of full implementation of the Joint Statement:

1. Denuclearization of the Korean Peninsula

2. Normalization of DPRK-US relations

3. Normalization of DPRK-Japan relations

4. Economy and Energy Cooperation

5. Northeast Asia Peace and Security Mechanism

The WGs will discuss and formulate specific plans for the implementation of the Joint Statement in their respective areas. The WGs shall report to the Six-Party Heads of Delegation Meeting on the progress of their work. In principle, progress in one WG shall not affect progress in other WGs. Plans made by the five WGs will be implemented as a whole in a coordinated manner.

The Parties agreed that all WGs will meet within next 30 days.

IV. During the period of the Initial Actions phase and the next phase — which includes provision by the DPRK of a complete declaration of all nuclear programs and disablement of all existing nuclear facilities, including graphite-moderated reactors and reprocessing plant — economic, energy and humanitarian assistance up to the equivalent of 1 million tons of heavy fuel oil (HFO), including the initial shipment equivalent to 50,000 tons of HFO, will be provided to the DPRK.

The detailed modalities of the said assistance will be determined through consultations and appropriate assessments in the Working Group on Economic and Energy Cooperation.

V. Once the initial actions are implemented, the Six Parties will promptly hold a ministerial meeting to confirm implementation of the Joint Statement and explore ways and means for promoting security cooperation in Northeast Asia.

VI. The Parties reaffirmed that they will take positive steps to increase mutual trust, and will make joint efforts for lasting peace and stability in Northeast Asia. The directly related parties will negotiate a permanent peace regime on the Korean Peninsula at an appropriate separate forum.

VII. The Parties agreed to hold the Sixth Round of the Six-Party Talks on 19 March 2007 to hear reports of WGs and discuss on actions for the next phase.

Agreed Minute on Burden Sharing

The United Sates, China, Russia and the ROK, subject to their respective national governments' decisions, agreed to share the burden of assistance to the DPRK referred to in Paragraph II (5) and IV on the basis of the principle of equality and equity; look forward to the participation of Japan on the basis of the same principle as its concerns are addressed; and welcome the participation of the international community in this process.

【10.3 합의문】

9.19 공동성명 이행을 위한 제2단계 조치

(2007.10.3, 베이징)

제6차 6자회담 2단계 회의가 베이징에서 중화인민공화국, 조선민주주의인민공화국, 일본, 대한민국, 러시아연방, 미합중국이 참석한 가운데, 2007년 9월 27일부터 30일까지 개최되었다.

우다웨이 중화인민공화국 외교부 부부장, 김계관 조선민주주의인민공화국 외무성 부상, 사사에 켄이치로 일본 외무성 아시아·대양주 국장, 천영우 대한민국 외교통상부 한반도평화교섭본부장, 알렉산더 로슈코프 러시아 외무부 차관, 그리고 크리스토퍼 힐 미합중국 국무부 동아태 차관보가 각 대표단의 수석대표로 동 회담에 참석하였다.

우다웨이 부부장은 동 회담의 의장을 맡았다.

참가국들은 5개 실무그룹의 보고를 청취, 승인하였으며, 2.13 합의상의 초기조치 이행을 확인하였고, 실무그룹회의에서 도달한 컨센서스에 따라 6자회담 과정을 진전시켜 나가기로 합의하였으며, 또한 평화적인 방법에 의한 한반도의 검증가능한 비핵화를 목표로 하는 9.19 공동성명의 이행을 위한 제2단계 조치에 관한 합의에 도달하였다.

I. 한반도 비핵화

1. 조선민주주의인민공화국은 9.19 공동성명과 2.13 합의에 따라 포기하기로 되어 있는 모든 현존하는 핵시설을 불능화하기로 합의하였다.

영변의 5MWe 실험용 원자로, 재처리시설(방사화학실험실) 및 핵연료봉 제조시설의 불능화는 2007년 12월 31일까지 완료될 것이다. 전문가 그룹이 권고하는 구체 조치들은, 모든 참가국들에게 수용 가능하고, 과학적이고, 안전하고, 검증가능하며, 또한 국제적 기준에 부합되어야 한다는 원칙들에 따라 수석대표들에 의해 채택될 것이다. 여타 참가국들의 요청에 따라, 미합중국은 불능화 활동을 주도하고, 이러한 활동을 위한 초기 자금을 제공할 것이다. 첫번째 조치로서, 미합중국측은 불능화를 준비하기 위해 향후 2주내에 조선민주주의인민공화국을 방문할 전문가 그룹을 이끌 것이다.

2. 조선민주주의인민공화국은 2.13 합의에 따라 모든 자국의 핵프로그램에 대해 완전하고 정확한 신고를 2007년 12월 31일까지 제공하기로 합의하였다.

3. 조선민주주의인민공화국은 핵 물질, 기술 또는 노하우를 이전하지 않는다는 공약을 재확인하였다.

II. 관련국간 관계정상화

1. 조선민주주의인민공화국과 미합중국은 양자관계를 개선하고 전면적 외교 관계로 나아간다는 공약을 유지한다. 양측은 양자간 교류를 증대하고, 상호 신뢰를 증진시킬 것이다. 조선민주주의인민공화국을 테러지원국 지정으로부터 해제하기 위한 과정을 개시하고 또 조선민주주의인민공화국에 대한 대적성국 교역법 적용을 종료시키기 위한 과정을 진전시켜 나간다는 공약을 상기하면서, 미합중국은 미·북 관계정상화 실무그룹 회의를 통해 도달한 컨센서스에 기초하여, 조선민주주의인민공화국의 조치들과 병렬적으로 조선민주주의인민공화국에 대한 공약을 완수할 것이다.

2. 조선민주주의인민공화국과 일본은 불행한 과거 및 미결 관심사안의 해결을 기반으로, 평양선언에 따라 양국관계를 신속하게 정상화하기 위해 진지한 노력을 할 것이다. 조선민주주의인민공화국과 일본은 양측간의 집중적인 협의를 통해, 이러한 목적 달성을 위한 구체적인 조치를 취해 나갈 것을 공약하였다.

III. 조선민주주의인민공화국에 대한 경제 및 에너지 지원

2.13 합의에 따라, 중유 100만톤 상당의 경제·에너지·인도적 지원(기전달된 중유 10만톤 포함)이 조선민주주의인민공화국에 제공될 것이다. 구체 사항은 경제 및 에너지협력 실무그룹에서의 논의를 통해 최종 결정될 것이다.

IV. 6자 외교장관회담

참가국들은 적절한 시기에 북경에서 6자 외교장관회담이 개최될 것임을 재확인하였다.
참가국들은 외교장관회담 이전에 동 회담의 의제를 협의하기 위해 수석대표 회의를 개최하기로 합의하였다.

Second-Phase Actions for the Implementation of the Joint Statement

(3 October 2007)

The Second Session of the Sixth Round of the Six-Party Talks was held in Beijing among the People's Republic of China, the Democratic People's Republic of Korea, Japan, the Republic of Korea, the Russian Federation and the United States of America from 27 to 30 September 2007.

Mr. Wu Dawei, Vice Minister of Foreign Affairs of the PRC; Mr. Kim Gye Gwan, Vice Minister of Foreign Affairs of the DPRK; Mr. Kenichiro Sasae, Director-General for Asian and Oceanian Affairs, Ministry of Foreign Affairs of Japan; Mr. Chun Yung-woo, Special Representative for Korean Peninsula Peace and Security Affairs of the ROK Ministry of Foreign Affairs and Trade; Mr. Alexander Losyukov, Deputy Minister of Foreign Affairs of the Russian Federation; and Mr. Christopher Hill, Assistant Secretary for East Asian and Pacific Affairs of the Department of State of the United States attended the talks as heads of their respective delegations.

Vice Foreign Minister Wu Dawei chaired the talks.

The Parties listened to and endorsed the reports of the five Working Groups, confirmed the implementation of the initial actions provided for in the February 13 agreement, agreed to push forward the Six-Party Talks process in accordance with the consensus reached at the meetings of the Working Groups and reached agreement on second-phase actions for the implementation of the Joint Statement of 19 September 2005, the goal of which is the verifiable denuclearization of the Korean Peninsula in a peaceful manner.

I. On Denuclearization of the Korean Peninsula

1. The DPRK agreed to disable all existing nuclear facilities subject to abandonment under the September 2005 Joint Statement and the February 13 agreement.

   The disablement of the 5 megawatt Experimental Reactor at Yongbyon, the Reprocessing Plant (Radiochemical Laboratory) at Yongbyon and the Nuclear Fuel Rod Fabrication Facility at Yongbyon will be completed by 31 December 2007. Specific measures recommended by the expert group will be adopted by heads of delegation in line with the principles of being acceptable to all Parties, scientific, safe, verifiable, and consistent with international standards. At the request of the other Parties, the United States will lead disablement activities and provide the initial funding for those activities. As a first step, the US side will lead the expert group to the DPRK within the next two weeks to prepare for disablement.

2. The DPRK agreed to provide a complete and correct declaration of all its nuclear programs in accordance with the February 13 agreement by 31 December 2007.

3. The DPRK reaffirmed its commitment not to transfer nuclear materials, technology, or know-how.

II. On Normalization of Relations between Relevant Countries

1. The DPRK and the United States remain committed to improving their bilateral relations and moving towards a full diplomatic relationship. The two sides will increase bilateral exchanges and enhance mutual trust. Recalling the commitments to begin the process of removing the designation of the DPRK as a state sponsor of terrorism and advance the process of terminating the application of the Trading with the Enemy Act with respect to the DPRK, the United States will fulfill its commitments to the DPRK in parallel with the DPRK's actions based on consensus reached at the meetings of the Working Group on Normalization of DPRK-U.S. Relations.

2. The DPRK and Japan will make sincere efforts to normalize their

relations expeditiously in accordance with the Pyongyang Declaration, on the basis of the settlement of the unfortunate past and the outstanding issues of concern. The DPRK and Japan committed themselves to taking specific actions toward this end through intensive consultations between them.

III. On Economic and Energy Assistance to the DPRK

In accordance with the February 13 agreement, economic, energy and human-itarian assistance up to the equivalent of one million tons of HFO (inclusive of the 100,000 tons of HFO already delivered) will be provided to the DPRK. Specific modalities will be finalized through discussion by the Working Group on Economy and Energy Cooperation.

IV. On the Six-Party Ministerial Meeting

The Parties reiterated that the Six-Party Ministerial Meeting will be held in Beijing at an appropriate time.

The Parties agreed to hold a heads of delegation meeting prior to the Ministerial Meeting to discuss the agenda for the Meeting.

◇ 색 인 ◇

◈ 지은이 소개 ◈

❖ 남궁 영

한국외국어대학교 정치외교학과 교수
글로벌정치연구소 소장
한국외국어대학교 정치외교학과 졸업
미국 University of Missouri, Columbia 정치학 박사

캐나다 University of British Columbia, Visiting Scholar
동아일보 객원논설위원
한국국제정치학회 차기회장
한국세계지역학회 회장
비교민주주의학회 회장
한국정치학회 부회장
한국국가정보학회 부회장
북한연구학회 부회장
한국안보통상학회 부회장 겸 학술위원장
전국 대학통일문제연구소협의회 공동의장
외교통상부·국방부·통일부 정책자문위원
남북관계발전위원회 위원
국가인권위원회 북한인권포럼 위원
국무총리실 납북피해자보상 및 지원심의위원회
　　납북피해산정분과위원장
국무총리실 정부업무 특정평가단 평가위원
민주평화통일자문회의 상임위원

| 저서
『동아시아 지역질서와 국제관계』(2002, 공저)
『동북아와 한반도』(2004, 공저)
『현대북한경제론』(2005, 공저)
『신자유주의 세계화와 민주주의』(2009, 공저)
『분단 한반도의 정치경제: 남한·북한·미국의 삼각퍼즐』(2010)
『국제정치경제 패러다임과 동아시아 지역질서』(2011)

【개정·증보판】

분단 한반도의 정치경제
남한·북한·미국의 삼각퍼즐

초판 1쇄 발행: 2010년 2월 27일
개정·증보판 1쇄 발행: 2012년 2월 29일
개정·증보판 2쇄 발행: 2013년 7월 29일

지은이: 남궁 영
발행인: 부성옥
발행처: 도서출판 오름
등록번호: 제2-1548호 (1993. 5. 11)

서울특별시 서초구 서초동 1420-6
전 화: (02) 585-9122, 9123 / 팩 스: (02) 584-7952
E-mail: oruem9123@naver.com
URL: http://www.oruem.co.kr

ISBN 978-89-7778-334-8   93340